두 감람나무와 두 촛대, 그들은 누구인가?

The Two Olive Trees and The Two Lampstands, Who are They?

벽암(碧岩) 조영래(趙永來) 著

Rev. Young Rae Cho, D. Min.

| 저자 서문

조영래 목사 |

도둑같이 오신다
오시는 분이 누구인지
그 신원을 알 수 없다는 것
그것이
어중이 떠중이들을 양산해내는
근거가 되고 있다는 사실 앞에
생떼같은 내장을 꺼내
그들의 쌍판대기 얼굴에
내 팽겨쳐 본다

자칭, 자신들이 하늘에서
메시아 차원으로 이 땅에
왔노라 소리치는 자들아
너희들은 너희들의 신분
하늘에서 온 너희들의 뿌리
족보를 대어보라

이긴 자
감추었던 만나를 먹고
흰 돌을 받는다고 했다
이긴 자들이라면
마땅히 흰 돌을 받았을 터인즉
흰 돌을 받은 자들이라면
마땅히 이긴 자들의 뿌리
산 자의 족보가 있을 것 아닌가?
너희들이 하늘에서 온
메시아들이라면
당연지사 하늘의 족보를
내놓아 보라!

예수님께서도 나는 다윗의 뿌리
광명한 새벽별이다
마태족보와 누가족보를
부끄러움 없이 내놓지 않았던가!
어디 그 뿐인가?
횃불언약의 주인공 요셉도
692년이라는 자신의 뿌리를
이스라엘의 영적 장자라고
밝히 소리치고 있지 않는가?

그런데 어찌
성경 몇 구절 깨닫고 은혜 받았다고
마지막 때 온
재림주들이라고 소리치고 있으니
그대들이여
정신차려야 되지 않겠는가?
분하고 원통하다면
예수님, 요셉같은
자신의 뿌리 족보를 내놓아 보라

도둑같이 오시는
해를 입은 여인, 이 땅의 주
멜기세덱은
구속사의 세계의 중심에
처음부터 계셨고
세 번째 믿음의 조상 아브라함에게
떡과 포도주로 축복해주신 분
그리고 히브리 7장에
그의 족보가 반듯이 소개되어
있지 않는가?
어디 그 뿐인가?
붉은 용의 대적함 속에서

두 감람나무와 두 촛대, 그들은 누구인가?

철장의 권세를 가진 아이를
낳아 하늘보좌로 올려보내지
않는가?

그리고 난 후,
하나님의 아들로 인정받으시기 위해
큰 독수리의 두 날개를 받지 않는가!
독수리의 큰 두 날개를 받는다는 것
주님께서 스스로 십자가를
지신 것처럼
스스로 필연적인 무덤에 들어가사
한 때, 두 때, 반 때를
양육받으신 후
드디어 부활의 능력으로 사망을
이기시고 하나님의 아들로
인정받으시므로
재림주 멜기세덱으로 영광을
입으시는 것 아닌가?

정녕 그대들이 메시아적 존재들이라면
큰 성길 위에 누워있는
두 감람나무처럼,

광야 자기의 곳에서 한 때, 두 때, 반 때
양육받고 있는
해를 입은 여인처럼,
어디 한 번 살아날 수 있겠는가?
이미 오래전 눈을 감았던
자칭 메시야라고 주장했던
그들이 정녕 살아난 사람이 있었는가?

메시아는 부활과 생명의 존재다
그 어떤 대상으로 그를 죽인다 해도
그는 죽일수록 살아나는 분 아닌가?
그러기에 죽을 수 있는 권세
살 수 있는 권세 받으셨다고
큰 소리 치신대로
삼일 만에 살아나지 않았는가?

그처럼 진행되어 온 하늘 역사를
알면서도
신분을 감추고 도둑같이 온다는
스스로의 욕심에 미혹되어
객기를 부리는 그대들 아닌가?
이제라도 늦지 않았다

회개하고 본래 티끌같은
인생으로 돌아가는 것
차라리 그 편, 낫지 않겠는가?

그리고 내친 김에
두 감람나무에 대하여
다시 한 번 피똥싸게
외치고 싶다
70이레 중 남은 한 이레
재림의 마당에서 이루어지는
역사의 시간이다
하나님의 주권적인 하나님만이
쓸 수 있는 카이로스의 시간이다
어느 누구를 막론하고
지구촌 안에 있는
모든 교역자들이 모여
기도한다 하여도
한 이레
전 삼년 반, 후 삼년 반을 통하여
이루시고자 세워놓으신 그 뜻을
그 누구도 막을 수 없다는 것이다

먼저 한 이레
전 삼년 반을 통하여 이루고자 하시는
두 감람나무 역사
그 자리에 누가 앉는지
아버지가 정한 자가 앉는다고 예수께서 말씀하셨다
그것을 모른다고 할 수 있겠는가?
이미 아버지께 그 자를
깔끔히 정해놓으셨다는 것
그런데 왜들
그렇게들 말이 많은가?
두 감람나무 역사를 그 어떤 나라도 아닌
이스라엘 땅에서 이루어지는 역사라고
마치 반대하는 자가 있다면
당장이라도 목을 칠 듯이
군도같은 어금니를
깨물고 있는 그대들은
단군의 후손인가?
아브라함의 후손인가?
차라리 큰 소리쳐 고집피울 바에야
두 감람나무 역사가 누구에 의해
이루어질 것까지 밝혀야
아는 사람이라고 인정해줄 것 아닌가?

이미 뿌리, 족보에 대해
언급했다
영적으로는 저희 주께서 십자가에 달리신
소돔, 애굽이라고까지 하셨다
주님의 십자가의 죽음같이
그의 죽음도 귀중하다는 것이다
귀중하다는 의미 속에는
그의 뿌리, 족보가 거룩하다는 것이다
창조주 하나님 예수의 족보 외에
가장 귀중하고 거룩한 족보의 주인공은
멜기세덱의 뿌리와
횃불언약의 주인공인 요셉의 족보가
가장 우선이라고 말할 수밖에 없다
그러한 존재의 의미를 가진 자들이기에
멜기세덱 그가 어떻게
아브라함보다 높은 사람인 것을 생각해 보라
요셉이 어떤 존재이기에
이스라엘 족보에서 그를 빼내고
그가 낳은 두 아들
야곱의 손자들을 야곱이
자신의 족보 속에 아들의 반열로 올려
놓았을까?

결코 평범한 사건들이 아니다
평범하지 않은 이 사람들이
재림 마당에 이 땅의 주와
두 감람나무로 등장한다는 것이다
이러한 형편으로 이루어질
재림 마당을 바로보시며
인자가 아버지의 이름으로 왔으나
너희가 나를 믿지 아니하였으나
다른 사람이 자기의 이름으로 오면
영접하리라
예수께서 하신 말씀이다

깊이 생각해보라
자기 이름으로 다른 사람이 온다는 것이다
하나님 아들과 방불한 제사장
멜기세덱이 나 대신 온다는 것이다
십자가 상에서 뿌린
내 피, 태초의 말씀
해를 입고
그가 대신 오셔서
한 이레의 절반, 전 삼년 반을 통해
횃불언약의 주인공인

요셉을 통해
이 땅의 주와 두 감람나무 역사를
이루신다는 것이다
요셉이 두 감람나무의 실체인
실존적 인물이다
그를 통해서만이
본 가지와 무성한 가지
즉 접붙임을 받아 열매를 맺을 수 있다
영적 장자인 요셉이 있는 곳이
영적 이스라엘이다
그가 없는 곳은 진정한 감람산이 아니다

마태족보 누가족보를 생각해 보라
요셉을 통해서만이
예수께로 갈 수도 있고
나올 수도 있다
그러기에 야곱이 요셉을 축복할 때
요셉에게 반석이 나온다 하지
않았는가?
동일한 말씀의 역사라면
재림 때도
영적 장자 요셉을 통해

당연히 그가 오시지 않겠는가?

그러한 요셉에게 채색옷을 입힌
까닭이 무엇인가?
요셉이 곧 신부의 모습이고
신부가 곧 두 감람나무이다
그러한 두 감람나무가
재림 마당 전 삼년 반 경계에서
신랑의 길을 따라 죽는 것이다
그런 그를
삼일 반 만에 살리신
해를 입고 이 땅의 주로 역사하시는
멜기세덱이 그의 신랑이 아니던가?

예수는 창조주 하나님이시다
피조물과 창조주가
어찌 신랑 신부가 될 수 있겠는가?
둘째 아담으로 오신 예수께서는
신랑이 되는 길을 우리에게 보여주신
둘째 아담이 아닌 본래
독생하셨던 하나님이시다
그러기에

우리의 신랑 신부의 원형이
되었던 아담과 하와처럼
피조물인 멜기세덱과 두 감람나무가
우리의 진정한 신랑 신부가 되는 것이다

참으로 안타깝다
이 참담한 이 심정, 이 가슴을
어찌 필설로서 찢어 보일 수 있겠는가?
서문이라는 제한된 격식을
갖추어야 하겠기에
내용에 따라서는
본래의 서문과 어울리지 않는
주제넘은 글이라는 것을
분히 여기며
깊이 머리 숙여 서문으로
이 글을 바칩니다!

2017년 10월 3일
저자 조 영 래 목사

목 차

저자 서문 —————————————————————— 3

이 땅의 주 앞에 섰는 두 감람나무와 두 촛대,
그들은 누구인가? ———————————————— 20

제 1장. 두 감람나무 역사는 어디에서 이루어질 것인가? 27

    Ⅰ. 예수님의 포도원의 비유 ——————————— 40

    Ⅱ. 아브라함이 바친 세 가지 제물의 비유 —————— 52

    Ⅲ. 사도 바울의 원감람나무와 돌감람나무의 비유 —— 59

제 2장. 두 감람나무의 근본, 본질 ———————— 71
    -요셉의 입장에서 본 두 감람나무의 근본, 본질

    Ⅰ. 횃불언약의 주인공 요셉 ——————————— 75

        1. '떡과 포도주' 축복과 '횃불언약'의 구속사적 의미 —— 75

          (1) '떡과 포도주' 축복의 구속사적 의미 ————— 77

          (2) 횃불언약의 구속사적 의미 ————————— 92

        2. 요셉이 받은 축복 ——————————————— 130

        3. 이스라엘의 영적 장자 요셉 —————————— 144

Ⅱ. 예수님이 오시는 길이 된 요셉 —————————172

Ⅲ. 제 밭에 뿌려진 좋은 씨로 등장하는 요셉 ————189

제 3장. 두 감람나무의 사명 ——————————205

Ⅰ. 에덴동산에서 타락한 신부의 회복——————207

Ⅱ. 산 자의 첫 열매로 변화의 도맥을 완성함 ————246

제 4장. 두 감람나무의 사역 ——————————273

Ⅰ. 갈대자로 성전 안을 척량하는 사역 —————279

Ⅱ. 불로 심판하는 사역 ————————————288

Ⅲ. 하늘 문을 닫고 비오지 못하게 하는 사역 ————294

Ⅳ. 물을 변하여 피가 되게 하는 사역 ——————303

Ⅴ. 마지막 선지자의 사역 ———————————307

Ⅵ. 때와 법을 변개하는 사역 —————————313

Ⅶ. 이 땅의 주를 증거하는 사역 ————————319

목 차

Ⅷ. 전 3년 반 속에서 한 때와 두 때를 이루는 사역 —— 324

Ⅸ. 죽음과 부활의 사역 —— 336

제 5장. 두 감람나무와 두 촛대의 관계 —— 367

Ⅰ. 산 자의 도맥을 간직한 엘리사 —— 369
1. 엘리야의 영감의 갑절을 받은 엘리사 —— 369
2. 엘리사가 행한 열 가지 기적 —— 382
   (1) 물의 근원을 고치는 기적 —— 383
   (2) 물과 피의 기적 —— 385
   (3) 탕감의 기적 —— 388
   (4) 잉태의 기적 —— 391
   (5) 해독의 기적 —— 405
   (6) 보리떡의 기적 —— 408
   (7) 문둥병을 고친 기적 —— 410
   (8) 도끼를 건진 기적 —— 417
   (9) 아람군을 물리친 기적 —— 421
   (10) 엘리사의 시체가 행한 기적 —— 428
3. 부활과 변화의 맥을 간직한 엘리사 —— 437

Ⅱ. 반 때의 주인공은 누구인가? —— 444

Ⅲ. 사도 요한이 먹은 작은 책은 무엇인가? —— 456

Ⅳ. 두 감람나무와 두 촛대의 관계는 무엇인가? —— 472

두 감람나무와 두 촛대, 그들은 누구인가?

제 6장. 신부의 탄생으로 이루어지는
　　　　어린 양의 혼인잔치 ―――――――――― 481

맺음말 ――――――――――――――――――― 513

참고문헌 ―――――――――――――――――― 551

이 땅의 주 앞에 섰는 두 감람나무와 두 촛대, 그들은 누구인가?

요 21:25 예수의 행하신 일이 이 외에도 많으니 만일 낱낱이 기록된다면 이 세상이라도 이 기록된 책을 두기에 부족할 줄 아노라

사도 요한은 "예수의 행하신 일이 낱낱이 기록된다면 이 세상이라도 기록된 책을 둘 곳이 부족하다"고 하였다.

예수께서 3년 공생애 동안 이 땅에서 행하신 하늘의 일을 책으로 기록하려면 하늘을 두루마리 삼고, 바다를 먹물 삼아도 다 기록할 수 없다는 것이다. 그만큼 하늘의 일은 필설(筆舌)로 다하지 못한다는 것이다.

신구약 성경 66권에 기록된 내용은 그처럼 방대한 내용들을 압축하고 또 압축해서 비유와 상징과 암호로 기록한 내용들이다.

딤후 3:16 모든 성경은 하나님의 감동으로 된 것으로 교훈과 책망과 바르게 함과 의로 교육하기에 유익하니

벧후 1:20-21 먼저 알 것은 경의 모든 예언은 사사로이 풀 것이 아니니 예언은 언제든지 사람의 뜻으로 낸 것이 아니요 오직 성

령의 감동하심을 입은 사람들이 하나님께 받아 말한 것임이니라

벧후 3:16 또 그 모든 편지에도 이런 일에 관하여 말하였으되 그 중에 알기 어려운 것이 더 있으니 무식한 자들과 굳세지 못한 자들이 다른 성경과 같이 그것도 억지로 풀다가 스스로 멸망에 이르느니라

성경은 성령의 감동으로 쓰인 책이기에, 사사로이 풀거나 억지로 풀어서는 안 되는 책이다. 성경 66권 속에 들어있는 31,073구절들은 제각기 깊은 구속사의 의미를 지니고 있으며, 서로가 짝을 이루는 조화 속에서 인과 관계를 맺고 있다. 그렇기 때문에 성경에는 짝이 있다.

사 34:16 너희는 여호와의 책을 자세히 읽어보라 이것들이 하나도 빠진 것이 없고 하나도 그 짝이 없는 것이 없으리니 이는 여호와의 입이 이를 명하셨고 그의 신이 이것들을 모으셨음이라

문제가 있으면 답이 있고, 결과가 있으면 반드시 원인이 있는 것이다. 따라서 아무리 난해한 구절이라도 성경은 성경으로 다 풀어지게 되어있다.

단, 성경 속에 감추어진 하나님의 인류 구원계획의 뜻과 의중은 표면적인 한 구절만으로는 절대 알 수 없다. 창세기부터 흘러 요한계시록까지 달려온 깊은 도맥(道脈) 속에 숨겨진 영

맥(靈脈)을 발견해야 그 의미를 깨달을 수 있다.

그러기에 성경은 그 영맥을 발견하기까지 끊임없는 문제점을 제시하고 있다. "멜기세덱이 어떻게 아브라함보다 높은 것을 생각하라!"(히 7:4)고 했고, 신명기 32:7에서 "옛날을 기억하라 역대의 연대를 생각하라 네 아비에게 물으라 그가 네게 설명할 것이요 네 어른들에게 물으라 그들이 네게 이르리로다"라고 했다.

표면적으로 알 수 없는 난해한 세계의 비밀을 알려주시려고 '생각하라'고 한 것이 아닌가? 또 물을 대상이 있기에 '물으라'는 것이 아니겠는가? 세상 부모도 떡을 달라는 자식에게 돌을 주지 않고, 생선을 달라는 자식에게 뱀을 주지 않는다고 했다(마 7:9-10, 눅 11:11). 하물며 신실하고 미쁘신 하나님께서 간절히 알고자 기도하는 자녀들에게 영의 세계의 비밀을 깨닫게 해주시지 않겠는가?

그렇기 때문에 성경에서는 하나님을 알기를 힘쓰라고 하셨다.

호 4:6 내 백성이 지식이 없으므로 망하는도다 네가 지식을 버렸으니 나도 너를 버려 내 제사장이 되지 못하게 할 것이요 네가 네 하나님의 율법을 잊었으니 나도 네 자녀들을 잊어버리리라

호 6:3 그러므로 우리가 여호와를 알자 힘써 여호와를 알자 그의 나오심은 새벽 빛 같이 일정하니 비와 같이, 땅을 적시는 늦은 비와 같이 우리에게 임하시리라 하리라

호 6:6 나는 인애를 원하고 제사를 원치 아니하며 번제보다 하나님을 아는 것을 원하노라

하나님이 원하시는 것은 제사와 예물이 아니라, 하나님을 아는 것이라고 하셨다. 그런데 믿는다는 하나님의 자녀들이 그 말씀대로 깊이 생각하지 않고, 근심하며 기도하지 않고, 성경을 알기에 힘쓰지 않고, 애매한 것은 전부 예수, 또는 교회라고 일축해 버린다.

예를 들면, 요한계시록 12장에 해를 입은 여인이 등장한다. 그가 장차 철장으로 만국을 다스릴 남자를 낳기 위해서 구로하는 내용이 기록되어 있다(계 12:1-4). 그를 대적하는 뱀의 낯을 피해 광야로 두 번이나 도망가기도 한다(계 12:6, 12:14).

주석에는 해를 입은 여인을 교회라고 했다. 또 이 땅의 주, 철장으로 만국을 다스릴 남자도 교회, 또는 예수라고 한다. 그렇다면 교회가 교회를 낳는다는 것인가? 2천 년 전에 유대 땅에 오셔서 십자가 사역을 마치시고 사망 권세를 깨시고 하늘 우편 보좌에 가신 예수님이 재림 마당에 또 등장하여 광야로 도망가시는 것인가? 도무지 앞뒤가 맞지 않는 주장이다.

예수님이 십자가 상에서 "다 이루었다"(요 19:30)고 하셨기에, 예수께서 처음부터 끝까지 무엇이든 다 하신다고 생각한다. 재림 마당에도 '재림 예수'로 다시 오셔서 구속사의 시

작과 끝을 혼자서 다 이루신다는 것이다. 그렇게 하시려면 하늘에서 행하시지, 무엇 때문에 여인의 길로 오셔서 십자가를 지실 필요가 있겠는가? 예수께서 이 땅에 오신 것은 우주만물을 지으신 창조주로서의 책임을 지고(요 1:3), 피조물인 인간이 담당하지 못하는 죄의 문제를 해결해 주시고자 오신 것이지, 처음부터 끝까지 다 행하러 오신 것이 아니다. 그렇기 때문에 자주 고난을 받지 않으려고 세상 끝에 오셨다고 하지 않았는가? (히 9:26)

더구나 지금 하늘 우편 보좌에 계신 입장에서 재림 마당의 역사를 친히 행하실 수가 없다. 예수님은 히브리서 1:3 말씀대로 만물을 붙드시고, 죄의 문제를 해결하시고자 그분만이 가지신 고유적인 권능을 통해서 역사하셨다. 그 외의 사역은 예수님이 직접 하시는 것이 아니다. 재림의 역사는 재림 마당의 구속사역을 담당할 주인공들이 이루어 드려야 하는 것이다. 그렇게 역사하는 입장을 가리켜 "도적같이 오신다"(계 16:15, 살전 5:2, 벧후 3:10)라고 하신 것이다.

주기도문에 "뜻이 하늘에서 이룬 것 같이 땅에서도 이루어지이다"라는 내용으로 기도하라고 하셨다. 아무리 전능하신 하나님이시라도 하나님께서 행하고자 하시는 것을 믿는 자녀들이 기도해 주어야 하는 것이다(겔 36:37). 이처럼 하늘과 땅이 서로 조화를 이루며 상생(相生)하는 인과 관계를 통해서 인류 구속사역이 완성되는 것이다.

그런데 하나님의 자녀들이 이런 문제점에 대해 깊이 생각하지 않고, 무조건 예수님이 처음부터 끝까지 다 이루시고 해 주실 것이라는 고정관념에 빠져 있다.

그렇기 때문에 예수께서 "인자가 올 때에 세상에서 믿음을 보겠느냐?"(눅 18:8)라고 하셨다. 지금 한국 땅에만 수만 개의 교회와 수많은 종교지도자들이 있는데 왜 믿음이 없다는 것인가? 한국에만 천만 명이 넘는 기독교인들이 있는데 왜 믿음을 볼 수 없다고 하신 것인가? 하나님의 의중을 헤아리며 뜻을 깨닫기 위해서 열심히 궁구(窮究)하는[1] 진정한 믿음이 없기 때문이다.

또 지금까지 성경은 인봉(印封)되어 왔기 때문에 쉽게 이해하고 깨닫기 어려웠던 점도 사실이다(사 29:11-12, 계 5:1). 그러나 예수께서 친히 말씀하시기를 "때가 이르면 아버지에 대한 것을 밝히 이르리라"(요 16:25)고 하셨다. 그러기에 어느 때인가 밝히 이르는 말씀이 나오면 마음을 열고 귀를 기울여야 한다.

> 히 3:7-8 그러므로 성령이 이르신 바와 같이 오늘날 너희가 그의 음성을 듣거든 노하심을 격동하여 광야에서 시험하던 때와 같이 너희 마음을 강퍅케 하지 말라

때의 주인을 알아야 때의 주인으로부터 나오는 오늘날의

---
[1] 속속들이 파고들어 깊이 연구하는

말씀을 들을 수 있다. 그러기에 오늘날의 말씀이 선포될 때 마음을 강퍅하게 하지 말라고 경고하고 계신다(히 3:7-8, 4:7).

예수님 때에는 예수님을 알아보지 못하고 십자가에 못 박았고, 재림 마당 역시 이 땅의 주를 알지 못하기에 이 땅의 주가 어떤 역사를 전개하며 이루시는지 알지 못한다. 심지어는 요한계시록을 다루거나 설교하면 '이단이 아닌가?' 의심을 받기도 한다.

요한계시록은 장차 이 땅에 오실 재림주에 대한 예언이다. 성경이 일점일획도 남기지 않고 99%가 이루어졌다면 아마도 남은 1%는 요한계시록 내용이 아니겠는가? 현대를 살아가는 성도들에게 가장 중요하고 당면한 문제라 할 수 있는 요한계시록의 내용을 외면하고 어떻게 재림을 예비할 것인가?

특히 재림 마당을 주관하며 이루어나갈 구속사의 주인공, '이 땅의 주 앞에 섰는 두 감람나무와 두 촛대'라는 때의 주인공을 알지 못하면 재림의 역사를 도무지 이해할 수 없다.

그런 의미에서 본서에서는 '두 감람나무 역사는 어디에서 이루어질 것인가?', '두 감람나무의 근본과 본질', '두 감람나무의 사명', '두 감람나무의 사역', '두 감람나무와 두 촛대의 관계'등에 관하여 깊이 살펴보고자 한다.

제 1장

두 감람나무 역사는 어디에서 이루어질 것인가?

제 1장
두 감람나무 역사는 어디에서 이루어질 것인가?

계 11:3-4 내가 나의 두 증인에게 권세를 주리니 저희가 굵은 베옷을 입고 일천 이백 육십 일을 예언하리라 이는 이 땅의 주 앞에 섰는 두 감람나무와 두 촛대니

사도 요한이 밧모섬에서 장차 지구 상에 이루어질 재림의 역사를 계시로 받아 기록한 내용 중, '이 땅의 주 앞에 섰는 두 감람나무와 두 촛대'가 등장한다. 그들은 재림 마당에서 펼쳐질 구속 사역의 중심에 서 있는 주인공들이다.

혹자는 두 감람나무에 대해 모세와 엘리야, 또는 스룹바벨과 여호수아라고 하기도 한다. 에스라와 느헤미야, 또는 아브라함과 다윗이라고 하는 사람도 있다. 심지어 신약과 구약 성경이라고 말하는 사람도 있다.

1950년~1960년 경에 "내가 감람나무다!"라고 주장하는 사람이 등장하여 한국 교계에 큰 물의를 빚은 적이 있다. 그 이후 많은 사람들이 "내가 영모(靈母)다!", "내가 천부(天父)다!", "내가

감람나무다!"라는 식의 주장으로 교계뿐만 아니라 사회를 크게 어지럽혔다. 그들이 정말 감람나무라는 사람인지 아닌지는 오직 하나님만 아실 것이다.

한 가지 분명한 사실은 감람나무가 되려면 자신이 감람나무로 등장하기까지의 전생(前生)[1], 즉 자신의 뿌리가 있어야 한다. 성경에 기록된 내용으로 자신의 뿌리를 뒷받침할 수 있는 근거, 본질을 분명하고 확실하게 증거할 수 있어야 한다. 전생이 있음으로써 하나님과 임마누엘 되었다는 증거를 확보할 수 있고, 나타낼 수 있는 것이다. 그렇지 못하고 자기가 감람나무로서 하늘의 영광을 이루겠다는 사람들은 다 거짓 선지자들이다.

> 요 1:1-3 태초에 말씀이 계시니라 이 말씀이 하나님과 함께 계셨으니 이 말씀은 곧 하나님이시니라 그가 태초에 하나님과 함께 계셨고 만물이 그로 말미암아 지은바 되었으니 지은 것이 하나도 그가 없이는 된 것이 없느니라

> 창 2:9 여호와 하나님이 그 땅에서 보기에 아름답고 먹기에 좋은 나무가 나게 하시니 동산 가운데에는 생명나무와 선악을 알게 하는 나무도 있더라

예수님도 이 땅에 오시기 전에 에덴동산 한가운데 생명나무로서 인류 구속사역에 최초로 뛰어드셨다. 또 그 이전에 독생하신 하나님으로서 태초의 말씀으로 우주만물을 창조하신 분이다. 그

---

[1] 여기서 말한 전생은 불교에서 말하는 소가 사람이 되고, 또 사람이 개가 된다고 하는 전생의 의미와는 전혀 다르다.

말씀이 육신으로 여인의 길을 통해 이 땅에 오신 것이다.

마태 족보에는 예수께서 유다 지파를 통해 42대 만에 오신 족보가 분명하고 확실하게 기록되어 있다(마 1:1-17). 그렇게 오신 입장을 가리켜 "나는 다윗의 뿌리요 자손이니, 곧 광명한 새벽별이라"(계 22:16)고 하셨다.

렘 1:5 내가 너를 복중에 짓기 전에 너를 알았고 네가 태에서 나오기 전에 너를 구별하였고 너를 열방의 선지자로 세웠노라 하시기로

하나님께서 예레미야 선지자를 만세 전에 이미 아시고 택하셨다는 말씀이다. 이 말씀을 깊이 궁구하면 예레미야 선지자도 이 땅에 오기 전에 전생이 있었다는 것을 알게 된다.

말 1:2-3 여호와께서 가라사대 내가 너희를 사랑하였노라 하나 너희는 이르기를 주께서 어떻게 우리를 사랑하셨나이까 하는도다 나 여호와가 말하노라 에서는 야곱의 형이 아니냐 그러나 내가 야곱을 사랑하였고 에서는 미워하였으며 그의 산들을 황무케 하였고 그의 산업을 광야의 시랑에게 붙였느니라

롬 9:10-13 이뿐 아니라 또한 리브가가 우리 조상 이삭 한 사람으로 말미암아 잉태하였는데 그 자식들이 아직 나지도 아니하고 무슨 선이나 악을 행하지 아니한 때에 택하심을 따라 되는 하나님의 뜻이 행위로 말미암지 않고 오직 부르시는 이에게로 말미암아 서게 하려 하사 리브가에게 이르시되 큰 자가 어린 자를 섬기리라 하셨나니 기록된바 내가 야곱은 사랑하고 에서는 미워하였다 하심과 같으니라

에서와 야곱이 태어나서 행한 일과 상관없이 하나님은 처음부터 야곱은 사랑하고 에서는 미워했다는 것이다. 그 이유는 하나님께서 그들의 전생의 근본·본질을 아시기에, 야곱은 사랑하고 에서는 미워하실 수밖에 없는 것이다.

> 창 15:16 네 자손은 사대만에 이 땅으로 돌아오리니 이는 아모리 족속의 죄악이 아직 관영치 아니함이니라 하시더니

> 대상 5:2 유다는 형제보다 뛰어나고 주권자가 유다로 말미암아 났을찌라도 장자의 명분은 요셉에게 있으니라

두 감람나무도 재림 마당에 갑자기 등장하는 존재가 아니다. 그의 전생은 창세기 15장에서 여호와 하나님이 아브라함과 맺은 횃불언약을 통하여 4대에 맺힌 산 자의 열매(레 19:23-25)이며, 영적 장자인 요셉이다(대상 5:2).

그가 비록 잠이 들었으나 이스라엘 백성들에 의해 그의 시체가 692년 만에 세겜 땅에 묻힘으로[2], 횃불언약이 표면적으로 이루어졌다는 분명하고 확실한 뿌리를 가진 존재이다. 다만 산 자의 열매, 영적 장자를 죽는 자들의 족보에 둘 수 없어 기록하지 않았을 뿐이다.

또 한 가지 분명한 사실은 두 감람나무는 절대 독단적으로 역사할 수 없는 존재라는 것이다. 두 감람나무는 이 땅의 주를 증거하는 존재이므로 자신이 스스로 영모나, 천부가 될 수 없는 존재이다.

---

[2] 구속사 시리즈 제 2권 <잊어버렸던 만남> 184쪽, 박윤식 저, 도서출판 휘선

슥 4:6 그가 내게 일러 가로되 여호와께서 스룹바벨에게 하신 말씀이 이러하니라 만군의 여호와께서 말씀하시되 이는 힘으로 되지 아니하며 능으로 되지 아니하고 오직 나의 신으로 되느니라

스가랴 선지자는 두 감람나무에 대해서 "힘으로 되지 아니하며 능(能)으로 되지 아니하고 오직 하나님의 신(神)으로 되느니라"고 했다. 두 감람나무는 권력이 있고 능력이 뛰어나다고 해서 되는 것이 아니라, 하나님께서 택하시어 기름 부은 자라는 것이다.

사 42:1-2 내가 붙드는 나의 종, 내 마음에 기뻐하는 나의 택한 사람을 보라 내가 나의 신을 그에게 주었은즉 그가 이방에 공의를 베풀리라 그는 외치지 아니하며 목소리를 높이지 아니하며 그 소리로 거리에 들리게 아니하며

또 그는 외치지 않고 목소리를 높이지 않아 그의 소리는 거리에서 들을 수 없다고 했다. 그의 소리를 들을 수 없는 이유가 무엇인가? 왜 그는 목청껏 소리 높여 장차 재림주의 영광을 받으실 이 땅의 주를 증거하지 않는가?

재림 마당의 이 땅의 주는 도적같이 오시는 분이기 때문이다(계 16:15). 이 땅의 주는 죄인을 위해서 오시는 분이 아니라, 자기를 바라는 자들, 의인을 위해서 오시는 분이다(히 9:28). 그렇기 때문에 초림주 예수님처럼 공개된 만나로 오시지 않고, 감추인 만나로 오시는 분이다(계 2:17).

만일 우리와 같은 성정을 가진 인간이 자신이 두 감람나무라는 사명을 받았다며 어느 분을 재림주라고 증거한다면 과연 모든 성도들이 그를 재림주라고 인정할 수 있을 것인가? 한치 앞도 내다보지 못하는 인간들이 재림주를 증거한다고 해서 누가 그를 이 땅의 주, 재림주로 영접할 수 있겠는가?

소경이 소경을 인도하면 둘 다 구덩이에 빠진다고 했다(마 15:14). 자기 자신조차 구원하지 못하는 존재가 어찌 다른 사람을 증거할 수 있겠는가?(욥 40:10-14) 요한복음 11:25-26에서 예수님이 말씀하신 부활과 영생이라는 영원한 생명을 가진 산 자가 증거해야 재림주가 영광의 주로 영접 받을 수 있을 것이다.

> 딤전 6:15-16 기약이 이르면 하나님이 그의 나타나심을 보이시리니 하나님은 복되시고 홀로 한 분이신 능하신 자이며 만왕의 왕이시며 만주의 주시요 오직 그에게만 죽지 아니함이 있고 가까이 가지 못할 빛에 거하시고 아무 사람도 보지 못하였고 또 볼 수 없는 자시니 그에게 존귀와 영원한 능력을 돌릴찌어다 아멘

하나님은 누구나 쉽게 볼 수도 없고, 가까이 가지 못할 빛에 거하시는 분이다. 그러기에 하나님을 보는 자는 죽는다고 했다.

> 요 1:1-5 태초에 말씀이 계시니라 이 말씀이 하나님과 함께 계셨으니 이 말씀은 곧 하나님이시니라 그가 태초에 하나님과 함께 계셨고 만물이 그로 말미암아 지은바 되었으니 지은 것이 하나도 그가 없이는 된 것이 없느니라 그 안에 생명이 있었으니 이 생명은 사람들의

빛이라 빛이 어두움에 비취되 어두움이 깨닫지 못하더라

　빛이 어둠에 비치되 어둠이 깨닫지 못한다. 따라서 빛은 항상 증거자를 통해서만 그 존재를 나타낼 수밖에 없다. 빛은 혼자 올 수도 없고, 혼자 역사할 수도 없다.

　구약 마당에서도 모세와 아론이 서로 파트너십이 되었다. 출애굽기 7:1에 모세는 바로 앞에 신과 같은 존재이며, 아론은 모세의 대언자라고 했다.
　신약 마당에서도 예수님과 세례 요한이 서로 파트너십이 되었다. 세례 요한이 예수님보다 6개월 먼저 탄생해서 '광야에 외치는 자의 소리'(사 40:3)라는 사명을 가지고 예수님이 오실 길을 예비하였다. 그는 예수님을 가리켜 "나는 그의 신들메 풀기도 감당치 못한다"(막 1:7, 눅 3:16, 요 1:27)라고 했고, "나는 물로 세례를 주거니와 내 뒤에 오시는 분은 성령으로 세례를 주실 분이라"(막 1:8, 요 1:33)고 증거했다. 세례 요한의 가장 큰 사명은 초림주 예수님을 이스라엘에 나타내고 증거하는 것이었다(요 1:31).

　재림 마당에서는 '이 땅의 주와 두 감람나무'가 서로 파트너십의 관계를 이루게 된다.
　두 감람나무가 재림 마당에서 영육 간의 산 자로, 철장으로 만국을 다스릴 아이로 탄생해야 하는 것이다(계 11:11, 12:5). 그런 존재만이 재림주 멜기세덱을 증거할 수 있고, 땅과 하늘을 주관하며 다스릴 수 있는 것이다.

그렇기 때문에 인류 구속사역을 완성할 재림 마당을 주도하는 '이 땅의 주와 두 감람나무 · 두 촛대'의 역사를 아는 것이 얼마나 중요한 일이겠는가? '이 땅의 주와 두 감람나무 · 두 촛대'의 근본, 본질, 사명, 사역 등에 대해 자세히 아는 자만이 인류 구속사역을 완성하시는 하나님의 뜻을 헤아릴 수 있을 것이다.

과연 두 감람나무 역사는 어디에서 일어날 것인가?

과거에 이단들이 '두 감람나무'를 자칭하며 물의를 일으키자 신학자들은 앞 다투어 "감람나무 역사는 오직 유대인을 통해서만 역사하게 되어있지, 절대 이방인을 통해서는 역사하지 않는다. 설사 성경에 그런 말씀이 있다고 해서, 자기들이 감람나무라고 하는 것은 절대 잘못된 것이다. 조금만 은혜를 받으면 자기들이 '감람나무, 또는 재림 예수'라고 주장하는데, 한국 땅에서는 절대 감람나무 역사가 일어날 수 없다. 그 점을 절대 오해해서는 안 된다"라는 입장을 밝혀 왔다. 이것이 오늘까지 일관된 신학의 기준이다.

그리고 또 다시 '두 감람나무'에 대해 언급하는 사람은 일고(一考)의 가치도 없이 이단으로 정죄하는 엄중한 분위기를 조성하고 있다.

> 마 5:17-18 내가 율법이나 선지자나 폐하러 온 줄로 생각지 말라 폐하러 온 것이 아니요 완전케 하려 함이로라 진실로 너희에게 이르노니 천지가 없어지기 전에는 율법의 일점일획이라도 반드시 없

> 어지지 아니하고 다 이루리라

그러나 천지가 없어지기 전에는 율법의 일점일획이라도 다 이루신다고 예수께서 친히 말씀하셨다. 그렇기 때문에 예수께서도 그 율법을 완전하게 이루고자 이 땅에 오신 것이다.

그렇다면 재림 마당의 핵심을 소개하는 말씀을 소홀히 간과하는 것이 과연 옳은 처사인가? "구더기 무서워 장 못 담그랴?"는 속담이 있듯이, 언제까지 인간들이 정해놓은 신학의 기준에 의해서 성경 말씀이 봉함되어야만 하는가?(사 29:11)

> 사 17:6-7 그러나 오히려 주울 것이 남으리니 감람나무를 흔들 때에 가장 높은 가지 꼭대기에 실과 이 삼개가 남음 같겠고 무성한 나무의 가장 먼 가지에 사 오개가 남음 같으리라 이스라엘의 하나님 여호와의 말씀이니라 그 날에 사람이 자기를 지으신 자를 쳐다보겠으며 그 눈이 이스라엘의 거룩하신 자를 바라보겠고

감람나무를 흔드시는 역사의 구체적인 내용이다. 감람나무를 흔들면 본 가지에는 2-3개, 무성한 먼 가지에는 4-5개가 남는다는 것이다. "그 날에 사람이 자기를 지으신 자를 쳐다보겠으며, 그 눈이 이스라엘의 거룩하신 자를 바라보겠고"라는 내용은 감람나무 역사가 이루어질 때에서야 비로소 감람나무 역사를 주관하시는 하나님을 주목하게 된다는 것이다.

감람나무 역사를 주관하시는 분이 재림 마당에서 역사하시는 하나님이시기에 우리는 결코 감람나무 역사에 대해 간과해서는 안 된다. 재림의 역사는 감람나무 역사가 중심이 된다. 따라서 감

람나무 역사를 모르는 사람은 재림주 하나님을 알 수도 없고, 영접할 수도 없는 것이 아니겠는가?

신학자들이 주장하듯 재림 마당에 등장하는 감람나무의 역사는 표면적인 유대인을 통해서 이루어질 것인가?

> 슥 14:4 그 날에 그의 발이 예루살렘 앞 곧 동편 감람산에 서실 것이요 감람산은 그 한가운데가 동서로 갈라져 매우 큰 골짜기가 되어서 산 절반은 북으로, 절반은 남으로 옮기고

이 구절에서도 "그 날에 그의 발이 예루살렘 앞 곧 동편 감람산에 서실 것이요"라고 예언했기 때문에, 대부분의 신학자들, 성도들은 재림주가 중동지역에 있는 이스라엘 감람산에 임재하실 것이라고 굳게 믿고 있다. 그리고 두 감람나무도 재림주가 임재하실 이스라엘에서 역사할 것이라고 믿고 있다. 왜냐하면 두 감람나무의 역사는 필연적으로 '이 땅의 주'께서 주관하시는 역사로서 함께 병행되기 때문이다.

> 사 24:13 세계 민족 중에 이러한 일이 있으리니 곧 감람나무를 흔듬 같고 포도를 거둔 후에 그 남은 것을 주움 같을 것이니라

그런데 왜 이사야 선지자는 '세계 민족 중에서' 감람나무 역사와 포도를 거둔 후에 남은 것을 줍는 역사가 일어난다고 했을까? 만일 두 감람나무 역사가 히브리 민족을 통해서 이스라엘 땅에서 이루어진다면 굳이 '세계 민족 중에서'라는 표현을 사용할 필요가

없을 것이다. 특정한 민족이나 나라를 언급하지 않고, 세계 민족 중에서 일어난다는 말은 반드시 이스라엘에서 일어나는 것은 아니라는 뉘앙스를 풍기고 있지 않은가?

　과연 두 감람나무 역사는 어디에서 일어날 것인가? 모든 해답은 성경을 통해서 풀어야 한다. 예수께서 말씀하신 포도원의 비유, 아브라함이 횃불언약을 통하여 드린 세 가지 제물, 사도 바울의 감람나무의 비유를 통하여 이 문제에 대한 해답을 찾아보고자 한다.

I
예수님의 포도원의 비유

마 21:43-46 그러므로 내가 너희에게 이르노니 하나님의 나라를 너희는 빼앗기고 그 나라의 열매 맺는 백성이 받으리라 이 돌 위에 떨어지는 자는 깨어지겠고 이 돌이 사람 위에 떨어지면 저를 가루로 만들어 흩으리라 하시니 대제사장들과 바리새인들이 예수의 비유를 듣고 자기들을 가리켜 말씀하심인 줄 알고 잡고자 하나 무리를 무서워하니 이는 저희가 예수를 선지자로 앎이었더라

예수께서 친히 이스라엘 백성들에게 포도원의 비유로 말씀하셨다. 포도원 주인이 농부들에게 포도원을 세(貰)로 주었는데, 실과 때가 되어 세를 받으려고 종들을 보내니 핍박하여 죽였다. 주인이 아들을 보내며 "설마 내 아들은 공경하리라"(마 21:37)고 했더니, "이는 상속자니 그를 죽이고 포도원을 차지하자"(마 21:38)고 하여 죽였다.

이스라엘 백성들은 선민으로 선택받은 민족이지만 시대마다 보낸 하나님의 선지자들을 다 핍박하였다. 그뿐 아니라 때가 차매 자기 땅에 오신 구세주, 예수님을 자기들 손으로 십자가에 못 박

아 죽인 사람들이다.

　그 결과 이스라엘 백성들은 포도원을 빼앗기고, 그 포도원을 열매 맺는 백성에게 넘겨준다고 말씀하셨다. 예수께서 이 말씀을 하실 때, 대제사장들과 바리새인들은 이 비유가 자기들을 가리켜 말씀하신 것인 줄 알았다고 했다. 그들은 그런 말씀을 듣고 회개하는 것이 아니라, 오히려 예수님을 잡으려고 했다는 것이다.

　여기서 포도원을 넘겨준다는 것, 빼앗긴다는 것은 무슨 뜻인가? 포도원은 하나님의 구속사역을 이루는 구속사의 도장(道場)을 말하는 것이다. 마태복음 13장에서 예수께서 천국에 대해 말씀하신 일곱 가지 비유 가운데 "천국은 제 밭에 좋은 씨를 뿌린 것과 같다"(마 13:24)는 '제 밭'이 바로 포도원이다. 예수님도 자기 땅, 즉 제 밭에 오신 분이다(요 1:11). 이스라엘 백성들이 제 밭에 오신 자기들의 메시아를 빌라도의 손을 빌어, 로마 제국의 통치와 권세를 이용하여 십자가에 못 박아 죽였다. 예수께서 이미 십자가 사건을 바라보시고 포도원 비유로 말씀하신 것이다.

　"이 돌 위에 떨어지는 자는 깨어지겠고, 이 돌이 사람 위에 떨어지면 저를 가루로 만들어 흩으리라"(마 21:44)는 말씀은 "흔적도 없이 사라진다"는 것이다. 그것이 이스라엘 백성들이 저지른 죄에 대한 심판의 결과이다.

　피조물이 창조주를 십자가에 못 박아 죽인 것! 그것이 4천 년 동안 메시아를 기다려온 선민 이스라엘 백성들이 저지른 일이다. 자식이 부모를 죽여도 말세라고 혀를 차는데, 하물며 피조물이 자신을 창조하신 창조주 하나님을 죽이는 것이야말로 창세 이후 전무후무한 환난이 아니겠는가?

이스라엘 백성들이 메시아로 오신 예수님을 십자가에 못 박은 죄로 인해 주님 십자가 달리신 후 40년에 로마 베스피안 황제의 아들 디도(Titus)가 예루살렘 성을 포위하였고, 예루살렘 성 안에 있는 100만-110만 명이 한 명도 남지 않고 다 죽었다. 그것도 얼마나 비참하게 죽었는가? 성 안의 양식이 떨어지자 굶주림에 지친 부모들이 자기 자식을 잡아먹었다.[3] 레위기 26장, 신명기 28장에 불순종으로 인한 하나님의 저주의 내용 중 가장 극치의 화는 자기 자식을 잡아먹는 일이라고 기록되어 있다(레 26:29, 신 28:53-57). 그런 참혹한 사건이 예루살렘 성에서 일어난 것이다.

그 이후에 독일 히틀러에 의해서 수백 만 명의 유대인들이 죽었다.

마 27:19-26 총독이 재판 자리에 앉았을 때에 그 아내가 사람을 보내어 가로되 저 옳은 사람에게 아무 상관도 하지 마옵소서 오늘 꿈에 내가 그 사람을 인하여 애를 많이 썼나이다 하더라 대제사장들과 장로들이 무리를 권하여 바라바를 달라 하게 하고 예수를 멸하자 하게 하였더니 총독이 대답하여 가로되 둘 중에 누구를 너희에게 놓아 주기를 원하느냐 가로되 바라바로소이다 빌라도가 가로되 그러면 그리스도라 하는 예수를 내가 어떻게 하랴 저희가 다 가로되 십자가에 못 박혀야 하겠나이다 빌라도가 가로되 어찜이뇨 무슨 악한 일을 하였느냐 저희가 더욱 소리질러 가로되 십자가에 못 박혀야 하겠나이다 하는지라 빌라도가 아무 효험도 없이 도리어 민란이 나려는 것을 보

---
3) 〈유대 전쟁사〉 요세푸스 저, 생명의 말씀사

> 고 물을 가져다가 무리 앞에서 손을 씻으며 가로되 이 사람의 피에 대하여 나는 무죄하니 너희가 당하라 백성이 다 대답하여 가로되 그 피를 우리와 우리 자손에게 돌릴찌어다 하거늘 이에 바라바는 저희에게 놓아주고 예수는 채찍질하고 십자가에 못 박히게 넘겨주니라

총독 빌라도는 예수에 대한 꿈을 꾼 아내의 말을 듣고 예수를 놓아주고 싶었다. 그러나 빌라도의 의중과는 다르게 민중들은 바라바를 놓아주라고 소리쳤다. "저희의 소리가 이긴지라"(눅 23:23), 빌라도는 결국 바라바를 놓아주고 예수를 십자가에 못박고자 하였다. 빌라도가 손을 씻으며 "이 사람의 피에 대하여 나는 무죄하니 너희가 당하라"고 하자, "그 피를 우리와 우리 자손에게 돌릴찌어다"(마 27:25)라고 소리쳤다. 예수님의 피를 걸고 맹세한 선민 이스라엘 백성들이었다.

그들의 말대로 당대의 사람들과 후손들이 모두 심판을 받았다. 메시아를 알아보지 못하고 십자가에 죽인 이스라엘 백성들이 예수님의 피 값을 혹독하게 치른 것이다.

그렇게 하나님의 심판을 받은 이스라엘에 누가 온다는 말인가? 예수님을 죽인 그들이 그런 무서운 심판을 받았는데 그 땅에 또 재림주가 오실 것인가?

분명히 "하나님의 나라를 너희는 빼앗기고 그 나라의 열매 맺는 백성이 받으리라"(마 21:43)고 했다.

그런데도 왜 신학자들은 아직도 재림주가 이스라엘의 감람산에 오신다는 생각에서 벗어나지 못하는 것인가? 선민으로 선택받

앉으나 메시아를 십자가에 못 박아 죽인 이스라엘이 아직도 신앙의 종주국인 것처럼 생각하고, 각 나라에서 이스라엘 백성들을 특별대우하고 있는 이유가 무엇인가? 심지어 어느 교단에서는 이스라엘 감람산에 지하 벙커를 만들어 수년간 먹을 수 있는 양의 저장식품을 쌓아두면서까지, 다시 오실 재림 예수를 기다리고 있다는 소식도 들은 바 있다.

지금 이스라엘 백성들은 전체 인구의 약 98%가 유대교를 믿고 있다. 예수님을 믿는 인구는 전체 인구의 약 2% 미만에 불과하다. 그들은 절대 예수님을 메시아로 인정하지 않는다. 그들은 아직도 모세 오경만을 믿으면서 초림주, 메시아를 기다리고 있다.

> 갈 4:21-26 내게 말하라 율법 아래 있고자 하는 자들아 율법을 듣지 못하였느냐 기록된바 아브라함이 두 아들이 있으니 하나는 계집 종에게서, 하나는 자유하는 여자에게서 났다 하였으나 계집 종에게서는 육체를 따라 났고 자유하는 여자에게서는 약속으로 말미암았느니라 이것은 비유니 이 여자들은 두 언약이라 하나는 시내산으로부터 종을 낳은 자니 곧 하가라 이 하가는 아라비아에 있는 시내산으로 지금 있는 예루살렘과 같은 데니 저가 그 자녀들로 더불어 종노릇하고 오직 위에 있는 예루살렘은 자유자니 곧 우리 어머니라

사도 바울은 아브라함의 두 아내, 사라와 하갈을 두 언약, 즉 하늘에 있는 예루살렘과 땅에 있는 예루살렘으로 비유했다. 사라는 약속의 자녀인 이삭을 낳았고, 하갈은 육체를 따라 이스마엘을 낳았다. 두 여자는 각각 예루살렘인데, 하갈은 종노릇하는 여자로

서 지금 있는 예루살렘을 상징하고, 사라는 자유하는 여자로서 하늘에 있는 예루살렘을 상징하고 있다.

바꾸어 말하면 땅에 있는 예루살렘이 육신의 도태(道胎)를 통해서 이루어지는 예루살렘이라면, 하늘에 있는 예루살렘은 말씀의 도태를 통해서 이루어지는 나라를 의미하는 것이다.

그렇기 때문에 육신의 도태를 통해서 태어난 사람은 말씀의 도태를 통해서 태어난 새 예루살렘 성과는 전혀 관계가 없는 사람들이다.

사도 바울의 이 비유를 깊이 생각해 보아도, "과연 영광의 주이신 재림주께서 이스라엘 땅 감람산에 오시겠는가? 두 감람나무 역사가 표면적인 이스라엘에서 일어날 것인가?" 하는 문제의 답을 알 수 있지 않겠는가?

그렇다면 열매 맺는 백성은 누구인가?(마 21:43)

> 롬 2:28-29 대저 표면적 유대인이 유대인이 아니요 표면적 육신의 할례가 할례가 아니라 오직 이면적 유대인이 유대인이며 할례는 마음에 할찌니 신령에 있고 의문에 있지 아니한 것이라 그 칭찬이 사람에게서가 아니요 다만 하나님에게서니라

이 구절에서 열매 맺는 백성은 표면적인 유대인이 아니라, 이면적인 유대인이라고 말씀하고 있다. 본방 이스라엘이 진정한 유대인이 아니라, 영적 이스라엘이 진정한 유대인이라는 것이다.

만일 본방 이스라엘을 통하여 인류 구속사역이 다 이루어졌다면 굳이 이면적 유대인, 이면적 이스라엘, 영적 이스라엘이라는 말이 필요 없지 않겠는가? 이면적 이스라엘이라는 말을 깊이 생각하면, 본방 이스라엘이 다하지 못한 남은 부분을 이루어야 하는 다른 나라의 필요성이 느껴지지 않는가?

요한계시록 11:4에 등장하는 '이 땅의 주 앞에 섰는 두 감람나무 · 두 촛대'의 역사를 하실 분들은 표면적 이스라엘이 아닌 영적 이스라엘에 오신다. 그렇다면 영적 이스라엘은 누구인가? 혹자는 한국이 영적 이스라엘이라고 한다. 영적 이스라엘이란 유대인처럼 특정한 민족을 가리키는 것일까? 반드시 그렇다고 말할 수는 없다.

그렇다면 이면적인 유대인, 영적 이스라엘 사람들은 어떤 기준을 가진 사람들인가? 영적 이스라엘 백성은 아브라함과 같은 믿음을 가진 사람들이어야 한다(갈 3:6-9). 아브라함과 같은 믿음이란 무엇을 말하는 것인가? 한 마디로 말하면 멜기세덱을 아는 믿음, 멜기세덱으로부터 축복받은 믿음이다.

> 창 14:17-20 아브람이 그돌라오멜과 그와 함께 한 왕들을 파하고 돌아올 때에 소돔 왕이 사웨 골짜기 곧 왕곡에 나와 그를 영접하였고 살렘 왕 멜기세덱이 떡과 포도주를 가지고 나왔으니 그는 지극히 높으신 하나님의 제사장이었더라 그가 아브람에게 축복하여 가로되 천지의 주재시요 지극히 높으신 하나님이여 아브람에게 복을 주옵소서 너희 대적을 네 손에 붙이신 지극히 높으신 하나님을 찬송할찌로다 하매 아브람이 그 얻은 것에서 십분 일을 멜기세덱에게 주었더라

아브라함이 전쟁에서 이기고 돌아올 때 멜기세덱으로부터 떡과 포도주의 축복을 받고, 멜기세덱에게 십일조를 바쳤다. 십일조를 바친다는 의미는 십일조를 바치는 대상에게 "당신은 나의 하나님이시고, 나는 당신의 백성입니다"라는 고백이다.

만일 아브라함이 멜기세덱을 창세기 14장에서 처음 만났다면 멜기세덱이 십일조를 받을 대상이라는 것을 어떻게 알았겠는가? 이미 구면이기에 멜기세덱에게 십일조를 바친 것이 아니겠는가? 그렇다면 아브라함은 언제 멜기세덱을 만난 것인가?

> 행 7:2 스데반이 가로되 여러분 부형들이여 들으소서 우리 조상 아브라함이 하란에 있기 전 메소보다미아에 있을 때에 영광의 하나님이 그에게 보여

스데반이 순교 직전에 고별설교를 한 내용이다. 아브라함이 갈대아우르에서 하란으로 떠날 때, 영광의 하나님이 그를 불러내셨다는 것이다. 아브라함은 갈대아우르를 떠나라고 명령하신 하나님이 영광의 하나님, 멜기세덱이라는 것을 안 것이다. 의인의 죽음을 귀하게 여기신 하나님께서 스데반으로 하여금 난해한 멜기세덱에 대한 실마리를 풀 수 있는 자료를 제공하도록 배려하신 것이다.

또 아브라함이 받은 떡과 포도주의 축복은 무엇인가? 그 축복이 얼마나 큰 영광이면 아브라함이 십일조를 바쳤겠는가? 과연 아브라함이 받은 떡과 포도주의 축복은 어떤 결과로 열매 맺은 것인가?

한 마디로 떡과 포도주의 축복은 초림주 메시아에 대한 예언이다. 장차 아브라함의 후손을 통해서 메시아가 탄생하실 것을 축복해주신 것이다.

예수께서 십자가를 지시기 전날 마지막 유월절에 제자들과 함께 떡과 포도주로 성만찬식을 하셨다. 그 당시 이스라엘 백성들은 어린 양의 피로 유월절을 지냈다. 해마다 유월절이면 수많은 어린 양을 죽인 피가 기드론 시내를 붉은 강으로 무릎까지 차오르게 만든다고 한다.

그런데 왜 예수님은 어린 양으로 유월절을 지내지 않으시고, 떡과 포도주로 유월절을 지내셨는가? 같은 날 같은 시간에 이스라엘 백성들은 어린 양으로 유월절 제사를 드리고, 예수께서는 떡과 포도주로 유월절 제사를 드린 셈이다. 예수께서 십자가 사역을 앞둔 인자로서의 삶의 마지막 시간에 행하신 역사라면, 거기에는 깊은 구속사의 도비가 있지 않겠는가?

죽는 자의 믿음을 가진 이스라엘 백성들은 어린 양으로 유월절 제사를 드렸지만, 산 자의 믿음을 가진 자녀들에게는 떡과 포도주로 유월절 제사를 드리게 하신 것이다.

또 아브라함은 창세기 15장에서 여호와 하나님으로부터 횃불 언약의 축복을 받았다. 또 아브라함은 창세기 18장에서 두 천사와 함께 온 여호와 하나님을 영접하여 붉은 암송아지를 잡아 대접하였다. 성경 전체에서 인자로 오신 하나님, 인격적인 하나님과 한 자리에 마주 앉아 음식을 먹고 마신 사람이 또 있는가? 오직 아브라함 한 사람 뿐이다. 하늘의 하나님을 믿기는 쉬우나, 아브라함처럼 인자화(人子化)된 하나님, 인격적인 하나님을 믿는 것은 결코 쉬운 일이 아니다.

다시 말하면, 아브라함은 산 자의 하나님이신 멜기세덱의 정체와 실상과 비밀과 암호를 알고 있었으며, 종들의 하나님으로 역사하시는 여호와 하나님의 정체와 실상과 비밀과 암호도 아는 자였다. 아브라함은 두 가지 도맥을 다 깨달은 믿음의 사람이다.

그 결과 아브라함이 7대 명령 중 마지막 명령인 백세에 얻은 이삭을 제물로 바침으로 신앙의 의(義)의 꽃을 피울 수 있었던 것이다(창 22:11-12). 또 하나님의 벗이라는 칭호를 받을 수 있었던 것이다(대하 20:7, 사 41:8, 약 2:23).

따라서 어느 나라, 어느 민족이건 아브라함 같은 믿음을 가진 사람들은 영적 이스라엘이라고 말할 수 있다.

마지막 때 세상 각처에 아브라함 같은 믿음을 가진 사람들이 존재하기에 동서남북으로 천사들을 보내서 그들을 이끌어내신다고 하신 것이 아니겠는가?(막 13:27)

그렇다면 표면적인 이스라엘은 그 포도원을 통해서 아무런 은혜도 받지 못하고, 아무런 자비와 긍휼을 입지 못하고, 아무런 열매도 맺지 못한 채, 모든 것을 송두리째 빼앗긴 민족이 되는 것인가? 그들 중에서도 열매 맺은 사람들이 있지 않을까?

본방 이스라엘 백성들 가운데서 열매 맺은 사람들은 누구일까?

둘째 아담의 입장으로 신랑의 보좌를 이루신 예수님의 구속사의 세계 안에서, 사도들에 의해서, 랍비 안에서 열매 맺은 사람들이 있다. 결과적으로 그들은 주님의 영광의 보좌를 위해서 순교를 당하고, 사마리아 땅 끝까지 복음을 전했다(행 1:8).

그런 입장에서 예수님이 천국복음을 전하시는 3년 공생애 과정에서 제일 먼저 성령의 첫 열매를 맺은 120문도를 만드셨다. 120문도 안에는 열두 사도, 70문도 등, 구원의 중심이 되는 수가 다 들어있다. 예수님과 함께 할 때에는 눈 뜬 장님 같은 그들이었다. 그러나 예수님이 하늘보좌로 올라가시고, 영광을 받으신 예수님의 영을 보혜사 성령으로 이 땅에 보내어 역사하게 하심으로 말미암아 120문도가 열매를 맺은 것이다. 그들이 공생애 과정을 통하여 성령의 도우심으로 처음 열매 맺은 사람들이다.

첫 열매가 이루어짐으로 말미암아 이제는 그들에 의해서 천국 복음을 받고, 구원 받는 대상들이 이루어지게 된다. 예수께서 십자가 상에서 "다 이루었다"(요 19:30)고 하신 내용 속에는 3년 공생애 과정 안에서 하나님의 주권적인 은혜와 말씀을 통해서 주도면밀하게 계획을 세우신 대로, 계통적으로 이어지는 구원의 수가 포함되어 있는 것이다. 이처럼 본방 이스라엘에서는 신랑의 사역이 이루어졌고, 그 사역이 이루어지는 과정에서 열매 맺은 사람들이 있었다.

그러나 하나님께서는 이스라엘을 통해서 역사하신 포도원을 열매 맺는 백성에게 넘겨주신 것이다. 이로써 본방 이스라엘은 무엇을 빼앗긴 민족이 되었는가? 장차 이루어져야 할 신부의 사역에 대한 축복을 빼앗긴 것이다. 따라서 그 신부의 사역은 재림 마당에서 영적 이스라엘을 통해서 이루어질 것이다.

사 17:6 그러나 오히려 주울 것이 남으리니 감람나무를 흔들 때에 가장 높은 가지 꼭대기에 실과 이 삼개가 남음 같겠고 무성한 나무의 가장 먼 가지에 사 오개가 남음 같으리라 이스라엘의 하나님 여호와의 말씀이니라

사 17:7 그 날에 사람이 자기를 지으신 자를 쳐다보겠으며 그 눈이 이스라엘의 거룩하신 자를 바라보겠고

감람나무의 가장 높은 가지에 2-3개, 무성한 나무의 가장 먼 가지에 4-5개가 남는다고 했다. 이 구절을 보아도 남는 자들은 감람나무 역사를 통해서 열매 맺는 자들을 말한다. 장차 영적 이스라엘에서 감람나무 역사가 이루어질 때, 그것이 하나님께서 친히 행하시는 역사라는 것을 비로소 알게 된다는 것이다.

II
아브라함이 바친 세 가지 제물의 비유

창 15:9 여호와께서 그에게 이르시되 나를 위하여 삼년 된 암소와 삼년 된 암염소와 삼년 된 수양과 산비둘기와 집비둘기 새끼를 취할찌니라

아브라함이 여호와 하나님과 횃불언약을 맺을 때, 세 가지 제물을 바치라고 하셨다. 3년 된 암소와 3년 된 암염소, 3년 된 수양, 산비둘기와 집비둘기 새끼이다. 이 세 종류의 제물은 구약 마당, 신약 마당, 재림 마당의 세 마당을 위한 제물로서, 장차 구속사의 시작과 마침의 과정에서 역사할 주인공들이다.

창 15:17 해가 져서 어둘 때에 연기 나는 풀무가 보이며 타는 횃불이 쪼갠 고기 사이로 지나더라

아브라함이 바친 제물의 쪼갠 고기 사이로 횃불이 지나갔다. 그것은 하나님께서 세 가지 제물을 다 열납하셨다는 뜻이다. 즉 하나님께서 아브라함이 제사 드린 내용대로 그 뜻을 이루시겠다는 의중을 보여주신 것이다. 전능하신 하나님께서 아브라함이 드린 제사의 내용을 반드시 이루며 행하시고 성취하시겠다는 의미가 된다.

세 종류의 제물 중에서 본방 이스라엘을 통해서는 3년 된 암소와 3년 된 암염소, 그리고 3년 된 수양으로 언약을 맺는다. 왜 3년 된 제물을 사용하였는가? 3수의 의미는 영적 거룩한 완전수이다. 따라서 3년 된 제물들은 세상에 널린 흔한 짐승이 아니라, 하나님의 구속사의 뜻을 짊어진 제물들이라는 것이다. 인류의 시조이며 기력의 시작이 되는 존재들이다.

3년 된 암소와 3년 된 암염소는 구약 마당에서 역사한 인류의 첫 시모(始母)인 하와와 둘째 시모인 노아 부인의 상징이라고 할 수 있다. 첫 시모와 둘째 시모들이 다 죄를 지었다. 하와는 선악나무 열매를 따먹고 아담에게도 주어 먹게 하였고, 노아 부인은 함이 아비의 하체를 봄으로 성가정(聖家庭)이 깨어지는 일에 연루되었다. 그렇기 때문에 아브라함으로 하여금 3년 된 암소와 3년 된 암염소를 바치게 하시어 그 뜻을 회복하시고자 하신 것이다.

인류의 셋째 시모가 되는 사라로 하여금 남편 아브라함을 위해 희생하는 역사를 두 번 이루게 하셨다.

가나안 땅에 기근이 들자 아브라함과 사라가 애굽으로 내려갔을 때 애굽 왕 바로가 사라의 미모에 취하자 아브라함이 위경을 느껴 사라를 누이라고 속였다. 사라가 남편 아브라함을 위하여 애굽 왕 바로에게 제물이 된 셈이다(창 12:10-20). 그리고 그랄 왕 아비멜렉에게도 동일한 사건으로 위경을 넘겼다(창 20:1-7).

그리고 3년 된 수양은 초림주 메시아로 오신 예수님을 상징한다. 신약 마당의 제물은 둘이 아니라 하나이다. 예수께서 친히 제물이 되시어 십자가 사역을 담당하셨다. 즉 십자가 사역은 그 누구도 결코 도와줄 수 없는 사역으로서, 예수님 자신이 짊어져야 할 고유적이며 절대적인 사역이다. 그렇기 때문에 신약 마당의 제물은 3년 된 수양 하나뿐이다.

> 단 9:24-27 네 백성과 네 거룩한 성을 위하여 칠십 이레로 기한을 정하였나니 허물이 마치며 죄가 끝나며 죄악이 영속되며 영원한 의가 드러나며 이상과 예언이 응하며 또 지극히 거룩한 자가 기름 부음을 받으리라 그러므로 너는 깨달아 알찌니라 예루살렘을 중건하라는 영이 날 때부터 기름 부음을 받은 자 곧 왕이 일어나기까지 일곱 이레와 육십이 이레가 지날 것이요 그 때 곤란한 동안에 성이 중건되어 거리와 해자가 이룰 것이며 육십이 이레 후에 기름 부음을 받은 자가 끊어져 없어질 것이며 장차 한 왕의 백성이 와서 그 성읍과 성소를 훼파하려니와 그의 종말은 홍수에 엄몰됨 같을 것이며 또 끝까지 전쟁이 있으리니 황폐할 것이 작정되었느니라 그가 장차 많은 사람으로 더불어 한 이레 동안의 언약을 굳게 정하겠고 그가 그 이레의 절반에 제사와 예물을 금지할 것이며 또 잔포하여 미운 물건이 날개를 의지하여 설 것이며 또 이미 정한 종말까지 진노가 황폐케 하는 자에게 쏟아지리라 하였느니라

다니엘이 증거한 70이레는 인류 구속사역의 청사진이다. 하나님께서 처음부터 끝까지 인류 구속사역에 함께 하실 수가 없기에, 70이레라는 기한을 정하시어 구속사역을 펼치신다. 따라서 70이레 속에는 구약과 신약과 재림이라는 세 마당의 역사가 다 포함되어 있다.

그 중에서 구약과 신약의 두 종류의 제물로 이루시는 역사가

70이레 중 62이레와 7이레라고 할 수 있고, 남은 한 이레 역사가 영적 이스라엘에서 이루시는 산비둘기와 집비둘기 새끼의 사건이라고 할 수 있다.

그렇기 때문에 남은 한 이레 사건은 본방 유대인과는 관계없는 사건이다. 한 이레 사건은 재림 마당에서 이루어지는 사건이다. 재림주가 오셔서 이루시는 목적은 한 이레의 중심이 되는 두 종류의 비둘기를 제물로 드리는 사건이라고 말할 수 있다.

여기서 한 가지 차이점을 발견할 수 있다. 구약과 신약 마당에 필요한 제물과 재림 마당에 필요한 제물에는 어떤 차이가 있는가?

3년 된 암소와 3년 된 암염소, 3년 된 수양은 땅을 밟고 다니는 짐승들로 비상하는 존재가 되지 못한다. 물론 말씀이 육신으로 오신 예수님을 상징하는 수양의 입장은 다르다. 예수께서는 하나님의 자녀들의 죄와 허물을 짊어지고자 생축의 입장까지 내려가셔서 수양이 되셨기 때문이다(엡 5:2).

그러나 재림 마당의 산비둘기와 집비둘기 새끼는 하늘을 비상하는 존재들이다. 그들이 하늘을 비상하는 제물로 역사하는 때이기에 재림 마당을 영적인 마당이라고 말할 수 있다.

> 사 30:26 여호와께서 그 백성의 상처를 싸매시며 그들의 맞은 자리를 고치시는 날에는 달빛은 햇빛 같겠고 햇빛은 칠 배가 되어 일곱 날의 빛과 같으리라

왜 일곱 날의 영광이 재림의 마당에서 이루어지는 것인가? 그것은 재림 때의 주인이 예수님의 영광보다 일곱 배 더 크다는 의미가 아니다. 때의 주인을 통해서 받는 신령한 하늘의 복과 땅의 기름진 원천의 축복이 구약 마당이나 신약 마당보다 재림 마당에서 더 큰 영광으로 이루어진다는 차원에서, 재림의 영광이 신약의 영광보다 칠 배가 되어 일곱 날의 영광과 같다고 말씀하신 것이다.

재림 마당에 해당되는 제물이 산비둘기와 집비둘기 새끼라는 것은 재림 마당의 차원은 하늘을 비상하는 차원이기에 구약 마당과 신약 마당을 통해서 이루시는 짐승의 경우보다 더 영광이 크다는 것을 의미하고 있다.

재림 마당에서 제물로 바쳐질 산비둘기와 집비둘기 새끼는 어떤 역사를 이루는 대상인가?

산비둘기는 산에서 사는 비둘기를 말한다. 그 산은 자연계시의 산이 아닌 하나님께서 좌정하신 산이다. 하나님의 성소가 있고, 보좌가 있는 산이다.

창세기 8장에서 노아의 방주가 아라랏산에 도착해서 7일 간격으로 비둘기를 내보냈다. 아라랏산의 의미는 창조의 산, 거룩한 산, 아름다운 산, 변화의 산이다. 예수께서 아버지의 영광으로 변화하신 다볼산을 변화산이라고 하듯, 아라랏산도 변화의 산이다.

노아가 방주에 들어갈 때는 하나님께서 문을 닫으셨으나(창 7:16), 방주에서 내릴 때는 스스로 문을 열고 나올 수 있었다(창

8:13-18). 노아가 하나님이 닫으신 문을 스스로 열고 나올 수 있었다는 것은 노아가 변화되었다는 것이 아니겠는가? 이처럼 노아가 변화의 산, 아라랏산에서 비둘기 역사를 한 대상이 산비둘기이다.

집비둘기 새끼는 제물로 바치기 위해 사용되는 비둘기이다. 집비둘기는 하나님의 성전에 머무는 비둘기를 말한다. 집비둘기 새끼는 주어진 반 때를 통하여 작은 책, 중간 계시, 다시 복음을 전해야 하기에 성전을 통해 역사하는 것이다.[4]

산비둘기와 집비둘기 새끼는 다 제물로 사용되지만, 산비둘기는 영적인 제물로 바쳐지고, 집비둘기 새끼는 육적 제물로 바쳐진다. 영적 제물이란 하늘의 일을 위해서 사용되는 대상이고, 육적 제물이란 사람을 위해서 쓰임 받는 대상이라고 볼 수 있다.

예를 들면, 모세는 산비둘기와 같은 사람이고, 아론은 집비둘기와 같은 사람이라고 말할 수 있다. 모세가 광야의 지도자로 등장하기 전에는 호렙산에서 양을 치는 목동으로 구도의 길을 걸었고, 아론은 모세를 위해 부름 받은 대언자였다. 즉 모세는 아론에게 하나님과 같은 존재였다(출 4:16).

신약 마당에서 초림주께서 신랑의 영광을 이루신 것처럼, 재림 마당에서 재림주께서 신부의 영광을 이루신다. 그 신부의 영광을 이루는 중심에서 두 마리의 비둘기가 역사하는 것이다.

비둘기는 성령을 상징한다. 그러나 보이지 않는 성령이 아닌

---

[4] 제 5장 두 감람나무와 촛대의 관계, Ⅱ. 반 때의 주인공은 누구인가?

인격적인 성령의 역사를 이루시고자 두 마리의 비둘기를 부르시어 역사하신다. '이 땅의 주 앞에 섰는 두 감람나무·두 촛대'의 역사가 산비둘기와 집비둘기 새끼의 역사이다.

이처럼 아브라함이 바친 횃불언약의 세 종류의 제물을 살펴보면, 본방 이스라엘을 통해서 구속사역이 다 마쳐지는 것은 아니라는 것을 알 수 있다. 즉 재림 마당에서 전개될 '산비둘기와 집비둘기 새끼'의 역사는 포도원을 빼앗긴 본방 이스라엘에서 이루어지지 않는다. '이 땅의 주와 두 감람나무·두 촛대'의 역사는 재림 마당에서 영적 이스라엘을 통해서 이루어질 것이다.

그렇다면 "그 날에 그의 발이 예루살렘 앞 곧 동편 감람산에 서실 것이요"(슥 14:4)라고 하신 감람산은 어디를 말하는 것인가? 한 마디로 말하면, 감람나무가 있는 곳이 감람산이다. 즉 두 감람나무 역사가 이루어지는 영적 이스라엘의 감람산에 이 땅의 주께서 임하신다는 것이다.

Ⅲ
사도 바울의 원감람나무와 돌감람나무의 비유

이방의 그릇인 사도 바울은 이방을 참 감람나무에 접붙인 바 된 돌 감람나무로 비유하고 있다.

> 롬 11:17-18 또한 가지 얼마가 꺾여졌는데 돌 감람나무인 네가 그들 중에 접붙임이 되어 참 감람나무 뿌리의 진액을 함께 받는 자 되었은즉 그 가지들을 향하여 자긍하지 말라 자긍할찌라도 네가 뿌리를 보전하는 것이 아니요 뿌리가 너를 보전하는 것이니라

> 롬 11:24 네가 원 돌 감람나무에서 찍힘을 받고 본성을 거스려 좋은 감람나무에 접붙임을 얻었은즉 원 가지인 이 사람들이야 얼마나 더 자기 감람나무에 접붙이심을 얻으랴

이방의 그릇인 사도 바울을 통해 역사하신 것도 감람나무의 역사라는 것을 알 수 있다. 즉 히브리인 중의 히브리인인 사도 바울이라는 가지에(고후 11:22, 빌 3:5) 이방을 담는 접붙임이 이루어진 것이다.

롬 11:16-24 제사하는 처음 익은 곡식 가루가 거룩한즉 떡덩이도 그러하고 뿌리가 거룩한즉 가지도 그러하니라 또한 가지 얼마가 꺾여졌는데 돌 감람나무인 네가 그들 중에 접붙임이 되어 참 감람나무 뿌리의 진액을 함께 받는 자 되었은즉 그 가지들을 향하여 자긍하지 말라 자긍할찌라도 네가 뿌리를 보전하는 것이 아니요 뿌리가 너를 보전하는 것이니라 그러면 네 말이 가지들이 꺾이운 것은 나로 접붙임을 받게 하려 함이라 하리니 옳도다 저희는 믿지 아니하므로 꺾이우고 너는 믿으므로 섰느니라 높은 마음을 품지 말고 도리어 두려워하라 하나님이 원 가지들도 아끼지 아니하셨은즉 너도 아끼지 아니하시리라 그러므로 하나님의 인자와 엄위를 보라 넘어지는 자들에게는 엄위가 있으니 너희가 만일 하나님의 인자에 거하면 그 인자가 너희에게 있으리라 그렇지 않으면 너도 찍히는바 되리라 저희도 믿지 아니하는데 거하지 아니하면 접붙임을 얻으리니 이는 저희를 접붙이실 능력이 하나님께 있음이라 네가 원 돌 감람나무에서 찍힘을 받고 본성을 거스려 좋은 감람나무에 접붙임을 얻었은즉 원 가지인 이 사람들이야 얼마나 더 자기 감람나무에 접붙이심을 얻으랴

하나님께서 원 감람나무의 가지를 꺾은 이유가 소개되어 있다. 본방 이스라엘, 표면적 유대인들이 하나님의 말씀에 불순종하게 된 이유가 무엇인가? 그들이 불순종한 만큼 이방을 택하기 위해서 하나님께서 원 감람나무 가지를 꺾었다는 것이다. 원 감람나무 가지를 꺾는 대신 돌 감람나무 가지를 접붙이기 위해서 그렇게 역사하신 것이라는 말씀이다. 그것은 하나님의 고유적인 주권이다.

렘 18:4 진흙으로 만든 그릇이 토기장이의 손에서 파상하매 그가 그것으로 자기 의견에 선한 대로 다른 그릇을 만들더라

사 64:8 그러나 여호와여 주는 우리 아버지시니이다 우리는 진흙이요 주는 토기장이시니 우리는 다 주의 손으로 지으신 것이라

롬 9:21 토기장이가 진흙 한 덩이로 하나는 귀히 쓸 그릇을, 하나는 천히 쓸 그릇을 만드는 권이 없느냐

위 구절을 보아도 하나님의 고유적인 주권에 의해서 역사하신다는 것이다. 본방 이스라엘 백성들은 자기들만 하나님의 선민이고 이방 민족들은 지옥의 땔감이라는 자긍심을 가지고 있었다.

그렇다면 하나님께서 본방 이스라엘을 선민으로 택하셨다고 해서 이방 민족들을 버리실 것인가?

갈 3:6-9 아브라함이 하나님을 믿으매 이것을 그에게 의로 정하셨다 함과 같으니라 그런즉 믿음으로 말미암은 자들은 아브라함의 아들인줄 알찌어다 또 하나님이 이방을 믿음으로 말미암아 의로 정하실 것을 성경이 미리 알고 먼저 아브라함에게 복음을 전하되 모든 이방이 너를 인하여 복을 받으리라 하였으니 그러므로 믿음으로 말미암은 자는 믿음이 있는 아브라함과 함께 복을 받느니라

하나님은 공의의 하나님이시기 때문에 설사 아브라함의 자손이 아닌 이방일지라도 믿음을 통해서 아브라함의 자손으로 만드시는 것이 목적이다. 다시 말하면 믿음으로 아브라함의 자손이 될

그들을 구원하시기 위하여 처음부터 인류에 대한 구속사역을 예정하셨다는 것이다. 그렇기 때문에 본방 이스라엘 백성들을 더러는 완악하고 강퍅하게 만들고, 죄짓게 하여 실족하게 만들고, 그들이 실족한 숫자만큼 지옥의 땔감 같은 이방을 택하시게 된 것이다.

그들이 더러는 완악해져서 열매를 맺지 못한 이유가 무엇인가?

하나님께서 구원의 수를 평균케 하기 위해서이다. 본방 이스라엘 백성들뿐만 아니라 이방의 백성들까지 구원의 수를 평등하게, 공평하게 하기 위해서 이스라엘 백성들로 하여금 더러는 완악하게 만드시고, 은혜를 입지 못하게 하신 것이다. 완악한 그들을 가리켜서 "저들은 천국의 비밀을 허락받지 못한 자들이다"(마 13:11)라고 말씀하셨다.

분명한 것은 예수님 때에도 본방 이스라엘 백성들만 구원하신 것이 아니다. 예수께서 겟세마네 동산에서 "내 원대로 마시옵고 아버지의 원대로 하소서"(마 26:39, 26:42, 막 14:36, 눅 22:42)라고 땀방울이 피 방울이 되도록 기도하신 세 번의 기도의 내용은 무엇인가? 십자가의 복음을 통해서 본방 이스라엘 백성들뿐만 아니라 이방 사람들까지도 구원하라는 원대한 구원 계획의 말씀이 있었다는 것이다.

그렇기 때문에 주님의 십자가에는 히브리어, 헬라어, 로마어의 세 가지의 언어로 '유대인의 왕'이라고 기록된 패가 붙어있었다(마 27:37, 막 15:26, 요 19:19-20).

　세 가지 언어로 기록된 것은 주님의 보혈의 피, 태초의 말씀을 통해서 본방 이스라엘 백성뿐 아니라 헬라인, 로마인들까지도 구원의 대상으로 확정하신 하나님의 의지였던 것이다.

　이처럼 초림주로 오신 예수님을 통해서도 유대인뿐만 아니라 헬라인, 로마인까지 구원의 수로 확정하신 것이다.

　요 12:20-29 명절에 예배하러 올라온 사람 중에 헬라인 몇이 있는데 저희가 갈릴리 벳새다 사람 빌립에게 가서 청하여 가로되 선생이여 우리가 예수를 뵈옵고자 하나이다 하니 빌립이 안드레에게 가서 말하고 안드레와 빌립이 예수께 가서 여짜온대 예수께서 대답하여 가라사대 인자의 영광을 얻을 때가 왔도다 내가 진실로 진실로 너희에게 이르노니 한 알의 밀이 땅에 떨어져 죽지 아니하면 한 알 그대로 있고 죽으면 많은 열매를 맺느니라 자기 생명을 사랑하는 자는 잃어버릴 것이요 이 세상에서 자기 생명을 미워하는 자는 영생하도록 보존하리라 사람이 나를 섬기려면 나를 따르라 나 있는 곳에 나를 섬기는 자도 거기 있으리니 사람이 나를 섬기면 내 아버지께서 저를 귀히 여기시리라 지금 내 마음이 민망하니 무슨 말을 하리요 아버지여 나를 구원하여 이 때를 면하게 하여 주옵소서 그러나 내가 이를 위하여 이 때에 왔나이다 아버지여 아버지의 이름을 영광스럽게 하옵소서 하시니 이에 하늘에서 소리가 나서 가로되 내가 이미 영광스럽게 하였고 또 다시 영광스럽게 하리라 하신대 곁에 서서 들은 무리는 우뢰가 울었다고도 하며 또 어떤 이들은 천사가 저에게 말하였다고도 하니 예수께서 십자가 사역을 앞두고 헬라인이 찾아왔다. 그 때 예수께서 무척 기뻐하시며 "아버지여! 아버지의 이름을 영광스럽게 하옵소서"라고 하시니 하늘에서 우레가 울리며 "내가 이미 영광스럽게 하였고, 또 다시 영광스럽게 하리라"고 하셨다. 예수님이 유대인들뿐만 아니라 헬라인과 로마인을 구원의 대상으로 삼으셔야 하는 입장에서 헬라인이 찾아온 것은 무척 반가운 일이 아닐 수 없었다. 그런 역사적 순간이기에 하늘에서 우레가 울려 증거를 삼으신 것이다.

사도 바울은 어떻게 감람나무 역사를 행할 수 있었는가?

마 3:16 예수께서 세례를 받으시고 곧 물에서 올라 오실쌔 하늘이 열리고 하나님의 성령이 비둘기 같이 내려 자기 위에 임하심을 보시더니

예수께서 세례 요한으로부터 세례를 받으시고 물에서 올라오실 때 비둘기 같은 성령이 예수님에게 임했다. 이 구절 때문에 혹자는 예수님도 비둘기가 물고 온 감람 새 잎과 같은 존재라고 말하기도 한다.

그렇다면 예수님의 본래 가지고 계신 영과 비둘기 같은 성령은 본질적으로 같은 영인가? 만일 예수님의 성령과 비둘기 성령이 같은 영이라면, 비둘기 성령이 영광을 받으신 후에 보혜사 성령, 진리의 성령이 되었다는 것인가? 또, 예수님의 성령과 비둘기 성령이 같은 영이라면 비둘기 같은 성령을 받으시기 전에는 예수님의 영이 존재하지 않았다는 결론이 된다.

따라서 예수님의 성령과 비둘기 성령이 다르다는 결론이 내려진다. 과연 비둘기 같은 성령은 어떤 본질을 가진 존재인가?

> 요 7:39 이는 그를 믿는 자의 받을 성령을 가리켜 말씀하신 것이라 (예수께서 아직 영광을 받지 못하신 고로 성령이 아직 저희에게 계시지 아니하시더라)

이 구절에서 "예수께서 아직 영광을 받지 못하신 고로 성령이 아직 저희에게 계시지 아니하시더라"고 했다. 예수께서 아직 영광을 받지 못하셨다는 것은 아직 십자가 사역을 이루지 못하셨다는 것이다. 예수께서 십자가 사역을 마치심으로 비로소 예수님의 영이 완전한 성령으로서 영광을 받아 보혜사 성령이 되신 것이다.

> 창 2:24 이러므로 남자가 부모를 떠나 그 아내와 연합하여 둘이 한 몸을 이룰찌로다

> 엡 5:31-32 이러므로 사람이 부모를 떠나 그 아내와 합하여 그 둘이 한 육체가 될찌니 이 비밀이 크도다 내가 그리스도와 교회에 대하여 말하노라

자식이 장성하면 부모를 떠나 결혼하는 것이 당연한 이치인데 왜 그 비밀이 크다고 하셨는가? 이 말씀은 인간 현실에서 흔히 볼 수 있는 삶의 형태를 설명하고자 함이 아니라, 하늘의 이치를 인간 현실의 삶에 비추어 설명하는 것이다. 즉 성부 하나님께서 성부 하나님 안에 있는 태초의 말씀을 성자 하나님으로 독립시키시

고, 성자 하나님께서 성자 하나님 안에 있는 성령을 성령 하나님 으로 독립시키시는 이치를 말씀하신 것이다.

다시 말하면, 성부 하나님께서 성부 하나님 안에 있는 태초의 말씀이 하나님과 동행하고 동역하셨기에, 그 말씀에게 창조권을 부여하여 제 2의 인격적인 창조자로 분가, 독립시키셨다(잠 8:30). 성부 하나님 안에 계신 태초의 말씀을 성자 하나님으로 독립시키시므로 말씀이 육신이 되어 이 땅에 오신 것이다(요 1:1, 1:14). 예수께서 이 땅에 오셔서 십자가 사역을 통하여 자기 백성의 죄를 짊어지시고, 첫 아담을 통하여 이루고자 하셨던 구속사의 세계를 다 이루셨다(요 19:30).

그 이치처럼 예수께서 십자가 사역을 마치고 영광을 받으시는 순간, 예수님 안에 있던 성령이 성령 하나님으로 탄생된 것이다. 예수님의 영이 보혜사 성령, 진리의 성령, 은혜의 성령, 약속의 성령이 되신 것이다. 예수께서 성령 하나님을 낳으신 것이라고 말할 수 있다.

그래서 성부·성자·성령 하나님을 삼위일체 하나님이라고 한다. 물론 삼위일체 하나님이라고 해서 영광이 같은 것은 아니다. "보냄을 받은 자가 보낸 자보다 크지 못하다"(요 13:16)는 말씀처럼 성령 하나님보다는 성자 하나님의 영광이 더 크고, 성자 하나님보다는 성부 하나님의 영광이 더 크다.

이 말씀의 이치에 의하면, 예수께서 십자가 사역으로 영광을 받으시기 전까지 예수님의 성령은 완전히 독립된 성령으로 인정하실 수가 없는 것이다. 그렇기 때문에 그 이전까지 비둘기 같은 성령이 예수님과 동행하며 예수님의 공생애 사역을 함께 도와드리며 역사해야 한다.

세례 요한에게 세례를 주게 하신 목적은 첫째, 예수님을 이스라엘에 나타내기 위해서이고(요 1:31-33), 둘째, 율법과 예언과 선지자의 마침을 이루기 위해서이다(마 11:13). 세례 요한이 요단강에서 세례를 줄 때 비둘기 같은 성령이 예수님에게 임하게 하신 것은 이스라엘 백성들에게 메시아를 증거하기 위해서이다.

즉 약속의 자손이며 하나님의 실존의 영광이며 본체이신 예수님의 신(神)이 되고(슥 4:6), 발이 되고(겔 1:20-21, 10:13), 바람 날개가 되고(시 104:3), 능력이 되고, 눈이 되고(겔 1:18, 10:12), 입이 되어드리고자 비둘기 성령이 임마누엘 되어준 것이다.

창세기 8:8-12에서 노아가 방주에서 세 번의 비둘기를 내어 보낸 것도 같은 이치이다. 노아가 내어 보낸 비둘기는 감람 새 잎을 물고 오는 것이 목적이다. 이처럼 비둘기는 자신을 내어보낸 주인의 의중을 깊이 헤아려 감람나무의 역사를 도우며 이루어드리는 존재이다.

예수께서 영광을 받으심으로 예수님의 성령이 완전한 성령이 되셨다면, 공생애 과정에서 임마누엘 되셨던 비둘기 같은 성령은 어디로 갔을까? 예수께서 세례를 받으시는 순간 들어온 비둘기 같은 성령이 예수님의 몸에서 나갔다는 기록은 없다. 그의 감추어진 행방은 어디에서 찾아볼 수 있을까?

> 행 9:3-5 사울이 행하여 다메섹에 가까이 가더니 홀연히 하늘로서 빛이 저를 둘러 비추는지라 땅에 엎드러져 들으매 소리 있어 가라사대 사울아 사울아 네가 어찌하여 나를 핍박하느냐 하시거늘 대답하되 주여 뉘시오니이까 가라사대 나는 네가 핍박하는 예수라

본방 이스라엘에서 포도나무 역사를 행하신 예수께서 이방을 통해 감람나무 역사를 하시고자 사도 바울을 이방의 그릇으로 택하셨다. 하나님께서 사도 바울로 하여금 감람나무 역사의 청사진을 보여주시고 깨닫게 하시려면, 비둘기 같은 성령을 보내셔야 하지 않겠는가?

본 감람나무 가지와 같은 히브리인 중의 히브리인인 사도 바울을 통해서 돌 감람나무와 같은 이방을 접붙이는 역사를 하시고자 예수님 안에 함께 임마누엘 되었던 비둘기 같은 성령을 내어 보내신 것이다. 사도 바울이 예수께서 보내신 비둘기 같은 성령을 받음으로 죽기까지 책임 준종하며 이방의 그릇으로서의 사명을 다할 수 있었던 것이다.

이처럼 본방 이스라엘 백성들을 중심으로 한 하나님의 구원 계획 속에서 열매를 맺게 하는 백성들 중에 유대인뿐만 아니라 헬라인, 로마인도 있었던 것처럼, 영적 이스라엘 백성들 중에도 구원의 대상이 같은 맥락으로 구성되어 있는 것이다.

따라서 이사야 선지자가 예언한 대로 한 이레의[5] 구원 역사 속

---

5) 하나님의 인류 구속사역을 70이레로 정하셨다(단 9:24-27). 율법과 선지자의 역사로 62이레가 이루어졌고, 예수께서 7이레를 이루셨다. 남은 한 이레의 역사는 재림 마당에서 이루어질 것이다.

에도 감람나무 역사와 포도를 거둔 후에 남은 것을 주움 같은 포도나무 역사가 아울러 병행되는 것을 알 수 있다(사 24:13).

> 사 46:11 내가 동방에서 독수리를 부르며 먼 나라에서 나의 모략을 이룰 사람을 부를 것이라 내가 말하였은즉 정녕 이룰 것이요 경영하였은즉 정녕 행하리라

동방에서 독수리를 부른다고 하셨다. 과연 동방은 어디를 말하는 것이며, 동방에서 부르는 독수리는 누구일까?

제자들이 재림에 대해 질문했을 때, 예수께서 답변하신 유일한 내용이 "주검이 있는 곳에는 독수리들이 모일찌니라"(마 24:28)이다. 그 재림 마당의 열쇠(Key)를 가진 독수리가 동방에서 온다는 것이다.

동방은 해 뜨는 곳이다. 영적으로 동방은 말씀이 임재하시는 곳이라고 말할 수 있다. 즉 해를 입은 여인이 이 땅의 주로서 역사하시는 곳이다(계 12:1). 재림주 멜기세덱의 영광을 입기까지 역사하시는 그곳은 영적 이스라엘이지 본방 이스라엘이 아니다.

> 계 10:7 일곱째 천사가 소리 내는 날 그 나팔을 불게 될 때에 하나님의 비밀이 그 종 선지자들에게 전하신 복음과 같이 이루리라

장차 본방 이스라엘에서 이루어진 초림의 역사와 이면적 이스라엘에서 이루어질 재림의 역사가 합하여 인류 구속사역이 모두 완성될 것이다.

제 2장

두 감람나무의 근본, 본질

제 2장
두 감람나무의 근본, 본질

'종말론적 구속사 시리즈' 제 2권 '이 땅의 주, 그는 누구인가?'에서 모세가 구약과 신약과 재림의 세 마당에 '모세'라는 동일한 이름으로 등장하여 인류 구속사역의 중심에서 역사한 것을 심층적으로 소개하였다.

모세는 구약 마당에서 출애굽의 영도자로, 율법의 아버지로, 광야길의 지도자로, '이 땅의 주'로 등장하여 역사하였다. 신약 마당에서는 엘리야와 함께 변화산에 등장하여 아버지의 영광으로 변형되신 예수님과 십자가에서 별세하실 사건을 의논하였다(눅 9:30-31). 재림 마당에서는 구속사역이 마쳐진 유리 바다 가에서 이긴 자들이 모세의 노래를 부르게 된다(계 15:2-4).

이처럼 성경에는 모세처럼 구속사역에 없어서는 안 될, 중심이 되는 사람들이 있다.

창세기에 등장하는 요셉이라는 인물도 그러한 맥락에서 주목하게 된다. 야곱의 열한 번째 아들인 그는 족보에서 빼낸 인물임에도 불구하고 성경에 이스라엘의 영적 장자로 기록되어 있다(대상 5:2). 또한 구약과 신약과 재림의 세 마당에 등장하여 역사하는 것을 보게 된다.

요셉은 구약 마당에서는 횃불언약의 주인공으로 역사하였고, 신약 마당에서는 예수님이 오시는 길이 되었고, 재림 마당에서는 제 밭에 뿌려진 좋은 씨로서(마 13:24) 장차 철장으로 만국을 다스릴 남자(계 12:5), 어린 양의 신부가 되는 존재이다(계 19:7, 21:2, 21:9).

계 11:4 이는 이 땅의 주 앞에 섰는 두 감람나무와 두 촛대니

구약 마당의 모세와 요셉이 재림 마당의 구속사역을 이룰 주인공들로 역사하는 모습을 가리켜 성경은 '이 땅의 주 앞에 섰는 두 감람나무와 두 촛대'라고 기록하였다.

과연 두 감람나무와 두 촛대의 근본, 본질은 무엇인가? 그들이 재림 마당에 등장하기까지 어떤 본질을 가지고 있었는지, 요셉의 입장에서 본 두 감람나무의 근본, 본질을 구체적으로 살펴보고자 한다.

I
횃불언약의 주인공 요셉

1. '떡과 포도주' 축복과 '횃불언약'의 구속사적 의미

　아브라함이 갈대아우르에서 떠나 하란을 거쳐 젖과 꿀이 흐르는 가나안 땅에 들어온 후, 그돌라오멜을 중심으로 한 4개국과 소돔 왕을 중심으로 한 5개국의 전투가 벌어졌다(창 14:1-2). 그들이 싯딤 골짜기, 오늘날 사해 근방에서 전투를 벌였으나 소돔 왕을 중심으로 한 5개국이 그돌라오멜을 중심으로 한 4개 연합군에 대패했다.

　그 바람에 소돔 성에 살던 아브라함의 조카 롯도 포로로 사로잡혀 갔다(창 14:8-12). 이에 아브라함이 집에서 길리운 자 318명을 데리고 4개 연합군을 추격하여 그들을 무찔러 이기고 조카 롯을 구해 온다. 사사기 7-8장에는 기드온의 300명 용사들이 미디안의 135,000명의 군사를 무찌른 전적이 기록되어 있다. 한 명이 450명을 상대로 싸워 한 사람도 궐이 나지 않은 놀라운 사건이다. 그러나 그들은 군사들이었지만 아브라함의 집에서 길리운 자들은 군사가 아니라 한 개인의 가신(家臣)들이다.

아브라함이 318명의 가신들을 데리고 4개국의 연합군을 무찌르겠다는 용기를 발하여 승리의 개가를 올릴 수 있었던 것은 하나님이 주신 주권적인 은혜 안에서 이루어진 믿음의 결과이다. 아브라함이 대군을 격파하고 빼앗긴 롯과 가족들을 찾아 돌아올 때 살렘 왕 멜기세덱이 아브라함을 영접하여 떡과 포도주의 축복을 주었다(창 14:17-20, 히 7:1). 아브라함이 이긴 자가 되었기에 멜기세덱으로부터 떡과 포도주의 축복을 받을 수 있었던 것이다.

그리고 창세기 15장에서 여호와 하나님과 횃불언약을 맺는다. 창세기 14장에서는 멜기세덱이 떡과 포도주로 축복해주었고, 창세기 15장에서는 여호와 하나님이 횃불언약으로 아브라함에게 축복해주었다. 떡과 포도주의 축복과 횃불언약이 구속사의 세계를 대표하는 두 가지의 도맥이라고 말할 수 있다.

시작한 자로 하여금 끝을 맺게 하시는 것이 하나님의 구속사의 원칙이다. "나는 알파와 오메가요, 처음과 나중이라"(계 21:6)는 말씀은 처음과 나중이 같아야 한다는 것이다. 다시 말하면 멜기세덱이 시작한 일은 멜기세덱이 마치고, 여호와 하나님이 시작한 일은 여호와 하나님이 마치셔야 한다.

하나님께서는 인류를 구원하시는 구속계획의 뜻을 이 땅에서 펴실 때, 영광이 큰 순서대로 역사하신다. 아브라함이 창세기 14:17-20에서 멜기세덱으로부터 떡과 포도주의 축복을 받았기에, 창세기 15:6-21에서 여호와 하나님으로부터 횃불언약을 받을 수 있었던 것이다.

(1) '떡과 포도주' 축복의 구속사적 의미

멜기세덱이 아브라함에게 떡과 포도주로 축복한 내용은 장차 아브라함의 후손을 통해서 초림주, 메시아가 오실 것에 대한 약속이다.[7]

따라서 떡과 포도주의 축복은 조건이 없는 축복이다. 예수께서 친히 말씀이 육신으로 오셔서 역사하실 내용이기에 아무 조건이 없이 주신 축복이다.

멜기세덱이 아브라함에게 떡과 포도주로 축복한 시기는 구약 마당이다(창 14:17-20). 구약 마당에서는 짐승의 피로 제사를 드리는 때였다. 그런 때에 멜기세덱이 아브라함에게 떡과 포도주로 축복을 해주었다는 것은 놀랍고 경이로운 일이다. 이 축복이 신약 마당에서 어떤 역사로 이어졌는가?

예수님이 십자가 사건을 앞두고 유월절에 마가의 다락방에서 마지막 성만찬식을 하셨다. 유월절이면 이스라엘 백성들은 출애굽기 12장 말씀대로 양을 잡아서 유월절 제사를 드린다(출 12:2-11). 그런데 그 시간에 예수님은 놀랍게도 유월절 양을 잡지 않으시고 떡과 포도주로 성만찬식을 대신하셨다. 이스라엘 전 백성들이 양을 잡아 유월절 제사를 드리는데, 정작 유월절 양으로 오신 예수님은 유월절 양 대신 떡과 포도주로 제사를 드렸다는 것은 기이한 일이다. 이처럼 예수님 때에도 떡과 포도주의 사건은 놀라운

---

7) <멜기세덱, 그는 누구인가?> 53-69쪽, 벽암 조영래 저, 도서출판 오색이슬

일이었는데, 하물며 구약 마당에서 멜기세덱이 아브라함에게 떡과 포도주로 축복해주었다는 것은 참으로 기이한 일이 아닐 수 없을 것이다.

결국 멜기세덱이 아브라함에게 떡과 포도주로 축복해 준 맥락대로, 세상 끝에 오신 예수님이 유월절 제물로서 자신의 영혼을 속건 제물로 산 제사를 드리기 직전, 이 땅에서의 마지막 순간에 제자들에게는 유월절 양의 축복이 아닌 떡과 포도주의 축복을 주신 것이다.

왜 이스라엘 백성들은 유월절 양으로 제사를 드려야만 했는가?

> 사 6:9-10 여호와께서 가라사대 가서 이 백성에게 이르기를 너희가 듣기는 들어도 깨닫지 못할 것이요 보기는 보아도 알지 못하리라 하여 이 백성의 마음으로 둔하게 하며 그 귀가 막히고 눈이 감기게 하라 염려컨대 그들이 눈으로 보고 귀로 듣고 마음으로 깨닫고 다시 돌아와서 고침을 받을까 하노라

왜 이스라엘 백성들은 예수님처럼 떡과 포도주로 제사를 드리지 않았는가? 그들에게는 떡과 포도주의 축복을 허락하지 않으셨다는 것이다. 오히려 그들이 눈으로 보고 귀로 듣고 마음으로 깨닫고 돌이켜 죄사함을 받을까 염려하신다는 것이다.

이 말씀을 통해서 산 자의 믿음과 죽는 자의 믿음의 세계를 바라볼 수 있다. 죽는 자들의 믿음을 통해서는 유월절 양을 통해서 제사를 드렸지만, 산 자의 도맥을 따르며 아브라함과 같은 믿음의

길을 걷는 사람들에게는 짐승의 피가 아닌 예수님 자신의 살과 피로 산 제사를 드리게 한 것이다. 이것이 곧 산 자와 죽는 자의 세계의 차이점이다. 산 자와 죽는 자의 세계가 분명하고 확연하게 구별된 것이다.

물론 오늘날에 와서는 모든 기독교인들이 떡과 포도주로 성만찬식을 하고 있다. 그렇다고 해서 그들이 가지고 있는 믿음의 척도와 모양이 같다고 말할 수는 없다.

'떡과 포도주' 축복에 담긴 구속사의 비밀은 무엇인가?

창 40:9-15 술 맡은 관원장이 그 꿈을 요셉에게 말하여 가로되 내가 꿈에 보니 내 앞에 포도나무가 있는데 그 나무에 세 가지가 있고 싹이 나서 꽃이 피고 포도송이가 익었고 내 손에 바로의 잔이 있기로 내가 포도를 따서 그 즙을 바로의 잔에 짜서 그 잔을 바로의 손에 드렸노라 요셉이 그에게 이르되 그 해석이 이러하니 세 가지는 사흘이라 지금부터 사흘 안에 바로가 당신의 머리를 들고 당신의 전직을 회복하리니 당신이 이왕에 술 맡은 자가 되었을 때에 하던 것 같이 바로의 잔을 그 손에 받들게 되리이다 당신이 득의하거든 나를 생각하고 내게 은혜를 베풀어서 내 사정을 바로에게 고하여 이 집에서 나를 건져내소서 나는 히브리 땅에서 끌려온 자요 여기서도 옥에 갇힐 일은 행치 아니하였나이다

> 창 40:16-19 떡 굽는 관원장이 그 해석이 길함을 보고 요셉에게 이르되 나도 꿈에 보니 흰 떡 세 광주리가 내 머리에 있고 그 윗광주리에 바로를 위하여 만든 각종 구운 식물이 있는데 새들이 내 머리의 광주리에서 그것을 먹더라 요셉이 대답하여 가로되 그 해석은 이러하니 세 광주리는 사흘이라 지금부터 사흘 안에 바로가 당신의 머리를 끊고 당신을 나무에 달리니 새들이 당신의 고기를 뜯어 먹으리이다 하더니

요셉이 보디발의 아내 사건으로 누명을 쓰고 지하 감옥에 갇혀 있을 때, 떡 맡은 관원장과 술 맡은 관원장의 꿈을 해석하는 장면이다. 이 사건으로 요셉은 무덤 같은 지하 감옥에서 풀려나올 수 있었다. 요셉이 술 맡은 관원장과 인연을 맺음으로 애굽 왕 바로의 꿈을 해석하여 애굽의 총리가 될 수 있었다.

요셉이 떡 맡은 관원장과 술 맡은 관원장의 꿈을 해석할 수 있었던 것은 '떡에 해당하는 육신은 내어주고 말씀에 해당하는 포도주로는 승리한다'는 떡과 포도주의 비밀을 알았기 때문이다. "새들이 당신의 고기를 뜯어먹으리이다"라는 해석에서 새는 마귀를 뜻한다(마 13:4). 육신은 내어준다는 이치에 따라 떡 맡은 관원장은 죽을 수밖에 없었다.

이처럼 떡과 포도주의 비밀을 아는 사람만이 부활을 할 수 있는 것이다. 떡과 포도주 속에 감추인 구속사의 신비를 깨닫는 사람만이 첫째 부활, 의인의 부활에 들어갈 수 있는 것이다(계 20:4-6). 고린도전서 15:41에서 "해의 영광도 다르며 달의 영광도 다르며 별의 영광도 다른데 별과 별의 영광이 다르도다"라고

하신 것처럼 말씀을 깨달은 차원에 따라 은혜의 분량, 믿음의 결과, 상급의 내용이 달라지는 것이다.

떡과 포도주 축복을 단순히 예수님이라고만 생각해서는 안 된다. 왜 예수님의 살과 피를 먹어야 하는지, 그 원인과 결과의 세계를 올바로 깨닫고 믿는 믿음을 가진 사람만이 참 부활과 참 영생을 얻을 수 있는 것이다.

예수께서 십자가에 달리실 때 떡과 포도주를 어떻게 사용하셨는가?

> 벧전 3:18-20 그리스도께서도 한번 죄를 위하여 죽으사 의인으로서 불의한 자를 대신하셨으니 이는 우리를 하나님 앞으로 인도하려 하심이라 육체로는 죽임을 당하시고 영으로는 살리심을 받으셨으니 저가 또한 영으로 옥에 있는 영들에게 전파하시니라 그들은 전에 노아의 날 방주 예비할 동안 하나님이 오래 참고 기다리실 때에 순종치 아니하던 자들이라 방주에서 물로 말미암아 구원을 얻은 자가 몇 명 뿐이니 겨우 여덟 명이라

예수께서 육체로는 죽임을 당하셨지만 영으로는 살리심을 받으셨다. 이 구절에 육신과 영의 문제가 표현되어 있다. 떡과 포도주를 이 말씀에 대입하면 육신은 '떡'이라고 말할 수 있고 영은 '포도주', 즉 피라고 말씀할 수 있다.

고전 5:5 이런 자를 사단에게 내어주었으니 이는 육신은 멸하고 영은 주 예수의 날에 구원 얻게 하려 함이라

사도 바울도 "복음을 방해하는 자가 있어서 내가 도저히 참을 수 없어 저를 사단, 마귀에게 내어 주었다"라고 했다. 그 이유는 비록 육신은 마귀에게 내어 준다고 해도, 그의 영혼은 구원을 받게 하기 위해서라는 것이다.

바울은 하나님이 주신 말씀의 권세와 능력을 가지고 있다. 그러나 그렇다고 해서 마귀의 세계를 간섭할 수는 없다. 그런데 어떤 자가 지나치게 바울을 대적하기 때문에 말씀의 권세와 능력으로 그를 제어하기 위해서는 부득이 육신은 마귀에게 내어주고 영혼은 구원받는 선택을 하게 되었다는 것이다.

예수님도 십자가에 달리시기 위해서는 육신을 내어주지 않으면 안 된다. 만약 예수님이 십자가에 달리시지 않으면 예수님이 이 땅에 오신 목적을 이루실 수가 없다. 왜냐하면 나무에 달린 자마다 율법으로 저주를 받은 자라고 했기 때문에(갈 3:13), 예수께서 율법의 마침이 되시려면(롬 10:4) 일만 가지 저주를 다 짊어지고 십자가에 달리시지 않으면 안 된다. 다시 말해 예수님이 육신으로는 십자가에 달리셔야만 영으로는 살리심을 입으신다는 것이다.

예수께서 "내 살과 피를 먹어야 영생하리라"고 하신 이유는 무엇인가?

레 19:23-25 너희가 그 땅에 들어가 각종 과목을 심거든 그 열매는 아직 할례 받지 못한 것으로 여기되 곧 삼년 동안 너희는 그것을 할례 받지 못한 것으로 여겨 먹지 말 것이요 제 사년에는 그 모든 과실이 거룩하니 여호와께 드려 찬송할 것이며 제 오년에는 그 열매를 먹을찌니 그리하면 너희에게 그 소산이 풍성하리라 나는 너희 하나님 여호와니라

"3년까지 맺힌 열매는 할례 받지 못한 것으로 여겨 먹지 말고, 4년째 맺힌 열매는 하나님께 드리고, 5년째 맺힌 열매는 사람들이 먹으라"는 말씀이다. 이 말씀대로 아브라함, 이삭, 야곱의 3대는 할례 받지 못한 열매이고, 4대인 요셉은 하나님께서 열납하시는 산 자의 열매가 되었다.

야곱이 요셉을 축복할 때 에브라임과 므낫세를 자기 아들의 반열에 올리고, "이후에 낳는 소생이 네 자손이라"고 했다. 그러나 요셉은 그 후에 후손을 낳지 못했다. 다만 마태복음 1:16에서 "야곱은 마리아의 남편 요셉을 낳았으니 마리아에게서 그리스도라 칭하는 예수가 나시니라"는 말씀대로 예수께서 요셉의 후손으로 오셨다. 야곱이 말한 '이 후에 낳는 소생'은 예수님을 가리킨 것이다.

멜기세덱이 아브라함에게 떡과 포도주로 축복한 결과대로, 아브라함의 후손을 통하여 예수께서 '자기 백성을 죄에서 구원하는 이름'(마 1:21)으로 선민 이스라엘 땅에 오셨다.

그렇기 때문에 예수께서 "내 살을 먹고 내 피를 마시는 자는 영생을 가졌고 마지막 날에 내가 그를 다시 살리리니 내 살은 참된 양식이요 내 피는 참된 음료로다"(요 6:54-55)라고 하신 것이다.

그 당시 이 말씀을 깨달을 수 있는 사람이 누가 있겠는가? 예수님의 살과 피를 먹고 마시라니, 흡혈귀나 식인종이 되라는 것인가? 더욱이 율법으로는 피와 살을 함께 먹지 못하게 엄격하게 규제하고 있었다(창 9:4-5). 4천년 동안 내려온 율법을 한 순간에 뒤집으시는 예수님은 누가 보아도 적그리스도이며 이단으로 보였을 것이다. 결국 예수께서 하신 이 말씀으로 인해 많은 사람들이 떠나가고 심지어 70문도까지도 예수님 곁을 떠났다(요 6:66).

완전한 인성과 신성을 가지신 예수께서 그 말씀을 하시면 아무도 믿지 못하고 다 도망가게 된다는 것을 알지 못하시고 그런 말씀을 하신 것일까? 이미 그들의 결국을 다 아시는 입장에서 그런 결과를 감수하시면서까지 그 말씀을 하신 데에는 분명한 이유가 있다.

왜 예수께서 "내 살과 피를 먹으라"고 하셨는가?

첫째, 4천년 이어온 율법을 자유율법으로 완전하게 이루기 위해서이다(마 5:17-18).

예수님 자신이 레위기 19:23-25의 말씀대로 5대째 맺힌 열매이므로 사람들이 먹어야 할 대상이라는 것이다. 예수님 자신이 멜기세덱이 아브라함에게 떡과 포도주로 축복한 주인공이라는 사실을 깨닫게 하시고자 이런 말씀을 하신 것인데, 그 당시 그 말씀의 깊은 뜻을 깨달을 수 있는 사람이 없었다. 오늘날에도 깨닫기 어려운 말씀을 2천 년 전 이스라엘 백성들이 어찌 깨달을 수 있겠는가?

그러나 율법의 일점일획이라도 완전하게 이루시고자(마 5:17-18) 오신 예수께서는 레위기 19:23-25의 말씀을 이루시고자 "내 살과 내 피를 먹으라"고 강조하신 것이다.

둘째, 예수께서 이스라엘 백성들에게는 의도적으로 자신의 살을 주지 않으려고 하신 것이다.

그러면 예수님의 살을 누구에게 주려고 하셨는가? 예수님의 살을 마귀에게 주려고 이스라엘 백성들에게 주지 않았다. 왜 마귀에게 예수님의 살을 주셔야 하는가?

    시 85:11 진리는 땅에서 솟아나고 의는 하늘에서 하감하였도다

진리는 땅에서 솟아난다, 즉 진리는 육신에서 나오는 것이다. 그리고 태초의 말씀은 피 속에 감추셨다. 다시 말하면 이스라엘 백성들에게 "내 살과 피를 먹으라"고 말씀하셨지만, 그들에게 살과 피를 주지 않으려는 의도적인 계획을 가지고 계셨다고 말할 수 있다.

예수님은 이스라엘 백성들에게 먼저 살과 피를 줄 수가 없다. 예수께서 십자가에 달리실 때 태초의 말씀을 피 속에 감추시고 이 땅에 떨치셔야 하기 때문이다. 만일 이스라엘 백성들에게 살과 피의 비밀을 주셨다면 어떤 결과가 이루어지는가? 피 속에 말씀을 감추어 이 땅에 떨칠 수 없게 된다. 그렇기 때문에 아예 처음부터 그들에게 살과 피를 먹을 수 있는 은혜를 주시지 않았다. 오히려

그 말씀을 듣고 다 도망가게 하신 것이다.

　그러나 예수께서 마가 다락방에서 성만찬식을 하실 때부터는 떡과 포도주의 비밀을 알려주셨다. 로마서 1:4 말씀대로 예수께서 사망의 권세를 깨고 승리하심으로 부활의 능력으로 하나님 아들로 인정받으신 후부터는 떡과 포도주의 비밀이 이스라엘 백성들에게도 최초로 알려지게 될 것이다. 그 목적을 이루시기 위해서 마가 다락방에서 떡과 포도주로 성만찬식을 하신 것이다.

　떡과 포도주의 비밀은 육신으로는 죽임을 받지만, 영원한 생명을 얻는다는 것이다. 그 비밀을 아시는 예수께서 타인에 의해서 죽으신 것이 아니라, 스스로 죽음 속으로 들어가신 것이다. 그래서 "아버지께서 나를 사랑하시는 것은 내가 다시 목숨을 얻기 위하여 목숨을 버림이라 이를 내게서 빼앗는 자가 있는 것이 아니라 내가 스스로 버리노라 나는 버릴 권세도 있고 다시 얻을 권세도 있으니 이 계명은 내 아버지에게서 받았노라"(요 10:17-18)고 하셨다.

　즉 떡에 해당하는 육신으로는 영생을 얻지 못하지만 포도주에 해당하는 말씀으로는 영생을 얻을 수 있는 것이다. 혈과 육으로는 유업을 받을 수 없지만(고전 15:50) 하나님의 영과 말씀으로는 하나님의 후사로서 유업을 받을 수 있다는 이치와 같다.

　예수께서 "살기를 바라는 자는 죽을 것이요, 죽기를 바라는 자는 살 것이라"고 하셨다. 즉 하나님의 말씀을 위해서, 하늘의 뜻을 위해서 자기 육신을 마귀에게 내어주는 자는 영생을 얻을 수 있다는 것이다. 그런 입장에서 예수님은 이 땅에 유월절 양으로 오셨지만 영문 밖 골고다에서 아사셀 양으로 죽으신 것이다(레 16:8-

10). 제사장이 이스라엘 백성들의 모든 죄를 양의 머리에 안수한 후에 광야로 끌고 가서 짐승에게 잡아 먹히게 하는 것이 아사셀 양이다(레 16:8-10).[8]

요셉도 떡과 포도주의 비밀을 알게 되었다. 즉 떡에 해당하는 육신은 내어주어도 포도주에 해당하는 말씀으로 승리할 수 있다는 비밀을 요셉도 알았기에 무덤 같은 지하 감옥에서 나올 수 있었다.

멜기세덱이 아브라함에게 떡과 포도주로 축복해주었다는 의미도 떡과 포도주 속에 감추인 육신과 말씀의 비밀을 가르쳐주었다는 것이다.

멜기세덱이 아브라함에게 떡과 포도주로 축복해주신 한계는 어디까지인가?

멜기세덱이 아브라함에게 떡과 포도주로 축복한 비밀은 3년 된 수양으로 오시는 예수님으로 끝난 것이 아니다. 예수께서 "다 이루었다"(요 19:30)라고 하신 것은 예수님이 하실 수 있는 일을 다 하신 것이지, 떡과 포도주의 역사가 종결된 것은 아니다.

만일 떡과 포도주의 역사가 종결되었다면 "내가 포도나무에서 난 것을 이제부터 내 아버지의 나라에서 새 것으로 너희와 함께

---

[8] 유월절 양은 제단 아래서 죽임을 당하지만, 아사셀 양은 광야에서 죽임을 당한다. 예수님이 제단 아래가 아닌 영문 밖 골고다 언덕에서 죽임을 당하셨다는 것은 아사셀 양으로 죽으셨다는 의미이다.

마시는 날까지 마시지 아니하리라"(마 26:29, 막 14:25)는 말씀을 하실 필요가 없다.

'내 아버지의 나라'란 '인자가 아버지의 영광으로' 오시는 때를 말한다. 거기에서 '오래 저장하였던 맑은 포도주'(사 25:6)로 함께 먹고 마시겠다고 하셨다. 아브라함이 멜기세덱으로부터 축복받은 떡과 포도주의 역사는 예수님이 오심으로 다 끝난 것이 아니다.

아브라함은 "인자가 아버지의 영광으로 올 때"(마 16:27, 막 8:38)라고 하신, 재림 마당에 인자로 등장하시는 이 땅의 주, 해를 입은 여인, 아버지까지도 다 알고 있었다. 다시 말하면 멜기세덱이 떡과 포도주로 축복한 구속사의 시작이 재림 마당에서 재림주 멜기세덱의 영광으로 마쳐지는 사실을 깨달은 것이다.

왜냐면 아브라함은 세 번째 재림의 마당을 위한 두 제물까지도 바친 사람이다. 아브라함은 산비둘기와 집비둘기 새끼라는 두 비둘기의 비밀도 알고 바친 것이다. 제물을 바치는 사람이 알지 못하고 제물을 바칠 수 있겠는가? 구속사의 모든 시종의 세계도 알지 못하면 깨달을 수가 없고, 깨닫지 못하면 행할 수도 없다. 아브라함이 제물의 비밀을 알고 바쳤기에, 하나님께서 다 열납해 주신 것이다.

그렇기 때문에 아브라함은 세 번째 인류의 조상이고 무할례의 조상이다. 아브라함의 신앙의 의는 할례를 받기 전에 믿음의 의로 의롭다함을 받았기 때문이다(창 15:6). 또 할례의 조상이며, 믿음의 조상이며, 산 자의 조상이다.

고전 2:8 이 지혜는 이 세대의 관원이 하나도 알지 못하였나니 만일 알았더면 영광의 주를 십자가에 못 박지 아니하였으리라

예수님은 본래 영광의 주 하나님이시지만 그 당시 관원들이 그 사실을 알지 못했다. 고린도전서 12:3에도 "성령을 받지 않고는 예수를 주라 시인할 수 없다"고 했다. 말씀이 육신으로 이 땅에 오셨지만 하나님의 아들의 입장으로 밖에 역사하시지 못했다.

요 10:32-33 예수께서 대답하시되 내가 아버지께로 말미암아 여러 가지 선한 일을 너희에게 보였거늘 그 중에 어떤 일로 나를 돌로 치려하느냐 유대인들이 대답하되 선한 일을 인하여 우리가 너를 돌로 치려는 것이 아니라 참람함을 인함이니 네가 사람이 되어 자칭 하나님이라 함이로라

그 당시 예수님은 태초의 말씀을 가지고 오셨지만 그 사실을 아는 자는 아무도 없었다. 하나님의 아들이라는 말에도 돌을 들어 치려한 그들에게 어찌 아버지의 말씀을 소개할 수 있겠는가? 다시 말하면 요한복음 5:43에 "나는 내 아버지의 이름으로 왔으매 너희가 영접지 아니하나 만일 다른 사람이 자기 이름으로 오면 영접하리라"고 하신 '아버지의 말씀'을 소개하지 못하신 것이다.

그래서 예수께서 "내가 포도나무에서 난 것을 이제부터 내 아버지의 나라에서 새 것으로 너희와 함께 마시는 날까지 마시지 아니하리라"(마 26:29, 막 14:25)고 하셨다.

그 포도주의 역사가 재림 마당으로 넘어간 것이다. 재림 마당에서 이루어질 역사를 위해서 예수께서 십자가에서 성체를 통해

서 흐르는 피 속에 아버지의 말씀을 다 감추시고, 이 땅에 떨치셨다. 피 속에 감추신 아버지의 말씀이 이 땅에 도적 같이 임한 것이다. 예수님의 성체를 타고 흐르는 피 속에 태초의 말씀을 감추셨다는 것을 지금까지 사람들이 알지 못하고 있다.

> 요일 5:8 증거하는 이가 셋이니 성령과 물과 피라 또한 이 셋이 합하여 하나이니라

태초의 말씀이 이 땅에 있었기 때문에, 보혜사 성령을 보내시고, 보혜사 성령이 그 말씀을 통해서 역사하실 수 있는 것이다. 성령은 말씀이 없는 곳에서는 역사할 수 없다. 말씀이 역사하는 곳에 성령의 역사도 있는 것이지, 말씀이 없는 곳에는 성령이 역사할 이유가 없다. 따라서 예수님 승천 후에 보혜사 성령이 오셨다는 말은 이 땅에 말씀이 계시다는 것이다.

예수님의 열두 제자, 120문도는 예수님의 말씀을 처음부터 믿지 못하던 자들이다. 예수님이 십자가에 달리시기 직전까지도 "누가 크냐?"고 서로 싸우던 사람들이다. 그리고 예수님을 하나님 아들로 믿지도 못한 사람들이다. 그런 사람들이 오순절 날 아버지 약속의 성령을 받음으로, 예수님과 함께 하는 동안 이해하지 못했던 말씀을 믿게 되고 깨닫게 되었다. 그러나 그들이 예수님의 피 속에 감추어 이 땅에 떨어뜨린 태초의 말씀을 깨닫고 역사한 것은 절대 아니다. 그들은 피 속에 감추어 땅에 떨쳐버린 태초의 말씀을 전혀 알지 못했던 사람들이다. 오직 보혜사 성령의 도우심으로 마가 다락방의 120문도가 성령의 첫 열매를 맺을 수 있었던 것이다.

피 속에 감추어 떨치신 태초의 말씀은 언제 역사하시는 것인가?

> 계 12:1 하늘에 큰 이적이 보이니 해를 입은 한 여자가 있는데 그 발 아래는 달이 있고 그 머리에는 열 두 별의 면류관을 썼더라

> 시 84:11 여호와 하나님은 해요 방패시라 여호와께서 은혜와 영화를 주시며 정직히 행하는 자에게 좋은 것을 아끼지 아니하실 것임이니이다

> 요 1:1 태초에 말씀이 계시니라 이 말씀이 하나님과 함께 계셨으니 이 말씀은 곧 하나님이시니라

그 말씀은 재림 마당에서 역사하는 것이다. 야곱이 얍복강에서 씨름해서 이스라엘이라는 새 이름을 받은 것처럼(창 32:28), 이 땅에 떨치신 태초의 말씀의 비밀을 아는 분이 그 말씀을 찾아 씨름해서 이김으로, 해를 입은 것이다.

해는 곧 하나님이며, 말씀이기에(시 84:11, 요 1:1) 그 말씀을 입은 사람을 '해를 입은 여인'이라고 한다. 그가 장차 철장으로 만국을 다스릴 아이를 낳는 모성을 가지고 있기에 여인이라고 기록한 것이다. 해를 입은 여인이 재림 마당의 이 땅의 주가 되시어, 태초의 말씀 속에 들어있는 모든 비밀을 짊어지고 천국을 상징하는 제 밭에 좋은 씨를 뿌리는 것이다(마 13:24). 그리고 그 좋은 씨로 하여금 '두 감람나무와 두 촛대'의 역사를 하게 하는 것이다.

(2) 횃불언약의 구속사적 의미

> 창 15:6-17 아브람이 여호와를 믿으니 여호와께서 이를 그의 의로 여기시고 또 그에게 이르시되 나는 이 땅을 네게 주어 업을 삼게 하려고 너를 갈대아 우르에서 이끌어낸 여호와로라 그가 가로되 주 여호와여 내가 이 땅으로 업을 삼을 줄을 무엇으로 알리이까 여호와께서 그에게 이르시되 나를 위하여 삼년 된 암소와 삼년 된 암염소와 삼년 된 수양과 산비둘기와 집비둘기 새끼를 취할찌니라 아브람이 그 모든 것을 취하여 그 중간을 쪼개고 그 쪼갠 것을 마주 대하여 놓고 그 새는 쪼개지 아니하였으며 솔개가 그 사체 위에 내릴 때에는 아브람이 쫓았더라 해질 때에 아브람이 깊이 잠든 중에 캄캄함이 임하므로 심히 두려워하더니 여호와께서 아브람에게 이르시되 너는 정녕히 알라 네 자손이 이방에서 객이 되어 그들을 섬기겠고 그들은 사백년 동안 네 자손을 괴롭게 하리니 그 섬기는 나라를 내가 징치할찌며 그 후에 네 자손이 큰 재물을 이끌고 나오리라 너는 장수하다가 평안히 조상에게로 돌아가 장사될 것이요 네 자손은 사대 만에 이 땅으로 돌아오리니 이는 아모리 족속의 죄악이 아직 관영치 아니함이니라 하시더니 해가 져서 어둘 때에 연기 나는 풀무가 보이며 타는 횃불이 쪼갠 고기 사이로 지나더라

여호와 하나님께서 아브라함과 횃불언약을 맺으시는 장면이다. 횃불언약의 중심은 자손과 땅에 대한 약속이다. 횃불언약은 잃어버린 젖과 꿀이 흐르는 가나안 땅을 회복하여, 장차 아브라함의 후손들로 하여금 젖과 꿀이 흐르는 가나안 땅의 주인으로 삼으

시겠다는 언약이다.

횃불언약은 조건이 있는 언약이다. 그 조건은 3년 된 암소와 3년 된 암염소, 3년 된 수양, 산비둘기와 집비둘기 새끼라는 세 가지 제물로 제사를 드리는 것이다. 아브라함이 횃불언약을 통하여 바친 세 종류의 제물은 구약, 신약, 재림 마당의 주인공들을 상징한다.

아브라함과 언약을 하실 때 쪼갠 고기 사이로 타는 횃불이 지나감으로 횃불언약이라고 명명하신 것이다.[9]

쪼갠 고기 사이로 횃불이 지나갔다는 것은 하나님께서 쪼개진 제물과의 영원한 언약을 체결하셨다는 의미가 된다. 시내산에서 여호와 하나님이 이스라엘 백성들과 송아지 피로 언약식을 하는 장면과 같은 것이다.

즉 횃불언약은 활활 타오르는 횃불처럼 영원히 변치 않고 끊어지지 않는 언약, 반드시 지켜질 언약이라는 내용이다. 횃불언약은 시편 105편에서 말하는 천대에 준하는 언약으로서(시 105:8) 그 어떤 언약보다도 중요한 언약이다.

횃불언약을 맺으신 목적은 무엇인가?

사 43:1-3 야곱아 너를 창조하신 여호와께서 이제 말씀하시느니라 이스라엘아 너를 조성하신 자가 이제 말씀하시느니라 너는 두려워 말라 내가 너를 구속하였고 내가 너를 지명하여 불렀나니 너는 내 것이라 네가 물 가운데로 지날 때에 내가 함께할 것이라 강을 건

---

9) <멜기세덱, 그는 누구인가?> 70-93쪽, 벽암 조영래 저, 도서출판 오색이슬

> 널 때에 물이 너를 침몰치 못할 것이며 네가 불 가운데로 행할 때에 타지도 아니할 것이요 불꽃이 너를 사르지도 못하리니 대저 나는 여호와 네 하나님이요 이스라엘의 거룩한 자요 네 구원자임이라 내가 애굽을 너의 속량물로, 구스와 스바를 너의 대신으로 주었노라

이 구절에서 애굽은 이스라엘 백성들을 속량하는 속량물이라고 했다. 또 애굽을 가리켜서 철풀무와 같은 애굽, 쇠풀무와 같은 애굽이라고 했다(왕상 8:51, 신 4:20, 렘 11:4).

아무리 선민 이스라엘 백성들이라 해도 아담의 후예이기 때문에 태어나는 순간부터 원죄, 유전죄, 자범죄라는 죄의 굴레를 벗어날 수가 없다. "진 자는 이긴 자의 종이라"(벧후 2:19)고 했다. 이스라엘 백성들은 태어나는 순간부터 진 자로서 태어난 것이다.

그렇다면 상대적으로 이긴 자는 누구인가? 함의 후손이, 함의 아들인 가나안이 이긴 자로서 젖과 꿀이 흐르는 가나안 땅을 차지했다. 그 가나안 땅을 다시 회복하려면 이스라엘 백성들이 애굽에 가서 죄를 속량 받아야 하고, 철풀무와 같은 애굽에서 연단을 받아 정결하게 거듭나야 하는 것이다.

> 눅 12:59 네게 이르노니 호리라도 남김이 없이 갚지 아니하여서는 결단코 저기서 나오지 못하리라 하시니라

그런 입장에서 하나님께서 이스라엘 백성들을 애굽으로 보내지 않으면 안 되는 것이다. 진 자로서 이긴 자에게 호리(毫釐)도

남기지 않고 죄를 속량하기 위해서 철풀무 같은 애굽으로 들어가게 하셨다.

> 시 105:42-43 이는 그 거룩한 말씀과 그 종 아브라함을 기억하셨음이로다 그 백성으로 즐거이 나오게 하시며 그 택한 자로 노래하며 나오게 하시고

죄를 속량받은 이스라엘 백성들은 보무도 당당하게 항오를 지어 출애굽을 할 수 있었다. 그러나 출애굽 1세대인 603,550명이 광야길에서 우상숭배하고, 간음하고, 하나님을 시험하고, 원망하는 네 가지 죄로(고전 10:7-10) 여호수아와 갈렙을 제외한 나머지 603,548명이 다 죽었다. 여호수아와 갈렙, 광야길에서 태어난 2세대들이 젖과 꿀이 흐르는 가나안 땅에 들어갔으나 2세대들이 가나안 7족속들과 혼인하지 말라는 말씀에 불순종하여 다 죽고 말았다.

횃불언약을 주신 가장 큰 목적은 자기 백성들을 거룩한 하나님 나라의 백성으로 만드시어 천국을 상징하는 젖과 꿀이 흐르는 가나안 땅의 참 주인으로 세우시려는 것이다. 따라서 천국을 상징하는 가나안 땅의 회복은 재림 마당으로 넘어가게 된다. 횃불언약은 장차 재림 마당을 통하여 열매를 맺어야 하는 큰 과제를 안고 있는 언약이다.

아브라함이 받은 두 언약과 구속사의 두 도맥은 어떤 관계인가?

요 11:25-26 예수께서 가라사대 나는 부활이요 생명이니 나를 믿는 자는 죽어도 살겠고 무릇 살아서 나를 믿는 자는 영원히 죽지 아니하리니 이것을 네가 믿느냐

예수께서 친히 말씀하신 구속사의 두 가지의 도맥이 부활과 영생, 즉 부활과 변화이다. 산 자의 도맥으로 부활과 변화가 있듯이, 떡과 포도주의 언약과 횃불언약이 구속사의 중심축을 이루고 있는 것이다.

사 24:13 세계 민족 중에 이러한 일이 있으리니 곧 감람나무를 흔듦 같고 포도를 거둔 후에 그 남은 것을 주움 같을 것이니라

사 17:6 그러나 오히려 주울 것이 남으리니 감람나무를 흔들 때에 가장 높은 가지 꼭대기에 실과 이 삼개가 남음 같겠고 무성한 나무의 가장 먼 가지에 사 오개가 남음 같으리라 이스라엘의 하나님 여호와의 말씀이니라

이사야 선지자는 두 도맥을 가리켜 포도나무 역사와 감람나무 역사라고 증거했다. 다시 말하면 포도나무 역사는 부활의 도맥을 통해서 역사되고, 감람나무 역사는 산 자의 도맥을 따라 역사된다.

포도나무 역사는 말씀이 육신이 되어 오신 독생하신 하나님,

예수께서 짊어지셨고, 감람나무 역사는 피조물 중에서 선택받은 거룩한 인자가 그 사역을 짊어지는 것이다.

그 감람나무 역사를 하기 위해서 하나님께서 횃불언약을 맺으셨다. 횃불언약을 통하여 산 자의 열매를 탄생시켜야 한다. 산 자의 열매를 탄생시키기 위해서는 산 자의 도맥을 이루어야 한다. 산 자의 도맥을 이루는 것이 곧 멜기세덱 반차이다.[10]

산 자의 도맥을 통해서 감람나무 역사의 길을 따르는 사람들은 포도나무의 길을 통해서 구도의 길을 걷는 사람들과 어떤 차이점이 있는 것인가?

감람나무의 역사를 통해서 구도의 길을 따르는 사람들은 열매 맺는 백성이 되는 것이다. 분명히 감람나무의 역사를 통하여 본 가지에 2-3개, 무성한 먼 가지에 4-5개로 모두 여덟 개의 열매를 맺는다.

그러나 포도나무 역사는 열매를 맺는 역사라기보다는 포도를 거둔 후에 남은 것을 줍는 역사라고 했다.

예를 들면, 룻이 보아스의 보리밭에서 추수할 때 떨어진 이삭을 줍는 것처럼(룻 2:7), 포도를 거둔 후에 남은 것을 주움과 같은 역사이다. 사마리아 성에 들어가신 예수께서 수가촌 동네에 사는 사람들을 가리켜 "너희가 넉 달이 지나야 추수할 때가 이르겠다 하지 아니하느냐 내가 너희에게 이르노니 눈을 들어 밭을 보라 희어져 추수하게 되었도다"(요 4:35)라고 하셨다. 희어진다는 것은

---

10) <멜기세덱, 그는 누구인가?> 239-244쪽, 벽암 조영래 저, 도서출판 오색이슬

추수를 너무 늦게 하여 열매의 낱알이 저절로 땅에 떨어지는 것을 말한다. 희어져 땅에 떨어지면 싹이 나서 열매를 먹지 못한다. 그래서 예수님이 부랴부랴 그 동네에 오셔서 곡식이 땅에 떨어지기 전에 추수하신 것이다.

마찬가지다. 감람나무 역사에서는 열매를 맺지만 포도나무 역사는 포도를 거둔 후에 남은 것을 주움과 같은 역사이다.

분명히 아브라함은 멜기세덱으로부터 떡과 포도주의 축복을 받았고, 여호와 하나님으로부터 횃불언약의 축복을 받았다. 따라서 아브라함과 같은 믿음을 가진 사람은 두 가지 축복, 두 가지 도맥의 비밀을 알게 된다.

두 가지 도맥의 역사를 두 하나님이 오셔서 역사하신다는 뜻이 아니다. 재림 마당에서 이 땅의 주로 오신 해를 입은 여인이 포도나무 역사와 두 감람나무 역사를 병행해서 역사하시는 구속사의 시종(始終)을 다 안다는 뜻이다. 그것은 두 가지 축복을 모두 받은 사람만 알 수 있는 것이다. 그것이 곧 아브라함이 축복 받은 믿음이다.

> 갈 3:9 그러므로 믿음으로 말미암은 자는 믿음이 있는 아브라함과 함께 복을 받느니라

아브라함과 같은 믿음을 갖지 못한 사람은 절대 재림 마당에서 이루어질 재림주의 영광의 세계를 알 수가 없다. 아브라함과 같은 믿음을 가져야 하는 이유가 거기에 있는 것이다.

그런데 오늘날 믿는 하나님의 백성들은 아브라함의 믿음을 그

렇게 알고 있는 사람이 별로 없다. 아브라함이 100세에 얻은 만득자 이삭을 바칠 정도로 하나님을 신실하게 믿었다는 정도로밖에 생각하지 않고 있다.

> 요일 2:22-23 거짓말 하는 자가 누구뇨 예수께서 그리스도이심을 부인하는 자가 아니뇨 아버지와 아들을 부인하는 그가 적그리스도니 아들을 부인하는 자에게는 또한 아버지가 없으되 아들을 시인하는 자에게는 아버지도 있느니라

두 언약의 비밀은 누구나 알 수 있는 것은 아니다. 아들을 부인하는 자에게는 아버지가 없고 아들을 시인하는 자에게만 아버지가 있다.

왜 아들을 시인하는 자에게만 아버지를 알게 하시고, 아들을 부인하는 자에게는 아버지를 알 수 없게 하시는가? 예수께서 "영생은 곧 유일하신 참 하나님과 그의 보내신 자 예수 그리스도를 아는 것이니이다"(요 17:3)라고 하셨다. 참 영생은 보내신 자와 보내심을 받은 자를 아는 것이다.

그렇기 때문에 "아버지께 듣고 배운 사람마다 내게로 오느니라"(요 6:45)고 하였고, "아들의 소원대로 계시를 받는 자 외에는 아버지를 아는 자가 없느니라"(마 11:27, 눅 10:22)고 한 것이다. 하나님께서 구속사의 세계를 바라보시며 완전함에 이를 수 있는 자녀들에게만 그 비밀과 암호를 허락해주셨다는 것이다.

다시 말하면 떡과 포도주의 축복을 받지 않으면 횃불언약의 비밀을 알 수 없고, 횃불언약의 비밀을 모르는 자는 절대 떡과 포

도주의 비밀을 알 수 없다. 횃불언약은 이런 의미를 가진 언약이기에 떡과 포도주의 축복과 함께 구속사에서 가장 중심을 이루는 언약이라고 할 수 있다.

떡과 포도주의 축복은 신랑의 사역을 중심으로 구성되어 있고, 횃불언약은 신부의 사역을 중심으로 구성되어 있다.

떡과 포도주의 축복은 부활의 도맥이 중심이고, 횃불언약은 변화의 도맥이 중심으로 구성되어 있다.

떡과 포도주의 축복은 창조주 하나님께서 친히 이 땅에 오셔서 행하실 사역이지만, 횃불언약은 피조물인 거룩한 인자들을 통하여 이루셔야 할 언약이기에 사전에 횃불언약을 이루는 준비과정, 터가 마련되어야 한다.

떡과 포도주의 축복은 신약 마당에서 초림주 예수께서 완성하셨고, 횃불언약은 장차 재림 마당에서 열매 맺어야 할 언약이기에 더욱 분명하고 확실하게 깨달아야 한다.

횃불언약은 인류 구속사역을 완성하는 영원한 언약이다. 아브라함과 맺으신 횃불언약이 산 자의 맥을 통해 면면히 흐르다가 장차 재림 마당에서 '이 땅의 주와 두 감람나무' 역사를 통한 산 자의 탄생으로 열매를 맺게 될 것이다.

젖과 꿀이 흐르는 가나안 땅은 어떤 땅인가?

겔 20:6 그 날에 내가 그들에게 맹세하기를 애굽 땅에서 인도하여 내어서 그들을 위하여 찾아 두었던 땅 곧 젖과 꿀이 흐르는 땅이요 모든 땅 중의 아름다운 곳에 이르게 하리라 하고 젖과 꿀이 흐르는 가나안 땅을 가리켜 '아름다운 땅'이라고 했다. 그 땅은 다른 땅보다 더 특별한 의미를 가진 땅이라는 것이다. 그 땅은 하나님의 살아 역사하시는 말씀의 의지가 감추어진 땅이다. 그렇기 때문에 그 땅에 사는 사람들의 죄가 관영하면 그 땅이 사람들을 토하여 내친다고 했다(레 18:25).

하나님께서 십계명을 주시고자 모세를 부르실 때, 시내산 경계에 깃발을 꽂게 하시면서 그 경계를 범하는 자는 살에 쐬어 죽는다고 모세에게 말씀하셨다(출 19:13). 마치 벌이 쏘듯 그 지경을 범하는 자를 땅이 가진 기운으로 쏘아서 죽게 하신다는 것이다. 이미 시내산은 하나님의 영광이 임재하시고, 하나님께서 강림하신 성소가 되었기 때문에 그 성소의 지경을 범할 때는 그 땅이 용서하지 않는다는 의미이다.

젖과 꿀이 흐르는 가나안 땅은 하나님께서 이미 '찾아두었던 땅'이라고 하셨다. 그 말은 이스라엘 백성들에게 필요한 모든 것을 예비하셨다는 것이다. 하나님께서 언제 무엇을 예비해 놓으셨는가?

노아가 만든 포도원은 무엇을 상징하는가?

> 창 9:20-21 노아가 농업을 시작하여 포도나무를 심었더니 포도주를 마시고 취하여 그 장막 안에서 벌거벗은지라

하나님께서 노아를 통하여 포도원을 만들어놓으셨다(창 9:20). 노아가 만든 포도원은 개인의 것이 아닌 하나님의 뜻에 따

라 만들어진 포도원이다.

> 마 21:33 다시 한 비유를 들으라 한 집 주인이 포도원을 만들고 산울로 두르고 거기 즙 짜는 구유를 파고 망대를 짓고 농부들에게 세로 주고 타국에 갔더니

노아가 만든 포도원은 인류 구속사역을 행하기 위한 장소를 의미한다. 그렇기 때문에 포도원에는 짐승이 들어오지 못하도록 산울로 두르고, 포도원을 지키는 망대가 있고, 포도즙 틀이 있다고 표현한 것이다. 포도즙 틀은 성소 안에서 번제, 화목제, 속죄제, 속건제로 짐승을 제사 드리는 번제단과 같은 곳이다.

또, 노아가 만든 포도원은 에덴동산과 같은 곳이다. 에덴동산 한가운데에는 생명나무와 선악을 알게 하는 나무를 두었다(창 2:9).
"선악을 알게 하는 나무의 실과는 먹지 말라 네가 먹는 날에는 정녕 죽으리라"(창 2:17)고 하신 말씀은 동산 한가운데 있는 생명나무를 택하라는 말씀을 상대적으로 주신 것이라고 할 수 있다. 그런데 아담과 하와가 하나님이 주신 첫 언약에 불순종하여 선악나무 열매를 취했다. 그러므로 생명나무가 영광을 받지 못하고, 선악나무가 이 땅에 올 수 있는 우선권을 얻게 되었다. 따라서 마땅히 장자로 등장할 생명나무가 우선순위를 빼앗김으로 뒤로 밀려나고, 차자인 선악나무가 장자가 되었다. 그 결과 생명나무가 이 땅에 오려면 절대 장자로서 오지 못하게 된 것이다.

포도원 품꾼 비유의 결론은 "이와 같이 나중 된 자로서 먼저

되고 먼저 된 자로서 나중 되리라"(마 20:16)는 것이다. 장자가 차자가 되고, 차자가 장자가 된 역순(逆順)을 바꾸시겠다는 것이다. 따라서 포도원을 통해 궁극적으로 회복해야 하는 것은 장자권의 회복이다.

만일 아담이 생명나무 열매를 따먹었다면 어떤 결과가 이루어졌을까?
누구나 한 번 태어나면 죽는 것이 정한 이치이다(히 9:27). 아담이 생명나무 열매를 따 먹었다면 생명나무가 이 땅에 죽는 나무로 오시지 못한다. 비록 이 땅에 온 이상 누구나 죽는 것이 정한 이치라 할지라도 영원한 생명을 가진 이름으로 오시지, 절대 죽는 이름으로는 오시지 않는다는 것이다.
그러나 아담의 불순종으로 생명나무가 이 땅에 생명나무 자체로 오시지 못하고, 피 흘리는 포도나무로 오실 수밖에 없게 되었다(요 15:1). 예수라는 이름 자체가 '자기 백성을 죄에서 구원할 자'(마 1:21)로서 피 흘리는 이름이다.

노아는 그 이치를 깨닫고 생명나무가 포도나무로 오시는 길을 만든 사람이다.
창세기 6:8에서 노아가 받은 은혜는 완전한 은혜였다. 노아가 완전한 은혜를 받았기에 장이 300규빗, 고가 30규빗, 광이 50규빗으로 성부, 성자, 성령을 상징한 방주를 만들 수 있었다. 즉 노아가 성삼위 하나님의 비밀을 아는 은혜를 받았기에 물로 세상을 심판할 수 있었고, 새 창조 새 역사의 문을 열기 위해서 포도원을 만들고 포도농사를 시작할 수 있었다.

그렇다면 노아는 인류 구속사역의 청사진을 어디에서 받았는가? 물심판이 시작되기 일주일 전인 2월 10일에 노아가 하나님의 명령대로 방주에 타자 하나님께서 방주 문을 닫으셨다. 그리고 심판이 시작된 2월 17일까지 일주일 동안 방주 안에서 노아에게 구원의 청사진을 보여주신 것이다.

그것은 마치 예수님이 변화의 산에서 모세와 엘리야를 불러서 장차 예수님이 어떻게 별세하실 것을 말씀하시는 의미와 같은 맥락의 말씀이다(눅 9:30-31). 하나님께서 물로 심판하기 일주일 전에 노아 가족을 방주에 태워서 7일 창조의 비밀을 가르쳐주셨다. 노아가 받은 은혜, 또 노아가 7일 동안 하나님과 함께 하는 가운데 받은 말씀은 천사에게 받은 말씀도 아니고 사람에게 받은 말씀도 아니고 하나님께서 친히 주신 말씀이었다(갈 1:12).

그런 은혜를 받았기에 노아가 방주에서 내리자마자 포도농사를 지을 수 있었다. 그리고 포도주에 취하여 벌거벗은 것이다(창 9:21). 노아가 술에 취한 것은 세상 술에 취한 것이 아니라, 하나님의 말씀을 득도(得道)한 최고의 경지에 간 상황을 표현한 것이다. 마치 오순절에 성령의 술에 취한 120문도를 보며 "저희가 새 술에 취했다"(행 2:13)라고 한 것과 같은 상황이다. 다시 말하면 노아는 장차 생명나무가 포도나무로 오시어 십자가를 지실 것을 믿음으로 바라보고 그 장면을 연출한 것이다.

그런데 노아가 술에 취해 벌거벗은 동안 함이 아비의 하체를 보는 불상사가 일어나고 말았다. 노아가 술에서 깨자마자 함의 아들 가나안을 저주한 것을 볼 때, 노아가 술에 취한 동안 그 사실을 알고 있었음을 정황상 짐작할 수 있다. 이는 마치 모세가 산에서 더디 내려오자 산 밑에서 아론을 중심으로 금송아지 사건을 일으킨 것을 하나님께서 모세에게 알려주심으로, 모세가 산에서 내려오자마자 십계명이 적힌 돌비를 던진 것과 같다(출 32:7-8).

왜 노아는 죄를 지은 당사자인 함을 저주하지 않고, 함의 아들 가나안을 저주했는가?

> 창 11:10 셈의 후예는 이러하니라 셈은 일백 세 곧 홍수 후 이년에 아르박샷을 낳았고

'홍수 후 이년에 아르박샷을 낳았고'라는 의미는 장자인 셈의 축복을 아르박샷에게 전수하고자 하신 하나님의 의중이 감추어져 있는 것이다. 그 사실을 간파한 마귀가 그 역사를 진행하지 못하도록, 함으로 하여금 아비의 하체를 보게 한 것이다. 노아가 아직 포도주에서 깨기 전에 함이 선수를 쳐서 자기 어머니를 통해 포도원의 비밀을 알아냈다. 노아 부인이 함을 도와준 셈이다. 결국 함이 누구도 침범할 수 없는 아비의 침상을 침범해서 장자의 비밀을 알아내고 말았다.

함이 넷째 아들의 이름을 '가나안'이라고 지은 사실을 볼 때, 함은 노아가 만든 포도원이 '가나안'이라는 사실을 알아냈고, 그래서 자기 아들에게 그 이름을 지어주었음을 정황상 유추해낼 수 있다. '가나안'이라는 이름은 본래는 낮은 곳, 저지대라는 뜻이지만, 그곳을 하나님의 포도원으로 만드신다는 비밀을 알아낸 것이다. 따라서 가나안이라는 이름에는 이긴 자라는 의미가 들어있다.

노아가 죄를 저지른 당사자인 함보다 그가 낳은 가나안을 저주한 이유가 거기 있는 것이다(창 9:25-27).

> 창 9:25-27 이에 가로되 가나안은 저주를 받아 그 형제의 종들의 종이 되기를 원하노라 또 가로되 셈의 하나님 여호와를 찬송하리로다 가나안은 셈의 종이 되고 하나님이 야벳을 창대케 하사 셈의 장막에 거하게 하시고 가나안은 그의 종이 되게 하시기를 원하노라 하였더라

분명히 하나님은 죄를 간섭하실 수 없다. 죄를 간섭하시면 죄에게도 창조권이 부여되기 때문이다. 그런 하나님께서 왜 노아로 하여금 가나안을 저주하게 하셨는가?

> 창 3:15 내가 너로 여자와 원수가 되게 하고 너의 후손도 여자의 후손과 원수가 되게 하리니 여자의 후손은 네 머리를 상하게 할 것이요 너는 그의 발꿈치를 상하게 할 것이니라 하시고

여기서 에덴동산의 사건을 한 번 짚어볼 필요가 있다. 뱀이 아담과 하와를 이기기는 했지만 정당하게 이기지 못하고 거짓말로 속여 이겼다. 뱀이 하나님의 이름을 도용(盜用)해서 거짓말로 속여 이긴 사실 때문에, 예수께서 마귀에게 넘겨준 6천 년이 차기 전에 여인의 후손으로 이 땅에 오실 수 있는 명분이 생긴 것이다(창 3:15). 예수님이 오지 않고는 인간이 짊어지고 있는 죄의 문제를 해결할 수 없기 때문에, 여인의 후손으로 이 땅에 오신 것이다.

하나님께서 피조물들이 저지른 그 역사의 세계를 절대적으로 간섭하실 수 없는 분이었음에도 불구하고, 뱀이 하나님의 이름을 도용해서 이긴 그 부분만큼은 뱀을 징치하실 수 있었다.

마찬가지다. 인류의 두 번째 조상인 노아 때에도 아담이 상실한 세계를 회복하고자 무던히 애쓰고 몸부림치며 방주를 만들고, 그 방주를 구심점으로 해서 인류를 심판했다. 그런데 안타깝게도 방주에서 구원 받은 함을 통해서 또 다시 악령이 역사하였다. 함이 마귀의 유혹을 이겨내지 못하고 죄를 지음으로 또 다시 동일한 죄에 빠지게 된 것이다.

그 결과 장자의 축복을 받은 셈이(창 9:26-27) 가나안 땅을 점령하지 못하고, 함의 아들인 가나안이 먼저 그 땅을 점령하고 말았다. 그리고 가나안의 후손인 가나안 7족속이 그 땅을 차지한 것이다. 그렇기 때문에 하나님께서 가나안 7족속과는 절대 결합하지 말고 그들이 가진 어린아이나 짐승도 다 죽이라고 여호수아에게 당부하신 것이다.

젖과 꿀이 흐르는 가나안 땅이 가진 의미는 무엇인가?

젖과 꿀이 흐르는 가나안 땅은 이스라엘이라는 나라가 건국될 땅이며, 하나님의 성소를 의미한다.

나라를 건국하는 3대 요소가 첫째는 땅, 둘째는 백성, 셋째는 주권이다. '예비해 두었던 땅'이라는 말은 이스라엘 백성들이 이 땅에 오기 전에 이미 하나님의 주권을 예비하고 준비해 두었다는 의미이다. '예비해 두었던 땅'이란 하나님의 성소와 같은 의미를 가지고 있다. 하나님께서 시내산에 강림하심으로 시내산이 임시 성소가 되었듯이, 하나님께서 예비하신 가나안 땅도 성소와 같은 의미가 된다.

가나안 땅이 그처럼 중요한 의미를 가진 땅이기에 하나님께서 그 땅을 확보하기 위해서 사전에 준비하시며 하나님의 열심으로 심혈을 기울이신 것이다.

가나안을 '예비해 두었던 땅'으로 준비하고자 어떤 역사를 하셨는가?

아브라함으로 하여금 이삭을 바치게 하시어 훗날 솔로몬 성전이 지어질 '여호와이레'라는 성전 터를 예비하셨고(창 22:2-14), 에브론에게 은 400세겔을 주고 막벨라 굴을 구입하게 하셨고(창 23:4-20), 이삭으로 하여금 그랄 왕 아비멜렉과의 다툼을 통해서 백성들이 먹을 물 문제를 해결하셨다(창 26:17-22). 하나님께서 대의적으로도 젖과 꿀이 흐르는 가나안 땅을 회복할 명분을 마련하게 하셨다.

이렇게 준비하신 후에 하나님께서는 그 땅을 공식적으로 점령하시고 회복하시기 위해서 형제들에 의해서 요셉을 애굽으로 팔려가게 하셨다. 애굽에 들어간 야곱의 70가족이 생육 번성하여 430년 후에 약 200만 명이라는 거대한 민족으로 탄생되었고, 출애굽을 통해서 젖과 꿀이 흐르는 가나안 땅을 점령할 수 있는 계기를 마련하셨다.

사람의 경우에는 한 번 실패하면 포기할 수도 있지만, 하나님께서는 이미 그 땅을 성소로 정하셨기에 포기하지 않으시고 역사하시어 결국 솔로몬 성전, 스룹바벨 성전, 헤롯 성전을 짓게 하셨다. 그 땅 자체를 성전을 지을 성소라고 작정하신 것이다. 그렇기 때문에 결과적으로는 예수님이 그곳에서 십자가를 지셔야만 하셨던 것이다.

마 21:33-43 다시 한 비유를 들으라 한 집 주인이 포도원을 만들고 산울로 두르고 거기 즙 짜는 구유를 파고 망대를 짓고 농부들에게 세로 주고 타국에 갔더니 실과 때가 가까우매 그 실과를 받으려고 자기 종들을 농부들에게 보내니 농부들이 종들을 잡아 하나는 심히 때리고 하나는 죽이고 하나는 돌로 쳤거늘 다시 다른 종들을 처음보다 많이 보내니 저희에게도 그렇게 하였는지라 후에 자기 아들을 보내며 가로되 저희가 내 아들은 공경하리라 하였더니 농부들이 그 아들을 보고 서로 말하되 이는 상속자니 자 죽이고 그의 유업을 차지하자 하고 이에 잡아 포도원 밖에 내어쫓아 죽였느니라 그러면 포도원 주인이 올 때에 이 농부들을 어떻게 하겠느뇨 저희가 말하되 이 악한 자들을 진멸하고 포도원은 제 때에 실과를 바칠만한 다른 농부들에게 세로 줄찌니이다 예수께서 가라사대 너희가 성경에 건축자들의 버린 돌이 모퉁이의 머릿돌이 되었나니 이것은 주로 말미암아 된 것이요 우리 눈에 기이하도다 함을 읽어 본 일이 없느냐 그러므로 내가 너희에게 이르노니 하나님의 나라를 너희는 빼앗기고 그 나라의 열매 맺는 백성이 받으리라 예수님은 젖과 꿀이 흐르는 가나안 땅을 가리켜 포도원이라는 비유로 말씀하셨다. 젖과 꿀이 흐르는 가나안 땅, 만세 전에 이스라엘 백성들을 위해서 준비한 그 땅을 위해서 예수님 자신이 십자가를 지심으로 포도나무의 사역을 이루신 것이다.

이처럼 포도원을 상징하는 이스라엘이라는 하나님 나라를 이 땅에 건국하시기 위해서 젖과 꿀이 흐르는 가나안 땅을 회복하시어 영토를 확보하시고, 출애굽한 이스라엘 백성들을 백성으로 삼으시고, 시내산에서 율법과 계명을 주심으로 주권을 세우셨다. 젖과 꿀이 흐르는 가나안 땅에는 그런 중차대한 구속사적 의미가 들어있기에 횃불언약을 통하여 가나안 땅을 회복하고자 하신 것이다.

이런 언약의 주인공의 자격, 기준을 가진 사람이 누구인가?

욥 40:10-14 너는 위엄과 존귀로 스스로 꾸미며 영광과 화미를 스스로 입을찌니라 너의 넘치는 노를 쏟아서 교만한 자를 발견하여 낱낱이 낮추되 곧 모든 교만한 자를 발견하여 낮추며 악인을 그 처소에서 밟아서 그들을 함께 진토에 묻고 그 얼굴을 싸서 어둑한 곳에 둘찌니라 그리하면 네 오른손이 너를 구원할 수 있다고 내가 인정하리라

이 구절이 언약의 주인공, 기름 부음을 입은 자, 즉 그리스도의 기준이 될 수 있는 내용이다. '모든 교만한 자를 발견하여 낮추며 악인을 그 처소에서 밟아서 그들을 함께 진토에 묻고 그 얼굴을

싸서 어둑한 곳에 둘 수 있는 사람', 즉 자기 스스로 자신을 구원할 수 있는 사람이 남도 구원할 수 있다. 이처럼 언약을 받으려면 언약을 받을 수 있는 자격, 조건을 가져야한다.

성경에서 이런 자격, 조건을 갖춘 자는 누구인가?

자기 백성을 대표해서 하나님께 언약을 받을 수 있는 사람은 자기 백성을 위해서 목숨을 내어 놓을 수 있는 사람이 되어야한다. 예수께서 삯꾼은 위경에서 자기가 살기 위해 도망가지만, 참된 목자는 자기의 목숨을 내어놓는다고 하셨다(요 10:11-15). 대표로 언약을 받을 수 있는 사람은 백성들을 위해서 십자가를 질 수 있는 사람이어야 한다.

> 신 34:5-6 이에 여호와의 종 모세가 여호와의 말씀대로 모압 땅에서 죽어 벧브올 맞은편 모압 땅에 있는 골짜기에 장사되었고 오늘까지 그 묘를 아는 자 없느니라

그런 이유로 모세가 죽은 것이다. 모세가 이스라엘의 지도자로서 가나안 땅을 목전에 두고 자신이 가나안 땅에 들어가지 못한다는 것은 아마 상상도 하지 못했을 것이다. 그러나 하나님은 모세가 광야의 지도자로서 출애굽 1세대에 대한 책임을 지기를 원하셨다. 출애굽한 603,550명 중에서 여호수아, 갈렙을 제외한 603,548명이 다 죽었는데 그들을 외면한 채 모세가 가나안 땅에 들어가는 것을 원치 않으신 것이다. 그래서 모세에게 죽으라고 하신 것이다(민 27:12-14, 신 1:37, 3:27).

하나님의 의중은 산 자인 모세가 출애굽 1세대의 마지막 사람이 되어 그로 하여금 이미 죽은 1세대를 살려내고자 하신 것이다.[11]

그들을 영혼 구원에 이르게 하고자 하신 것이다(벧전 1:9). 마찬가지로 언약을 받는 택한 민족의 대표자라면 그는 자기 민족에 대해 지도자로서의 책임을 짊어질 줄 알아야 한다.

> 민 8:19 내가 이스라엘 자손 중에서 레위인을 취하여 그들을 아론과 그 아들들에게 선물로 주어서 그들로 회막에서 이스라엘 자손을 대신하여 봉사하게 하며 또 이스라엘 자손을 위하여 속죄하게 하였나니 이는 이스라엘 자손이 성소에 가까이 할 때에 그들 중에 재앙이 없게 하려 하였음이니라

아론의 경우도 마찬가지다. 아론 개인에게 이스라엘의 장자 지파인 레위지파를 선물로 주었다(민 3:9, 8:19, 18:6). 만일 레위지파가 잘못을 저질렀다면 아론이 책임져야 하는 것이다. 그래서 결국 아론도 모세와 함께 가나안 땅에 들어가지 못한 것이다. 출애굽한지 40년째 되는 해, 아론은 5월 1일에 호르산에서 죽었고(민 33:38), 모세는 11월 1일에 모압 땅에서 죽었다(신 1:3, 34:5).

아론에게는 레위지파에 대한 책임을 물으셨고, 모세에게는 이스라엘 백성들에 대한 책임을 물으신 것이다. 영적으로는 같은 죄가 된다. 므리바 반석을 두 번 친 죄와, 입술로 망령되이 일컬은

---

11) <이 땅의 주, 그는 누구인가?> 105-111쪽, 벽암 조영래 저, 도서출판 오색이슬

죄로 인해 죽게 하셨다(시 106:32-33). 언약을 받는 자는 지도자로서 자기에게 소속된 모든 것에 책임을 지고 목숨을 내놓을 줄 아는 사람이 되어야 한다.

모세가 이스라엘을 건국하는 건국의 중심에서 하나님의 중보자가 된 것처럼, 요셉은 이스라엘을 속량시키고자 하시는 하나님의 구속사의 중심에서 중보자로서 횃불언약의 주인공이 되었다. 요셉이 어떻게 이스라엘 백성들을 속량시킬 수 있었는가?

야곱의 70가족이 애굽으로 들어간 이후 430년 만에 출애굽했으나, 그 중 30년은 요셉이 총리로 있던 기간이므로 수난을 겪지 않았다. 따라서 이스라엘 백성들이 종살이한 기간은 정확하게 400년이 된다. 하나님께서 자기 백성을 종살이시키신 것은 "진 자는 이긴 자의 종이라"(벧후 2:19)는 말씀대로 이스라엘 백성들이 진 자로서 애굽에 가서 빚을 갚기 위해서라는 것이다(눅 12:59).

눅 12:59 네게 이르노니 호리라도 남김이 없이 갚지 아니하여서는 결단코 저기서 나오지 못하리라 하시니라

사 43:3 대저 나는 여호와 네 하나님이요 이스라엘의 거룩한 자요 네 구원 자임이라 내가 애굽을 너의 속량물로, 구스와 스바를 너의 대신으로 주었노라

이스라엘 백성들로 하여금 진 자로서 이긴 자에게 빚을 갚고 죄를 해결하게 하기 위해 철 풀무같은 애굽에 보냈다는 것이다.

요셉을 통해 7년 대기근 때 애굽 백성들에게 은혜를 입혀주심으로 영적인 빚을 갚게 하셨고, 또 400년 동안 이스라엘 백성들로 하여금 애굽에서 종살이를 하게 하심으로 육적인 빚을 갚게 하셨다. 이처럼 영적으로, 육적으로 빚을 다 갚은 후에 하나님께서 애굽 백성들을 치셨고, 애굽의 신들에게까지도 복수를 하신 뒤에 이스라엘 백성들을 출애굽하게 하셨다(민 33:4).[12]

요셉은 어떻게 산 자가 될 수 있었는가?

이스라엘 백성들이 진 자로서 이긴 자에게 영적인 빚을 갚을 수 있었던 것은 요셉이 횃불언약의 주인공으로서 대속의 십자가를 졌기 때문이다.

예수께서 "나는 부활이요 생명이니 나를 믿는 자는 죽어도 살겠고 무릇 살아서 나를 믿는 자는 영원히 죽지 아니하리니 이것을 네가 믿느냐?"(요 11:25-26)라고 하셨다. 영원한 생명을 얻는 길, 산 자가 되는 길은 죽음을 초월하고 초극하는 것이다. 죽는 자가 산 자를 인도할 수 없다. 죽는 자는 죽는 자를 인도할 수밖에 없는 것이다(마 15:14, 눅 6:39).

그렇기 때문에 횃불언약에는 죽음을 초월하고 초극하기 위한 산 자의 도맥이라는 기본적인 원리가 있는 것이다. 만일 횃불언약의 주인공이 죽는 자라면 변화의 언약을 받을 수가 없다. 죽는 자는 언약의 대상이 아니다. 오직 산 자만이 변화의 언약을 받을 수 있는 것이다.

---

12) <멜기세덱, 그는 누구인가?> 86-89쪽, 벽암 조영래 저, 도서출판 오색이슬

> 레 19:23-25 너희가 그 땅에 들어가 각종 과목을 심거든 그 열매는 아직 할 례 받지 못한 것으로 여기되 곧 삼년 동안 너희는 그것을 할 례 받지 못한 것으로 여겨 먹지 말 것이요 제 사년에는 그 모 든 과실이 거룩하니 여호와께 드려 찬송할 것이며 제 오년에 는 그 열매를 먹을찌니 그리하면 너희에게 그 소산이 풍성하 리라 나는 너희 하나님 여호와니라

3년까지 맺힌 열매는 할례 받지 못한 것이니 먹지 말고, 4년째 맺힌 열매는 하나님께 드리고, 5년째 맺히는 열매는 사람들이 먹으라는 말씀이다. 즉 아브라함·이삭·야곱의 3대는 각자가 믿음, 순종, 행함이라는 길을 걸었지만 하나님이 취하시는 열매가 되지는 못했다. 오직 4대째 맺히는 열매인 요셉만이 하나님께서 취하시는 산 자의 열매라는 것이다. 다시 말하면 요셉이 산 자의 열매가 되기까지 아브라함·이삭·야곱의 3대가 필요한 것이다.

산 자의 언약인 횃불언약의 주인공이 되려면 4년째 맺히는 열매가 되어야 한다. 그런 산 자의 열매를 얻기 위해서 하나님께서 먼저 아브라함에게 횃불언약을 주신 것이다. 산 자의 열매는 아브라함 당대에는 이루어질 수가 없기 때문이다. 따라서 요셉만이 아브라함·이삭·야곱 3대를 통해서 맺히는 산 자의 열매가 된다.

물론 구약의 요셉은 표면적으로는 죽은 자이다. 출애굽할 때 요셉의 해골을 메고 가나안 땅에 들어가기까지 광야길에서 40년, 가나안 땅에 입성해서 열두 지파에게 땅을 분배하기까지 16년, 총 56년이 지나 야곱이 사 두었던 세겜 땅에 요셉이 묻힘으로 표면적으로는 횃불언약이 끝난 것처럼 보인다.

> 대상 5:1-2 이스라엘의 장자 르우벤의 아들들은 이러하니라 (르우벤은 장자라도 그 아비의 침상을 더럽게 하였으므로 장자의 명분이 이스라엘의 아들 요셉의 자손에게로 돌아갔으나 족보에는 장자의 명분대로 기록할 것이 아니니라 유다는 형제보다 뛰어나고 주권자가 유다로 말미암아 났을찌라도 장자의 명분은 요셉에게 있으니라)

분명히 요셉은 죽었으나 역대상 5:2에는 이스라엘의 영적 장자라고 기록되어 있다. 죽은 자가 어떻게 이스라엘의 영적 장자가 될 수 있는가? 요셉이 영적 장자로 기록되어 있는 말씀을 볼 때, 요셉이 영적으로는 산 자라는 뜻이 아니겠는가? 이 땅에서 잠이 든 요셉이 어떻게 산 자가 될 수 있는 것인가?

> 창 50:25 요셉이 또 이스라엘 자손에게 맹세시켜 이르기를 하나님이 정녕 너희를 권고하시리니 너희는 여기서 내 해골을 메고 올라가겠다 하라 하였더라

요셉은 본래 땅에 묻힌 사람이 아니다. 요셉의 시신은 방부처리해서 미이라로 만들어 단풍나무 관에 안장시키고, 다시 그 관을 석관에 안장해서 보관해두고 있었다. 그러다 이스라엘 백성들이 출애굽할 때, 솔로몬의 연을 60명이 옹위해서 옮긴 것처럼(아 3:7), 이스라엘 백성들이 40년 광야길에서 요셉의 관을 메고 다녔고, 또 가나안 땅에 들어가서도 16년 동안 메고 다녔다.

왜 요셉은 자신의 해골을 땅에 묻지 말고 출애굽할 때 짊어지고 나가라고 유언했는가? 만일 요셉의 시체를 땅에 묻었다면 어

떤 결과가 일어났을까?

성경에 요셉처럼 시체를 땅에 묻지 않은 사람이 누구인가?

> 계 11:8 저희 시체가 큰 성길에 있으리니 그 성은 영적으로 하면 소돔이라고도 하고 애굽이라고도 하니 곧 저희 주께서 십자가에 못 박히신 곳이니라

재림 마당에서 두 감람나무가 죽었을 때에도 시체가 땅에 묻히지 않는다. '저희 시체가 큰 성길에 있으리니'라고 기록되어 있다. 정말 시체를 대로변에 그대로 방치해 둔다는 뜻인가?

그 말씀은 두 감람나무가 표면적으로는 땅에 묻혀있지만 영적으로는 큰 성길 위에 놓여있는 것과 마찬가지라는 뜻이다. 그렇기 때문에 '영적으로 말하면'(계 11:8)이라는 단서가 붙게 된 것이다. 그는 땅에 묻힌 사람이 아니라는 것을 성경이 증거하고 있는 것이다.

땅에 묻힌 것과 묻히지 않은 것에는 어떤 차이가 있는가? 땅에 묻힌 경우에는 어떤 과정을 거쳐야 하는가?

> 욥 14:12 사람이 누우면 다시 일어나지 못하고 하늘이 없어지기까지 눈을 뜨지 못하며 잠을 깨지 못하느니라

위 구절에서 '사람이 누우면 다시 일어나지 못하고 하늘이 없어지기까지 눈을 뜨지 못하며 잠을 깨지 못하느니라'는 말은 사람

이 죽을 때의 그 하늘 아래에서는 부활하지 못한다는 것이다. 땅에 묻힌 사람이 다시 부활하려면 하늘이 바뀌어야 한다는 것이다.

예를 들면, 첫 시조 아담으로부터 둘째 시조인 노아까지가 10대, 노아부터 셋째 시조인 아브라함까지가 10대이다. 노아 때 이루지 못한 역사는 아브라함이 등장할 때까지 기다려야 한다. 그 10대의 역사가 다 마감되어야 부활할 수 있다는 것이다.

그 이유가 무엇인가? 하나님의 모든 계명, 언약, 축복은 창세기 1장에서 열 번의 '가라사대'와 시편 119편에서 열 가지 말씀으로 이루어졌기 때문이다.

그래서 재림 때의 역사는 새 하늘과 새 땅, 새 창조의 역사이다. 재림 때 죽은 사람들도 마찬가지이다. 하늘과 땅이 바뀌어져야만 그들이 부활할 수 있는 것이다.

> 롬 1:4 성결의 영으로는 죽은 가운데서 부활하여 능력으로 하나님의 아들로 인정되셨으니 곧 우리 주 예수 그리스도시니라

누구든 하나님의 아들로 인정받으려면 사망 권세를 깨고 부활의 사람이 되어야 한다. 예수님도 이 땅에 여인의 후손으로 오신 이상 사망 권세를 깨시고 부활하시기 전에는 절대 하나님의 아들로 인정받지 못한다. 그래서 요셉도 예수님처럼 사망 권세를 깨고 승리하여 하나님 아들로 인정받기 위해서 가나안 땅에 입성하기까지 40년, 열두 지파에게 기업을 분배하고 세겜 땅에 묻히기까지 16년, 총 56년이라는 과정을 거친 것이다.

만일 요셉의 시체가 땅에 묻혀 새 하늘 새 땅이 이루어지기까지 기다려야 한다면 성경에서 요셉을 영적 장자로 인정할 수 있겠

는가? 영적 장자란 장차 영육 간에 산 자가 될 수 있는 존재라는 의미이다. 요셉은 비록 잠이 들었으나 영적으로는 광야에서 40년, 가나안 땅에서 16년, 총 56년이라는 산 자가 될 수 있는 과정을 통과했다는 뜻이다.

성경은 성령의 감동하심으로 기록된 책이다. 역대상 5:2의 말씀은 요셉이 하나님께로부터 영적 장자로 인정받은 결과이다.

> 창 48:5-6 내가 애굽으로 와서 네게 이르기 전에 애굽에서 네게 낳은 두 아들 에브라임과 므낫세는 내 것이라 르우벤과 시므온처럼 내 것이 될 것이요 이들 후의 네 소생이 네 것이 될 것이며 그 산업은 그 형의 명의 하에서 함께 하리라

이 구절을 보면 놀라운 사건이 일어났다. 야곱이 산 자의 열매인 요셉을 죽는 자의 혈맥 속에 둘 수 없어 그를 족보에서 **빼낸 것**이다. 그 대신 손자인 에브라임과 므낫세를 아들의 반열에 올리고, 이들 후의 소생이 요셉의 후손이 될 것이라고 했고, 요셉은 그 후에 후손을 낳지 못했다.

과연 '이들 후의 요셉의 후손'은 누구를 말하는 것인가?

> 창 49:10 홀이 유다를 떠나지 아니하며 치리자의 지팡이가 그 발 사이에서 떠나지 아니하시기를 실로가 오시기까지 미치리니 그에게 모든 백성이 복종하리로다

창 49:24-26 요셉의 활이 도리어 견강하며 그의 팔이 힘이 있으니 야곱의 전능자의 손을 힘입음이라 그로부터 이스라엘의 반석인 목자가 나도다 네 아비의 하나님께로 말미암나니 그가 너를 도우실 것이요 전능자로 말미암나니 그가 네게 복을 주실 것이라 위로 하늘의 복과 아래로 원천의 복과 젖먹이는 복과 태의 복이리로다 네 아비의 축복이 내 부여조의 축복보다 나아서 영원한 산이 한 없음 같이 이 축복이 요셉의 머리로 돌아오며 그 형제 중 뛰어난 자의 정수리로 돌아오리로다

야곱이 유다지파에서는 지팡이와 홀이 나오지만, 요셉을 통해서는 이스라엘의 목자이신 반석이 나온다고 축복했다. 반석은 그리스도로서 예수님을 상징한다(고전 10:4). 야곱은 메시아가 오시는 두 종류의 길을 알고 있었다. 표면적으로는 유다지파를 통해서 42대 만에 오시지만(마 1:17), 영적으로는 요셉을 통해서 5대 만에 오시는 것을(레 19:23-25) 가리켜 '요셉의 후손으로 메시아가 오신다'고 예언한 것이다.[13]

따라서 '이들 후의 소생이 네 소생이 된다'는 야곱의 예언은 장차 메시아로 오실 예수님을 가리킨 것이다.

---

13) 야곱이 요셉의 두 아들인 에브라임과 므낫세를 자기 아들의 족보에 올리고, '이들 후의 소생이 네 소생이라'고 했다. 그러나 그 후에 요셉의 소생은 없었다. 야곱의 예언은 마태복음 1:16의 '야곱은 마리아의 남편 요셉을 낳았으니 마리아에게서 그리스도라 칭하는 예수가 나시니라'는 말씀으로 성취되었다.

요셉이 자신의 해골을 메고 나가라는 유언을 남긴 또 다른 이유는 무엇인가?

> 창 50:24-25 요셉이 그 형제에게 이르되 나는 죽으나 하나님이 너희를 권고하시고 너희를 이 땅에서 인도하여 내사 아브라함과 이삭과 야곱에게 맹세하신 땅에 이르게 하시리라 하고 요셉이 또 이스라엘 자손에게 맹세시켜 이르기를 하나님이 정녕 너희를 권고하시리니 너희는 여기서 내 해골을 메고 올라가겠다 하라 하였더라

> 출 13:19 모세가 요셉의 해골을 취하였으니 이는 요셉이 이스라엘 자손으로 단단히 맹세케 하여 이르기를 하나님이 필연 너희를 권고하시리니 너희는 나의 해골을 여기서 가지고 나가라 하였음이었더라

이스라엘 백성들이 가나안 땅에 입성할 때 제사장들이 법궤를 메고, 요셉의 해골을 가지고 들어갔다. 요셉의 관은 법궤 다음으로 이스라엘의 가장 거룩한 성물을 상징한다. 이스라엘 백성들이 광야길에서 우상숭배하고, 간음하고, 하나님을 원망하고, 하나님을 시험하는 네 가지의 죄로 패역하였어도(고전 10:7-10) 하나님께서 끝까지 참고 기다리신 이유가 있다.

'구름 속에 무지개가 있는 이상 내가 다시는 물로 심판하지 않겠다'(창 9:15-16)는 무지개 언약 때문에 참으신 것이다. 그 구름 속의 무지개는 요셉을 상징하는 것이다. 열한 형제들이 구름과 같은 존재라면 채색옷을 입은 요셉은 무지개를 상징하는 존재이다. 비록 잠이 든 요셉이었지만 그 요셉 때문에 하나님께서 패역한 이

스라엘 백성들을 끝까지 참고 또 참으신 것이다. 그런 이유에서 요셉이 자신의 해골을 가지고 나가라고 당부한 것이다.

횃불언약의 궁극적 성취는 무엇인가?

> 갈 3:17 내가 이것을 말하노니 하나님의 미리 정하신 언약을 사백 삼십년 후에 생긴 율법이 없이 하지 못하여 그 약속을 헛되게 하지 못하리라

일반적으로는 이전의 언약보다 나중의 언약이 더 영광과 축복이 크기 마련이다(히 8:7). 그러나 횃불언약의 경우에는 일반적인 경우에 해당되지 않는다. 430년 후에 생긴 율법이 아브라함에게 주신 횃불언약을 절대 앞지르지 못한다고 했다. 시내산에서 모세에게 준 율법이 아브라함에게 언약하신 횃불언약을 능가할 수가 없다는 것이다.

그 이유가 무엇인가? 횃불언약의 내용은 산 자의 열매를 맺는 것이기 때문이다. 산 자의 첫 열매를 탄생시키기 위해서 아브라함 가(家)의 3대를 통해서 횃불언약을 맺으신 것이다.

> 눅 20:37-38 죽은 자의 살아난다는 것은 모세도 가시나무 떨기에 관한 글에 보였으되 주를 아브라함의 하나님이요 이삭의 하나님이요 야곱의 하나님이시라 칭하였나니 하나님은 죽은 자의 하나님이 아니요 산 자의 하나님이시라 하나님에게는 모든 사람이 살았느니라 하시니

예수께서 친히 말씀하신 내용이다. 하나님은 아브라함의 하나님, 이삭의 하나님, 야곱의 하나님이시며, 산 자의 하나님이라고 하셨다. 즉 이미 수천 년 전에 잠이 든 아브라함·이삭·야곱이 산 자들이라는 것이다. 영적으로 볼 때 그들이 살아 있다는 뜻이 아니다. 실제로 낙원에서 영육 간에 산 자로 존재하고 있다는 것이다.

> 마 27:53 예수의 부활 후에 저희가 무덤에서 나와서 거룩한 성에 들어가 많은 사람에게 보이니라

> 눅 16:22-26 이에 그 거지가 죽어 천사들에게 받들려 아브라함의 품에 들어가고 부자도 죽어 장사되매 저가 음부에서 고통 중에 눈을 들어 멀리 아브라함과 그의 품에 있는 나사로를 보고 불러 가로되 아버지 아브라함이여 나를 긍휼히 여기사 나사로를 보내어 그 손가락 끝에 물을 찍어 내 혀를 서늘하게 하소서 내가 이 불꽃 가운데서 고민하나이다 아브라함이 가로되 얘 너는 살았을 때에 네 좋은 것을 받았고 나사로는 고난을 받았으니 이것을 기억하라 이제 저는 여기서 위로를 받고 너는 고민을 받느니라 이뿐 아니라 너희와 우리 사이에 큰 구렁이 끼어 있어 여기서 너희에게 건너가고자 하되 할 수 없고 거기서 우리에게 건너 올 수도 없게 하였느니라

하나님은 영혼만 살아있는 자들을 결코 산 자라고 하지 않으신다. 하나님은 죽은 영혼만 수집하는 염라대왕이 아니다. 죽은 자는 하나님께 기도할 수 없고, 하나님께 찬양드릴 수 없다(시

30:9, 사 38:18). 오직 산 자들만이 하나님께 경배 드릴 수 있고, 기도할 수 있고, 찬양드릴 수 있는 것이다.

이처럼 하나님은 죽은 자의 하나님이 아니라 산 자의 하나님이시기에 그런 산 자를 만드시는 것이 하나님의 선하신 뜻이며, 목적이신 것이다. 선하신 하나님의 뜻을 이루시고자 아브라함에게 신랑의 영광을 이루는 떡과 포도주의 축복과 신부의 영광을 이루는 횃불언약을 주셨다. 하나님께서는 이미 아브라함 때에 신랑의 영광과 신부의 영광을 이룰 터전을 다 예비하신 것이다. 그 언약하신 내용대로 인류 구속사역이 진행되고 이루어지고 마쳐지는 것이다.

아브라함·이삭·야곱·요셉의 4대는 성경에 면면히 흐르고 있는 산 자의 도맥 속에 깊이 감추어진 광맥이다. 아브라함의 4대 속에 감추어진 산 자의 도맥 속에 있는 산 자의 비의·부활의 비의를 가리켜 예수께서 밭에 감추인 진주, 보화라고 설명하신 것이다(마 13:44).

요셉의 해골이 본방 이스라엘 백성들을 통해서 세겜 땅에 묻힘으로 아브라함과 맺은 횃불언약이 표면적으로는 692년에 마쳐졌다. 그러면 횃불언약은 완전히 성취된 것인가? 요셉의 해골이 세겜 땅에 묻힘으로 횃불언약이 일단락이 되었지만, 요셉이 아직 횃불언약의 열매로서의 영광을 받지 못했다. 요셉이 영적 장자로서 장차 영육 간에 산 자의 첫 열매로서 영광을 입을 때 횃불언약이 완전히 이루어지는 것이다.

요셉의 남은 역사는 재림 마당에서 영적 이스라엘 백성들을 통해서 이루어지는 것이다. 횃불언약이 영적 완전수에 해당하는 700년이 차야 한다. 따라서 표면적으로 이루어진 692년에다가, 재림 마당에서 감람나무의 본가지에서 2-3개, 무성한 먼 가지에서 4-5개로 8개의 열매가 맺힘으로 700이라는 영적 완전수가 이루어지는 것이다.

"방주에서 물로 말미암아 구원을 얻은 자가 몇 명 뿐이니 겨우 여덟 명이라"(벧전 3:20)는 말씀도 "노아의 때와 같이 인자의 임함도 그러하리라"(마 24:37)는 말씀과 일맥상통한다.

구약 때 산 자의 첫 열매로 하나님께 바친 요셉이 재림 마당에 다시 이 땅에 와서 어린 양의 신부로 탄생하는 역사가 이루어져야 횃불언약이 완성되는 것이다.

이처럼 횃불언약은 재림 마당에 돌연히 나타나는 것이 아니라, 이미 인류의 세 번째 조상이고 믿음의 조상인 아브라함 때부터 시작된 것이다. 그래서 아브라함·이삭·야곱의 3대를 통해서 요셉이라는 산 자의 열매를 맺은 것이다. 하나님께서 산 자의 열매인 요셉을 횃불언약의 주인공으로 세우기 위하여 이미 계획하시고 준비하신 것이다.

횃불언약이 신약 마당에서는 어떻게 진행되었는가?

행 1:4-5 사도와 같이 모이사 저희에게 분부하여 가라사대 예루살렘을 떠나지 말고 내게 들은 바 아버지의 약속하신 것을 기다리라 요한은 물로 세례를 베풀었으나 너희는 몇 날이 못 되어 성령으로 세례를 받으리라 하셨느니라 행 2:1-4 오순절 날이 이미 이르매 저희가 다 같이 한 곳에 모였더니 홀연히 하늘로부터 급하고 강한 바람 같은 소리가 있어 저희 앉은 온 집에 가득하며 불의 혀같이 갈라지는 것이 저희에게 보여 각 사람 위에 임하여 있더니 저희가 다 성령의 충만함을 받고 성령이 말하게 하심을 따라 다른 방언으로 말하기를 시작하니라

구약 때 아브라함과 맺은 횃불언약이 신약 마당에서도 진행된 것을 성경을 통해서 찾아볼 수 있다.

예수께서 "너희가 예루살렘을 떠나지 말고 아버지의 약속의 성령을 기다리라"고 말씀하셨다. 그래서 120문도가 마가의 다락방에서 목숨을 걸고 기다린 결과, 그들은 오순절 날 아버지의 약속의 성령을 받았다. 그들이 아버지의 약속의 성령을 받은 후에는 그들이 세례를 줄 때 성령이 임하기 시작했다. 그들도 성령의 사람, 약속의 사람이 된 것이다. 그들은 신약 마당에서 최초로 열매 맺은 산 자들로서 모두 순교함으로써 생을 마감했다.

이처럼 신약 마당에서도 횃불언약의 역사가 이루어진 것을 알 수 있다. 횃불언약은 구약 마당의 아브라함 가(家)에서 실존의 인물들을 통해서 이루어졌고, 그들이 가지고 있는 본질적인 믿음 안에서 신약 시대를 통해 다시 한 번 더 구체적으로 이루어진 것이다.

구약 마당이 촛불이라면, 신약 마당은 전깃불이라고 한다. 따라서 구약 마당에서보다는 신약 마당에서 횃불언약의 영광이 더 거룩하게 이루어졌다. 그러나 아브라함이 신약 마당을 위하여 바친 제물은 3년 된 수양이지 비둘기는 아니었다. 산비둘기와 집비

둘기 새끼는 세 번째 마당인 재림 마당의 제사를 위하여 바친 제물들이다.

　본방 이스라엘 백성들이 신약 마당에서 횃불언약의 영광을 좀 더 체계적이고 조직적이고 거룩하게 이루었지만, 그들은 횃불언약의 영광의 주인은 될 수 없었다. 이스라엘 백성들은 신랑의 역사를 이루는 마당에서는 약속의 자녀가 되었지만, 신부의 역사를 이루는 마당에서의 약속의 자녀는 아니기 때문이다. 아브라함이 드린 세 가지 제물 중 3년 된 수양은 신약 마당에서 제물이 되실 예수님을 상징한 것이다. 신약 마당에서의 제물은 3년 된 수양뿐이다.

　그러나 신약 마당에서도 횃불언약이 더욱 조직적이고 체계적으로 그 거룩함의 빛이 밝아져서 첫째 부활에 참여하는 사람들도 있었다. 예수님이 열두 제자들에게 "내가 진실로 너희에게 이르노니 세상이 새롭게 되어 인자가 자기 영광의 보좌에 앉을 때에 나를 좇는 너희도 열두 보좌에 앉아 이스라엘 열두 지파를 심판하리라"(마 19:28)고 말씀하셨기 때문이다.

　열두 제자들을 열두 보좌에 앉게 하신다는 것은 무슨 뜻인가?
　비록 그들이 예수님의 말씀을 믿고 깨닫고 따르지는 못했지만 나름대로 3년 동안 가정을 버리고, 예수님과 동고동락한 그 공로를 인정해 주셔서 산 자의 열매로 열매 맺게 해주신다는 것이다. 그들이 예수께서 열어놓으신 산 자의 길을 통해서 아브라함·이삭·야곱처럼 천국에 들어갈 수 있는 사람이 되었을 것이다.
　예수께서 십자가를 지실 때는 수제자 베드로를 비롯해서 다 도망갔지만 결국에는 여러 모양의 순교로써 최후를 마쳤다. 그 결

과 예수께서 "오늘 네가 나와 함께 낙원에 있으리라"(눅 23:43)
는 그 말씀의 길을 통해서 열두 제자들도 예수님처럼 다 영육 간
에 부활해서 올라간 것이 아니겠는가?

이처럼 구약 마당에서뿐만 아니라, 신약 마당과 재림 마당에
서 장차 이루어질 그 역사를 바라보며 이사야 선지자도 "세계 민
족 중에 이러한 일이 있으리니 곧 감람나무를 흔듦 같고 포도를
거둔 후에 그 남은 것을 주움 같을 것이니라"(사 24:13)고 예언했
다. 감람나무 역사와 포도나무 역사가 마지막 때에도 조화롭게 병
행되어 이루어지게 된다.

다시 말하면 마지막 때 영적 이스라엘 백성들을 통해서 이루
어지는 역사는 포도나무 역사로써 구속사의 세계가 완성되는 것
이 아니라 횃불언약을 통하여, 즉 감람나무 역사로써 구속사의 세
계가 완성이 되고 끝이 나는 것이다.

그렇기 때문에 재림 마당에서는 떡과 포도주의 언약보다 횃불
언약이 더 비중이 큰 언약이다.

그렇다고 해서 이 점을 오해해서는 안 된다. 떡과 포도주의 주
체가 되시는 예수님의 영광이 횃불언약의 주인공의 영광보다 못
하다는 뜻이 아니다. 재림 마당의 영광이 7배의 영광으로서(사
30:26), 신약 마당보다 더 차원이 높아지는 때이기에 횃불언약의
영광이 더 크다는 뜻이다. 따라서 마지막 때는 감람나무 역사가
포도나무 역사보다 우선순위에서 앞서 있는 것이다. 왜냐하면 재
림의 때는 신랑의 때가 아니라 신부의 때이기 때문이다.

계 20:1-5 또 내가 보매 천사가 무저갱 열쇠와 큰 쇠사슬을 그 손에 가지고 하늘로서 내려와서 용을 잡으니 곧 옛 뱀이요 마귀요 사단이라 잡아 일천 년 동안 결박하여 무저갱에 던져 잠그고 그 위에 인봉하여 천 년이 차도록 다시는 만국을 미혹하지 못하게 하였다가 그 후에는 반드시 잠간 놓이리라 또 내가 보좌들을 보니 거기 앉은 자들이 있어 심판하는 권세를 받았더라 또 내가 보니 예수의 증거와 하나님의 말씀을 인하여 목 베임을 받은 자의 영혼들과 또 짐승과 그의 우상에게 경배하지도 아니하고 이마와 손에 그의 표를 받지도 아니한 자들이 살아서 그리스도로 더불어 천년 동안 왕노릇 하니 (그 나머지 죽은 자들은 그 천 년이 차기까지 살지 못하더라) 이는 첫째 부활이라

첫째 부활, 의인의 부활이 이루어진 다음에 천년 후에야 생명의 부활과 심판의 부활이 이루어진다고 했다. 첫째 부활, 의인의 부활이 곧 천년의 언약이다.

시 105:8-10 그는 그 언약 곧 천대에 명하신 말씀을 영원히 기억하셨으니 이것은 아브라함에게 하신 언약이며 이삭에게 하신 맹세며 야곱에게 세우신 율례 곧 이스라엘에게 하신 영영한 언약이라

즉, 횃불언약이 천년의 언약, 천대의 언약이다. 그렇기 때문에 횃불언약의 성취는 천년왕국·지상천국을 이루시는 새 창조·새 역사의 각본이 되는 것이다. 그 역사의 승리의 터전이 있었기에, 그 승리의 터전 위에서 천년왕국·지상천국을 이루는 영광의 목적을 이룰 수 있는 것이다.

2. 요셉이 받은 축복

> 창 49:22-26 요셉은 무성한 가지 곧 샘 곁의 무성한 가지라 그 가지가 담을 넘었도다 활 쏘는 자가 그를 학대하며 그를 쏘며 그를 군박하였으나 요셉의 활이 도리어 견강하며 그의 팔이 힘이 있으니 야곱의 전능자의 손을 힘입음이라 그로부터 이스라엘의 반석인 목자가 나도다 네 아비의 하나님께로 말미암나니 그가 너를 도우실 것이요 전능자로 말미암나니 그가 네게 복을 주실 것이라 위로 하늘의 복과 아래로 원천의 복과 젖 먹이는 복과 태의 복이리로다 네 아비의 축복이 내 부여조의 축복보다 나아서 영원한 산이 한없음같이 이 축복이 요셉의 머리로 돌아오며 그 형제 중 뛰어난 자의 정수리로 돌아오리로다

야곱이 열두 아들에게 각자의 분량대로 축복하는 중에, 요셉에게는 세 가지의 축복을 해주었다.

첫째, 원천(源泉)의 복을 주었다.

즉 물의 근원의 축복을 주었다. 자연 세계에 있는 물과 영적인 세계의 물, 즉 땅의 물과 하늘의 물을 요셉에게 다 축복해 준 것이다.

요셉의 가지가 담을 넘었다는 의미는 요셉이 만민의 구주가 될 수 있는 그런 능력을 가지고 있다는 것이다(창 50:20). 요셉이라는 나무가 신령한 원천, 생명수 샘가에 뿌리를 박고 있기 때문

에, 세상 그 어느 곳으로도 뻗어갈 수 있는 가지가 될 수 있다는 것이다. 마치 에덴동산의 각종나무가 열매를 맺듯이 요셉의 가지에는 산 자들의 열매가 맺힐 수 있게 된 것이다.

그렇기 때문에 요셉의 가지, 요셉의 열매를 해하려고 하는 자는 누구든지 요셉의 활이 그들을 용납지 아니하고, 용서치 아니한다는 말씀이다. 두 감람나무를 해하고자 하는 자는 그의 입에서 불이 나와서 사른다는 말씀과 일맥상통한다(계 11:5).

원천의 축복은 영적인 축복을 말한다. 두 감람나무의 역사는 영적인 역사이기 때문이다. 따라서 원천의 축복은 성령의 역사를 의미한다.

> 계 11:8 저희 시체가 큰 성길에 있으리니 그 성은 영적으로 하면 소돔이라고도 하고 애굽이라고도 하니 곧 저희 주께서 십자가에 못 박히신 곳이니라

재림 마당에서의 역사는 '영적으로' 하시는 역사이다. 영적인 역사라고 해서 보이지 않는 역사라는 개념으로 생각해서는 안 된다. 재림 마당의 역사는 자기를 바라는 자들을 통해서만 이루시는 역사이다(히 9:28). 초림 때처럼 죄인들을 통해서 역사하시는 공개적인 역사가 아니라, 허락되고 축복된 자들을 통해서 역사하시는 하늘의 역사를 영적인 역사라고 한다.

그렇기 때문에 영적인 역사는 "하나님의 하시는 시종(始終)을 사람으로 능히 측량할 수 없도다"(전 3:11, 8:17)라는 말씀처럼 인간의 상식으로 쉽게 판단할 수 없고 이해하기 어려운 역사이다.

> 신 29:29 오묘한 일은 우리 하나님 여호와께 속하였거니와 나타난 일은 영구히 우리와 우리 자손에게 속하였나니 이는 우리로 이 율법의 모든 말씀을 행하게 하심이니라

이러한 영적인 사건도 구원의 중심이 되는 사람을 통해서 그 역사가 나타나고 이루어지게 되어 있다.

> 골 2:2-3 이는 저희로 마음에 위안을 받고 사랑 안에서 연합하여 원만한 이해의 모든 부요에 이르러 하나님의 비밀인 그리스도를 깨닫게 하려 함이라 그 안에는 지혜와 지식의 모든 보화가 감취어 있느니라

예수님은 하나님의 비밀이시고, 그 안에는 지식과 지혜의 각종 보화가 감추어져 있다고 했다.

그렇다면 예수님 안에는 어떤 보배가 감추어져 있는 것일까? 아담의 갈비뼈로 여자를 만들었다는 말씀은 아담 안의 각종 보배, 보화를 가지고 여자를 만들었다는 것이다. 마찬가지로, 하나님의 비밀이 되는 예수님 안에도 영적인 보배가 들어있다. 그 영적인 보배, 보화는 예수님의 비밀이 되는 갈비뼈를 의미한다. 그 갈비뼈로 신부를 만든다면 신부가 신랑의 비밀이 되는 것이다.

요셉의 축복은 신부의 축복이다. 요셉이 재림 마당에 영육 간에 산 자로 등장해야 한다. 그 요셉의 축복을 받으려면 신부의 비밀과 암호를 정해(正解)해야 한다. 신부의 비밀과 암호를 이해하고 믿고 깨닫고 아는 사람만이 그 축복의 주인공이 되는 것이다.

요셉이 두 가지의 꿈을 이야기했다. "열한 볏단이 내게 절하더

이다"(창 37:7)라는 것은 이 땅의 분천(噴泉)을 말하는 것이다. 즉, 자연계시적인 물을 말하는 것이다. "해와 달과 별들이 내게 절하더이다"(창 37:9)라는 것은 영적인 하늘의 물, 생명수를 말하는 것이다. 따라서 요셉이 받은 원천의 축복은 자연계시의 물과 은혜의 계시의 물을 말한다. 그 물은 오직 신부를 통해서만 받을 수 있는 성령을 말하는 것이다.

"다른 이로서는 구원을 얻을 수 없나니 천하 인간에 구원을 얻을 만한 다른 이름을 우리에게 주신 일이 없음이니라"(행 4:12)라고 했다. 구원은 오직 예수님을 통해서만 받을 수 있는 것처럼, 성령의 축복은 오직 신부를 통해서만 받을 수 있는 것이다.

둘째, 태의 열매와 젖 먹이는 복을 주었다.

태의 열매와 젖먹이는 복은 무엇을 뜻하는 것인가? 태의 열매의 비밀, 그것은 신부의 고유적인 권한이 되는 것이다. 구도의 열매는 아담이 따주는 것이지만 태의 열매는 하와, 여자만이 딸 수 있는 것이기 때문이다.

> 창 25:21-23 이삭이 그 아내가 잉태하지 못하므로 그를 위하여 여호와께 간구하매 여호와께서 그 간구를 들으셨으므로 그 아내 리브가가 잉태하였더니 아이들이 그의 태 속에서 서로 싸우는지라 그가 가로되 이같으면 내가 어찌할꼬 하고 가서 여호와께 묻자온대 여호와께서 그에게 이르시되 두 국민이 네 태중에 있구나 두 민족이 네 복중에서부터 나뉘이리라 이 족속이 저

족속보다 강하겠고 큰 자는 어린 자를 섬기리라 하셨더라

이삭이 누구인가? 성령의 자녀, 약속의 첫 씨이다. 그런데도 이삭은 "큰 자가 어린 자를 섬기리라"(창 25:23)는 쌍태의 비밀을 모르고 있었다. 태의 열매는 여자의 고유적인 권한이기 때문에, 오직 리브가만이 쌍태의 비밀을 알고 있었다.

> 창 27:30-33 이삭이 야곱에게 축복하기를 마치매 야곱이 그 아비 이삭 앞에서 나가자 곧 그 형 에서가 사냥하여 돌아온지라 그가 별미를 만들어 아비에게로 가지고 가서 가로되 아버지여 일어나서 아들의 사냥한 고기를 잡수시고 마음껏 내게 축복하소서 그 아비 이삭이 그에게 이르되 너는 누구냐 그가 대답하되 나는 아버지의 아들 곧 아버지의 맏아들 에서로소이다 이삭이 심히 크게 떨며 가로되 그런즉 사냥한 고기를 내게 가져온 자가 누구냐 너 오기 전에 내가 다 먹고 그를 위하여 축복하였은즉 그가 정녕 복을 받을 것이니라

이삭은 맏아들인 에서를 사랑했고, 리브가는 야곱을 사랑했다(창 25:28). 이삭이 나이 많고 눈이 어두워져 맏아들인 에서에게 장자의 축복을 하고자 별미를 만들어오라고 하자(창 27:1-4), 리브가가 그 소리를 듣고 야곱에게 "내가 별미를 만들어 줄테니 네가 형 에서인 것처럼 아버지 이삭에게 들어가 축복을 받으라"(창 27:5-10)고 하였다. 야곱이 아버지를 속이는 것을 들켜 오히려 저주받게 될까봐 두려워하자, 리브가는 그 저주를 자신에게 돌리라고 하였다(창 27:11-13).

에서는 털이 많은 사람인지라 리브가가 야곱을 염소털로 꾸몄는데, 눈이 어두운 이삭은 야곱을 에서로 착각하여 장자의 축복을 해 주었다(창 27:15-29). 야곱이 축복을 받고 나간 후, 곧 이어 에서가 별미를 만들어 가지고 들어왔다(창 27:30-32). 이삭은 그제야 이 모든 사건의 전모를 파악하고 심히 크게 떨었다(창 27:33).

이삭이 크게 두려워한 이유가 무엇인가? 성령의 사람인 자신도 태의 비밀을 미처 깨닫지 못해 "큰 자가 어린 자를 섬기리라"(창 25:23)는 하나님의 뜻을 그르칠 뻔했다는 두려움 때문이었다.

이처럼 태의 비밀은 오직 신부만이 알 수 있는 것이다. 요셉은 장차 어린 양의 신부가 될 사람이기에 태의 열매, 젖먹이는 복을 허락받은 사람이다. 따라서 태의 열매와 젖먹이는 축복은 요셉을 통하지 않고는 절대 받을 수 없는 것이다.

셋째, 내 부여조보다 더 큰 축복, 즉 정수리의 축복을 주었다.

정수리는 한가운데이며, 머리 부분 중에서도 가장 꼭대기를 말한다. 예루살렘 성전을 지은 장소는 우주의 한가운데가 된다. 성전을 짓는 장소는 한가운데이다. 성전의 한가운데는 지성소이고, 지성소의 한가운데는 법궤, 즉 말씀이 있다.

에덴동산 한가운데 생명나무를 두셨다. 마지막 때 생명나무의 비밀은 성령의 열매가 되는 신부를 통해서만 알 수 있다. 다시 말하면 한가운데의 비밀을 깨달은 사람, 한가운데의 축복을 받은 사람, 정수리의 축복을 받은 사람만이 한가운데 있는 모든 구속사의 비밀을 알 수 있는 것이다. 한가운데의 비밀을 아는 사람만이 생명나무 열매를 따먹든지, 주어 먹을 수 있는 것이다(계 2:7).

요셉이 부여조보다 큰 축복, 정수리의 축복을 받은 결과는 어디에서 찾아볼 수 있는가?

> 창 48:5 내가 애굽으로 와서 네게 이르기 전에 애굽에서 네게 낳은 두 아들 에브라임과 므낫세는 내 것이라 르우벤과 시므온처럼 내 것이 될 것이요

야곱이 위중하다고 해서 요셉이 에브라임과 므낫세를 데리고 왔을 때, 야곱은 열두 지파를 분량대로 축복하기(창 49:28) 이전에 개별적으로도 요셉에게 축복을 해주었다.

야곱은 요셉의 두 아들인 에브라임과 므낫세를 자신의 아들로 삼았다. 즉 야곱의 손자가 야곱의 두 아들이 된 것이다. 그만큼 요셉의 영광이 크기 때문에 요셉의 아들이 야곱의 아들의 반열에 올라갈 수가 있었다. 그처럼 요셉의 영광은 이스라엘에서 가장 큰 영광이다.

> 창 48:12-20 요셉이 아비 무릎 사이에서 두 아들을 물리고 땅에 엎드려 절하고 우수로는 에브라임을 이스라엘의 좌수를 향하게 하고 좌수로는 므낫세를 이스라엘의 우수를 향하게 하고 이끌어 그에게 가까이 나아가매 이스라엘이 우수를 펴서 차자 에브

라임의 머리에 얹고 좌수를 펴서 므낫세의 머리에 얹으니 므낫세는 장자라도 팔을 어긋맞겨 얹었더라 그가 요셉을 위하여 축복하여 가로되 내 조부 아브라함과 아버지 이삭의 섬기던 하나님, 나의 남으로부터 지금까지 나를 기르신 하나님, 나를 모든 환난에서 건지신 사자께서 이 아이에게 복을 주시오며 이들로 내 이름과 내 조부 아브라함과 아버지 이삭의 이름으로 칭하게 하시오며 이들로 세상에서 번식되게 하시기를 원하나이다 요셉이 그 아비가 우수를 에브라임의 머리에 얹은 것을 보고 기뻐 아니하여 아비의 손을 들어 에브라임의 머리에서 므낫세의 머리로 옮기고자 하여 그 아비에게 이르되 아버지여 그리 마옵소서 이는 장자니 우수를 그 머리에 얹으소서 아비가 허락지 아니하여 가로되 나도 안다 내 아들아 나도 안다 그도 한 족속이 되며 그도 크게 되려니와 그 아우가 그보다 큰 자가 되고 그 자손이 여러 민족을 이루리라 하고 그 날에 그들에게 축복하여 가로되 이스라엘 족속이 너로 축복하기를 하나님이 너로 에브라임 같고 므낫세 같게 하시리라 하리라 하여 에브라임을 므낫세보다 앞세웠더라

야곱이 두 손자에게 손을 어긋맞겨 축복을 해주었다. 므낫세에게는 좌수(左手)로 축복해 주고, 에브라임에게는 우수(右手)로 축복해 주었다. 장자인 므낫세보다 차자인 에브라임을 앞세워 더 큰 축복을 준 것이다.

그것을 보고 있던 요셉이 "아버지여 그리 마옵소서 이는 장자니 우수를 그 머리에 얹으소서"(창 48:18)라고 하자 야곱이 "나도 안다"(창 48:19)라고 하면서 요셉의 의견을 물리치고 본래의

자신의 의지대로 에브라임에게 장자의 축복을 주었다.

에브라임과 므낫세에 대한 축복 외에도 야곱은 반석이 요셉을 통해서 나온다는 축복을 주었고(창 49:24), 유다에게는 홀과 지팡이의 축복을 주었다(창 49:10). 야곱이 각 자녀들에게 축복한 것은 개인적인 신앙 차원에서 준 축복이 아니라, 하나님의 절대주권적인 말씀으로 축복해준 것이다. 그렇기 때문에 야곱이 축복한 대로 그대로 다 이루어졌다.

그런데 성경에 보면 놀라운 일이 있다. 므낫세보다 큰 축복을 받은 에브라임이 결과적으로는 좋은 결과를 이루지 못했다. 물론 북조의 초대 왕 여로보암이 에브라임 지파였으니, 에브라임이 북조 이스라엘의 장자가 되어 본래 야곱이 축복한 장자로서의 의미가 이루어졌다고 말할 수도 있다. 그러나 요한계시록 7장에서 열두 지파에서 인 맞은 144,000인 중에 에브라임 지파는 사라지고 없다.

> 계 7:1-8 이 일 후에 내가 네 천사가 땅 네 모퉁이에 선 것을 보니 땅의 사방의 바람을 붙잡아 바람으로 하여금 땅에나 바다에나 각종 나무에 불지 못하게 하더라 또 보매 다른 천사가 살아계신 하나님의 인을 가지고 해 돋는 데로부터 올라와서 땅과 바다를 해롭게 할 권세를 얻은 네 천사를 향하여 큰 소리로 외쳐 가로되 우리가 우리 하나님의 종들의 이마에 인치기까지 땅이나 바다나 나무나 해하지 말라 하더라 내가 인 맞은 자의 수를 들으니 이스라엘 자손의 각 지파 중에서 인 맞은 자들이 십사 만 사천이니 유다 지파 중에 인 맞은 자가 일만 이천이요 르우벤 지파 중에 일만 이천이요 갓 지파 중에 일만 이천이요 아셀 지파 중에 일만 이천이요 납달

> 리 지파 중에 일만 이천이요 므낫세 지파 중에 일만 이천이요 시므온 지파 중에 일만 이천이요 레위 지파 중에 일만 이천이요 잇사갈 지파 중에 일만 이천이요 스불론 지파 중에 일만 이천이요 요셉 지파 중에 일만 이천이요 베냐민 지파 중에 인 맞은 자가 일만 이천이라

위 구절에 나오는 열두 지파에는 에브라임 지파와 단 지파가 사라지고, 므낫세 지파와 요셉 지파가 등장한다. 에브라임 지파는 영영 사라지고 말았다. 왜 야곱이 "나도 안다!"(창 48:19)라고 하며 축복한 에브라임 지파가 사라지고 만 것일까?

이 사실은 무엇을 의미하는 것인가? 야곱이 에브라임에게 우수의 축복을 해주었지만 결과적으로는 그러한 축복을 이루지 못했다는 것이다. 그 이유는 요셉이 인정하지 않았기 때문이다.

왜 요셉이 인정하지 않았다는 이유로 야곱의 축복이 감해진 것일까? 요셉이 부여조의 축복보다 더 큰 축복을 가지고 있기 때문에, 요셉의 의중이 부여조의 축복보다 더 큰 영향을 미친다는 것이다. 430년 후에 생긴 율법이 430년 전에 생긴 횃불언약보다 더 크지 못하다는 말씀과 같은 이치이다(갈 3:17). 그렇기 때문에 부여조의 축복을 받은 에브라임이 비록 우수의 축복을 받았다고 할지라도 결과적으로는 므낫세가 더 큰 번영을 누린 것이다.

그것은 두 번의 인구조사의 내용을 살펴보면 확연히 알 수 있다. 므낫세 지파는 첫 번째 인구조사보다 두 번째 인구조사에서 인구가 월등히 늘어났다(민 26:34). 그런데 에브라임 지파는 첫 번째 인구조사에 비해 두 번째 인구조사에서 월등히 그 수가 줄

어들었다. 출애굽 제 2년 2월 1일에 조사한 첫 번째 인구조사 결과는 므낫세 지파가 32,200명이었고(민 1:35), 에브라임 지파는 40,500명이었다(민 1:33). 가나안 입성 직전에 실시한 제 2차 인구조사 결과는 므낫세 지파는 52,700명(민 26:34)으로 거의 20,000명이 늘었음을 알 수 있고, 에브라임 지파는 32,500명으로 크게 줄었다는 것을 알 수 있다(민 26:37).

　이 사건을 살펴볼 때 이런 원인을 유추해 낼 수 있다. 분명히 야곱은 믿음의 분량으로 므낫세에게 좌수의 축복을, 에브라임에게 우수의 축복을 주었다. 그런데 그것을 요셉은 과히 기뻐하지 않고, "아버지 이러시면 안 됩니다"(창 48:17-18)라고 만류했다.
　야곱이 부여조로부터 내려오는 율례와 규례대로 므낫세보다 에브라임을 앞세워 장자의 축복을 주었지만, 부여조보다 더 큰 축복을 받은 요셉의 의중은 야곱과 달랐다. 하나님의 입장에서는 야곱의 의중보다 요셉의 의중이 더 중요한 것이다. 따라서 야곱의 축복에 찬성하지 않았던 요셉의 의중대로 결과가 이루어졌다는 놀라운 사실을 목도하게 된다.

계 7:9-17 이 일 후에 내가 보니 각 나라와 족속과 백성과 방언에서 아무라도 능히 셀 수 없는 큰 무리가 흰 옷을 입고 손에 종려가지를 들고 보좌 앞과 어린 양 앞에 서서 큰 소리로 외쳐 가로되 구원하심이 보좌에 앉으신 우리 하나님과 어린 양에게 있도다 하니 모든 천사가 보좌와 장로들과 네 생물의 주위에 섰다가 보좌 앞에 엎드려 얼굴을 대고 하나님께 경배하여 가로되 아멘 찬송과 영광과 지혜와 감사와 존귀와 능력과 힘이 우리 하나님께 세세토록 있을지로다 아멘 하더라 장로 중에 하나가 응답하여 내게 이르되 이 흰 옷 입은 자들이 누구며 또 어디서 왔느뇨 내가 가로되 내 주여 당신이 알리이다 하니 그가 나더러 이르되 이는 큰 환난에서 나오는 자들인데 어린 양의 피에 그 옷을 씻어 희게 하였느니라 그러므로 그들이 하나님의 보좌 앞에 있고 또 그의 성전에서 밤낮 하나님을 섬기매 보좌에 앉으신 이가 그들 위에 장막을 치시리니 저희가 다시 주리지도 아니하며 목마르지도 아니하고 해나 아무 뜨거운 기운에 상하지 아니할찌니 이는 보좌 가운데 계신 어린 양이 저희의 목자가 되사 생명수 샘으로 인도하시고 하나님께서 저희 눈에서 모든 눈물을 씻어 주실 것임이러라

이 구절에 등장하는 흰 옷을 입은 많은 무리들은 열두 지파에서 인 맞은 사람들과는 관계가 없는 사람들이다. 그런데 흰 옷을 입은 많은 무리들이 차지하고 있는 비중이 144,000인으로서 인 맞은 사람보다 더 크다. 왜냐하면 이들은 어린 양의 보좌에 어린 양과 함께하고 있는 사람들이기 때문이다.

그렇다면 요한계시록 7:9에 등장하는 사람들은 어디에서 나오는 사람들인가? 그들은 세계 민족 중에 흩어져 있던 사람들 중에서 나오는 사람들이다.

여기서 144,000인으로서 인 맞은 자 외에 어린 양의 피로써 정결함을 받은 이 사람들, 셀 수 없는 흰 옷 입은 많은 무리들은 인 맞은 자 안에 있는 사람들이 아니다. 그들은 144,000인보다 더 많은 사람들이다.

왜 본방 이스라엘 열두 지파를 통해서 인 맞은 144,000인보다 어린 양의 피로 씻은 이들의 영광이 더 큰가? 마지막 재림의

마당에서는 어린 양이 주인공이기 때문에, 어린 양의 영광이 가장 큰 영광이다. 요셉의 축복이 아브라함·이삭·야곱 3대 부여조의 축복보다 더 크다. 그렇기 때문에 아브라함·이삭·야곱을 통해서 부여조의 축복을 받은 이스라엘 열두 지파에서 인 맞은 사람의 영광보다 어린 양의 피로 씻음을 받은 사람들의 영광이 당연히 더 클 수밖에 없는 것이다.

> 창 9:27 하나님이 야벳을 창대케 하사 셈의 장막에 거하게 하시고 가나안은 그의 종이 되게 하시기를 원하노라 하였더라

셈이 노아로부터 받는 축복의 내용이다. 하나님께서 셈의 장막에 거하시고, 셈의 장막에 야벳이 거한다고 했다. 셈의 장막을 치면 당연히 그 장막의 주인들이 있어야 한다. 그들은 셈의 축복을 받은 사람들이다. 그들 안에 야벳이 거하게 되는 것이다.

예수님의 종말론적인 말씀에 따르면, 마지막 때 천사들을 보내서 세계 민족 중에 흩어져 있는 택한 백성들을 일일이 찾아내서 이끌어내신다고 했다(막 13:27). 그렇게 선택받은 자들이야말로 셈의 장막의 주인공들이며, 이기는 자, 남는 자, 승리자가 아니겠는가?

> 사 24:13 세계 민족 중에 이러한 일이 있으리니 곧 감람나무를 흔듦 같고 포도를 거둔 후에 그 남은 것을 주움 같을 것이니라

이사야 선지자가 재림 마당에서 이루어질 감람나무 역사와 포도나무 역사를 말씀하고 있다. 재림 마당에서 이 땅의 주이신 아

버지께서 두 가지 구속사의 길을 통해서 인류 구속사역을 이루실 것을 예언한 말씀이다.

마지막 재림 마당에서 감람나무 역사와 포도나무 역사를 주관하시는 분은 이 땅의 주 하나님이시다. 그분만이 감람나무를 만질 수 있고, 감람나무에 접붙일 수 있는 분이시다. 그렇기 때문에 그분만이 감람나무를 흔드시는 역사를 하실 수 있는 것이다.

> 사 17:6-7 그러나 오히려 주울 것이 남으리니 감람나무를 흔들 때에 가장 높은 가지 꼭대기에 실과 이 삼 개가 남음 같겠고 무성한 나무의 가장 먼 가지에 사 오 개가 남음 같으리라 이스라엘의 하나님 여호와의 말씀이니라 그 날에 사람이 자기를 지으신 자를 쳐다보겠으며 그 눈이 이스라엘의 거룩하신 자를 바라보겠고

감람나무를 흔드는 역사가 이루어질 때는 하나님께서 그 역사를 주관하고 계신다는 사실에 주목할 줄 알아야 한다. 그래서 그 날에 사람이 자기를 지으신 자를 쳐다보겠으며, 그 눈이 이스라엘의 거룩하신 자를 바라보게 된다는 것이다. 이처럼 감람나무 역사는 하나님께서 친히 주관하시는 역사이다.

포도나무 역사는 죄인을 구원하는 역사이나, 감람나무 역사는 의인을 구원하는 역사이다. 그렇기 때문에 포도나무 역사를 통해서 구속하시는 구속의 영광과, 감람나무 역사를 통해서 구속하시는 구속의 영광을 비교하면 감람나무의 영광이 더 큰 것이다.

감람나무가 누구인가? 이스라엘의 영적 장자인 요셉이 마지막 영광을 입기 위해서 등장한 주인공이다. 말씀이 육신이 되어

오신 예수님처럼, 재림 마당에 그가 이 땅에 좋은 씨로 등장한다(마 13:24). 그가 사망 권세를 깨고 부활의 능력을 입으면 철장으로 만국을 다스리는 자(계 12:5), 어린 양의 신부가 되는 것이다(계 21:2, 21:9, 22:17).

3. 이스라엘의 영적 장자 요셉

이스라엘은 장자에게 고유적인 권한을 부여한다. 전시에는 장자가 총지휘권을 갖는다. 전시체제에 있어서 장자의 말은 사람을 죽이고 살리는 권한이 있다. 제사를 드릴 때에도 장자만이 하나님을 알현하는 제사를 드릴 수 있다. 또 장자는 차자들에 대한 심판을 담당하고 행할 수 있다. 그것이 장자의 고유적인 권한이다.

이처럼 장자는 대의적인 입장에서 자기 가족 전체를 대표할 수 있는 대표자가 될 수 있다. 그런 면에서 장자권이란 막강한 권한이 부여된 권리이다.

하늘의 천사장도 천군의 입장에서는 장자를 말하는 것이다. 예수께서 열두 제자들에게 "너희로 내 나라에 있어 내 상에서 먹고 마시며 또는 보좌에 앉아 이스라엘 열두 지파를 다스리게 하려 하노라"(눅 22:30)고 하셨다. 열두 제자들이 보좌에 앉아 열두 지파를 다스린다는 것은 그들도 천사장에 준하는 명예와 영광을 갖는 존재라는 것을 의미한다.

그렇다면 이스라엘 백성 전체의 장자는 누구인가?

> 대상 5:1-2 이스라엘의 장자 르우벤의 아들들은 이러하니라 (르우벤은 장자라도 그 아비의 침상을 더럽게 하였으므로 장자의 명분이 이스라엘의 아들 요셉의 자손에게로 돌아갔으나 족보에는 장자의 명분대로 기록할 것이 아니니라 유다는 형제보다 뛰어나고 주권자가 유다로 말미암아 났을찌라도 장자의 명분은 요셉에게 있느니라)

여기서 장자는 영적 장자를 말하는 것이다. 유다가 육적인 장자라면 요셉은 영적 장자라는 것이다.

> 창 15:16 네 자손은 사대 만에 이 땅으로 돌아오리니 이는 아모리 족속의 죄악이 아직 관영치 아니함이니라 하시더니

횃불언약의 내용이다. 과연 "네 자손은 4대 만에 이 땅으로 돌아오리라"는 말씀대로 횃불언약이 성취되었는가? 4대인 요셉의 해골이 7대인 모세, 8대인 여호수아에 의해서 가나안 세겜 땅에 묻혔다.

비록 요셉이 육신적으로는 가나안 땅에 들어가지 못했지만, '영적으로'는 4대 만에 돌아온 것이다. 따라서 요셉은 영적 장자로서, 영적으로 이루어지는 재림 마당에 등장할 수밖에 없는 것이다. 재림 마당에서 이루어지는 두 감람나무 역사는 '영적으로' 이루어지는 영적인 역사이기 때문이다.

그렇다면 영적 장자와 육적 장자의 차이점은 무엇인가? 영적 장자와 육적 장자를 이렇게 비교할 수 있다.

> 창 4:25 아담이 다시 아내와 동침하매 그가 아들을 낳아 그 이름을 셋이라 하였으니 이는 하나님이 내게 가인의 죽인 아벨 대신에 다른 씨를 주셨다 함이며

> 마 23:35 그러므로 의인 아벨의 피로부터 성전과 제단 사이에서 너희가 죽인 바라갸의 아들 사가랴의 피까지 땅 위에서 흘린 의로운 피가 다 너희에게 돌아가리라

아벨이 본래의 장자였다. 그런데 가인이 아벨을 쳐 죽임으로, 아벨 대신 셋을 주신 것이다. 여기서 아벨이 영적 장자라면, 셋은 육적 장자이다. 그렇기 때문에 순교의 시작은 아벨로부터 시작한다고 예수께서 친히 말씀하신 것이다(마 23:35, 눅 11:51).

> 창 4:9-10 여호와께서 가인에게 이르시되 네 아우 아벨이 어디 있느냐 그가 가로되 내가 알지 못하나이다 내가 내 아우를 지키는 자니이까 가라사대 네가 무엇을 하였느냐 네 아우의 핏소리가 땅에서부터 내게 호소하느니라

> 히 11:4 믿음으로 아벨은 가인보다 더 나은 제사를 하나님께 드림으로 의로운 자라 하시는 증거를 얻었으니 하나님이 그 예물에 대하여 증거하심이라 저가 죽었으나 그 믿음으로써 오히려 말하느니라

아벨이 죽은 지 수천 년이 지났지만 지금도 아벨은 믿음으로 외치고 있다는 것이다. 그 말씀의 의미 속에는 아벨이 죽은 것으로 끝이 난 것이 아니라, 지금도 순교의 첫 장자로서의 구실과 본분을 변함없이 이행하고 있다는 의미가 되는 것이다.

> 마 1:1 아브라함과 다윗의 자손 예수 그리스도의 세계라

신약의 첫 장을 여는 마태 족보의 아브라함과 다윗의 관계를 살펴보면 아브라함은 영적 장자이고, 다윗은 육적 장자라고 말할 수 있다.

왜 역대상 5:2에서는 요셉이 영적 장자라고 했는데, 마태 족보에서는 아브라함을 영적 장자의 입장으로 세우신 것인가?

아브라함은 믿음의 조상이다. 마태 족보는 믿음의 족보라고 말할 수 있다. 한 가지 예로, 남조 유다 왕 중에서 아하시야, 아달랴, 요아스, 아마샤 네 왕이 마태 족보에서 생략되었다(마 1:8).[14]

그들이 북조 이스라엘 아합 왕의 처(妻)인 이세벨[15]과 혈통을 맺고 있기에 하나님께서 4대를 제하신 것이다. 이처럼 마태 족보에서는 족보의 혈통을 이어받은 사람이라도 믿음과 상관없는 사람들을 족보에서 빼냈다.

---

14) 마태 족보에서 빠진 유대 왕들은 아하시야(왕하 8:24-25, 대하 22:1), 아달랴(왕하 11:1-3, 대하 22:12), 요아스(왕하 11:21, 12:1, 대하 24:1), 아마샤(왕하 12:20-21, 대하 24:27, 25:1) 네 왕이다.
15) 이세벨은 이스라엘의 국교를 우상으로 바꾸려고 바알과 아세라를 섬기는 선지자들을 왕궁으로 불러들여 합숙훈련을 시켰다. 이세벨은 국고를 탕진할 정도로 나라를 우상숭배의 극치에 이르게 만든 장본인이다.

그렇기 때문에 마태 족보에는 아브라함이 영적 장자로 등장하는 것이다. 믿음으로는 영적 장자라는 것이다. 우리는 혈통적으로는 아브라함과 상관이 없는 사람들이다. 그러나 믿음을 통해서는 아브라함의 자손이 될 수 있다. 지옥의 땔감 같은 이방인을 아브라함의 후손으로 삼으시기 위하여(갈 3:6-9) 하나님께서 마태 족보에 아브라함을 믿음의 조상으로, 즉 영적 장자로 세우신 것이다.

영적 장자라는 말은 영적으로만 장자라는 의미인가? 보편적으로 영적 장자라면 육적인 장자와는 상관없이 의미적으로만 장자라고 생각하는데, 그것은 잘못된 생각이다.

그런 식으로 말씀을 오해하기 때문에 예수님이 영으로만 부활했다고 주장하는 사람들이 있다. 그들이 예수님을 영육 간에 부활했다고 인정하지 않는 것은 영적 장자와 육적 장자의 근본, 본질의 차이점을 모르기 때문이다.

> 요일 4:2-3 하나님의 영은 이것으로 알찌니 곧 예수 그리스도께서 육체로 오신 것을 시인하는 영마다 하나님께 속한 것이요 예수를 시인하지 아니하는 영마다 하나님께 속한 것이 아니니 이것이 곧 적그리스도의 영이니라 오리라 한 말을 너희가 들었거니와 이제 벌써 세상에 있느니라

예수께서 육체로 오신 것을 시인하는 자는 하나님의 자녀이고, 시인하지 않는 자는 적그리스도라는 것이다. 이 구절을 기준으로 본다면 예수께서 영육 간에 부활한 것을 인정하지 않는 자가

적그리스도라는 결론에 이른다.

따라서 '영적 장자'의 의미를 알고 모르는 차이가 이처럼 흑(黑)과 백(白)으로 구별되는 중차대한 사안이라는 것을 알 수 있다.

> 요 1:14 말씀이 육신이 되어 우리 가운데 거하시매 우리가 그 영광을 보니 아버지의 독생자의 영광이요 은혜와 진리가 충만하더라

예수님은 말씀이 육신이 되어 오신 분이다. 말씀 자체는 인간의 눈에 보이지 않는다. 보이지 않는 말씀으로 계시던 분이 보이는 육신을 입고 이 땅에 오신 것이다.

하나님은 보이지 않는 하나님이 아니다. 인격적인 하나님, 질서의 하나님, 사랑의 하나님이시다. 몸이 없으면 인격이 존재할 수 없다. 몸은 인격의 내성을 담을 수 있는 그릇이다. 고린도전서 15:44에도 "육의 몸으로 심고 신령한 몸으로 다시 사나니 육의 몸이 있은즉 또 신령한 몸이 있느니라"고 했다. 그렇기 때문에 하나님께서도 몸, 육신을 입으셔야 한다.

그런 이유에서 '때가 차매'(갈 4:4) 말씀이 육신이 되어 이 땅에 오신 것이다. 그것을 가리켜 창세기 3:15에서 여인의 후손으로 오셨다고 한다. 사람의 아들로, 인자(人子, Son of Man)로서 오신 것이다.

예수님은 씨만 마리아의 태에 착상된 것이 아니라 영육 간에 완전하게 착상되신 분이다. 여인의 몸을 통해서 오신다고 해서 마리아가 가지고 있는 그 생명의 유전인자(DNA), 고유적인 생명의

본질을 입으셨다는 뜻이 아니다. 단지 예수님은 마리아의 태에 착상하셔서 생명체가 자라는 데 필요한 영양소만 마리아로부터 공급받은 것이다. 예수님의 생명에는 그 어떠한 외부적인 요인이 영향을 줄 수가 없다.

노아의 방주가 5개월 동안 물에 떠다녔으나 방주에 역청 칠을 했기 때문에 물이 새지 않았다. 방주에 조금이라도 새는 부분이 있었다면 5개월씩이나 물 위에 떠다니지 못했을 것이다.

예수님의 경우도 마찬가지다. 만일 예수님의 말씀을 담고 있는 육신에 마리아의 유전인자가 침투한다면 예수님은 완전한 하나님이 아니다. 예수님은 마리아의 유전인자에 전혀 영향을 받지 않으신 분이기에 완전한 인성과 신성을 가지신 분이 된다(요 2:24-25).

독생하신 하나님, 창조주 하나님께서 이 땅에 오실 때에도 보이는 몸, 육신을 입고 오셔서 인류 구속사역을 행하셨다. 하물며 피조물의 한계를 벗어나지 못하는 인간이 보이지 않는 몸으로 역사할 수 있는가? 영적 장자란 육신이 없이 영혼만 가진 존재를 말하는 것이 아니다.

요셉이 횃불언약을 통해서 영적 장자가 되었다는 것은 씨는 하나님 아들과 같은 씨가 되었다는 뜻이다. 즉 하나님 아들로 인정받는 좋은 씨가 되었다는 것이다.

아브라함 · 이삭 · 야곱과 영적 장자인 요셉의 차이는 무엇인가?

아브라함은 믿음, 이삭은 순종, 야곱은 행함이라는 사역을 이루는 입장에서 각자 한 과정을 담당했지만, 구속사의 입장에서 하나님께서 기뻐하시는 뜻을 이루지는 못했다. 그들은 구속사의 세계를 이룰 수 있는 좋은 씨를 탄생하는데 믿음·순종·행함의 세 가지 관점으로 전력을 다한 사람들이지만, 그들이 구속이라는 큰 틀을 짊어질 수 있는 중심인물은 되지 못한 것이다.

> 갈 3:6-9 아브라함이 하나님을 믿으매 이것을 그에게 의로 정하셨다 함과 같으니라 그런즉 믿음으로 말미암은 자들은 아브라함의 아들인줄 알찌어다 또 하나님이 이방을 믿음으로 말미암아 의로 정하실 것을 성경이 미리 알고 먼저 아브라함에게 복음을 전하되 모든 이방이 너를 인하여 복을 받으리라 하였으니 그러므로 믿음으로 말미암은 자는 믿음이 있는 아브라함과 함께 복을 받느니라

우리가 아브라함과 같은 믿음을 가지면 아브라함과 같은 복을 받는다. 복에는 구속사적인 입장이 없다. 아브라함과 같은 믿음으로 받는 축복 속에는 대속, 구속이라는 의미는 들어있지 않다. 또 순종, 행함도 마찬가지이다. 그것은 성도들이 취해야 할 목적, 도의 완성을 이루는 과정에 있어서 필수적인 덕목은 되지만 그 자체가 하나님의 구원 역사를 이루는 구속사적 의미가 되지는 못한다.

아브라함은 믿음을 완성하고, 이삭은 순종을 완성하고, 야곱은 행함을 완성시켰지만, 그 믿음·순종·행함 속에는 구속의 십자

가는 들어있지 않다. 그러나 요셉에게는 구속이라는 십자가의 사역이 들어있다. 그렇기 때문에 요셉에게 아브라함·이삭·야곱, 3대 부여조보다 축복이 크다고 한 것이다.[16]

요셉이 짊어진 십자가

> 창 37:6-7 요셉이 그들에게 이르되 청컨대 나의 꾼 꿈을 들으시오 우리가 밭에서 곡식을 묶더니 내 단은 일어서고 당신들의 단은 내 단을 둘러서서 절하더이다

> 창 37:9 요셉이 다시 꿈을 꾸고 그 형들에게 고하여 가로되 내가 또 꿈을 꾼 즉 해와 달과 열한 별이 내게 절하더이다 하니라

요셉의 두 가지 꿈 중에서 첫째 꿈은 열한 볏단이 절하는 꿈이고, 둘째 꿈은 하늘의 해와 달과 열한 별이 절하는 꿈이다.
절을 한다는 것은 상대에게 예를 표하고, 받들어 섬기고, 진심으로 공경하는 등, 여러 가지 의미가 있다. 상대방에게 절을 할 때는 무조건 절을 하는 것이 아니라, 절을 받을만한 조건이 갖추어져야 한다. 나를 낳아주신 부모님이라든가, 특별한 은혜를 입은 고마운 분이라든가, 절을 받을만한 대상에게 감사를 드리고 절을 하는 내용이 있을 것이다.
하물며 열 명의 형들이 열한 번째 동생에게 절을 하려면 그만

---

16) 요셉의 부여조(창 49:26)란 아브라함, 이삭, 야곱 3대를 다 포함한 것이다.

한 이유가 있어야 한다. 열 명의 형들이 요셉에게 절한 이유는 7년 대흉년 때 요셉으로 인해 양식을 얻을 수 있었기 때문이다(창 42:6, 50:18). 더 본질적인 입장에서는 요셉이 그들의 생명을 살려주었기 때문에 절을 하는 것이다. 사랑은 죽는 자를 살려주는 것이다. 야곱의 70가족이 요셉으로 인해서 7년 대기근에서 모두 살아날 수 있었다. 다시 말하면 "열한 볏단이 내게 절하더이다"라는 꿈에는 요셉이 그들을 살려줄 수 있는 십자가가 들어있는 것이다.

요셉이 총리가 됨으로 인해서 얻어진 결과는 7년 대기근에서 야곱의 70가족뿐만 아니라 함의 장자인 애굽 사람들의 목숨까지도 살린 것이다. 이것은 곧 예수님이 본방 이스라엘 백성과 이방에 대해서도 구원의 주가 되기 위해서 십자가를 지신 것과 같은 것이다. 요셉이 함의 장자인 애굽 사람들까지도 구원했다는 말은 요셉이 가지고 있는 대속의 십자가의 능력과 왕권과 거룩하심을 나타내 주는 것이다.

> 계 11:8 저희 시체가 큰 성 길에 있으리니 그 성은 영적으로 하면 소돔이라고도 하고 애굽이라고도 하니 곧 저희 주께서 십자가에 못박히신 곳이니라

왜 두 감람나무가 짊어지는 십자가가 영적으로 하면 예수님의 십자가와 같다는 것인가? 두 감람나무의 죽음은 영적으로 하면 예수님의 죽음과 방불하기 때문이다. 그러나 두 감람나무가 재림주, 또는 예수님이라는 것은 아니다.

예수님은 말씀이 육신으로 오신 창조주이시고, 두 감람나무는 흙으로 지음을 받은 피조물 중에서 가장 큰 영광을 가진 존재이다.

> 창 50:20 당신들은 나를 해하려 하였으나 하나님은 그것을 선으로 바꾸사 오늘과 같이 만민의 생명을 구원하게 하시려 하셨나니

요셉이 야곱의 70가족뿐 아니라 애굽의 신민까지 살린 '만민의 생명을 구원한 구세주'가 된 것이다. 그들을 요셉의 지혜로 살린 것이다. 그 지혜는 생명나무의 지혜이다. 요셉이 바로의 꿈을 해몽할 때에도, 요셉 자신의 개인적인 지혜로 해몽한 것이 아니다. 하나님이 주신 생명나무의 지혜로 꿈을 해몽할 수 있었다(창 40:8, 41:16). 그 지혜를 통해서 요셉이 야곱의 70가족을 살렸기에, 그들이 생명을 살려준 데 대한 감사로써 요셉에게 절을 할 수밖에 없었다.

또 요셉으로 인해 이스라엘 백성들은 이긴 자인 함의 장자 애굽 사람들에게 진 자로서 영적인 빚을 갚았다(눅 12:59). 요셉이라는 의미 속에는 표면적으로나 영적으로나 죄를 대속할 수 있는 작은 의미의 구속력과 대속적인 의미의 구속력이 들어있다.

물론 요셉은 예수님처럼 인류의 죄를 짊어질 수 있는 능력을 가진 자는 아니지만, 작은 의미의 대속의 의미를 가진 구속력을 가지고 있는 사람이 되었다는 것은 역사적인 사실로도 분명히 증거할 수 있다. 요셉이 함의 장자인 애굽에서 총리가 되었다는 것은 빼앗긴 영광을 회복했다는 의미가 된다. 요셉이 좋은 씨알들을

열매 맺을 수 있는 좋은 나무가 된 것이다.

야곱의 70가족 중에서 요셉과 야곱만이 성령의 사람이다. 열매의 차원에서 말하면 70가족 중에서 68명은 혈과 육의 사람들이고, 나머지 두 사람 야곱과 요셉 중에서도 하늘 차원의 사람은 요셉뿐이다.

> 단 9:24-27 네 백성과 네 거룩한 성을 위하여 칠십 이레로 기한을 정하였나니 허물이 마치며 죄가 끝나며 죄악이 영속되며 영원한 의가 드러나며 이상과 예언이 응하며 또 지극히 거룩한 자가 기름부음을 받으리라 그러므로 너는 깨달아 알찌니라 예루살렘을 중건하라는 영이 날 때부터 기름부음을 받은 자 곧 왕이 일어나기까지 일곱 이레와 육십 이 이레가 지날 것이요 그 때 곤란한 동안에 성이 중건되어 거리와 해자가 이룰 것이며 육십 이 이레 후에 기름부음을 받은 자가 끊어져 없어질 것이며 장차 한 왕의 백성이 와서 그 성읍과 성소를 훼파하려니와 그의 종말은 홍수에 엄몰됨 같을 것이며 또 끝까지 전쟁이 있으리니 황폐할 것이 작정되었느니라 그가 장차 많은 사람으로 더불어 한 이레 동안의 언약을 굳게 정하겠고 그가 그 이레의 절반에 제사와 예물을 금지할 것이며 또 잔포하여 미운 물건이 날개를 의지하여 설 것이며 또 이미 정한 종말까지 진노가 황폐케 하는 자에게 쏟아지리라 하였느니라

하나님께서 인류 구속사역의 기한을 70이레로 정하셨다. 율법과 예언과 선지자로 이루어진 구약 마당의 역사를 62이레로 정

하시고, 예수께서 말씀이 육신으로 오셔서 행하신 신약 마당의 역사를 7이레로 정하시고, 남은 한 이레는 재림 마당을 통하여 이루신다.

아브라함부터 시작해서 예수님 오시기까지 2천 년이 채 되지 않는 구약 마당의 역사가 가장 큰 비중을 차지하고 있다. 보편적으로 구약 마당은 촛불과 같고, 신약 마당은 전깃불과 같고, 재림 마당은 일곱 날의 빛과 같다고 한다(사 30:26). 구약 마당이 가장 미약한 촛불과 같은 은혜의 시대인데, 왜 62이레라는 가장 큰 비중을 차지하고 있는가?

거기에는 떡과 포도주의 축복을 이루는 역사와 횃불언약을 이루는 역사가 포괄적으로 함축되어 있기 때문이다. 떡과 포도주의 축복은 아브라함부터 시작하여 42대만에 초림주 예수께서 오심으로 이루어졌고(마 1:1-17, 눅 3:23-38), 횃불언약은 692년 만에 표면적으로 이루어졌다. 인류 구속사역의 가장 중요한 두 언약이 포함된 역사이기에 구약 마당의 역사를 62이레로 정하신 것이다.

70이레의 역사를 영적으로 표현하면 69이레는 하나님께서 죽는 자들을 구원하신다는 의미를 포함하고 있고, 나머지 한 이레는 산 자의 열매가 되는 요셉을 통해서 의인들을 구원하신다는 비의가 들어있다. 재림 마당의 이 땅의 주는 죄와 상관없이 자기를 바라는 자들을 통해 오시기 때문에(히 9:28) 69이레의 역사와는 무관하다. 재림 마당 이전에 이미 69이레가 이루어졌기 때문에, 이 땅의 주는 남은 한 이레의 역사를 주관하러 오시는 것이다.

한 이레는 영적 완전수가 되는 7년이다. 이 7년은 영적인 7년

이기에(계 11:8), 크로노스[17]의 시간 개념으로 생각하면 안 된다. 재림주가 이 땅에 오셔서 역사하실 절대적인 시간이다. 그렇기 때문에 한 이레의 사건이 40년이 될지, 50년이 될지, 그것을 정하는 것은 한 이레의 주인이신 아버지의 고유적인 권한이다. 그래서 예수께서도 때와 시기는 하늘의 천사도 모르고, 아들들도 모르고, 아버지만 아신다고 말씀하셨다(마 24:36).

> 골 2:2 이는 저희로 마음에 위안을 받고 사랑 안에서 연합하여 원만한 이해의 모든 부요에 이르러 하나님의 비밀인 그리스도를 깨닫게 하려 함이라

예수님 안에는 하늘의 비밀이 다 들어있다. 그분 안에 하늘의 비밀, 영생의 비밀이 다 들어있다. 예수님을 통하지 않으면 절대 하늘에 갈 수도 없고, 죄 사함 받아 영생에 이르지도 못한다. 예수님 안에 그런 비밀이 있듯이, 마지막 때의 비밀은 어린 양의 신부가 될 사람이 가지고 있는 것이다.

요셉이 어린 양의 신부가 될 수 있는 것은 요셉 안에도 십자가가 있기 때문이다. 그 십자가로 인하여 자기 백성을 살릴 수 있었고, 함의 장자인 애굽 사람뿐만 아니라 근동의 모든 나라의 사람들을 살릴 수 있었다. 7년 대기근 때에 애굽에 곡식이 있다는 정보를 안 사람은 애굽으로 찾아와서 곡식을 사 감으로 살 수 있었다.

---

17) 시간에는 카이로스, 크로노스, 호라의 세 종류가 있다. 카이로스는 하나님의 시간이며, 크로노스는 세상의 시간이며, 호라는 믿음의 시간이다.

요셉 안의 십자가를 정리하면 야곱의 70가족을 살린 십자가가 있었고, 애굽 신민을 살린 십자가가 있었고, 애굽 외의 이방 사람들을 살린 십자가가 있었다.

요셉이 함의 장자인 애굽 사람을 살렸다는 것을 예수님의 경우와 비교하면 왼쪽 십자가, 즉 좌편 강도까지 구원하셨다는 것을 의미한다. 야곱의 70가족 안에 있는 육신의 혈대를 따르고 있는 이스라엘 백성들을 살린 것은 오른쪽 강도를 구원하시고자 십자가를 지셨다는 것을 의미한다. 그들은 산 자의 도맥을 따르는 사람들이 아니라 죽는 자의 도맥을 따라 구원받는 사람들이기 때문이다.

초림주 예수님의 그림자격인 모세를 통해서 오른쪽 십자가와 왼쪽 십자가의 터를 이루기 위해서 모세가 구스 여인을 취했다.[18] 예수님의 좌우편 십자가를 이루기 위해서는 그림자가 되는 모세를 통해서 좌우편 십자가의 터를 마련해 놓아야 한다. 모세 때의 사건으로 소개하면 구스 여인이 좌편이 되고, 십보라가 우편이 된다.

이처럼 모세가 두 여인을 통해 예수님의 좌우편 십자가를 위한 터를 이룬 것처럼, 요셉을 통해 어린 양의 신부가 갖추어야 할 자질, 인격, 구원 역사의 동반자로서의 모든 섭리의 세계를 하나 하나 이루어 놓으신 것이다.

> 시 105:17-19 한 사람을 앞서 보내셨음이여 요셉이 종으로 팔렸도다 그 발이 착고에 상하며 그 몸이 쇠사슬에 매였으니 곧 여호와의 말씀이 응할 때까지라 그 말씀이 저를 단련하였도다

---

18) <이 땅의 주, 그는 누구인가?> 117-125쪽, 벽암 조영래 저, 도서출판 오색이슬

하나님께서 요셉을 통해서 자기의 뜻을 이루시기까지는 요셉을 떠나시지 않았다. 요셉에게도 하나님께서 임마누엘 되어 계셨다. 요셉은 앞서 보낸 사람이고, 예수님은 세상 끝에 오신 분이다. 그러나 예수님은 창조주이시고 요셉은 피조물이다.

다시 말하면 예수님은 창조주이시기 때문에 오신 목적을 단번에 이루실 수 있다. 그러나 요셉은 피조물이기 때문에 이 땅에 온 목적을 단번에 이룰 수 없다. 그것이 예수님과 요셉의 차이점이다.

요셉이 이 땅에서 이룬 것은 육적 장자, 즉 땅의 장자권을 이루었다. 열한 볏단이 절한다는 땅의 장자권은 이루었지만 해와 달과 열한 별이 절한다는 하늘의 장자권은 아직 이루지 못했다. 그것을 이루고자 요셉이 재림 마당에 다시 한 번 '제 밭에 뿌려지는 좋은 씨'로 등장하지 않으면 안 된다(마 13:24).

구약 마당의 요셉이 재림 마당에 다시 등장하는 입장에서 요셉을 '예표의 사람'이라고 말할 수 있는 것이다(슥 3:8).

요셉은 영적 장자로서의 사명을 다 이루었는가?

창 37:3-5 요셉은 노년에 얻은 아들이므로 이스라엘이 여러 아들보다 그를 깊이 사랑하여 위하여 채색옷을 지었더니 그 형들이 아비가 형제들보다 그를 사랑함을 보고 그를 미워하여 그에게 언사가 불평하였더라 요셉이 꿈을 꾸고 자기 형들에게 고하매 그들이 그를 더욱 미워하였더라 야곱이 채색옷을 입힘으로 형제들의 미움을 산 요셉이 열한 볏단이 둘러서서 절하고(창 37:6-8), 해와 달과 열한 별들이 절하는 두 가지 꿈을 발설함으로 형제들이 그를 더욱 미워하였다(창 37:9-10). 해와 달과 별들이 절하는 꿈 내용을 들을 때 아버지 야곱조차도 요셉을 꾸짖으며 "너의 꾼 꿈이 무엇이냐? 나와 네 모와 네 형제들이 참으로 가서 땅에 엎드려 네게 절하겠느냐?"(창 37:10)라고 했다. 그러나 야곱은 그 꿈을 마음에 두었다(창 37:11). 왜냐하면 요셉은 성령의 자식이기 때문이다. 요셉의 출생의 비밀을 아는 야곱이기에 겉으로는 꾸짖었으나 꿈 내용을 마음에 둔 것이다.

> 갈 4:29 그러나 그 때에 육체를 따라 난 자가 성령을 따라 난 자를 핍박한 것 같이 이제도 그러하도다

열두 아들 중에서 오직 요셉만이 성령을 따라 난 자이고, 나머지 형제들은 모두 육체를 따라 난 자들이다. 성령의 자녀는 특별한 은사와 은혜를 가지고 있다. 그에게는 독특한 향기가 나고, 은혜의 색깔이 있기에 그의 정체가 드러날 수밖에 없다. 따라서 육신의 자녀들이 그를 절대 그대로 두지 않는다.

성경에 기록된 한 가지 원칙은 육신의 자녀가 성령의 자녀를 핍박하는 것이다(갈 4:29). 그렇기 때문에 나머지 형제들이 요셉을 죽이려고 했던 것이다.

하나님께서는 요셉을 살리기 위해 형제들의 미움을 이용해 그를 애굽에 종으로 파신 것이다. 물론 형들은 모르고 악역을 담당했으나, 그 속에는 하나님의 깊고 신비하신 모략이 숨어있었다(전 3:11, 8:17).

요셉을 이 땅의 장자를 만들기 위해서 "하나님의 말씀이 응하기까지 그의 발에 착고를 채웠다"(시 105:18)는 것이다.

그 말씀대로 요셉이 애굽의 총리가 되어 7년 대풍년에 이어서 찾아온 7년 대흉년을 생명나무의 지혜로써 해결하게 되었고, 양식 문제를 해결한 요셉 앞에 드디어 열한 형제들이 와서 무릎을 꿇고 절을 했다(창 42:6). 아버지의 장례를 치르고 오는 중에 형제들이 다시 한 번 두려움으로 인해서 요셉에게 엎드려 "우리는 당신의 종이니이다"(창 50:18)라고 고백하였다. 그렇게 하여 열한 볏단이 절하는 꿈은 요셉이 당시 최강대국인 애굽의 총리가 됨으로 이루어졌다. 즉 요셉에게 주어진 땅의 장자권이 이루어진 것이다.

> 창 50:20 당신들은 나를 해하려 하였으나 하나님은 그것을 선으로 바꾸사 오늘과 같이 만민의 생명을 구원하게 하시려 하셨나니

요셉이 애굽에 종으로 팔려가 총리가 되기까지의 모든 역사는 '만민의 생명을 구원하기 위한 역사'였다. 요셉 자신도 처음에는 그 일을 모르고 행했으나 하나님께서는 만세 전에 정하신 뜻대로, 미리 준비하신 계획대로 횃불언약을 통하여 그 역사를 이루신 것이다. 요셉은 장차 오실 메시아의 그림자이다. 이처럼 땅의 장자권은 요셉이 애굽의 총리가 됨으로 이루어졌다.

> 창 37:9-11 요셉이 다시 꿈을 꾸고 그 형들에게 고하여 가로되 내가 또 꿈을 꾼즉 해와 달과 열한 별이 내게 절하더이다 하니라 그가 그 꿈으로 부형에게 고하매 아비가 그를 꾸짖고 그에게 이르되 너

의 꾼 꿈이 무엇이냐 나와 네 모와 네 형제들이 참으로 가서 땅에 엎드려 네게 절하겠느냐 그 형들은 시기하되 그 아비는 그 말을 마음에 두었더라

그러나 아직 해와 달과 열한 별들이 절하는 꿈은 이루어지지 않았다. 해와 달과 별들이 절하는 꿈은 하늘의 장자권을 의미한다. 그 역사는 재림 마당에서 이루어질 것이다. 그래서 재림 마당에서 그가 천국이 이루어지는 제 밭에 좋은 씨로 뿌려지는 것이다(마 13:24). 그 역사를 통하여 요셉이 하늘의 장자권을 이루게 되는 것이다.

하늘의 장자권은 요셉이 영육 간에 산 자가 될 때, 즉 철장으로 만국을 다스릴 아이가 되었을 때 완성되는 것이다(계 12:5). 요셉이 이 땅 뿐만 아니라 천군의 세계까지 주관하며 다스릴 수 있는 하늘 차원의 존재가 될 때 하늘의 장자권이 이루어지는 것이다. 그렇기 때문에 요셉의 두 번째 꿈인 하늘의 장자권은 장차 이루어져야 하는 과제를 안고 있다.

성경에서 요셉 외에 하나님 아들로 인정받는 씨가 누구인가? 모세도 사망 권세를 깨고 부활함으로써 하나님 아들로 인정받는 씨라고 말할 수 있다. 모세도 그런 씨이기에 구약 마당에서 광야 길의 지도자로, 율법의 아버지로 역사하였고, 신약 마당에서 변화산에 나타나 예수님의 십자가 사건을 의논할 수 있었고, 재림의 마당에서 불이 섞인 유리 바다 가에서 짐승의 수를 이긴 자들이 '모세의 노래와 어린 양의 노래'를 부르게 되는 것이다(계 15:2).

초림 때에는 세례 요한이 예수님보다 6개월 먼저 등장하여 '광야에서 외치는 자의 소리'로 역사했다(사 40:3). 그러나 재림 때에는 신랑이 신부보다 먼저 와야 한다. 신랑이 먼저 와서 신부를 만들기 위해 해를 입어야 한다(계 12:1). 신랑이 고난의 길을 걸어서 해를 입으면, 그 해를 입은 신랑에 의해서 좋은 씨가 등장하는 것이다.[19]

 영적으로 말하면 누가 좋은 씨를 뿌리게 하는가? 신랑이 좋은 씨를 뿌리게 하는 것이다. 그리하여 제 밭에 좋은 씨로 뿌려진 요셉이 영육 간에 산 자로 탄생하기까지의 전 과정을 통과해야 한다.

 요셉이 영적 장자로서 마지막에는 육적인 장자의 몸을 입어야 한다. 로마서 1:4 말씀대로 사망 권세를 깨고 부활의 능력으로 하나님 아들로 인정받는 과정을 겪어야 한다. 그 과정이 재림 마당에서 역사될 '이 땅의 주 앞에 섰는 두 감람나무·두 촛대'의 역사이다.

> 계 11:4-7 이는 이 땅의 주 앞에 섰는 두 감람나무와 두 촛대니 만일 누구든지 저희를 해하고자 한즉 저희 입에서 불이 나서 그 원수를 소멸할지니 누구든지 해하려 하면 반드시 이와 같이 죽임을 당하리라 저희가 권세를 가지고 하늘을 닫아 그 예언을 하는 날 동안 비 오지 못하게 하고 또 권세를 가지고 물을 변하여 피 되게 하고 아무 때든지 원하는 대로 여러 가지 재앙으로 땅을 치리로다 저희가 그 증거를 마칠 때에 무저갱으로부터 올라오는 짐승이 저희로 더불어 전쟁을 일으켜 저희를 이기고 저희를 죽일 터인즉

---

19) <이 땅의 주, 그는 누구인가?> 477-486쪽, 벽암 조영래 저, 도서출판 오색이슬

두 감람나무가 주어진 사역을 마치면, 무저갱에서 올라오는 짐승에게 죽임을 당하여 큰 성길에 있게 된다.

> 계 11:11-12 삼일 반 후에 하나님께로부터 생기가 저희 속에 들어가매 저희가 발로 일어서니 구경하는 자들이 크게 두려워하더라 하늘로부터 큰 음성이 있어 이리로 올라오라 함을 저희가 듣고 구름을 타고 하늘로 올라가니 저희 원수들도 구경하더라

드디어 그가 한 때·두 때·반 때, 영적으로 3일 반이라는 과정을 마치면, 하나님의 생기가 들어가 영육 간에 산 자, 철장으로 만국을 다스릴 아이가 되어 하늘 보좌로 올라간다(계 12:5).

그가 하늘로 가서 공중 권세를 차지한 붉은 용의 무리들과 싸워 이김으로 지금까지 분리되었던 궁창의 세계를 통일시킬 때 그의 사명이 완성되고, 횃불언약이 종결되는 것이다.

영적 장자는 영육 간에 하늘의 장자가 되어야 하기 때문에 반드시 이 땅에서 육적 장자의 길을 걸어야 한다. 자기가 걸어야 될 운명적인 자기의 길, 정해진 십자가의 길을 걸어야 하는 것이다.

왜 요셉을 족보에 기록하지 못하게 하셨는가?

> 대상 5:1 이스라엘의 장자 르우벤의 아들들은 이러하니라 (르우벤은 장자라도 그 아비의 침상을 더럽게 하였으므로 장자의 명분이 이스라엘의 아들 요셉의 자손에게로 돌아갔으나 족보에는 장자의 명분대로 기록할 것이 아니니라

장자의 명분이 요셉에게 돌아갔으나 족보에는 장자의 명분대로 기록하지 말라고 했다. 왜 이스라엘의 장자가 요셉인데 하나님은 족보에 장자로 기록하지 말라고 하신 것일까?

출 33:18-23 모세가 가로되 원컨대 주의 영광을 내게 보이소서 여호와께서 가라사대 내가 나의 모든 선한 형상을 네 앞으로 지나게 하고 여호와의 이름을 네 앞에 반포하리라 나는 은혜 줄 자에게 은혜를 주고 긍휼히 여길 자에게 긍휼을 베푸느니라 또 가라사대 네가 내 얼굴을 보지 못하리니 나를 보고 살 자가 없음이니라 여호와께서 가라사대 보라 내 곁에 한 곳이 있으니 너는 그 반석 위에 섰으라 내 영광이 지날 때에 내가 너를 반석 틈에 두고 내가 지나도록 내 손으로 너를 덮었다가 손을 거두리니 네가 내 등을 볼 것이요 얼굴은 보지 못하리라

모세가 하나님의 선하신 형상과 영광을 보여 달라고 요구할 때, 여호와께서 "나를 보고 살 자가 없으니, 내가 너를 반석 틈에 두고 지나가면서 내 손으로 가렸다가 등만 보여주겠다"는 내용이다.

"나를 보고 살 자가 없다"는 뜻이 무엇인가? 표면적으로는 하나님의 모습을 보면 죽는다는 의미가 된다. 그러나 이 구절은 요셉이 영적 장자인데 족보에 기록하지 못하게 하신 것과 같은 맥락이 된다.

요셉을 족보에 장자로 기록하지 말라고 하신 이유는 다음과 같다.

첫째, "하나님이 하시는 시종을 사람으로 하여금 알 수 없게 하신다"(전 3:11, 8:17)고 했다. 즉, 하나님께서 하고자 하시는 구속사의 세계를 아무도 알 자가 없게 하시고자 족보에 기록하지 말라고 하셨다.

만나는 새벽 미명에, 가장 깊은 밤에, 인생들이 모두 잠자는 시간에 아무도 모르게 내렸다. "족보에 기록하지 말라"는 의미도 이와 같은 것이다.

그런데 예수님은 족보에 기록되어 있다. 그래서 예수님은 '공개된 만나'라고 말한다. 요한복음 6장에서 '나는 하늘에서 내려온 산 떡'(요 6:35, 6:48, 6:50-51)이라고 소개하셨다. 그렇게 공개된 만나로 오셨지만 같은 마리아에게서 태어난 동복형제들도 예수님을 메시아로 알지 못했다. 어느 누구도 마리아가 낳은 그분이 말씀이 육신으로 오신 하나님의 아들임을 아는 사람이 없었.

이렇게 족보에 기록된 공개된 길을 통해서 오신 예수님도 알 수가 없었는데 더군다나 "족보에 기록하지 말라"고 하였으니, 족보에 기록되지 않고 감추어져 오는 사람을 누가 알 수 있겠는가?

둘째, 하늘의 장자를 이 땅에서 이루어야 하기 때문이다. 해와 달과 별들이 무릎 꿇는 역사를 해야 하기 때문에 요셉이 다시 오는 그 길은 죄인들로서는 알 수가 없는 길이다. 여기서 알 수가 없다는 말은 아무리 가르쳐주어도 아무도 믿을 수 없는 길을 통해서 온다는 것이다. 그 길이 족보에 기록되지 않는 길이다.

특히 왜 족보에 기록하지 말라 했는가? 마지막 때는 영의 때이다(계 11:8).

 예수님 때에는 동방박사들로 인하여 메시아가 탄생된 사실이 탄로됨으로, 헤롯이 두 살 이하의 사내아이들을 다 죽였다(마 2:16). 그러나 마지막 때는 도적같이 오시고, 이 세상에 아무도 모르게 오시고, 감추인 만나로 오시기에 그분을 알 수가 없다.

> 계 12:1-4 하늘에 큰 이적이 보이니 해를 입은 한 여자가 있는데 그 발 아래는 달이 있고 그 머리에는 열두 별의 면류관을 썼더라 이 여자가 아이를 배어 해산하게 되매 아파서 애써 부르짖더라 하늘에 또 다른 이적이 보이니 보라 한 큰 붉은 용이 있어 머리가 일곱이요 뿔이 열이라 그 여러 머리에 일곱 면류관이 있는데 그 꼬리가 하늘 별 삼분의 일을 끌어다가 땅에 던지더라 용이 해산하려는 여자 앞에서 그가 해산하면 그 아이를 삼키고자 하더니

 그렇기 때문에 '아버지의 영광으로' 오시는 분의 길을 막기 위해서 이 땅에 붉은 용이 온 것이다. 하늘의 두 이적 중에서 두 번째 이적은 붉은 용이 해를 입은 여인이 낳으려는 그 아이를 삼키고자 호시탐탐 노리고 있는 이적이다. 인간들이 아닌 공중의 권세를 잡고 있었던 신령한 존재들이 족보에 기록할 수 없는 그 길을 통해서 오는 '이 땅의 주'가 낳으시는 철장 권세를 가진 아이를 삼키고자 철저히 사전에 예비하고 준비하고 있었기 때문에 더더욱 족보에 기록할 수가 없는 것이다.
 하늘의 장자권은 티끌 같은 인생들을 통해서 이루시는 역사의 세계가 아니다. 하늘에 있는 신령한 자들을 통해서 이루셔야 될 구속사의 세계이기 때문에 더더욱 족보에 기록해서는 안 된다.

만일 구약 마당의 요셉이 땅의 장자권과 하늘의 장자권을 다 이루었다면 족보에 기록하지 않을 이유가 없다. 이미 다 이루어진 영광의 세계라면 왜 족보에 기록하지 않겠는가? 하나님의 영광을 높이기 위해서라도 더욱 빛나게 기록을 해야 할 것이다.

그러나 아직 하늘의 장자권을 이루어야 하는 역사의 세계가 남아있기 때문에 족보에 기록하지 말라고 한 것이다. 그 하늘의 장자권은 재림 마당에서 이루어지는 사건이다. 그렇기 때문에 구약의 역대기에는 기록하지 말라는 것이 당연한 것이다. 아직 이루어지지 않은 일인데 이루어진 것처럼 기록해서는 안 된다는 것이다. 종말론적 입장에서, 재림의 마당을 통해 요셉이 하늘의 장자로서 당당히 등장할 때 더욱 더 영광스럽게 빛을 발하게 기록해야 하지 않겠는가?

요셉의 하늘의 장자권이 재림 마당에서 어떻게 이루어질 것인가?

요셉이 땅의 장자가 되는 과정도 그렇게 복잡하고 어려운데 하늘의 장자를 이룬다는 것이 얼마나 힘들고 어려운 일이겠는가? 땅의 장자를 이루는 데에도 요셉이 꿈 얘기를 누설함으로 말미암아 형제들이 그를 죽이려고 했는데, 만일 하늘의 장자의 영광을 이루고자 하는 경륜의 세계를 알게 된다면 요셉을 그대로 두겠는가? 하늘의 악령들, 공중의 권세를 잡은 자들이 요셉을 그대로 둘 리가 없다.

계 12:1-4 하늘에 큰 이적이 보이니 해를 입은 한 여자가 있는데 그 발 아래는 달이 있고 그 머리에는 열 두 별의 면류관을 썼더라 이 여자가 아이를 배어 해산하게 되매 아파서 애써 부르짖더라 하늘에 또 다른 이적이 보이니 보라 한 큰 붉은 용이 있어 머리가 일곱이요 뿔이 열이라 그 여러 머리에 일곱 면류관이 있는데 그 꼬리가 하늘 별 삼분의 일을 끌어다가 땅에 던지더라 용이 해산하려는 여자 앞에서 그가 해산하면 그 아이를 삼키고자 하더니

두 가지 하늘의 이적의 내용이다. 한 이적은 해를 입은 여인이 아이를 낳으려고 하는 모습이고, 또 한 이적은 붉은 용이 그 아이를 낳는 순간에 그를 삼키고자 대기하고 있는 모습이다. 이것이 왜 하늘의 두 이적인가? 그들이 행하는 일들이 하늘의 역사이기 때문이다.

여기서 깊이 깨달아야 할 내용이 있다. 해를 입은 여인이 만국을 다스릴 철장 권세를 가진 아이를 낳는다는 것이 무슨 뜻인가? 여자가 해산하듯 육신의 태를 통해서 낳는다는 것인가?

바울이 말씀의 태를 통하여 믿음으로 디모데, 디도, 오네시모를 낳았다고 했고(고전 4:15, 4:17, 딤전 1:2, 1:18, 딤후 1:2, 딛 1:4, 몬 1:10), 베드로도 마가를 낳았다고 했다(벧전 5:13). 그런 차원과는 다르지만, 해를 입은 여인이 철장으로 만국을 다스릴 아이를 낳는다는 것도 육신의 태를 통해서 낳는 것이 아니라, 말씀의 태(도태, 道胎)를 통해서 믿음으로 낳는 것을 말한다.

그 역사를 이 땅의 사람들은 아무도 알지 못하는데 붉은 용이 알고 대적하는 것이다. 붉은 용의 입장에서는 철장으로 만국을 다스릴 아이가 탄생하면 자기가 설 자리가 없게 된다. 철장 권세를

가진 아이가 하늘의 전쟁을 주도하러 하늘 보좌로 올라가는데, 그 아이를 대적할 자는 아무도 없기 때문이다. 그 아이가 탄생하면 하늘에서 찍혀 떨어진 붉은 용(겔 28:16-17, 사 14:12)이 두 번 다시 하늘로 올라가지 못하기에 철저히 방해하는 역사가 일어나는 것이다.

> 계 11:7-11 저희가 그 증거를 마칠 때에 무저갱으로부터 올라오는 짐승이 저희로 더불어 전쟁을 일으켜 저희를 이기고 저희를 죽일터인즉 저희 시체가 큰 성길에 있으리니 그 성은 영적으로 하면 소돔이라고도 하고 애굽이라고도 하니 곧 저희 주께서 십자가에 못 박히신 곳이니라 백성들과 족속과 방언과 나라 중에서 사람들이 그 시체를 사흘 반 동안을 목도하며 무덤에 장사하지 못하게 하리로다 이 두 선지자가 땅에 거하는 자들을 괴롭게 한 고로 땅에 거하는 자들이 저희의 죽음을 즐거워하고 기뻐하여 서로 예물을 보내리라 하더라 삼일 반 후에 하나님께로부터 생기가 저희 속에 들어가매 저희가 발로 일어서니 구경하는 자들이 크게 두려워하더라

> 계 12:5 여자가 아들을 낳으니 이는 장차 철장으로 만국을 다스릴 남자라 그 아이를 하나님 앞과 그 보좌 앞으로 올려가더라

그래서 무저갱에서 올라오는 짐승이 두 감람나무를 죽인다. 그의 시체가 큰 성길 위에 있게 되는데 3일 반 후에 하나님의 생기가 들어가 그가 발로 일어선다. 하늘에서 "이리로 올라오라"는 음성을 듣고 하늘로 올라가는데 그를 찌른 자들도 그 장면을 함께

목도하게 된다. 붉은 용의 방해에도 불구하고 드디어 해를 입은 여인이 철장으로 만국을 다스릴 남자를 탄생시키신 것이다.

철장 권세를 가진 아이는 이 땅만 주관하며 다스리는 것이 아니라 하늘의 천군의 세계까지도 주관하며 다스리게 된다. 그는 예수께서 부활 승천하여 우편 보좌로 가신 이후 피조물 중에서는 최초로 하늘 보좌로 올라가는 존재이다. 붉은 용이 최후의 수단으로 하늘의 전쟁에서 싸워보지만 철장으로 만국을 다스릴 수 있는 존재를 대적할 수 없어 땅으로 쫓겨난다(계 12:7-9).

철장 권세를 가진 아이가 공중 권세를 잡고 있던 붉은 용을 쫓아냄으로 창세기 1장에서 궁창을 중심으로 윗물과 아랫물로 나뉘었던 하늘이 비로소 통일된다(창 1:6-8). 이로써 요셉에게 주어진 하늘의 장자권이 재림 마당에서 영육 간에 완성되며 이루어진 것이다.

II
예수님이 오시는 길이 된 요셉

창 48:5-6 내가 애굽으로 와서 네게 이르기 전에 애굽에서 네게 낳은 두 아들 에브라임과 므낫세는 내 것이라 르우벤과 시므온처럼 내 것이 될 것이요 이들 후의 네 소생이 네 것이 될 것이며 그 산업은 그 형의 명의 하에서 함께 하리라

야곱이 요셉의 두 아들인 에브라임과 므낫세를 자기 아들의 족보에 올리고, 요셉에게 "이들 후의 소생이 네 것이 될 것이라"고 했다.

그런데 요셉은 그 이후에 소생을 보지 못했다. 그렇다면 성경에 기록된 말씀이 허구가 되는 것인가? 신구약 66권 중에서 한 구절이라도 이루어지지 않는다면 성경은 잘못된 것이다. 그러면 이 말씀의 열매는 어디에서 찾아볼 수 있는가?

마 1:16 야곱은 마리아의 남편 요셉을 낳았으니 마리아에게서 그리스도라 칭하는 예수가 나시니라

마 1:17 그런즉 모든 대 수가 아브라함부터 다윗까지 열네 대요 다윗부터

바벨론으로 이거할 때까지 열네 대요 바벨론으로 이거한 후부터 그 리스도까지 열네 대러라

분명히 마태 족보에는 예수께서 유다 지파를 통해서 42대만에 오셨다. 마태 족보를 통해서 야곱의 예언이 성취된 것을 알 수 있다. 다시 말하면 야곱이 예언한 "이들 후의 소생이 네 소생이라"는 요셉의 후손은 바로 초림주 예수님이신 것이다.

> 레 19:23-25 너희가 그 땅에 들어가 각종 과목을 심거든 그 열매는 아직 할례 받지 못한 것으로 여기되 곧 삼년 동안 너희는 그것을 할례 받지 못한 것으로 여겨 먹지 말 것이요 제 사년에는 그 모든 과실이 거룩하니 여호와께 드려 찬송할 것이며 제 오년에는 그 열매를 먹을찌니 그리하면 너희에게 그 소산이 풍성하리라 나는 너희 하나님 여호와니라

과목을 심어서 첫 해, 둘째 해, 셋째 해에 맺힌 열매는 할례 받지 못한 것으로 여겨 먹지 말고, 4년째 맺히는 열매는 거룩한 열매이니 하나님께 바치고, 5년째 맺히는 열매는 사람이 먹으라는 것이다. 예수께서 이 말씀을 생각하시면서 "내 살을 먹고 내 피를 마시는 자는 영생을 가졌고 마지막 날에 내가 그를 다시 살리리니 내 살은 참된 양식이요 내 피는 참된 음료로다"(요 6:54-55)라는 말씀을 하신 것이다.

예수께서 친히 "내가 율법이나 선지자나 폐하러 온 줄로 생각지 말라 폐하러 온 것이 아니요 완전케 하려 함이로라"(마 5:17)고 말씀하시고, 이어서 "진실로 너희에게 이르노니 천지가 없어

지기 전에는 율법의 일점일획이라도 반드시 없어지지 아니하고 다 이루리라"(마 5:18)고 하셨다.

> 요 6:53-55 예수께서 이르시되 내가 진실로 진실로 너희에게 이르노니 인자의 살을 먹지 아니하고 인자의 피를 마시지 아니하면 너희 속에 생명이 없느니라 내 살을 먹고 내 피를 마시는 자는 영생을 가졌고 마지막 날에 내가 그를 다시 살리리니 내 살은 참된 양식이요 내 피는 참된 음료로다

> 요 6:66 이러므로 제자 중에 많이 물러가고 다시 그와 함께 다니지 아니하더라

예수께서 "내 살과 피를 마시는 자는 영생을 얻는다"라고 하심으로 예수님을 따르던 많은 사람들이 다 도망갔다. "사람이 어찌 예수의 살과 피를 먹을 수 있느냐? 우리더러 흡혈귀가 되라는 말인가?"라고 하며 도망갔다. 예수님은 누구에게 묻지 않아도 다 아시는 하나님이시다. 그 말씀을 하면 다 떠날 것을 아시는 분이다. 심지어는 예수님이 주신 말씀의 권세와 능력으로 귀신을 쫓아내던 70문도도 그 말씀을 듣고 예수님 곁을 떠났다. 그것을 아시면서도 율법을 완전히 이루시고자 그 말씀을 하셨다.

그 말씀이 얼마나 중요한 말씀이기에 그런 결과를 감수하시면서까지 그 말씀을 하셔야만 했는가? 예수님은 영맥으로 4대의 열매인 요셉을 통해서 5대째 이 땅에 오신 분이다. 그렇기 때문에 사람들은 5대째 맺히는 열매를 먹을 수 있다. 즉 예수의 살과 피를 먹고 마실 수 있는 것이다.

예수님은 하늘에서 이 땅으로 오셨다가, 다시 하늘로 올라가셨다. 그렇게 예수님이 오신 길을 깊이 궁구해보면 예수님은 두 가지의 길로 오셨다. 첫째 육신적으로는 유다 족보를 통해 42대 만에 이 땅에 오셨지만, 영적인 입장에서 보면 요셉을 통해서 5대 만에 오신 것이다. 요셉을 통해서 오셨다는 말은 보이지 않는 영적인 길을 통해서 이 땅에 오셨다는 것이다.

그 영적인 길을 통해서 이 땅에 오신 것을 가리켜 시편 기자는 멜기세덱 반차를 통해서 대제사장이 되신다고 예언하였다(시 110:4). 그 멜기세덱 반차가 되는 사람이 바로 요셉이다.

> 마 1:1-17 아브라함과 다윗의 자손 예수 그리스도의 세계라 아브라함이 이삭을 낳고 이삭은 야곱을 낳고 야곱은 유다와 그의 형제를 낳고 유다는 다말에게서 베레스와 세라를 낳고 베레스는 헤스론을 낳고 헤스론은 람을 낳고 람은 아미나답을 낳고 아미나답은 나손을 낳고 나손은 살몬을 낳고 살몬은 라합에게서 보아스를 낳고 보아스는 룻에게서 오벳을 낳고 오벳은 이새를 낳고 이새는 다윗왕을 낳으니라 다윗은 우리야의 아내에게서 솔로몬을 낳고 솔로몬은 르호보암을 낳고 르호보암은 아비야를 낳고 -(중략)- 엘르아살은 맛단을 낳고 맛단은 야곱을 낳고 야곱은 마리아의 남편 요셉을 낳았으니 마리아에게서 그리스도라 칭하는 예수가 나시니라 그런즉 모든 대 수가 아브라함부터 다윗까지 열네 대요 다윗부터 바벨론으로 이거할 때까지 열네 대요 바벨론으로 이거한 후부터 그리스도까지 열네 대러라

> 눅 3:23-38 예수께서 가르치심을 시작할 때에 삼십 세쯤 되시니라 사람들

의 아는 대로는 요셉의 아들이니 요셉의 이상은 헬리요 그 이상은 맛닷이요 그 이상은 레위요 그 이상은 멜기요 그 이상은 얀나요 그 이상은 요셉이요 그 이상은 맛다디아요 그 이상은 아모스요 그 이상은 나훔이요 그 이상은 에슬리요 그 이상은 낙개요 그 이상은 마앗이요 -(중략)-그 이상은 가이난이요 그 이상은 아박삿이요 그 이상은 셈이요 그 이상은 노아요 그 이상은 레멕이요 그 이상은 므두셀라요 그 이상은 에녹이요 그 이상은 야렛이요 그 이상은 마할랄렐이요 그 이상은 가이난이요 그 이상은 에노스요 그 이상은 셋이요 그 이상은 아담이요 그 이상은 하나님이시니라

그것을 강조하기 위해서 마태 족보에 야곱, 요셉 다음이 예수님이다. 누가족보에도 역순으로 예수, 요셉, 헬리로 되어 있다. 두 도맥이 요셉을 연결고리로 하여 하나로 이어진다. 두 도맥이 요셉에 의해서 한 길로 이루어지면서 요셉을 통해서 예수님이 이 땅에 오시는 것이다. 요셉은 두 족보, 마태 족보뿐만 아니라 누가족보에서 본방과 이방의 백성들을 예수님께 연결해주는 사닥다리가 되었고 또 다리의 역할을 하고 있는 것이다. 그렇기 때문에 멜기세덱이라는 말을 다른 말로 말하면 '다리를 놓는 자(폰티팩스, **pontifex**)'라고 한다.

신 28:6 네가 들어와도 복을 받고 나가도 복을 받을 것이니라

신명기 28:1-14까지는 축복의 말씀이다. 그 축복의 말씀 중에 출입의 축복을 강조하고 있다. "네가 들어와도 복을 받고 나가도

복을 받을 것이니라"는 말씀은 들어오든지 나가든지 복을 받는다는 것이다. 영적으로 말하면 요셉이 그런 문이 되는 사람이다.

> 요 14:6 예수께서 가라사대 내가 곧 길이요 진리요 생명이니 나로 말미암지 않고는 아버지께로 올 자가 없느니라

예수님도 "나는 길이요 진리요 생명이니 나로 말미암지 않고는 아버지께로 올 자가 없다"고 하셨다. 마찬가지로 요셉이 예수님께 가는 출입문이다. 들어오고 나가는 문이 된다. 그렇기 때문에 마태 족보에서 예수님 다음에는 당연히 요셉이어야 한다. 요셉은 예수님과 떼려야 뗄 수 없는 관계이다.

많은 경건한 사람들을 통해서 족보가 이루어지고, 언약이 성취되어가고 있지만, 결국에 가서는 요셉에게 다 귀결된다. 따라서 요셉을 통하지 않고는 예수께로 갈 수 없는 것이다.

예수님이 "나는 길이요 진리요 생명이니 나로 말미암지 않고는 아버지께 올 자가 없다"(요 14:6), "아버지께 듣고 배운 자만이 내게 올 수 있다"(요 6:45)라고 하신 것은 아버지와 예수님 사이에는 어느 누구도 끼어들 수 없다는 것이다.

족보로 말하면 예수님과 요셉도 그런 관계이다. 아버지와 예수님 사이처럼 예수님과 요셉의 관계도 어느 누구도 끼어들 수 없는 관계이다. 요셉을 통하지 않고는 예수님에게 갈 방법이 없다.

또 요셉을 통해서 간 사람만이 다시 요셉에게 올 수 있다. 하늘에서 오는 사람들도 이 땅에 오려면 요셉을 통해서 와야 하며, 이 땅에서 하늘로 가는 것도 요셉을 통하지 않고는 갈 수 없다는 것이다.

요셉이라는 이름은 족보의 마지막을 완성하는 영광의 이름이며, 천상천하에 아름다운 이름이다.

신랑의 이름은 공개되어 다 알지만 신부의 이름은 감추어진 이름이기에 아무도 알 수가 없다. 마지막 때 이 땅에서는 어린 양의 혼인잔치가 이루어진다(계 19:9). 그 어린 양의 혼인잔치에 청함을 받는 자는 복이 있다고 했다.

어린 양의 혼인잔치에 초대를 받으려면 어떻게 해야 하는가? 첫째, 신랑과 신부의 이름을 알아야 한다. 신랑, 신부의 이름을 모르는 자들이 어떻게 어린 양의 혼인잔치에 초대받을 수 있겠는가? 혼인잔치의 주인공을 모르는 사람에게 혼인잔치를 주관하시는 분이 초청장을 보낼 리가 있겠는가?

재림 마당에서도 두 감람나무를 통하지 않고는 절대 아버지의 영광으로 오시는 재림주를 만날 수 없다. 두 감람나무는 재림주로 오시는 신랑[20]의 갈비뼈로 만들어진 존재이기 때문이다. 두 감람나무가 신랑이신 재림주 멜기세덱의 신부가 된다. 따라서 두 감람나무를 아는 사람만이 어린 양의 혼인잔치에 초대를 받을 수 있는 것이다.

야곱→요셉→예수, 또는 헬리→요셉→예수로 족보의 마지막이 구성되고 이루어지는 것은 무슨 원칙에 의한 것인가? 그렇게 기록될 수밖에 없는 원칙이 있다면 그 원칙은 어떤 말씀에 근거하는 것인가? 족보가 야곱, 요셉을 통해서 예수님으로 이어져야 되

---

20) <이 땅의 주, 그는 누구인가?> 237-256쪽, 벽암 조영래 저, 도서출판 오색이슬

는 근거는 고린도전서 15:23-24 말씀에서 그 원칙을 찾을 수 있다.

> 고전 15:23-24 그러나 각각 자기 차례대로 되리니 먼저는 첫 열매인 그리스도요 다음에는 그리스도 강림하실 때에 그에게 붙은 자요 그 후에는 나중이니 저가 모든 정사와 모든 권세와 능력을 멸하시고 나라를 아버지 하나님께 바칠 때라

이 말씀의 원칙에 입각해서 족보도 그렇게 구성되어 있는 것이다. 구원을 얻는 자의 영광의 순서로 볼 때 첫째가 그리스도이고, 그 다음이 그에게 붙은 자이고, 그 다음이 나중이다.

야곱의 또 다른 이름이 이스라엘이다. 이스라엘은 하나님이 세우시는 영원한 하나님 나라의 국호이다. 야곱의 열두 아들을 통해서 70장로가 이루어지고, 그들을 통해서 하나님 나라를 구축할 수 있는 그런 영광의 조직체가 다 이루어졌다. 그 모든 영광을 야곱을 통해서 요셉이 넘겨받는 것이다.

아브라함·이삭·야곱, 3대의 열매가 요셉이고, 또 요셉이 이스라엘의 영적 장자이기에(대상 5:2), 이스라엘 장자로서 넘겨받은 이스라엘의 모든 영광을 예수님에게 바친다. 구약에 예언된 모든 예언의 성취가 예수님을 통해서 이루어지기에, 그 영광을 받으시는 것이다.

그런데 누가족보에서는 헬리, 요셉, 예수로 이어지는데 왜 야곱이 아니라 헬리로 이루어져야 하는가? 그 부분이 사실은 찾기 힘든 난제(難題)이다. 성경의 표면적인 내용으로는 헬리가 마리

아의 아버지라는 것 외에, 헬리의 근본이 누구인지 찾을 길이 없다. 그렇다면 우회적으로 마리아의 근본을 살펴보면 헬리의 근본을 알 수 있지 않겠는가?

예수님을 낳은 마리아의 근본은 어떤 존재인가? 하나님께서 예수님을 이 땅에 보내실 때 필요한 여인의 태를 사전에 철저하게 준비하지 않으시겠는가? 마리아의 전신(前身)은 과연 어떤 존재였을까?

> 창 22:9-13 하나님이 그에게 지시하신 곳에 이른지라 이에 아브라함이 그곳에 단을 쌓고 나무를 벌여놓고 그 아들 이삭을 결박하여 단 나무 위에 놓고 손을 내밀어 칼을 잡고 그 아들을 잡으려 하더니 여호와의 사자가 하늘에서부터 그를 불러 가라사대 아브라함아 아브라함아 하시는지라 아브라함이 가로되 내가 여기 있나이다 하매 사자가 가라사대 그 아이에게 네 손을 대지 말라 아무 일도 그에게 하지 말라 네가 네 아들 네 독자라도 내게 아끼지 아니하였으니 내가 이제야 네가 하나님을 경외하는 줄을 아노라 아브라함이 눈을 들어 살펴본즉 한 수양이 뒤에 있는데 뿔이 수풀에 걸렸는지라 아브라함이 가서 그 수양을 가져다가 아들을 대신하여 번제로 드렸더라

성경을 살펴보면 하나님께서 인신번제를 받으신 경우는 두 사람밖에 없다. 아브라함이 이삭을 바치고자 칼로 내리칠 때, 하나님의 사자가 "그 아이에게 손대지 말라!"(창 22:12)고 막으심으로 이삭은 믿음으로 번제물이 되었다. 히브리 기자는 이 사건을 가리켜 "아브라함이 죽은 자 가운데서 도로 받았다"(히 11:19)라고 증거하고 있다.

삿 11:34-40 입다가 미스바에 돌아와 자기 집에 이를 때에 그 딸이 소고를 잡고 춤추며 나와서 영접하니 이는 그의 무남독녀라 입다가 이를 보고 자기 옷을 찢으며 가로되 슬프다 내 딸이여 너는 나로 참담케 하는 자요 너는 나를 괴롭게 하는 자 중의 하나이로다 내가 여호와를 향하여 입을 열었으니 능히 돌이키지 못하리로다 딸이 그에게 이르되 나의 아버지여 아버지께서 여호와를 향하여 입을 여셨으니 아버지 입에서 낸 말씀대로 내게 행하소서 이는 여호와께서 아버지를 위하여 아버지의 대적 암몬 자손에게 원수를 갚으셨음이니이다 아비에게 또 이르되 이 일만 내게 허락하사 나를 두 달만 용납하소서 내가 나의 동무들과 함께 산에 올라가서 나의 처녀로 죽음을 인하여 애곡하겠나이다 이르되 가라하고 두달 위한하고 보내니 그가 그 동무들과 함께 가서 산 위에서 처녀로 죽음을 인하여 애곡하고 두 달 만에 그 아비에게로 돌아온지라 아비가 그 서원한대로 딸에게 행하니 딸이 남자를 알지 못하고 죽으니라 이로부터 이스라엘 가운데 규례가 되어 이스라엘 여자들이 해마다 가서 길르앗 사람 입다의 딸을 위하여 나흘씩 애곡하더라

또 한 사람은 입다의 딸이다. 입다가 "암몬 족속과의 전쟁에서 이기게 해주신다면 제일 먼저 자신을 영접하러 나오는 자를 하나님께 바치겠노라"(삿 11:30-31)고 서원했다. 그 당시 주인이 먼 길에서 돌아올 때는 종이 제일 앞서 달려 나오는 것이 상례(常例)이기에, 입다는 종을 바치는 정도로만 생각하고 서원했을 것이다. 그런데 입다의 예상을 깨고 무남독녀 외딸이 자기를 영접하러 나

왔다. 입다가 무척 번민했으나 딸의 권유로 인해 할 수 없이 서원한대로 딸을 번제로 드렸다.

입다의 딸은 남자를 알지 못하고 죽은 여자이다. 초림주 예수님이 이 땅에 오시는 길이 정결하고 거룩한 길이어야 하기에, 하나님께서 입다의 딸을 통하여 동정녀 마리아를 예비하신 것이 아닐까? 입다의 딸의 경우는 하나님께서 실제로 사람을 인신번제로 받으신 경우이다. 따라서 입다의 딸은 번제로 바쳐졌기에 표면적으로 무화(無化)가 된 존재이다. 이 땅에서 육체가 불에 타서 흔적 없이 사라졌기에 그의 생의 자취도 함께 사라졌다. 죽은 육체는 마귀의 것인데 입다의 딸의 육체가 불에 탔기에, 마귀는 입다의 딸에 대한 아무런 정보를 가질 수 없었다. 그렇기 때문에 입다의 딸에 대해서는 마귀가 아무 것도 알 수 없었다.

구속사의 세계에서 비밀 중의 비밀이며, 감추인 정보가 있다면 아마도 초림주 예수님을 낳은 마리아에 대한 내용이 아니겠는가? 마리아에 대한 정보를 마귀가 전혀 알 수 없었다. 그렇기 때문에 마리아의 사건은 전혀 마귀가 눈치 챌 수 없는 비밀 중의 비밀이 되는 사건이었다.

만일 마귀가 마리아의 근본에 대한 비밀을 알았더라면 마리아를 그대로 두지 않았을 것이다. 정혼한 요셉을 두고 잉태한 마리아에게 행음한 죄를 물어 돌로 쳐 죽였을 것이다. 그 당시 율법의 기준으로는 정혼한 처녀가 임신한 것은 마땅히 돌로 쳐 죽일 수 있는 죄이기 때문이다. 그러나 마귀가 마리아의 비밀을 알 수 없었기에, 동정녀 마리아를 통해서 말씀이 육신으로 오시는 초림주 메시아를 탄생시키는 역사가(사 7:14) 전개될 수 있었다.

하나님은 공의의 하나님이시다. "하나님께 나아가는 자는 반드시 그가 계신 것과 또한 그가 자기를 찾는 자들에게 상 주시는 이심을 믿어야 할찌니라"(히 11:6)고 했다. 하나님이 기뻐하시는 일을 행하는 사람에게 상 주시는 이심을 믿는 것, 그것을 아는 것이라고 말한다. 믿는 것과 아는 것에 그리스도의 분량까지 자라는 자를 기뻐하신다고 했다(엡 4:13).

입다도 사람이기 때문에 아버지로서 자기 딸을 살리기 위해 스스로 서원을 저버릴 수도 있다. 그러나 입다는 끝까지 서원을 지켜 딸을 번제로 바쳤다. 그런 입장에서 볼 때 아버지에게 서원을 지키도록 권유한 딸도 훌륭하지만 끝까지 서원을 지킨 입다도 훌륭한 사람이다.

마리아와 헬리의 관계는 부녀의 관계이다. 헬리에게는 마리아가 무남독녀였다. 헬리가 아들이 없음으로 말미암아 천상 마리아에게 유업을 줄 수밖에 없다. 유업을 이어받은 마리아가 그 기업을 다른 지파에 넘겨주지 않으려면 같은 지파 사람과 결혼해야만 한다. 그렇게 결혼한 사람이 요셉이다. 헬리는 아들 없이 마리아만 두었기에 요셉을 양자로 택하여 족보에 기록한 것이다.

이 구절을 깊이 생각해 보면 헬리의 근본이 누구일 것인가? 헬리는 과연 누구일까? 그것이 사실 상당히 호기심이 가는 내용이다.

그런 의미에서 헬리에게 성령의 조명을 비추어 보고자 한다. 구속사를 도와주는 입장에서 말하면 헬리라는 사람은 꼭 무남독녀를 낳아야 한다. 그래야 구속사를 돕는 동역자가 될 수 있는 것이다.

어떤 입장에서 보면 헬리와 마리아는 구약의 입다와 입다의 딸일 가능성이 높다고 생각해 볼 수 있지 않겠는가? 무화된 존재인 입다의 딸이 동정녀 마리아로 환생해서 말씀이 육신으로 오시는 예수님을 낳는 좋은 밭이 되었다면, 헬리도 입다가 환생한 것이라고 유추해 볼 수 있지 않겠는가? 입다도 그의 딸 만큼 자신의 서원을 지킴으로써 하나님께 신앙의 의를 인정받았기 때문에 환생하여 다시 이 땅에 올 수 있는 공적을 가진 인물이었다고 말할 수 있다.

단, 환생이라고 해서 불교에서 말하듯 소가 사람으로 다시 태어나고, 사람이 죽으면 다시 짐승이 되는 경우를 말하는 것이 아니다. 성경에는 자기 때를 마치고 안식을 누리다가 다시 오는 사람들이 있다.

> 단 12:13 너는 가서 마지막을 기다리라 이는 네가 평안히 쉬다가 끝날에는 네 업을 누릴 것임이니라

이 땅에서 자신의 사명을 다 마친 자들은 안식을 누리다가 자기 때에 다시 와서 기업을 받게 되어 있다. 기업은 이 땅에서 받는 것이지, 하늘에서 영적으로 받는 것이 아니기 때문이다.

그렇기 때문에 입다가 그처럼 신앙의 의를 이루었다면 하나님께서 그가 필요한 때 그에게 기업을 주기 위해 다시 부르실 것이다. 그러기에 "하나님의 은사와 부르심에는 후회하심이 없다"(롬 11:29)고 하셨다. 그런 입장으로 다시 온 사람들을 편의상 환생한 존재라고 표현하는 것이다.

단, 그렇게 다시 온 사람이라 해도 아무 일도 하지 않고 기업을 받는 것이 아니다. "평안히 쉬다가 끝날에는 네 업을 누릴 것이라"고 했지만, 이 땅에 다시 온 입장에서 자신에게 주어진 사명을 마치고 난 뒤에야 기업을 받는 것이다.

입다와 입다의 딸도 무남독녀에 부녀지간이고, 헬리와 마리아도 무남독녀에 부녀지간이라는 점은 우연치고는 너무나 동일하게 닮아있는 입장이 아닌가? 성경에 감추어진 도맥을 따라가다 보면 이런 숨겨진 보화를 만나는 경우가 종종 있다.

신랑을 위해서 준비되어 있는 신부의 길은, 초림 때나 재림 때나 공개되지 않고 감추어진 길이라는 공통점을 가지고 있다. 하물며 감추었던 만나를 먹는 재림의 마당에서야 그 길은 더더욱 주고받는 자밖에는 알 수 없는 감추어진 길일 수밖에 없다(계 2:17).

족보상으로는 헬리라는 인물은 도저히 알 수 없는 대상이다. 그러나 헬리와 그의 딸 마리아의 비밀을 모른다면 요셉에 대해서도 알 수 없게 된다. 다시 말해 구속사의 통로라는 입장에서 본다면 헬리와 마리아가 등장하여 요셉을 지켜주는 것이 된다.

하나님은 공평하신 하나님이시다. 영적으로 말하면 헬리와 마리아가 요셉을 지켜준 것이다. 또 상대적으로 요셉이 마리아가 성령으로 잉태한 것을 도와줌으로 예수님의 보호막이 되어 준 것이다. 요셉은 그 한 가지 사실만으로 의로운 사람이라고 성경은 증거하고 있다(마 1:19).

이상으로 볼 때, 입다와 입다의 딸이 헬리와 마리아로 등장했다고 말할 수 있는 것이 가장 타당한 말씀이 아니겠는가?

재림 마당에서 요셉은 요셉이라는 이름으로 오지 않는다. 재림 마당은 구속사의 완성을 이루는 때이므로, 본래 자기의 이름으로 오는 것이다. 초림 때에는 생명나무가 포도나무로 오셨지만, 재림 때에는 생명나무가 생명나무로 오는 것이다. 생명나무가 본래 자기의 이름으로 오는 것이 '아버지의 영광으로'(마 16:27, 막 8:38) 오는 것이다.

마찬가지다. 재림의 마당에서 요셉이 감람나무로 오는 것이 본래 자기의 이름으로 오는 것이다. 감람나무가 본래 하늘에 있었던 나무의 이름이다.

> 왕상 6:23 내소 안에 감람목으로 두 그룹을 만들었는데 그 고가 각각 십 규빗이라

> 왕상 6:31-33 내소에 들어가는 곳에는 감람목으로 문을 만들었는데 그 문 인방과 문설주는 벽의 오분지 일이요 감람목으로 만든 그 두 문짝에 그룹과 종려와 핀 꽃을 아로새기고 금으로 입히되 곧 그룹들과 종려에 금으로 입혔더라 또 외소의 문을 위하여 감람목으로 문설주를 만들었으니 곧 벽의 사분지 일이며

감람나무는 성전 지성소의 언약궤 위에 있는 두 그룹(출 25:18-20, 37:7-9)을 만드는 데 사용되었다. 언약궤는 성전의 가장 거룩한 장소인 지성소에 보관된 성물이다. 성전의 지성소는 대

제사장이 일 년에 한 번만 들어갈 수 있는 곳이며, 대제사장도 죄를 간직한 채 들어가면 그 자리에서 즉사하는 곳이다(출 28:35, 히 9:7).

> 왕상 6:23 내소 안에 감람목으로 두 그룹을 만들었는데 그 고가 각각 십 규빗이라

> 왕상 6:31-33 내소에 들어가는 곳에는 감람목으로 문을 만들었는데 그 문 인방과 문설주는 벽의 오분지 일이요 감람목으로 만든 그 두 문짝에 그룹과 종려와 핀 꽃을 아로새기고 금으로 입히되 곧 그룹들과 종려에 금으로 입혔더라 또 외소의 문을 위하여 감람목으로 문설주를 만들었으니 곧 벽의 사분지 일이며

> 레 24:2-3 이스라엘 자손에게 명하여 감람을 찧어 낸 순결한 기름을 켜기 위하여 네게로 가져오게 하고 끊이지 말고 등잔불을 켤지며 아론은 회막안 증거궤 장 밖에서 저녁부터 아침까지 여호와 앞에 항상 등잔불을 정리할찌니 너희 대대로 지킬 영원한 규례라

그런 지성소의 한가운데, 법궤 위 속죄소에 하나님께서 임재하신다. 그 거룩한 장소에 놓여진 두 그룹을 감람나무로 만들었다. 그리고 감람나무는 성소와 지성소 사이의 문을 만드는 재료이다. 성소에서 지성소로 들어가는 문과 성소의 문설주도 감람나무로 만들었다. 성전 안에서 하나님께 제사를 드릴 때에도 감람유로만 제사를 드릴 수 있다. 이처럼 성전에서도 가장 중요한 부분에 감람목이 사용된 것을 볼 때 이 나무의 웅장한 외모와 풍성한 결

실은 아름다움과 수려함, 힘과 번영, 그리고 하나님으로부터의 복과 평화를 상징한다.

　영적으로 말하면 감람나무는 하나님과 늘 임마누엘 되어 함께 하는 존재라는 것이다.

　'이 땅의 주 앞에 선 두 감람나무'(계 11:4), 그는 요셉이 재림 마당에 자기 이름으로 등장한 구속사의 주인공이다.

Ⅲ
제 밭에 뿌려지는 좋은 씨는 누구인가?

사 1:9 만군의 여호와께서 우리를 위하여 조금 남겨 두지 아니하셨더면 우리가 소돔 같고 고모라 같았으리로다

위 구절에서 "조금 남겨두지 아니하셨다면 우리가 소돔과 고모라처럼 되었을 것이라"고 했다. 여기에서 '조금' 남았다는 것은 복수의 의미도 가지고 있으며, 겨우 남았다는 뜻이라고도 말할 수 있다.

다시 말하면 하나님께서 '예수'라는 한 씨를 예비하시고 준비하지 아니하셨더라면 인류는 구원 받을 수 있는 종자가 한 명도 없다는 것이다. 한 씨를 남겨두지 아니하였더라면 인류의 구원은 여망이 없는 것이다.

그렇다면 "인자 외에는 하늘에서 온 자가 없다"(요 3:13)고 하셨는데 하나님께서는 어떻게 보좌에 계신 한 씨를 이 땅에 남겨두신 것인가?

요한복음 3:13에서 말씀하신 하나님의 보좌에 계시던 예수님을 에덴동산 한가운데로 옮기셨다. 다시 말하면 만유의 한가운데

로 옮기신 것이다. 하늘 보좌에서 옮겨지지 않은 상태의 한 씨는 인류를 구원할 수 있는 씨가 되지 못한다. 본래 보좌에 계시던 분을 비우고 낮추셔서(빌 2:7) 에덴동산 한가운데로 옮기신 것은 인성과 신성을 가지신 하나님의 자리로 옮겨놓으신 것이다. 즉 한 씨를 남겨두셨다는 것은 보좌에 계시는 분을 만유 한가운데, 궁창 한가운데로 옮겨, 인성과 신성을 가지신 하나님으로 예비하시고 준비해놓으셨다는 것이다.

또 다른 입장으로 보면, 예수님은 말씀으로 우주 만물을 창조하신 분이기에 에덴동산에서 첫째 아담을 통해서 시작하시고 역사하신 모든 역사의 세계를 예수라는 한 씨에게 모두 책임지게 하셨다는 뜻이다.

그렇기 때문에 이 땅에서 이루어지고 있는 모든 하늘차원의 역사의 세계를 예수께서 외면하지 않으시고, 그분의 주권적인 섭리의 역사 속에 구속하시고, 그들을 자신에게 예속되게 하셨다. 그러한 입장을 총망라해서 "에덴동산 한가운데에 생명나무를 두었더라"(창 2:9)고 말씀하신 것이다.

그런 한 씨를 남겨두지 아니하였더라면 인류는 아담의 타락으로 말미암아 구원의 여망이 전혀 없었을 것이다. 만일 구원의 소망이 영원히 사라져버렸다면 하나님도 더 이상 이 땅에 살아가고 있는 죄악된 인생들을 통해서 역사하실 수 있는 명분이 없게 된다. 그러나 예비하시고 남겨둔 한 씨로 하여금 인류 구원을 위한 영광의 소망이 되게 하신 것이다.

골 1:27 하나님이 그들로 하여금 이 비밀의 영광이 이방인 가운데 어떻게 풍성한 것을 알게 하려 하심이라 이 비밀은 너희 안에 계신 그리스도시니 곧 영광의 소망이니라

분명히 예수님은 씨를 뿌리는 농부의 입장이시지, 씨는 아니다. 그러나 자신을 비우고 낮추어(빌 2:7) 한 씨의 입장으로 오셨다. 예수님이 세상 끝에 오셨을 때에 "나는 새도 집이 있고 여우도 굴이 있건만 인자는 머리 둘 곳이 없다"(마 8:20, 눅 9:58)고 하셨다. 즉, 빛이 없는 세상에 유일무이한 빛으로 이 땅에 오신 분이 예수님이시다. 그런 입장에서 자신을 한 알의 밀알로 소개하기도 하셨다(요 12:24).

요 12:24 내가 진실로 진실로 너희에게 이르노니 한 알의 밀이 땅에 떨어져 죽지 아니하면 한 알 그대로 있고 죽으면 많은 열매를 맺느니라

예수께서 자신을 밀알로 소개하시면서 한 알의 밀알이 죽으면 많은 열매를 맺게 된다고 말씀하셨다. 예수님 자신을 한 알의 밀알로 비유하신 것은 예수라는 한 씨 속에 들어있는 생명력을 가지고 많은 생명을 구원할 수 있다는 의미이다. 많은 생명을 얻을 수 있고, 많은 생명을 거듭 새롭게 재창조 할 수 있는 생명력을 가지고 있는 씨가 곧 산 자의 씨라고 말할 수 있다.

그런데 에덴동산 한가운데 있는 생명나무, 즉 영원한 생명을 가진 한 씨는 본방 이스라엘에 국한된 씨이다. 예수님은 첫 아담이 실패한 부분을 회복하기 위해서 둘째 아담으로 오셨고(고전

15:45), 세상 끝에 오신 분이다(히 9:26). 그렇기 때문에 본방 이스라엘을 통해서 역사하신 모든 구원의 역사는 예수님으로 인해 시작하고 마치신 것이다. 만일 본방 이스라엘에서 전 인류를 위한 모든 구속사역이 마쳐졌다면 영적 이스라엘이라는 말은 필요 없을 것이다.

"조금 남겨두었다"(사 1:9)는 것은 분명히 예수라는 한 씨 외에 다른 씨가 있다는 말씀이다. 그렇다면 영적 이스라엘을 통한 구속사의 성취를 이루기 위해서는 어떤 씨를 준비하신 것일까? 하나님께서 영적 이스라엘을 위하여 준비하신 한 씨는 누구이며, 언제 그 씨를 준비하셨을까?

혹자는 그 한 씨는 재림주를 말씀하는 것이 아닐까? 그렇게 생각할 수도 있지만 "천국은 제 밭에 좋은 씨를 뿌린 것과 같다"(마 13:24)는 내용에서 주인과 종의 대화를 깊이 궁구해보면 주인은 씨에 해당하는 사람이 아니라는 것을 알 수 있다. 주인의 명령에 의해서 종이 씨를 뿌리는 것이다.

한 씨는 이 땅에서 거두어지는 열매를 말한다. 천국이라는 제 밭은 본래 하나님이 이 땅에서 이루고자 하시는 지상천국을 말하는 것이다. 지상천국에 뿌려진 좋은 씨는 산 자의 열매를 말하는 것이다.

좋은 씨의 자격은 무엇인가?

좋은 씨는 하늘의 천국에서도 좋은 씨이고, 이 땅에서도 좋은 씨이다. 따라서 그는 하늘에서도 이기는 자가 되고, 이 땅에서도 이기는 자가 될 수밖에 없는 것이다.

> 욥 40:10-14 너는 위엄과 존귀로 스스로 꾸미며 영광과 화미를 스스로 입을찌니라 너의 넘치는 노를 쏟아서 교만한 자를 발견하여 낱낱이 낮추되 곧 모든 교만한 자를 발견하여 낮추며 악인을 그 처소에서 밟아서 그들을 함께 진토에 묻고 그 얼굴을 싸서 어둑한 곳에 둘찌니라 그리하면 네 오른손이 너를 구원할 수 있다고 내가 인정하리라

좋은 씨의 기준은 다음과 같다. 첫째 자기 스스로를 구원할 수 있는 사람, 두 번째로 교만한 자와 악인들을 심판할 수 있는 사람, 세 번째로 대속의 십자가를 짊어지고 있는 사람으로서 죄에 대한 속량권을 가지고 있어야 한다. 네 번째로 산 자의 도맥을 가지고 있어야 한다. 그래야 자기를 따르는 사람들을 산 자로 변화시킬 수 있다. 이런 조건을 가진 사람이 좋은 씨이다.

그 좋은 씨가 이 땅에서 대속적인 십자가를 짊어지게 된다. 첫 번째는 구약 마당에서 속량의 십자가를 짊어졌고, 두 번째는 신랑의 영광을 위한 십자가를 짊어지고, 세 번째는 하늘과 땅을 통일시키기 위한 마지막 십자가를 짊어진다.

> 고전 15:22-24 아담 안에서 모든 사람이 죽은 것 같이 그리스도 안에서 모든 사람이 삶을 얻으리라 그러나 각각 자기 차례대로 되리니 먼저는 첫 열매인 그리스도요 다음에는 그리스도 강림하실 때에 그에게 붙은 자요 그 후에는 나중이니 저가 모든

정사와 모든 권세와 능력을 멸하시고 나라를 아버지 하나님께 바칠 때라

산 자의 첫 씨로 인해 많은 산 자들을 거두시고자 그 좋은 씨가 재림 마당에 뿌려진 것이다. "먼저는 첫 열매인 그리스도요, 다음에는 그리스도 강림하실 때에 그에게 붙은 자요, 그 후에는 나중이니"라고 했다. 여기서 '그리스도'는 초림주 예수님을 가리킨 것이 아니다. '그리스도'란 '기름 부음을 받은 자'라는 의미이다. 재림 마당에서 좋은 씨가 영육 간의 산 자로 탄생하면 변화의 첫 열매가 되는 것이다. 이런 정확한 질서와 순서에 의해서 산 자들이 탄생하는 지상천국의 세계가 이 땅에 이루어질 것이다.

그 한 씨를 준비하는 과정이 횃불언약이다. 아브라함과 맺은 횃불언약을 통해서 한 씨를 준비하신 것이다. 물론 최초로 그 언약을 맺은 사람은 아브라함이지만, 횃불언약의 주인공으로서 그 끝을 완성하는 사람은 요셉이다. 요셉이 횃불언약의 주인공이며 열매가 되는 사람이다.

그렇다면 요셉은 히브리인이 아닌가? 요셉이 히브리인이라면 횃불언약으로 탄생하는 한 씨도 본방 이스라엘에게 주신 언약이 되는 것이 아닌가? 물론 아브라함·이삭·야곱·요셉은 히브리인 중의 히브리인들이다.

눅 20:37-38 죽은 자의 살아난다는 것은 모세도 가시나무떨기에 관한 글에 보였으되 주를 아브라함의 하나님이요 이삭의 하나님이요

> 야곱의 하나님이시라 칭하였나니 하나님은 죽은 자의 하나님
> 이 아니요 산 자의 하나님이시라 하나님에게는 모든 사람이
> 살았느니라 하시니

비록 수천 년 전에 잠이 들었지만 그들은 산 자들이라고 예수께서 친히 말씀하셨다. 다시 말하면 아브라함·이삭·야곱·요셉은 히브리인이기는 하지만 산 자의 도맥에 속한 사람들이다. 즉 산 자의 비밀과 암호를 가진 사람들이다. 이런 산 자의 도맥은 시간과 공간을 초월하여 어느 날을 정해서 오늘날이라고 외치는 말씀의 역사 속에 살아있는 언약으로 항상 살아 숨 쉬고 있다. 즉 그들은 언제든지 오늘날이라는 역사에 동참하여 역사할 수 있는 대상들이다.

본방 이스라엘에서는 죄인들을 구원하는 한 씨를 준비하시고 역사하셨지만, 영적 이스라엘에서는 의인들을 구원하는 한 씨가 준비되어야 한다. 그런 입장에서 두 종류의 씨가 책임질 대상이 다르기 때문에 영적으로 볼 때는 동일한 말씀의 역사로 이루어지지만, 인간의 눈에 비추어지는 입장에서는 근본, 색깔, 모양이 전혀 달라질 수밖에 없다.

말씀이 육신으로 오신 예수께서 영원한 생명을 가지신 분이지만, 죄인을 구원하기 위해 오셨기에 스스로 사망의 음부 속으로 들어가 사망 권세를 깨고 승리하셨다(롬 1:4).

동일한 입장에서 의인을 구원하기 위해 이 땅에 뿌려진 한 씨도 영원한 생명을 가진 산 자의 열매이다. 그러나 영원한 생명을 가진 한 씨가 죽는 자의 생명을 가지고 이 땅에 왔기 때문에 그도

이 땅에서 죽어야 한다. 죽었다 살아나야 영원한 생명을 가진 한 씨로서의 본래의 영광을 회복하고 이룰 수 있는 것이다.

이처럼 횃불언약의 전 과정을 통하여 요셉이라는 한 씨가 준비되었기 때문에, 마지막 때 이 땅에서 천국을 이루고자 제 밭에 그 씨를 뿌리는 것이다.

좋은 씨와 대치하는 가라지는 누구인가?

> 계 12:1-2 하늘에 큰 이적이 보이니 해를 입은 한 여자가 있는데 그 발 아래는 달이 있고 그 머리에는 열두 별의 면류관을 썼더라 이 여자가 아이를 배어 해산하게 되매 아파서 애써 부르짖더라

제 밭의 역사는 씨를 뿌린 사람들 간의 격전장이 된다. 좋은 씨를 뿌린 사람은 하나님이시고, 가라지를 뿌린 사람은 마귀이다. 다시 말해 "천국은 좋은 씨와 가라지를 뿌린 제 밭과 같은 곳이다"라는 제 밭은 이 땅에서 이루어지는 역사의 장소이지만 하늘의 두 가지 이적, 즉 하늘의 역사가 이 땅에서 이루어지는 도적 싸움의 격전장이기도 하다. 영적으로 말하면 아마겟돈 전쟁이 일어날 수 있는 그런 영적 싸움의 격전장이 되는 장소이다(계 16:16).

그런 장소에 뿌려진 좋은 씨가 영적 장자라면 가라지는 누구일까? 서로 상대적인 입장에서 두 진영이 대치하고 있다. 좋은 씨가 인격적인 존재라면 마귀가 뿌린 가라지도 분명히 인격적인 존

재일 것이다.

요셉이 영적 장자가 되는 과정이 있었다면, 마귀가 가지고 있는 씨 중에서 가장 좋은 씨도 구약의 마당에서 준비되는 과정이 있었을 것이다. 그렇다면 마귀가 가지고 있는 씨 중에서 가장 우수하고, 가장 충성된 씨는 누구일까?

마귀가 재림 마당을 위해서 준비한 가장 우수한 씨는 구약 마당에서 어떤 역사를 이룬 존재일까? 마귀의 입장에서 가장 우수한 씨는 자기를 위해서 목숨을 바쳐 충성한 자이며, 예수님의 족보에 가장 치명적인 피해를 준 사람일 것이다.

> 마 1:8 아사는 여호사밧을 낳고 여호사밧은 요람을 낳고 요람은 웃시야를 낳고

이 구절에는 남조 유다의 네 왕이 빠져있다. 아하시야, 아달랴, 요아스, 아마샤이다. 그 중에서 아하시야, 요아스, 아마샤는 유다 왕이고, 아달랴는 아하시야의 모친으로 아하시야가 죽자 왕위를 차지한 여인이다.

예수님의 마태 족보에서 네 왕들이 빠졌는데, 이들은 다 이세벨과 관계된 사람들이다. 북조 이스라엘 왕 아합의 처, 이세벨이 남조 유대 왕 여호사밧 가(家)와 사돈을 맺어서 유대 왕가에 치명적인 영향을 주었다. 마태 족보에서 빠진 네 왕들이 모두 이세벨과 관련된 사람들이었다.

이처럼 예수님의 족보에 가장 치명적인 상처를 준 대상이 있다면 마귀의 입장에서는 그가 가장 우수한 공로자라고 말할 수 있다. 마귀를 위해서 예수님의 족보에서 빠진 4대에 치명적인 타격

을 준 자야말로 마귀가 가장 인정할만한 대상이 아니겠는가?

> 왕상 16:30-33 오므리의 아들 아합이 그 전의 모든 사람보다 여호와 보시기에 악을 더욱 행하여 느밧의 아들 여로보암의 죄를 따라 행하는 것을 오히려 가볍게 여기며 시돈 사람의 왕 엣바알의 딸 이세벨로 아내를 삼고 가서 바알을 섬겨 숭배하고 사마리아에 건축한 바알의 사당 속에 바알을 위하여 단을 쌓으며 또 아세라 목상을 만들었으니 저는 그 전의 모든 이스라엘 왕보다 심히 이스라엘 하나님 여호와의 노를 격발하였더라

요셉이 어떻게 영적 장자가 되었는지 그 역사의 내용이 구약 마당에 분명하고 선명하게 기록된 것처럼, 마귀도 재림 마당에 뿌릴 자기의 가장 우수한 씨를 구약 마당에서 예비하고 선택했다. 그 선택된 대상이 바로 이세벨이다.

예수께서 친히 말씀하신 '아벨의 피로부터 바라갸의 아들 사가랴까지'(마 23:35)에 해당하는 순교자들이 있다. 마귀의 입장에서도 그런 대상 중에서 가장 우수한 종자가 이세벨이었다. 그러므로 마귀는 재림 마당에 이세벨을 가라지로 뿌린 것이다. 요한계시록 2장에 성령이 아시아의 일곱 교회를 통해서 책망하시는 말씀 가운데 이세벨이 다시 등장하고 있다.

> 계 2:18-21 두아디라 교회의 사자에게 편지하기를 그 눈이 불꽃 같고 그 발이 빛난 주석과 같은 하나님의 아들이 가라사대 내가 네 사업과 사랑과 믿음과 섬김과 인내를 아노니 네 나중 행위가 처

음 것보다 많도다 그러나 네게 책망할 일이 있노라 자칭 선지자라 하는 여자 이세벨을 네가 용납함이니 그가 내 종들을 가르쳐 꾀어 행음하게 하고 우상의 제물을 먹게 하는도다 또 내가 그에게 회개할 기회를 주었으되 그 음행을 회개하고자 아니하는도다

요셉이 하나님의 편에서 영적 장자라면, 마귀가 뿌린 가라지 중에서 영적 장자는 이세벨을 말한다. 그러므로 제 밭에는 서로 다른 두 진영에서 영적 장자들이 뿌려졌다. 그렇기 때문에 그 마당을 가리켜서 '제 밭'이라고 말할 수가 있고, 영적 장자들이 뿌려진 영적 마당이라고 말할 수 있다.

천국이라는 제 밭, 영적인 마당에는 이세벨 혼자 역사하는 것이 아니다. 전 3년 반에 이 땅의 주와 두 감람나무라는 하나님의 사람들이 등장하듯이, 후 3년 반에도 서로 상대적인 존재들이 등장한다. 그렇기 때문에 "지혜가 여기 있으니, 총명 있는 자는 그 짐승의 수를 세어 보라. 그 수는 사람의 수니 육백 육십 륙이니라"(계 13:18)고 했다. 마귀의 편에도 세 사람이 등장하는 것이다.

계 13:18 지혜가 여기 있으니 총명 있는 자는 그 짐승의 수를 세어 보라 그 수는 사람의 수니 육백 육십 륙이니라

전 3년 반에도 '이 땅의 주와 두 감람나무'라는 세 사람이 등장하는가 하면, 후 3년 반에도 '666'이라는 세 사람이 등장하고 있

다. 그러한 역사의 마당이기 때문에 재림 마당을 영적인 마당이라고 할 수 있는 것이다. 영적인 존재들, 즉 하나님이 뿌린 씨와 마귀가 뿌린 씨가 함께 있는 역사의 장(場)이기 때문에 영적인 마당이 되며, 영적으로 역사될 수밖에 없는 역사의 마당이 되는 것이다. 한 마디로 말하면 재림 마당은 영적인 사람들이 등장해서 영적인 사람들끼리 싸우는 마당이다.

이세벨도 영적인 존재이다. 구약 마당에 존재했던 그가 재림 마당, 영적인 마당에 다시 왔기 때문이다. 그도 자기 때에 맞게 자기의 사명을 이루기 위해서 다시 제 밭에 등장하는 것이다.

제 밭은 어떤 곳인가?

마 13:24-30 예수께서 그들 앞에 또 비유를 베풀어 가라사대 천국은 좋은 씨를 제 밭에 뿌린 사람과 같으니 사람들이 잘 때에 그 원수가 와서 곡식 가운데 가라지를 덧뿌리고 갔더니 싹이 나고 결실할 때에 가라지도 보이거늘 집 주인의 종들이 와서 말하되 주여 밭에 좋은 씨를 심지 아니하였나이까 그러면 가라지가 어디서 생겼나이까 주인이 가로되 원수가 이렇게 하였구나 종들이 말하되 그러면 우리가 가서 이것을 뽑기를 원하시나이까 주인이 가로되 가만 두어라 가라지를 뽑다가 곡식까지 뽑을까 염려하노라 둘 다 추수 때까지 함께 자라게 두어라 추수 때에 내가 추숫군들에게 말하기를 가라지는 먼저 거두어 불사르게 단으로 묶고 곡식은 모아 내 곳간에 넣으라 하리라

여기서 예수님이 말씀하신 천국은 어떤 천국을 말씀하시는 것인가? 그 천국은 하늘에서 이루어진 뜻대로 이 땅에서 이루어지는 천국을 말한다.

"천국은 제 밭에 좋은 씨를 뿌린 것과 같다"는 제 밭은 에덴동산 같은 곳이라고 말할 수 있다. 에덴동산에서 아담이 타락하지 않았다면 하나님께서 본래 이루고자 하시는 구속사의 세계를 완성하셨을 것이다. 따라서 제 밭은 인류 구속사역을 처음 시작한 밭, 본래의 장소를 말한다. 그렇기 때문에 "이제 있는 것이 옛적에 있었고 장래에 있을 것도 옛적에 있었나니 하나님은 이미 지난 것을 다시 찾으시느니라"(전 3:15)는 말씀 중에서 '이미 지난 것'이란 말은 본래에 있었던 밭, 제 밭이라는 뜻과도 관계가 있는 표현이다.

하나님의 역사는 제 밭의 역사이다. 예를 들면, 아브라함이 이삭을 바친 모리아의 한 산, 여호와 이레에 솔로몬 성전, 스룹바벨 성전, 헤롯 성전, 세 성전을 지으셨다. 그곳이 하나님께서 이 땅에 처음 거하실 수 있는 기점이 되어 구속의 역사를 시작한 밭이기 때문이다. 하나님의 본래의 뜻이 머물러 있던 곳이기에 그곳에서 하나님의 성전 역사가 시작되고 마쳐진 것이다.

하나님의 종이 좋은 씨를 뿌린 제 밭에 마귀가 가라지를 뿌렸다. 종이 어느 날 주인에게 보고를 드린다. "우리가 좋은 씨를 뿌렸는데 가라지가 생겼습니다"라고 하자, 주인이 "밤중에 마귀가 와서 가라지를 뿌렸구나!"라고 했다. "그러면 우리가 가라지를 뽑을까요?"라고 묻자, 주인이 "추수 때까지 함께 자라게 두라"고 했다.

왜 주인이 가라지를 뽑지 말라고 했는가? 가라지는 뿌려지는 순간 자기의 생존번식을 위해서 본능적으로 좋은 씨의 뿌리에 엉키고, 뿌리를 감아버리고 만다. 그렇기 때문에 가라지를 뽑으면 좋은 씨까지 다 뽑히게 되어 있는 것이다.

뿌리가 엉켰다는 말은 무엇인가? 작은 의미에서는 한 가정 안에서 서로 인연을 맺는 경우도 되지만, 영적으로 보면 뜻의 가정 안에 알곡과 가라지가 함께 자라는 상황을 말씀하고 있는 것이다.

> 미 7:6 아들이 아비를 멸시하며 딸이 어미를 대적하며 며느리가 시어미를 대적하리니 사람의 원수가 곧 자기의 집안사람이리로다

한 집안의 원수가 자기 집안사람이라는 말씀도 한 집에 알곡과 가라지가 함께 자라고 있다는 실존의 말씀이 된다.

예수께서 나인성 과부에게 "울지 말라"(눅 7:13)고 말씀하셨다. 사람들이 "울지 말라"고 하는 것과 하나님께서 "울지 말라"고 하시는 것은 하늘과 땅 차이가 있다. 하나님께서 "울지 말라"고 하실 때에는 울지 않도록 책임지고 해결해주시겠다는 의중이 있는 것이다. 그 말씀대로 예수께서 나인 성 과부의 독자를 살려주셨다.

마찬가지다. "추수 때까지 함께 자라게 두라"는 말씀 속에는 하나님께서 빛과 어둠을 구별하실 수 있는 능력을 가지고 계시기 때문에 걱정하지 말라는 의미가 들어있다.

그런 제 밭의 역사에는 아무나 뿌려지는 것이 아니다. 하나님께서 가지고 있는 가장 좋은 씨와 마귀가 가지고 있는 가장 좋은

씨가 뿌려졌다. 따라서 제 밭의 역사는 하늘의 역사이며, 영적인 역사가 된다.

재림 마당의 제 밭은 영적인 마당이기에 하나님께서 영적 장자라는 씨를 뿌린 것이다. 요셉이 이스라엘의 영적 장자라는 말은 씨 중에서 가장 귀하고 거룩한 씨라는 것이다. 영적 장자는 둘도 아니고 오직 하나이기 때문이다.

오직 산 자의 열매는 요셉뿐이다. 산 자의 열매로 거둠을 받은 요셉만이 좋은 씨가 될 수 있는 것이다. 씨의 가장 중요한 근본은 그 생명력에 있다고 할 수 있다. 씨에는 생명이 들어있다. 요셉이 살아있는 생명력을 가지고 있기 때문에, 산 자의 열매인 요셉을 재림 마당의 제 밭에 '좋은 씨'로 뿌린 것이다.

그렇기 때문에 그 길을 믿고 따르는 사람들도 좋은 씨가 자란 나무에서 좋은 열매로 맺힐 수 있는 것이다.

제 3장

두 감람나무의 사명

I
에덴동산에서 타락한 신부의 회복

창 2:20-25 아담이 모든 육축과 공중의 새와 들의 모든 짐승에게 이름을 주니라 아담이 돕는 배필이 없으므로 여호와 하나님이 아담을 깊이 잠들게 하시니 잠들매 그가 그 갈빗대 하나를 취하고 살로 대신 채우시고 여호와 하나님이 아담에게서 취하신 그 갈빗대로 여자를 만드시고 그를 아담에게로 이끌어 오시니 아담이 가로되 이는 내 뼈 중의 뼈요 살 중의 살이라 이것을 남자에게서 취하였은즉 여자라 칭하리라 하니라 이러므로 남자가 부모를 떠나 그 아내와 연합하여 둘이 한 몸을 이룰찌로다 아담과 그 아내 두 사람이 벌거벗었으나 부끄러워 아니하니라

하나님께서 인류의 시조 아담이 독처하는 것이 좋지 못하여 돕는 배필을 주셨다(창 2:18). 아담을 깊이 잠들게 하시고, 그의 갈빗대 하나를 취하여 여자를 만드셨다. 그렇게 지음 받은 하와를 본 아담의 첫 일성(一聲)이 "이는 내 뼈 중의 뼈요, 살 중의 살이라"고 했다. 아담의 돕는 배필인 하와는 아담의 찬사를 한 몸에 받는 최고의 여자로 지음을 받은 것이다.

뼈와 살, 즉 골육(骨肉)은 무엇을 상징하는가? 골육지친(骨肉之

親)이란 혈육, 친족, 혈통을 말한다(창 13:8, 29:14, 37:27, 레 18:6, 삿 9:2, 삼하 5:1). 즉 하와는 아담의 친족 중에서 택하신 존재라는 것을 미루어 짐작할 수 있다.

하나님의 목적은 흙, 사람, 생령의 삼일길을 통해서 인류의 첫 조상이 된 아담이(창 2:7) 하와와 함께 뜻의 가정을 이루어 인류 구속 사역을 이루는 것이다. 그런 목적을 이루시고자 원시광야에 살던 흙 차원의 아담을 부르셨다.

흙 차원의 인생들이 물과 성령으로 거듭나는 것을 중생이라고 한다(요 3:3-5). 중생되지 못한 흙 차원의 인생들은 뜻으로 말하면 원시광야에 사는 사람들이다. 그런 원시광야에 살던 아담의 가정에 하나님께서 관심을 가지시고 은혜를 주셨다. 하나님께서 아담 한사람에게만 은혜를 주신 것은 아니다.

멜기세덱이 아브라함에게 떡과 포도주로 축복할 때에도, 아브라함 개인에게만 축복을 한 것이 아니다. 아브라함의 허리춤에 있던 레위지파에게도 축복해주시고자 아브라함으로 하여금 레위지파를 위해서도 십일조를 바치라고 한 것이다.

> 히 7:9-10 또한 십분의 일을 받는 레위도 아브라함으로 말미암아 십분의 일을 바쳤다 할 수 있나니 이는 멜기세덱이 아브라함을 만날 때에 레위는 아직 자기 조상의 허리에 있었음이니라

여기서 레위는 레위지파 전체를 말하는 것이 아니라, 레위지파의 대표자인 모세를 지명하고 있는 것이다. 즉 아브라함으로 하여금 모세를 위해서도 십일조를 바치게 한 것이다.

이 말씀의 의미를 깨닫는다면 아담의 가정을 택할 때에도 아담 한 사람에게만 은혜를 주신 것이 아니다. 이미 하나님의 의중에는 아담의 가정 안에서 아담을 돕는 배필로 정하신 하와에게도 은혜를 주시려는 계획이 들어있었다.

> 말 2:15 여호와는 영이 유여하실찌라도 오직 하나를 짓지 아니하셨느냐 어찌하여 하나만 지으셨느냐 이는 경건한 자손을 얻고자 하심이니라 그러므로 네 심령을 삼가 지켜 어려서 취한 아내에게 궤사를 행치 말찌니라

"하나님의 영은 유여하실지라도 경건한 자녀를 얻기 위해서 한 사람을 택하신다"고 하셨다. 하나님께서는 뜻의 한 가정을 택하시는 것이다. 아담의 한 가정, 노아의 한 가정, 아브라함의 한 가정을 택하여 인류 구속사역을 펼치셨다.

> 창 3:1-6 여호와 하나님의 지으신 들짐승 중에 뱀이 가장 간교하더라 뱀이 여자에게 물어 가로되 하나님이 참으로 너희더러 동산 모든 나무의 실과를 먹지 말라 하시더냐 여자가 뱀에게 말하되 동산 나무의 실과를 우리가 먹을 수 있으나 동산 중앙에 있는 나무의 실과는 하나님의 말씀에 너희는 먹지도 말고 만지지도 말라 너희가 죽을까 하노라 하셨느니라 뱀이 여자에게 이르되 너희가 결코 죽지 아니하리라 너희가 그것을 먹는 날에는 너희 눈이 밝아 하나님과 같이 되어 선악을 알줄을 하나님이 아심이니라 여자가 그 나무를 본즉 먹음직도 하고 보암직도 하고 지혜롭게 할만큼 탐스럽기도 한 나무인지라 여자가 그 실과를 따먹고 자기와 함께한

남편에게도 주매 그도 먹은지라

그런 하나님의 뜻이 하와의 불순종으로 말미암아 깨어지고 말았다. 하나님께서 "선악을 알게 하는 나무의 실과는 먹지 말라. 네가 먹는 날에는 정녕 죽으리라"(창 2:17)고 하신 선악나무 열매를 하와가 따먹고 아담에게도 주어, 먹게 함으로 타락의 첫 걸음이 시작되었다.

창 3:5 너희가 그것을 먹는 날에는 너희 눈이 밝아 하나님과 같이 되어 선악을 알줄을 하나님이 아심이니라

뱀이 하와를 유혹한 내용이다. 여기서 "하나님 같이 된다"는 것이 무슨 뜻인가? 피조물인 인간이 창조주가 된다는 뜻인가? 하나님을 보면 죽는다고 했는데, 인간이 어떻게 하나님처럼 될 수 있는가?

겔 28:13-17 네가 옛적에 하나님의 동산 에덴에 있어서 각종 보석 곧 홍보석과 황보석과 금강석과 황옥과 홍마노와 창옥과 청보석과 남보석과 홍옥과 황금으로 단장하였었음이여 네가 지음을 받던 날에 너를 위하여 소고와 비파가 예비되었었도다 너는 기름 부음을 받은 덮는 그룹임이여 내가 너를 세우매 네가 하나님의 성산에 있어서 화광석 사이에 왕래하였었도다 네가 지음을 받던 날로부터 네 모든 길에 완전하더니 마침내 불의가 드러났도다 네 무역이 풍성하므로 네 가운데 강포가 가득하여 네가 범죄하였도다 너 덮는 그룹아 그러므로 내가 너를 더럽게 여겨 하나님의 산에서 쫓아내었고 화광석 사이에

서 멸하였도다 네가 아름다우므로 마음이 교만하였으며 네가 영화로우므로 네 지혜를 더럽혔음이여 내가 너를 땅에 던져 열왕 앞에 두어 그들의 구경거리가 되게 하였도다

창 1:6-8 하나님이 가라사대 물 가운데 궁창이 있어 물과 물로 나뉘게 하리라 하시고 하나님이 궁창을 만드사 궁창 아래의 물과 궁창 위의 물로 나뉘게 하시매 그대로 되니라 하나님이 궁창을 하늘이라 칭하시니라 저녁이 되며 아침이 되니 이는 둘째 날이니라

루시엘 천사장이 아름다움과 지혜로움의 극치로 교만하여 타락함으로 인해 천군 세계의 질서가 파괴되었다. 하나님께서 천군 세계의 질서를 바로잡기 위해 부득이 궁창을 중심으로 윗물과 아랫물을 나누실 수밖에 없었다.

율법에 정결한 짐승과 부정한 짐승을 구별한 것은 궁창의 세계가 윗물과 아랫물로 분리되었기 때문이다. 이 땅의 모든 피조물들은 궁창의 세계에서 온 것이다.[21] 궁창 윗물에서 온 생명체는 정결한 짐승이고, 아랫물에서 온 생명체는 부정한 짐승으로 구별되는 것이다. 사람도 그렇게 구별되어 있기에 태어나서 무슨 선을 행하기도 전에, "에서는 미워하고 야곱은 사랑했다"(말 1:2-3, 롬 9:13)라고 하신 것이다.

하나님은 편견이 있으신 분이 아니다. 그들의 근본을 보시고 그

---

21) 미국 아이오와 대학의 루이스 프랭크 박사의 논문에 의하면 지구 대기권 안으로 100톤짜리 얼음덩어리가 정확하게 1분에 20개씩 날아온다고 했다. 이 학설은 나사(NASA)에서도 인정받은 바 있다. 궁창의 세계의 생명체들이 그 얼음덩어리를 통해 지구로 운반되는 것이다. -"물은 답을 알고 있다", 90, 108쪽, 에모토 마사루 저, 나무 심는 사람

렇게 구별하시는 하나님의 역사를 신령한 눈으로 바라볼 줄 알아야 한다.

'하나님처럼 된다'는 뱀의 말은 피조물인 인간이 창조주가 된다는 것이 아니라 루시퍼의 입장을 표명한 것이다. 아랫물인 첫째 하늘에서는 루시퍼가 공중 권세를 잡고 하나님 노릇을 하고 있다. 이처럼 어둠의 권세에 소속된 자들은 그들 나름대로의 천군의 세계를 거느리고 있는 것이다. "무역이 풍성하다"(겔 28:16)는 말은 그들이 서로 내통하고 함께 하며, 같은 소속으로서 서로 손을 잡았다는 것이다.

그래서 뱀이 하와에게 "네가 선악나무 열매를 따먹으면, 우리 주인 루시퍼처럼 궁창 아랫물의 세계에서 자기 하늘을 가지고 하나님처럼 역사할 수 있다"고 미혹한 것이다.

마치 빌라도가 예수를 놓아주려고 했으나 '바라바를 놓아주라!'고 외치는 군중의 소리가 이겼기 때문에 예수를 십자가에 못 박고 말았던 것처럼, 뱀이 유혹하는 순간 '저희의 소리가 이긴지라'(눅 23:23) 하와가 거침없이 선악나무 열매를 따먹고, 남편에게도 준 것이다.

영국 속담에는 일생에 주어진 기회는 한 번 뿐이라고 하고, 우리나라에서는 기회가 세 번이라고 한다. 두 가지가 다 성경적이다. 죄인의 입장에서는 기회가 세 번이지만, 생령의 입장에서는 한 번의 기회만 주어진다. 은혜가 깊어질수록 받은 은혜를 지키지 못하면 나락으로 떨어지는 강도(強度)도 그만큼 강하기 마련이다. 따라서 생령의 존재가 실족하면 단 한 번의 실수로 기회를 잃어버린다.

생령인 아담이 선악나무 열매를 먹은 한 번의 죄로 에덴동산에서 쫓겨났으며(창 3:23-24), 얼굴에 광채가 난 모세가 므리바 반석을 친 한 번의 죄로 젖과 꿀이 흐르는 가나안 땅에 들어가지 못했다(민 20:10-11, 시 106:32-33). 노아의 가정도 함이 아비의 하체를 본 한 번의 실수로 성가정(聖家庭)이 깨어졌다(창 9:22). 이처럼 처해있는 본질적인 입장과 상황에 따라서 주어지는 기회의 차원이 달라진다.

> 히 6:4-6 한번 비침을 얻고 하늘의 은사를 맛보고 성령에 참예한바 되고 하나님의 선한 말씀과 내세의 능력을 맛보고 타락한 자들은 다시 새롭게 하여 회개케 할 수 없나니 이는 자기가 하나님의 아들을 다시 십자가에 못 박아 현저히 욕을 보임이라

하늘의 은사를 맛보고 성령을 받고, 하나님의 말씀의 은혜를 입은 자가 타락하면 회개할 수 없다고 했다. 더구나 하나님의 은사를 입은 생령 차원의 존재가 한 번 죄를 지으면 돌이킬 수가 없다. 하나님께서 다시 이 땅에 사람으로 오셔서 십자가를 지셔야만 회복할 수 있다. 그렇다면 예수님이 이 땅에 자주 오셔서 고난을 받아야 한다. 그러나 예수님은 자주 고난을 받지 않기 위해 세상 끝에 오신 것이다(히 9:26).

생령인 아담의 갈비뼈로 지음을 받은 하와 역시 생령의 분신이다. 그런 존재들이 죄를 지었기에 그들은 한 번의 죄로 에덴동산에서 추방당할 수밖에 없었다(창 3:23-24).

성경에는 첫 아담의 가정에 대해 구체적으로 기록된 내용을 찾

아 볼 수 없다. 그렇다면 어떻게 첫 아담의 가정의 문제점을 자세하게 깨닫고 회복할 수 있을 것인가? 원인을 모를 때는 결과를 통해서 원인을 추론해갈 수 있다.

에덴동산에서 첫 아담의 가정이 타락함으로 하나님께서 다시 10대를 기다려, 1556년 만에 두 번째 조상으로 노아의 가정을 택하셨다. 그러나 노아의 가정도 함이 아비의 하체를 봄으로 깨어지고 말았다[22]. 다시 490년이라는 10대를 기다려, 세 번째 조상인 아브라함의 가정을 통해 인류 구속사를 회복하여 이루고자 하셨다.

아담 이후 2046년 만에 인류의 세 번째 가정인 아브라함의 가정이 등장했다. 만일 아브라함의 가정이 실패하면 더 이상의 기회는 없다. 아담 창조의 세계는 영원히 회복할 수 없게 된다. 그러기에 하나님께서 심혈을 기울이시어 아브라함의 가정을 통해서 첫째 아담의 가정을 회복하시려는 구속사역을 펼쳐나가신 것이다. 창세기 12장부터 50장까지 4분의 3에 이르는 내용으로 구성된 세 번째 인류의 시조인 아브라함의 가정을 통해, 첫 아담의 가정의 정황을 그려볼 수 있다.

그런 입장에서 세 번째 조상인 아브라함의 아내 사라가 이복누이라는 것을 볼 때, 아담의 갈비뼈로 지은 하와 역시 아담의 누이라는 것을 미루어 짐작할 수 있지 않겠는가? 아브라함 가(家)를 살펴보면, 아브라함뿐만 아니라 이삭, 야곱 모두 그들의 아내를 아브라함의 동생인 나홀이 있는 하란에서 얻어왔다.

하나님께서는 아브라함 가정의 아내들을 통하여 어떤 구속사역을 행하셨는가?

---

22) <멜기세덱, 그는 누구인가?> 374쪽, 벽암 조영래 저, 도서출판 오색이슬

창 12:10-20 그 땅에 기근이 있으므로 아브람이 애굽에 우거하려 하여 그리로 내려갔으니 이는 그 땅에 기근이 심하였음이라 그가 애굽에 가까이 이를 때에 그 아내 사래더러 말하되 나 알기에 그대는 아리따운 여인이라 애굽 사람이 그대를 볼 때에 이르기를 이는 그의 아내라 하고 나는 죽이고 그대는 살리리니 원컨대 그대는 나의 누이라 하라 그리하면 내가 그대로 인하여 안전하고 내 목숨이 그대로 인하여 보존하겠노라 하니라 아브람이 애굽에 이르렀을 때에 애굽 사람들이 그 여인의 심히 아리따움을 보았고 바로의 대신들도 그를 보고 바로 앞에 칭찬하므로 그 여인을 바로의 궁으로 취하여 들인지라 이에 바로가 그를 인하여 아브람을 후대하므로 아브람이 양과 소와 노비와 암 수 나귀와 약대를 얻었더라 여호와께서 아브람의 아내 사래의 연고로 바로와 그 집에 큰 재앙을 내리신지라 바로가 아브람을 불러서 이르되 네가 어찌하여 나를 이렇게 대접하였느냐 네가 어찌하여 그를 네 아내라고 내게 고하지 아니하였느냐 네가 어찌 그를 누이라 하여 나로 그를 취하여 아내를 삼게 하였느냐 네 아내가 여기 있으니 이제 데려가라 하고 바로가 사람들에게 그의 일을 명하매 그들이 그 아내와 그 모든 소유를 보내었더라

하나님께서 자기의 목적을 이루시기까지 얼마나 많은 아픔을 겪으셔야 하는가? 젖과 꿀이 흐르는 가나안 땅은 씨만 던져놓아도 100배로 수확하는 곳이다. 그런 가나안 땅에 아브라함을 들여보냈는데 그 땅에 흉년이 들었다. 이런 일은 전혀 짐작조차 하지 못한 일이다. 씨만 던져놓아도 풍년이 드는 땅인데, 그런 땅에 흉년이 들게

하시려니 하나님께서 얼마나 힘이 드셨겠는가?

그렇다면 가나안 땅에 흉년이 들어야 하는 이유가 무엇인가? 그 이유는 아브라함을 애굽으로 보내시기 위함이다.

아브라함을 애굽으로 보내시는 이유는 무엇인가? 아브라함이 장차 횃불언약을 맺으려면 3년 된 암소, 3년 된 암염소, 3년 된 수양, 산비둘기와 집비둘기 새끼를 제물로 드려야 한다(창 15:9). 다시 말하면 아브라함이 드려야 할 영적 제사를 영육 간에 완전한 제사로 이루셔야만 한다. 구약 마당의 제물을 상징하는 3년 된 암소, 3년 된 암염소가 상징적인 제물로 남아있기 보다는, 그 제물에 해당하는 대상자가 제물의 사역을 감당해야만 하기에 애굽으로 보내신 것이다.

3년 된 암소와 3년 된 암염소는 누구를 상징하는가?

> 삿 14:18 제 칠일 해 지기 전에 성읍 사람들이 삼손에게 이르되 무엇이 꿀보다 달겠으며 무엇이 사자보다 강하겠느냐 한지라 삼손이 그들에게 대답하되 너희가 내 암송아지로 밭 갈지 아니하였더면 나의 수수께끼를 능히 풀지 못하였으리라 하니라

삼손이 블레셋 사람들에게 수수께끼를 제안하여 기선을 제압하고자 했으나, 블레셋 사람들이 날마다 삼손의 아내를 졸라서 결국 정답을 알아내고 말았다. 블레셋 출신인 삼손의 아내로 인해 블레셋 사람들에게 정답이 유출되므로 삼손의 계획이 수포로 돌아갔다. 삼손이 정당하지 못한 방법으로 수수께끼를 푼 블레셋 사람들에게

"너희가 내 암송아지로 밭 갈지 아니하였더면 나의 수수께끼를 능히 풀지 못하였으리라"고 질책하였다. 여기서 '내 암송아지'는 삼손의 아내를 가리키는 말이다.

> 창 15:9 여호와께서 그에게 이르시되 나를 위하여 삼년 된 암소와 삼년 된 암염소와 삼년 된 수양과 산비둘기와 집비둘기 새끼를 취할찌니라

아브라함이 세 마당을 위해서 제사 드린 세 종류의 제물의 내용이다. 구약 마당을 위해서는 3년 된 암소와 3년 된 암염소를 드렸고, 신약 마당을 위해서는 3년 된 수양을 드렸고, 재림 마당을 위해서는 산비둘기와 집비둘기 새끼를 드렸다.

구약 마당의 제물인 3년 된 암소와 3년 된 암염소는 누구를 상징하고 있는가? 분명히 암소와 암염소는 여자를 상징하고 있다. 구약 마당에서 그처럼 중요한 비중을 차지하는 여자들은 누구인가? 첫 번째 뜻의 가정과 두 번째 뜻의 가정을 깨뜨린 원인제공자가 아니겠는가? 아담에게 선악나무 열매를 주어 먹게 한 하와와, 둘째 아들 함과 공모할 수밖에 없었던 노아 부인이 아니겠는가?[23]

즉 아브라함이 구약 마당을 위해서 제사를 드린 3년 된 암소는 인류의 첫 시모(始母)인 하와를 말하고, 3년 된 암염소는 둘째 시모인 노아 부인을 말하는 것이다. 아브라함의 아내 사라로 하여금 첫 시모 하와와 둘째 시모 노아 부인의 죄를 회복하려고 하나님께서 사라의 사건을 역사케 하신 것이다.

---

23) <멜기세덱, 그는 누구인가?> 385쪽, 벽암 조영래 저, 도서출판 오색이슬

창 20:1-7 아브라함이 거기서 남방으로 이사하여 가데스와 술 사이 그랄에 우거하며 그 아내 사라를 자기 누이라 하였으므로 그랄 왕 아비멜렉이 보내어 사라를 취하였더니 그 밤에 하나님이 아비멜렉에게 현몽하시고 그에게 이르시되 네가 취한 이 여인을 인하여 네가 죽으리니 그가 남의 아내임이니라 아비멜렉이 그 여인을 가까이 아니한고로 그가 대답하되 주여 주께서 의로운 백성도 멸하시나이까 그가 나더러 이는 내 누이라고 하지 아니하였나이까 그 여인도 그는 내 오라비라 하였사오니 나는 온전한 마음과 깨끗한 손으로 이렇게 하였나이다 하나님이 꿈에 또 그에게 이르시되 네가 온전한 마음으로 이렇게 한 줄을 나도 알았으므로 너를 막아 내게 범죄하지 않게 하였나니 여인에게 가까이 못하게 함이 이 까닭이니라 이제 그 사람의 아내를 돌려 보내라 그는 선지자라 그가 너를 위하여 기도하리니 네가 살려니와 네가 돌려 보내지 않으면 너와 네게 속한 자가 다 정녕 죽을 줄 알찌니라

아브라함의 아내 사라가 아름다운지라 애굽 왕 바로가 후궁으로 삼고자 바로 궁으로 들였으나 하나님께서 바로와 그 집에 큰 재앙을 내리셨다. 바로가 아브라함을 불러서 "네가 어찌하여 그를 네 아내라고 내게 고하지 아니하였느냐? 네가 어찌 그를 누이라 하여 나로 그를 취하여 아내를 삼게 하였느냐? 네 아내가 여기 있으니 이제 데려가라"(창 12:18-19)고 했다.

두 번째 블레셋 왕 아비멜렉 사건 역시 아비멜렉이 사라를 취하고자 했으나 하나님께서 아비멜렉에게 진노하셨다. 그러자 아비멜렉이 "주여 주께서 의로운 백성도 멸하시나이까? 그가 나더러 이는

내 누이라고 하지 아니하였나이까? 그 여인도 그는 내 오라비라 하였사오니 나는 온전한 마음과 깨끗한 손으로 이렇게 하였나이다"라고 대답했다. 그러자 하나님께서 "네가 온전한 마음으로 이렇게 한 줄을 나도 알았으므로 너를 막아 내게 범죄하지 않게 하였다"라고 하셨다. 그래서 아비멜렉이 아브라함에게 예물을 주어서 사라를 다시 돌려보냈다. 이 두 번의 사건을 통하여 사라가 남편 아브라함의 요구대로 아내로서의 본분을 다한 것이다.

> 창 26:6-11 이삭이 그랄에 거하였더니 그곳 사람들이 그 아내를 물으매 그가 말하기를 그는 나의 누이라 하였으니 리브가는 보기에 아리따우므로 그곳 백성이 리브가로 인하여 자기를 죽일까 하여 그는 나의 아내라 하기를 두려워함이었더라 이삭이 거기 오래 거하였더니 이삭이 그 아내 리브가를 껴안은 것을 블레셋 왕 아비멜렉이 창으로 내다본지라 이에 아비멜렉이 이삭을 불러 이르되 그가 정녕 네 아내여늘 어찌 네 누이라 하였느냐 이삭이 그에게 대답하되 내 생각에 그를 인하여 내가 죽게 될까 두려워하였음이로라 아비멜렉이 가로되 네가 어찌 우리에게 이렇게 행하였느냐 백성 중 하나가 네 아내와 동침하기 쉬웠을 뻔하였은즉 네가 죄를 우리에게 입혔으리라 아비멜렉이 이에 모든 백성에게 명하여 가로되 이 사람이나 그 아내에게 범하는 자는 죽이리라 하였더라

이삭도 블레셋 왕 아비멜렉으로부터 자신의 목숨을 부지하기 위하여 아내 리브가를 누이라고 하여 위경을 넘겼다.

왜 믿음의 조상 아브라함 가(家)에서 이런 윤리 도덕적으로 이해할 수 없는 사건이 발생한 것일까? 아브라함, 이삭은 왜 아내를 이용하여 자신의 목숨을 부지해야만 했는가?

그 이유는 인류의 첫 시모 하와가 남편을 지키지 못하고, 오히려 선악나무 열매를 먹게 하여 타락의 길로 인도했기 때문이다. 그 역사를 회복하기 위해서 하나님께서 세 번째 인류의 조상인 아브라함 가(家)의 아내들을 이용하여 남편의 목숨을 부지하는 사건을 이루신 것이다.

> 벧전 3:6 사라가 아브라함을 주라 칭하여 복종한 것 같이 너희가 선을 행하고 아무 두려운 일에도 놀라지 아니함으로 그의 딸이 되었느니라

사라가 남편 아브라함을 '주(主)'라 칭하여 복종한 것은 이런 창조원리를 깨달았기 때문이다. 이런 사라의 믿음을 깨닫고 본받는 자는 사라의 딸이 될 수 있다는 것이다. 이처럼 하와도 남편 아담을 '주(主)'라 칭하며 복종해야 하는데, 그렇게 하지 못하므로 깨어진 첫 성가정을 셋째 시모가 되는 사라가 회복한 것을 알 수 있다.

이처럼 성경에는 구속사의 도맥을 통하여 면면히 흐르고 있는 역사의 세계가 펼쳐지고 있다. 이런 구속사의 도맥이 재림 마당에서 열매를 맺어야 한다.

잃어버린 신부의 영광을 회복하는 모습은 어디에서 찾을 수 있는가?

창 2:10-14　강이 에덴에서 발원하여 동산을 적시고 거기서부터 갈라져 네 근원이 되었으니 첫째의 이름은 비손이라 금이 있는 하윌라 온 땅에 둘렸으며 그 땅의 금은 정금이요 그 곳에는 베델리엄과 호마노도 있으며 둘째 강의 이름은 기혼이라 구스 온 땅에 둘렸고 셋째 강의 이름은 힛데겔이라 앗수르 동편으로 흐르며 넷째 강은 유브라데더라

겔 47:9-12　이 강물이 이르는 곳마다 번성하는 모든 생물이 살고 또 고기가 심히 많으리니 이 물이 흘러 들어 가므로 바닷물이 소성함을 얻겠고 이 강이 이르는 각처에 모든 것이 살 것이며 또 이 강 가에 어부가 설 것이니 엔게디에서부터 에네글라임까지 그물 치는 곳이 될 것이라 그 고기가 각기 종류를 따라 큰 바다의 고기 같이 심히 많으려니와 그 진펄과 개펄은 소성되지 못하고 소금 땅이 될 것이며 강 좌우 가에는 각종 먹을 실과나무가 자라서 그 잎이 시들지 아니하며 실과가 끊치지 아니하고 달마다 새 실과를 맺으리니 그 물이 성소로 말미암아 나옴이라 그 실과는 먹을 만하고 그 잎사귀는 약 재료가 되리라

"강이 에덴에서 발원하여 동산들을 적시고 거기서부터 갈라져 네 근원이 되었으니" 에덴동산에는 근원이 되는 강이 있어 거기서부터 네 강으로 갈라졌다. 근원이 되는 강을 가리켜서 생명강이라고 말한다. 에스겔 47장에 보면 "생명강 좌우에는 아름답고 보배로운

많은 열매 맺는 나무들이 강 좌우에 들어서 있다"고 했다.

그런 에덴동산이 아담과 하와가 선악나무 열매를 따먹음으로써 무참히 짓밟히고 유린당했다. 아담에게 "생육하고, 번성하고, 충만하라. 에덴동산을 지키고 다스리라"(창 1:28, 2:15)고 축복하신 모든 주권이 이긴 자인 뱀에게 넘어간 것이다.

그러므로 본 강인 생명강과 생명강을 중심으로 한 네 강이 의미하고 있는 구속사의 비밀과 암호도 당연히 이긴 자가 가져갔다. 그들이 가장 귀한 것들을 다 탈취해간 것이다. 따라서 표면적으로 보이는 강은 그냥 있으나, 그 강이 의미하는 영적인 의미는 모두 사라진 셈이다.

에덴동산의 첫째 강이 비손, 둘째 강이 기혼, 셋째 강이 힛데겔, 넷째 강이 유브라데 강이다. 첫째 강인 비손 강 주변 땅의 금은 정금이며, 베델리엄(진주)과 호마노가 나온다. 그런데 나머지 기혼, 힛데겔, 유브라데 강에는 그런 보석들이 없다. 이상으로 보아 에덴동산의 네 강이 똑같은 의미와 내용을 가진 강이 아니라, 첫째 강인 비손 강이 가장 중요한 의미를 가지고 있는 강임을 알 수 있다.

그렇다면 비손 강은 인자의 입장에서 누구를 상징하는가?

호 12:12 옛적에 야곱이 아람 들로 도망하였으며 이스라엘이 아내 얻기 위하여 사람을 섬기며 아내 얻기 위하여 양을 쳤고

에덴동산의 축복이 상실된 네 강을 회복시키기 위해서 하나님께서 야곱을 라반에게 보내셨다. 하나님께서 야곱을 라반의 집으로 도

망가게 하신 것은 승리자의 아내를 얻기 위해서이다. 여기서 '승리자의 아내'는 '승리자의 아들'이 되는 요셉을 낳은 라헬이라고 말할 수 있다.

첫째 강, 비손 강은 야곱의 네 여자 중 라헬을 말하는 것이다. 네 강이 구속사역을 이루는데 다 필요한 존재이지만, 네 강이 가지고 있는 영광은 다 다르다. 그러나 에덴동산을 여자의 의미로써 회복해야 하는 입장으로 본다면 라헬뿐 아니라 레아, 빌하, 실바까지도 열두 아들을 낳는 과정에서 없어서는 안 될 여인들이었다.

하나님께서는 네 강을 회복해야 하기 때문에 야곱에게 네 여자를 주었고, 또 그들을 통해서 열두 아들을 낳는 것이 목적이었다. 결과적으로 야곱의 열두 아들을 통해 70가족이 형성되었다. 그 70가족이 좋은 씨알들이 되어 장차 200만 명이 넘는 인구로 번성하여 이스라엘이라는 하나님의 나라를 이루게 된 것이다.

네 강은 마태 족보에서 어떤 구속사를 이루고 있는가?

> 마 1:3-6 유다는 다말에게서 베레스와 세라를 낳고 베레스는 헤스론을 낳고 헤스론은 람을 낳고 람은 아미나답을 낳고 아미나답은 나손을 낳고 나손은 살몬을 낳고 살몬은 라합에게서 보아스를 낳고 보아스는 룻에게서 오벳을 낳고 오벳은 이새를 낳고 이새는 다윗 왕을 낳으니라 다윗은 우리야의 아내에게서 솔로몬을 낳고

마태 족보에는 여자의 이름이 절대 들어갈 수 없는 족보이다. 믿음으로 의롭다함을 받고, 하나님께로부터 인정받은 사람들만이 족

보에 다 기록되어 있기 때문이다. 그런데 마태 족보에는 다말, 라합, 룻, 우리야의 아내(밧세바)라는 네 여자가 들어있다. 그것은 그들이 네 강을 통해서 본래의 강인 성령의 강, 생명의 강으로 올라가고 있는 모습을 구속사적인 입장에서 확연하게 보여주고 있는 것이다.

강은 영적인 차원에서 여성을 의미하는 것이다. 에덴동산의 생명강과 그 강을 중심으로 하는 네 강, 즉 다섯 강은 다섯 여자를 말하는 것이다.

결론으로 말하면 본 강인 생명강은 예수님을 낳은 마리아를 말하는 것이고, 나머지 네 강은 예수님의 족보 속에 들어있는 네 여자를 말하는 것이다. 첫째가 다말, 둘째가 기생 라합, 셋째가 모압 여인 룻, 넷째가 우리야의 아내 밧세바이다.

"다 이루었다"(요 19:30)고 하신 구속사의 성취를 선언하셔야만 되는 예수님의 입장에서는 빼앗겼던 모든 것들을 회복하셔야만 된다. 따라서 구속사의 세계를 회복하시는 예수님의 공생애 사역 속에서 이 여자들을 다 찾아오셨다. "나는 잃어버린 양을 찾으러 왔노라"(마 10:6, 15:24, 눅 19:10)는 말씀대로, 막달라 마리아를 비롯하여 구속사역에 필요한 여자들을 다 찾아오신 것이다.

마태 족보에 등장하는 네 여자들의 공통점이 무엇인가? 첫째가 이방 여인이었다. 둘째는 처녀가 아니라 다 유부녀였다. 오직 본 강, 생명강의 의미를 가진 마리아만이 순전한 처녀, 동정녀였다. 그리고 네 여자는 평탄한 삶을 살지 못했다. 세상적인 기준으로는 입에 담기도 민망하고 수치스러운 삶을 살았다.

다말은 네 강의 하나로서 어떤 내용을 회복하였는가?

> 창 38:24-26 석 달쯤 후에 혹이 유다에게 고하여 가로되 네 며느리 다말이 행음하였고 그 행음함을 인하여 잉태하였느니라 유다가 가로되 그를 끌어내어 불사르라 여인이 끌려 나갈 때에 보내어 시부에게 이르되 이 물건 임자로 말미암아 잉태하였나이다 청컨대 보소서 이 도장과 그 끈과 지팡이가 뉘 것이니이까 한지라 유다가 그것들을 알아보고 가로되 그는 나보다 옳도다 내가 그를 내 아들 셀라에게 주지 아니하였음이로다 하고 다시는 그를 가까이 하지 아니하였더라

유다의 큰 아들 엘이 자식이 없어 죽음으로, 계대법[24]에 의해 며느리 다말이 차자인 오난과 잠을 잤으나, 오난이 자기 자식이 되지 못할 것을 알고 땅에 설정함으로 자식을 얻지 못했다. 하나님께서 오난의 행위가 악하므로 그를 죽이셨다. 이제 셋째 아들인 셀라가 있으나 유다가 셀라까지 죽을까 염려하여 다말에게 "셀라가 장성하기까지 친정에 가서 기다리고 있으라"고 하며 셀라를 주지 않았다. 그러던 중 유다의 아내가 죽었다는 소식을 들은 다말은 창녀로 변신하여 시아버지 유다와 관계를 하여 임신을 했다(창 38:2-18).

다말이 시아버지 유다를 통해서 베레스와 세라를 낳은 것은 육적 간음으로 말미암은 결과가 아니다. 도적인 차원에서 유다의 혈통을 보존하고 이어가려는 대의명분을 가지고 행한 것이다. 그렇기 때문에 유다도 처음에는 며느리가 간음한 줄만 알고 그를 불로 태워

---

24) 이스라엘의 계대법, 또는 수혼법은 형이 자식이 없이 죽으면 동생이 형수와 잠을 자서 형의 대가 끊어지지 않도록 대를 이어주는 법이다(신 25:5-6).

죽이라고 했는데, 다말이 내미는 지팡이와 도장과 끈을 보고 자신으로 말미암아 잉태한 사실을 알게 되었다. 그 때 유다가 "그는 나보다 옳도다"(창 38:26)라고 하며 다말을 의롭다고 인정해주었다.

왜 유다는 다말의 행위를 두고 "그는 나보다 옳도다"라고 했을까?

"그는 나보다 옳도다"라는 것은 그의 행동 자체를 말한 것이 아니다. 다말이 주도면밀한 계획 속에서 이런 일을 행한 것은 유다의 몸이 되어주기 위해서이다. 다말의 행위는 개인적인 사심과 욕심을 위한 것이 아니라, 유다의 가문을 위해서 스스로 유다의 몸이 되어주고자 주도면밀한 계획 속에서 행한 것이다.

영적으로 말하면 예수님이 유다 지파를 통해서 오시기까지 다말이 유다의 거룩한 몸이 되어 주었다는 구속사의 의미를 유다가 깨달았다. 유다의 입장에서는 "네가 내 가문을 세워주었다. 네가 내 가문에게 하나님께서 축복하신 축복을 받게 해주었다"라는 의미가 들어있기에 유다가 다말에게 "그는 나보다 옳도다"라고 한 것이다. 다말의 행위는 하나님께서 축복해주신 유다의 가계를 대의적으로 이끌어가기 위한 행위였기에, 의로운 행위라고 인정을 한 것이다.

야곱이 열두 아들을 믿음의 분량대로 축복하는 가운데 유다에게 "홀이 유다를 떠나지 아니하며 치리자의 지팡이가 그 발 사이에서 떠나지 아니하시기를 실로가 오시기까지 미치리니 그에게 모든 백성이 복종하리로다"(창 49:10)라는 메시아가 오실 수 있는 축복을 주었다. 만일 다말의 사건이 없었다면 유다는 야곱에게서 받은 축복의 결과를 이루지 못했을 것이다.

창 49:8-12 유다야 너는 네 형제의 찬송이 될찌라 네 손이 네 원수의 목을 잡을 것이요 네 아비의 아들들이 네 앞에 절하리로다 유다는 사자 새끼로다 내 아들아 너는 움킨 것을 찢고 올라 갔도다 그의 엎드리고 웅크림이 수사자 같고 암사자 같으니 누가 그를 범할 수 있으랴 홀이 유다를 떠나지 아니하며 치리자의 지팡이가 그 발 사이에서 떠나지 아니하시기를 실로가 오시기까지 미치리니 그에게 모든 백성이 복종하리로다 그의 나귀를 포도나무에 매며 그 암나귀 새끼를 아름다운 포도나무에 맬 것이며 또 그 옷을 포도주에 빨며 그 복장을 포도즙에 빨리로다 그 눈은 포도주로 인하여 붉겠고 그 이는 우유로 인하여 희리로다

하나님께서 유다에게 축복해주셨던 유다의 가계의 등불이 꺼질 듯한 상태에서 다말을 통해서 다시 불씨를 되살릴 수 있었다.

유다가 왜 집을 떠나서 타향으로 갔는가? 요셉을 지키지 못하여 애굽으로 팔려가게 했다는 그 자책감으로 자신의 삶을 포기한 것이다. 좌절감으로 인해 자신을 스스로 던져버렸다.

그러므로 유다가 가나안 사람 수아의 딸을 취한 것이다. 평상시 유다가 가지고 있는 신앙으로는 절대 가나안 여인과 결혼할 사람이 아닌데 그런 결과를 초래한 것은 죄의식에 대한 자책감 때문이다. 스스로 자포자기하는 심정으로 자신의 운명을 내팽개쳤던 유다가 다시 한 번 다말로 인해서 큰 소망을 갖게 되었다. 다말이 낳은 베레스와 세라를 통해서 야곱이 유다지파에게 준 메시아의 축복을 지킬 수 있었다.

창 38:27-30 임산하여 보니 쌍태라 해산할 때에 손이 나오는지라 산파가 가로되 이는 먼저 나온 자라 하고 홍사를 가져 그 손에 매었더니 그 손을 도로 들이며 그 형제가 나오는지라 산파가 가로되 네가 어찌하여 터치고 나오느냐 한 고로 그 이름을 베레스라 불렀고 그 형제 곧 손에 홍사 있는 자가 뒤에 나오니 그 이름을 세라라 불렀더라

야곱과 에서는 태 바깥에서 장자권을 놓고 치열한 경쟁과 싸움을 벌였다. 그러나 베레스와 세라의 쌍태는 태중에서 장자권을 회복한 경우이다. 베레스가 먼저 나온 세라의 손을 결사적으로 잡아끌며 스스로 터치고 나왔다. 이 사건이 성경에서 유일무이하게 태중에서 장자권을 바르게 회복한 경우이다.

룻 4:18-22 베레스의 세계는 이러하니라 베레스는 헤스론을 낳았고 헤스론은 람을 낳았고 람은 암미나답을 낳았고 암미나답은 나손을 낳았고 나손은 살몬을 낳았고 살몬은 보아스를 낳았고 보아스는 오벳을 낳았고 오벳은 이새를 낳았고 이새는 다윗을 낳았더라

마 1:1 아브라함과 다윗의 자손 예수 그리스도의 세계라

베레스의 세계를 따라 다윗이 탄생할 수 있었고, 다윗의 족보를 따라 초림주 예수께서 탄생하신 것이다. 그렇기 때문에 초림주 예수님이 이 땅에 오실 수 있는 길은 오로지 유다 지파뿐이다. 다른 지파를 통해서는 오실 수가 없는 것이다.

아담 타락 이후 이긴 자인 마귀의 자식들이 다 장자로 태어나는 현실이었지만, 예수께서 실제로 이 땅에 장자로 태어나실 수 있었던 것은 태중에서 장자권을 회복한 베레스의 세계, 즉 유다 지파로 오셨기에 가능한 일이었다.

룻은 네 강의 하나로서 어떤 내용을 회복하였는가?

룻 1:1-14 사사들의 치리하던 때에 그 땅에 흉년이 드니라 유다 베들레헴에 한 사람이 그 아내와 두 아들을 데리고 모압 지방에 가서 우거하였는데 그 사람의 이름은 엘리멜렉이요 그 아내의 이름은 나오미요 그 두 아들의 이름은 말론과 기룐이니 유다 베들레헴 에브랏 사람들이더라 그들이 모압 지방에 들어가서 거기 유하더니 나오미의 남편 엘리멜렉이 죽고 나오미와 그 두 아들이 남았으며 그들은 모압 여자 중에서 아내를 취하였는데 하나의 이름은 오르바요 하나의 이름은 룻이더라 거기 거하지 십년 즈음에 말론과 기룐 두 사람이 다 죽고 그 여인은 두 아들과 남편의 뒤에 남았더라 그가 모압 지방에 있어서 여호와께서 자기 백성을 권고하사 그들에게 양식을 주셨다 함을 들었으므로 이에 두 자부와 함께 일어나 모압 지방에서 돌아오려 하여 있던 곳을 떠나고 두 자부도 그와 함께하여 유다 땅으로 돌아오려고 길을 행하다가 나오미가 두 자부에게 이르되 너희는 각각 어미의 집으로 돌아가라 너희가 죽은 자와 나를 선대한 것 같이 여호와께서 너희를 선대하시기를 원하며 여호와께서 너희로 각각 남편의 집에서 평안함을 얻게 하시기를 원하노라 하고 그들에게 입맞

추매 그들이 소리를 높여 울며 나오미에게 이르되 아니니이다 우리는 어머니와 함께 어머니의 백성에게로 돌아가겠나이다 나오미가 가로되 내 딸들아 돌아가라 너희가 어찌 나와 함께 가려느냐 나의 태중에 너희 남편될 아들들이 오히려 있느냐 내 딸들아 돌이켜 너희 길로 가라 나는 늙었으니 남편을 두지 못할찌라 가령 내가 소망이 있다고 말한다든지 오늘 밤에 남편을 두어서 아들들을 생산한다 하자 너희가 어찌 그것을 인하여 그들의 자라기를 기다리겠느냐 어찌 그것을 인하여 남편 두기를 멈추겠느냐 내 딸들아 그렇지 아니하니라 여호와의 손이 나를 치셨으므로 나는 너희로 인하여 더욱 마음이 아프도다 그들이 소리를 높여 다시 울더니 오르바는 그 시모에게 입맞추되 룻은 그를 붙좇았더라

나오미의 가정은 긍정적인 출발은 아니었다. 유대 땅에 흉년이 들자 나오미가 남편 엘리멜렉과 두 아들 말론, 기룐을 데리고 모압 땅으로 이주를 했다. 그런데 그들이 모압 지방에 들어가서 불운을 겪었다. 남편이 죽고, 두 아들까지 죽었다. 하나님께서는 자기 나라에 기근이 들었다고 해서 함께 어려움을 극복하지 않고 이방 나라로 간 인생의 꾀를 결코 용납하지 않으신 것이다. 이제 나오미와 큰 며느리인 오르바와 작은 며느리인 룻만 남았다(룻 1:1-5).

그들이 할 수 없이 다시 이스라엘 땅으로 돌아갈 때 나오미의 입장이 얼마나 비통했으면 "나를 나오미라고 부르지 말고, '마라'라 부르라"(룻 1:20)고 했다. 나오미라는 이름은 '기쁨, 즐거움'이라는 뜻이고, 마라는 '괴로움, 슬픔'이라는 의미이다.

나오미가 완전히 다 망한 상태에서 할 수 없이 이스라엘로 돌아

오는 중에, 오르바와 룻, 두 며느리에게 간절히 "너희 친정으로 돌아가라"고 권고함으로 오르바는 돌아갔지만, 룻은 "어머니의 백성이 나의 백성이고, 어머니의 하나님이 나의 하나님이시라"(룻 1:16)고 하며 끝까지 나오미를 따라왔다.

모압은 10대 후에라도 절대 하나님의 총회에 들어오지 못하도록 저주 받은 나라이다(신 23:3). 룻이 그런 모압 여자이다. 그러나 결국 룻이 시어머니 나오미를 따라와서 예수님의 족보에 기록되는 놀라운 역사를 이루게 되었다(마 1:5).

구속사의 관점에서 볼 때, 하나님께서 나오미의 가족을 모압 지방에 보내서 남편과 두 아들을 다 죽이고 희생시킨 것은 모압 여인 룻을 데려오기 위한 과정이라고 말할 수 있는 것이다.

다시 말하면 에덴동산의 네 강 중, 한 강의 도적(道的)인 암호와 비밀을 가진 룻을 되찾아오기 위해서 하나님께서 나오미의 가정을 모압 지방에 보내서 남편과 두 아들을 희생시켜가면서 하나님이 찾고자 하신 모압 여인 룻을 찾아오신 것이다. 구속사의 입장에서 보면, 하나님께서 그 여자를 이스라엘 땅으로 다시 데려오기 위해서 그런 역사를 감행하신 것이라고 말할 수 있다.

룻 4:18-22 베레스의 세계는 이러하니라 베레스는 헤스론을 낳았고 헤스론은 람을 낳았고 람은 암미나답을 낳았고 암미나답은 나손을 낳았고 나손은 살몬을 낳았고 살몬은 보아스를 낳았고 보아스는 오벳을 낳았고 오벳은 이새를 낳았고 이새는 다윗을 낳았더라 왜 베레스의 족보가 룻기에 기록되었는가? 이 족보에는 네 여인으로 인해 에덴동산에서 상실한 네 강을 회복하는 의미가 들어있기 때문이다. 이 족보는 성령의 족보이며, 신부의 족보이기에 마태 족보에서 따로 구별하여 룻기에 기록하게 하신 것이다.

기생 라합은 네 강의 하나로서 어떤 내용을 회복하였는가?

수 2:8-13 두 사람이 눕기 전에 라합이 지붕에 올라가서 그들에게 이르러 말하되 여호와께서 이 땅을 너희에게 주신 줄을 내가 아노라 우리가 너희를 심히 두려워하고 이 땅 백성이 다 너희 앞에 간담이 녹나니 이는 너희가 애굽에서 나올 때에 여호와께서 너희 앞에서 홍해 물을 마르게 하신 일과 너희가 요단 저편에 있는 아모리 사람의 두 왕 시혼과 옥에게 행한 일 곧 그들을 전멸시킨 일을 우리가 들었음이라 우리가 듣자 곧 마음이 녹았고 너희의 연고로 사람이 정신을 잃었나니 너희 하나님 여호와는 상천하지에 하나님이시니라 그러므로 청하노니 내가 너희를 선대하였은즉 너희도 내 아버지의 집을 선대하여 나의 부모와 남녀 형제와 무릇 그들에게 있는 모든 자를 살려주어 우리 생명을 죽는 데서 건져내기로 이제 여호와로 맹세하고 내게 진실한 표를 내라

기생 라합의 경우도 마찬가지다. 구약 마당에서 기생은 두 가지 종류가 있었다. 몸을 팔아서 생업을 유지하는 여자가 있었고, 또 우상의 성전에서 우상에게 제사를 드리는 과정에서 이루어지는 성행위를 담당하기 위해서 고정으로 배치된 기생이 있었다.

하나님께서 룻을 적지에서 찾아오시기 위해 많은 희생의 대가를 치르고 데려오셨다면, 기생 라합은 스스로 적지에서 탈출해 나온 사람이다. 기생 라합은 목숨을 걸고 두 정탐꾼인 살몬과 살마를 숨겨주었고, 숨겨주는 과정에서 두 사람과 다 관계를 맺은 사람이 아니겠는가? 마태 족보에는 살몬과 결혼한 것으로 기록되었으나(마 1:5), 역대기에는 살마와의 사이에서 보아스를 낳았다고 기록되어 있기 때문에(대상 2:11) 그런 정황을 유추해 볼 수 있다.

라합이 기생이라서 그렇게 관계했다기보다는, 기생 라합의 신앙관 때문이었다. 기생 라합의 신앙 고백 속에는 "상천하지에 오직 하나님은 여호와밖에 없다"(수 2:11)는 의식이 깊이 자리잡고 있었다. 이미 기생 라합의 깊은 의식 속에는 하늘의 본향을 그리워하고 사모하는 의식의 세계가 있었다는 것을 알 수 있다. 즉 하나님께서 역사하시는 나라와 민족관이 그의 깊은 의식 속에 남아 있었기 때문에, 두 정탐꾼을 보는 순간 그 의욕을 발동시켜서 그러한 입장을 단행한 것이라고 생각할 수 있다.

구속사의 입장에서 본다면 그처럼 비열하고 비천하게 보였던 행동이 예수께서 말씀하신 "너희는 뱀 같이 지혜롭고, 비둘기 같이 순결하라"(마 10:16)는 역사였다. 그 역사를 통해서 승리한 기생 라합의 신앙의 결과였다. 구속사의 입장에서 보면 그녀를 취하여 잡아온 어둠의 세력들이 철저하게 지키고 감시하고 압박하고 있는 상황에서 기생 라합은 살몬과 살마가 준 기회를 통해서 탈출한 것이다.

그의 목숨을 건 행동으로 인해 여호수아가 여리고 성을 무너뜨릴 때 그가 붉은 줄을 매어 자기에게 속한 가족을 다 살리는 쾌거를 이루었다(수 2:18-21, 6:25).

밧세바는 네 강의 하나로서 어떤 내용을 회복하였는가?

삼하 11:2-5 저녁 때에 다윗이 그 침상에서 일어나 왕궁 지붕 위에서 거닐다가 그곳에서 보니 한 여인이 목욕을 하는데 심히 아름다와 보이는지라 다윗이 보내어 그 여인을 알아보게 하였더니 고하되 그는 엘리암의 딸이요 헷사람 우리야의 아내 밧세바가 아니니이까 다윗이 사자를 보내어 저를 자기에게로 데려 오게 하고 저가 그 부정함을 깨끗케 하였으므로 더불어 동침하매 저가 자기 집으로 돌아가니라 여인이 잉태하매 보내어 다윗에게 고하여 가로되 내가 잉태하였나이다 하니라

다윗이 저녁에 왕궁을 거닐다 목욕하는 밧세바를 발견하고 불륜의 관계를 맺었다. 그 결과 밧세바가 원치 않는 임신을 했다. 다윗은 밧세바의 임신을 은폐하고자 전쟁터의 우리야를 불러들여 아내와 잠을 자도록 유도했다. 그러나 남편 우리야는 충신이었기에 밧세바와 잠을 자지 않았다. 다윗이 할 수 있는 모든 일을 시도해도 우리야가 다윗의 꾀에 넘어가지 않았다. 계획이 수포로 돌아가자 다윗은 요압에게 편지를 써서 전쟁터로 돌아간 우리야를 적진의 앞에 내세워 죽게 만들었다(삼하 11:17).

삼하 11:22-27 사자가 가서 다윗에게 이르러 요압의 모든 보낸 일을 고하여 가로되 그 사람들이 우리보다 승하여 우리를 향하여 들로 나온 고로 우리가 저희를 쳐서 성문 어귀까지 미쳤더니 활 쏘는 자들이 성 위에서 왕의 신복들을 향하여 쏘매 왕의 신복 중 몇 사람이 죽고 왕의 종 헷 사람 우리야도 죽었

나이다 다윗이 사자에게 이르되 너는 요압에게 이같이 말하기를 이 일로 걱정하지 말라 칼은 이 사람이나 저 사람이나 죽이느니라 그 성을 향하여 더욱 힘써 싸워 함락시키라 하여 너는 저를 담대케 하라 하니라 우리야의 처가 그 남편 우리야의 죽었음을 듣고 호곡하니라 그 장사를 마치매 다윗이 보내어 저를 궁으로 데려 오니 저가 그 처가 되어 아들을 낳으니라 다윗의 소위가 여호와 보시기에 악하였더라

다윗의 소위가 괘씸한지라 하나님께서 나단 선지자를 보내 그 사실을 책망하셨다. 그리고 밧세바가 낳은 불륜의 아이는 죽게 되었다. 그 불륜의 아이가 죽고 나서 밧세바를 통해서 낳은 네 번째 아들이 솔로몬이다. 그러한 솔로몬이 태어났을 때 하나님께서 '여디디야, 하나님이 사랑하시는 자'(삼하 12:25)라는 닉네임을 주셨다. 그러한 이름을 얻을 수 있었던 것은 밧세바의 남편인 우리야의 충성심을 하나님께서 인정해주신 결과이다. 또 우리야가 죽었을 때 밧세바가 호곡한 사실로 보아 밧세바를 위로하시고자 주신 이름이다.

마 1:6 이새는 다윗 왕을 낳으니라 다윗은 우리야의 아내에게서 솔로몬을 낳고

하나님은 얼마나 공의의 하나님이신가! 하나님께서 우리야의 충성심을 인정하셨기 때문에 예수님의 족보 가운데 두 번째 다윗이 등장할 때에는 "우리야의 아내에게서 솔로몬을 낳고"라고 족보에 기록해 놓으셨다. 다윗에게는 영원히 치명적인 약점이 되고 부끄러움이 되는 것이다. 남의 아내를 빼앗아 솔로몬을 낳았다는 내용이 족

보에 기록되어 있으니, 얼마나 부끄러운 일인가!

　네 강의 의미를 가진 네 여자들의 특징은 평범한 삶을 살지 못하고, 아주 기이한 삶을 살았다. 또 이 네 여자들은 일부종사를 하지 못했다는 공통점을 가지고 있다.
　물론 우리야의 아내 밧세바는 자신의 의지가 아닌 타의에 의해서 일부종사를 하지 못한 것이다. 우리야가 죽었다는 소식을 들었을 때 "밧세바가 크게 호곡했더라"(삼하 11:26)는 의미를 살펴보면 우리야와 밧세바 부부는 서로가 서로를 진심으로 사랑하는 부부였다는 것을 알 수 있다. 그러나 이 세상에서 가장 큰, 절대 권력을 가진 왕의 요구를 거절할 수 없었던 그 사건으로 말미암아 불륜의 씨가 생기고 불행이 시작되었다.
　이처럼 네 여자들은 일부종사를 하지 못하고, 윤리 도덕적으로 손가락질을 받을 만한 사람들이지만, 결론으로는 예수님의 족보 속에 들어간 것이다.
　또 이 여자들은 새롭게 만난 사람을 통해서 자식들을 생산했다. 그 자식들이 다 예수님의 족보 속에서 구속사역의 중요한 사람들로 쓰임 받았다. 밧세바가 낳은 솔로몬 역시 구속사에 큰 의미를 가진 중심인물로서 족보를 차지하고 있다는 것을 알 수가 있다.

　네 여자들은 모두 이방인이라는 공통점을 가지고 있다. 왜 그렇게 중요한 의미를 가진 네 여자들이 처음부터 히브리 민족이 되지 못하고 이방 민족에게 소속되어버린 것일까?

> 벧후 2:19 저희에게 자유를 준다 하여도 자기는 멸망의 종들이니 누구든지 진 자는 이긴 자의 종이 됨이니라

진 자는 이긴 자의 종이기 때문에, 이긴 자는 이긴 대가로 진 자의 노략물을 가져갈 수 있다. 이긴 자가 점령한 나라에서 가장 귀한 것들을 차지할 수 있다. 따라서 구속사의 입장으로 보면 에덴동산의 하와가 타락하는 순간, 에덴동산을 초토화시켰던 옛 뱀이 이긴 자로서 많은 노획물을 취해갈 때 네 강이라는 도맥의 의미를 가지고 있는 여인들도 취해간 것이다. 그러나 하나님께서 그 여인들을 하나하나 찾아오는 모습을 성경에 기록된 내용을 통해서 바라보게 된다.

마리아는 생명강으로서 어떤 내용을 회복하였는가?

생명강의 의미를 가지고 있는 에덴동산의 본 강은 그들이 **빼앗아 가지 못한다**. 본 강인 생명강의 의미를 가진 마리아는 유다 지파에 소속된 순결한 처녀였다. 하나님께서 입다의 딸을 인신번제로 받으심으로 구약의 4천년 역사 속에 깊이 감추인 도비(道秘)를 통해 마리아를 예비하신 것이다. 마리아가 예수님 때에 등장함으로 말미암아 족보 속에 들어와 있던 네 여자들이 마리아라는 이름으로 신약 마당에 다 등장하게 된 것이다.

> 롬 1:3 이 아들로 말하면 육신으로는 다윗의 혈통에서 나셨고

마리아는 유다 지파에 소속되어 연결될 수밖에 없는 여인이다. "이 아들로 말하면 육신으로는 다윗의 혈통에서 나셨고"(롬 1:3)라는 말씀처럼 예수께서 유다 지파를 통해서 오셔야 하기 때문에 마리아는 유다 지파에 소속될 수밖에 없는 것이다.

> 겔 47:1 그가 나를 데리고 전 문에 이르시니 전의 전면이 동을 향하였는데 그 문지방 밑에서 물이 나와서 동으로 흐르다가 전 우편 제단 남편으로 흘러내리더라

에덴동산은 낙원이며, 하늘의 구도의 도장이다. 낙원의 중심, 한 가운데 생명나무와 선악나무가 있었다.

다시 바꾸어 말하면 에덴에 있는 본 강물은 어디서 나오는 강물인가? 에스겔 47장에 보면 최초로 발원되는 그 물이 보좌 밑으로 흘러 동으로 흐르다가 전 우편 제단 남쪽으로 흘러 내려온다. 즉 에덴동산에서 흐르는 본 강물은 생명나무로부터 나오는 물이다.

따라서 하나님께서 만유 속에서 이루고자 하시는 '생육, 번성, 충만'이라는 그런 구속사의 세계를 이루어나갈 수 있는 생명체들이 그 물을 통해서 흘러내리고 있는 것을 에스겔 47장 말씀을 통해서 보여주고 있는 것이다.

그런 입장에서 마귀가 네 강의 영적인 도맥을 빼앗아간다면 구속사의 세계를 펼치고자 하시는 하나님의 뜻에 막대한 타격을 입게 되는 것이다. 그렇기 때문에 네 강을 상징하는 여인들을 노략물로 빼앗아가서 탈취물로 취하고 나서도 다시 빼앗기지 않기 위해서 철저하게 맨투맨으로 공략했다.

> 눅 8:2 또한 악귀를 쫓아내심과 병 고침을 받은 어떤 여자들 곧 일곱 귀신이 나간 자 막달라인이라 하는 마리아와

막달라 마리아는 일곱 귀신이 들린 여자였다. 7수는 영적 완전수를 의미한다. 즉 막달라 마리아가 일곱 귀신이 들렸다는 것은, 귀신

중에서 가장 능력이 크고 세력이 있는 자들이 막달라 마리아를 철저하게 봉쇄했다는 것을 알 수 있다.

> 요 20:16-18 예수께서 마리아야 하시거늘 마리아가 돌이켜 히브리 말로 랍오니여 하니 (이는 선생님이라) 예수께서 이르시되 나를 만지지 말라 내가 아직 아버지께로 올라가지 못하였노라 너는 내 형제들에게 가서 이르되 내가 내 아버지 곧 너희 아버지, 내 하나님 곧 너희 하나님께로 올라간다 하라 하신대 막달라 마리아가 가서 제자들에게 내가 주를 보았다 하고 또 주께서 자기에게 이렇게 말씀하셨다 이르니라

> 막 16:9 예수께서 안식 후 첫날 이른 아침에 살아나신 후 전에 일곱 귀신을 쫓아내어 주신 막달라 마리아에게 먼저 보이시니

왜 예수께서 부활하시고 나서 제일 처음 막달라 마리아에게 보이셨는가?

막달라 마리아는 네 마리아 중에서 가장 큰 봉쇄와 억압 속에서 구속을 받고 있었다. 그 누구보다도 강력한 능력을 가진 자들에게 철저히 억압을 당했던 대상이었다. 그만큼 막달라 마리아가 평범한 여인이 아니었기 때문에 부활하신 예수께서 제일 처음 나타나신 것이다.

> 요 19:25 예수의 십자가 곁에는 그 모친과 이모와 글로바의 아내 마리아와 막달라 마리아가 섰는지라

예수님의 사역을 도운 많은 사람들이 있었다. 그러나 십자가 사건 때 열두 제자마저 다 도망가고 십자가 곁에는 오직 네 마리아와 사도 요한뿐이었다.

십자가 곁의 다섯 사람은 로마 병정의 창칼 앞에 목숨을 걸고 서 있는 것이다. 십자가 곁에 최후까지 남은 다섯 사람은 이긴 자로서, 잃어버린 에덴동산의 생명강을 중심으로 네 강을 회복한 모습이라고 할 수 있다.

사도 요한이 십자가 곁에 끝까지 남아있었기에 그는 이긴 자로서 밧모섬에서 재림에 관한 예언을 받을 수 있었다. 요한계시록은 사도 요한이 받은 계시의 내용이다. 그는 힘센 천사로부터 작은 책을 먹은 자로서 많은 백성과 나라와 방언과 임금에게 다시 복음을 전해야 할 사명자가 될 수 있었던 것이다(계 10:9-11).

재림 마당에서는 어떻게 신부의 역사가 이루어지는가?

재림 마당은 세 번째 인류 구속사역의 마당이므로 구약 마당과 신약 마당을 총망라해서 인류 구속사역의 완성을 이루어야 하는 마당이다.

예수님은 둘째 아담으로 오시어 첫 아담이 상실했던 모든 영광을 회복하셨다. 이제 초토화되었던 에덴동산을 회복하기 위해서는 재림 마당에서 신부의 영광이 이루어져야한다. 따라서 재림 마당에서 이루어지는 한 이레의 사건 속에는 반드시 신부가 신랑을 위해 십자가를 짊어지는 역사가 이루어져야 한다.

재림 마당의 한 이레를 통하여 장차 신부가 될 좋은 씨가 짊어지는 십자가의 내용은 무엇인가? 하와가 아담에게 저지른 죄에 대한 직접적인 회복이다. 따라서 재림 마당에서 좋은 씨가 다시 와서 짊어져야할 십자가에는 대속, 속량이라는 의미는 없다. 이미 본방 이스라엘의 요셉이 애굽에서 속량의 십자가, 대속의 십자가를 다 이루었기 때문이다. [25]

그러나 구약의 요셉은 신랑을 위한 십자가는 짊어지지 않았다. 구약 때는 아직 신랑이 오시지 않았기 때문이다. 4004년 만에 '때가 차매' 예수께서 신랑의 입장으로 오시어 이스라엘을 통해 신랑의 역사를 마치셨다. 따라서 재림 마당에서 신부가 신랑을 위해서 할 일은 인류를 위한 대속의 십자가를 짊어지는 것이 아니라, 오직 신랑을 위한 십자가를 짊어지는 것뿐이다. 두 감람나무가 이 땅의 주를 위해서 십자가를 짊어지는 것이 그의 사명이다.

첫 아담의 갈비뼈로 만든 신부는 타락했다. 이제는 완성된 아담의 갈비뼈로 신부를 만들어야 한다. 즉 재림 마당에 '아버지의 영광으로'(마 16:27, 막 8:38, 눅 9:26) 오신 분이 첫 아담이 상실한 모든 영광을 회복한 입장에서 신부를 완성하셔야 한다. 재림주 멜기세덱만이 신부의 영광을 이룰 수 있는 것이다.

그 신부의 영광을 위해서 하나님께서 구약 마당에서 영적 장자, 요셉이라는 좋은 씨를 예비하셨다. 요셉이 땅의 장자권은 받았으나, 아직 완성되지 못한 하늘의 장자권의 영광을 받기 위해 재림 마당에 다시 등장하는 것이다.

---

25) <멜기세덱, 그는 누구인가?> 465-467쪽, 벽암 조영래 저, 도서출판 오색이슬

마 13:24-30 예수께서 그들 앞에 또 비유를 베풀어 가라사대 천국은 좋은 씨를 제 밭에 뿌린 사람과 같으니 사람들이 잘 때에 그 원수가 와서 곡식 가운데 가라지를 덧뿌리고 갔더니 싹이 나고 결실할 때에 가라지도 보이거늘 집 주인의 종들이 와서 말하되 주여 밭에 좋은 씨를 심지 아니하였나이까 그러면 가라지가 어디서 생겼나이까 주인이 가로되 원수가 이렇게 하였구나 종들이 말하되 그러면 우리가 가서 이것을 뽑기를 원하시나이까 주인이 가로되 가만 두어라 가라지를 뽑다가 곡식까지 뽑을까 염려하노라 둘 다 추수 때까지 함께 자라게 두어라 추수 때에 내가 추숫군들에게 말하기를 가라지는 먼저 거두어 불사르게 단으로 묶고 곡식은 모아 내 곳간에 넣으라 하리라

    요셉이 영적 이스라엘에서 제 밭에 뿌려진 좋은 씨로써 재림 마당에 뿌려진다. 그가 뿌려졌다는 뜻은 '이 땅의 주 앞에 선 두 감람나무'가 되었다는 것이다. 그가 두 감람나무로 등장하여 신랑되신 아버지의 영광을 위해서 죽는 것이 그의 사명이다. 아브라함 가(家)를 통해 예비하신 것처럼, 신부의 사명은 오직 신랑을 위해 목숨을 바치는 것이다. 두 감람나무가 신랑을 위해서 죽음으로써 산 자의 신부로서의 영광을 얻는 것이다.

    아브라함과 이삭이 목숨을 부지하기 위하여 아내를 방패막이로 사용하였듯이, 재림 마당에서 이 땅의 주도 두 감람나무를 방패막이로 사용할 것이다.

    초림 때, 24000명의 제사장들이 예수님을 향해 독화살을 쏘아댔다. 예수님 때에는 세례요한이 실족하여 그것을 막아줄 사람이 없

었다. 열두 제자들조차도 눈뜬장님이었기에 예수님이 혼자 그것을 다 받으시면서 3년 공생의 길을 걸으셨다.

그러나 장차 재림주 멜기세덱의 영광을 받으실 이 땅의 주는 죄와 상관없이 자기를 바라는 자들에게 오신 분이기에(히 9:28), 혼자 독화살을 다 맞으실 수는 없다. 그렇기 때문에 두 감람나무를 이용해서 자신의 생명을 보전해야 한다. 이 땅의 주로 오시는 재림주를 위해서 방패가 되어 주고, 그의 울타리가 되어줄 사람은 오직 두 감람나무밖에 없다. 두 감람나무는 오로지 재림주의 생명을 위해서 존재하는 사람이기 때문에, 항상 재림주의 생명을 지키는 방패막이가 되어야 한다.

> 계 11:8 저희 시체가 큰 성길에 있으리니 그 성은 영적으로 하면 소돔이라고도 하고 애굽이라고도 하니 곧 저희 주께서 십자가에 못 박히신 곳이니라

그렇기 때문에 그의 죽음은 예수님의 죽음과 같다. 신랑의 입장에서는 그의 죽음을 예수께서 인류를 구원하신 십자가와 같은 죽음으로 인정하신다. 그의 시체가 있는 곳은 "소돔이라고도 하고 애굽이라고도 하니 곧 저희 주께서 십자가에 못 박힌 곳이라"고 인정해 주신다.

단 예수님은 보이는 십자가를 지셨지만, 두 감람나무는 보이지 않는 영적인 십자가를 짊어지는 사람이다.

> 계 11:11 삼일 반 후에 하나님께로부터 생기가 저희 속에 들어가매 저희가 발로 일어서니 구경하는 자들이 크게 두려워하더라

> 계 12:5 여자가 아들을 낳으니 이는 장차 철장으로 만국을 다스릴 남자라 그 아이를 하나님 앞과 그 보좌 앞으로 올려가더라

그가 죽었다 3일 반 만에 살아남으로 영육 간에 산 자가 된다. 즉 철장으로 만국을 다스릴 남자가 되어 하늘 보좌로 올라간다. 아브라함에게 언약하신 횃불언약의 실존의 영광이 이루어지는 순간이다.

예수께서 부활 승천하신 후, 피조물 중에서는 최초로 하늘 보좌로 가는 존재이다. 에녹과 엘리야가 죽음을 보지 않고 하늘로 승천했지만 그들은 셋째 하늘 낙원으로 간 것이지, 하늘 보좌로 간 것은 아니다.

철장으로 만국을 다스릴 아이가 하늘 보좌로 가는 목적이 무엇인가? 그가 하늘에 올라가는 이유는 붉은 용을 내쫓기 위해서다. 천사의 세계에서 루시엘 천사장이 하나님과 비기려는 교만으로 타락함으로 더 이상 낙원에 둘 수 없어서 내쫓았다(겔 28:13-17). 하늘이 궁창을 중심으로 윗물과 아랫물의 세계로 갈라지고(창 1:6-8) 그 중 아랫물의 세계인 첫째 하늘, 공중권세를 붉은 용의 무리들이 차지하고 있었다(단 10:13, 엡 2:2). 철장 권세를 가진 아이가 하늘 보좌로 올라감으로 지금까지 공중 권세를 잡고 있던 붉은 용과 그의 무리들을 무찌르고 하늘을 통일시켜 평정한 후 다시 이 땅으로 내려온다(계 12:7-12).

> 계 21:2 또 내가 보매 거룩한 성 새 예루살렘이 하나님께로부터 하늘에서 내려오니 그 예비한 것이 신부가 남편을 위하여 단장한 것 같더라

계 21:9-10 일곱 대접을 가지고 마지막 일곱 재앙을 담은 일곱 천사 중 하

나가 나아와서 내게 말하여 가로되 이리 오라 내가 신부 곧 어린 양의 아내를 네게 보이리라 하고 성령으로 나를 데리고 크고 높은 산으로 올라가 하나님께로부터 하늘에서 내려오는 거룩한 성 예루살렘을 보이니

그가 하늘에서 내려오는 모습을 가리켜 거룩한 새 예루살렘 성으로 표현하고 있다. 그가 바로 신랑을 위해 단장한 신부, 어린 양의 아내이다. 인류 구속사역에서 최초로 흙으로 지음을 받은 피조물 중에서 산 자의 신부가 탄생한 것이다. 이로써 에덴동산에서 타락한 하와, 신부를 회복하는 하나님의 구속사역의 완성이 이루어진 것이다.

II
산 자의 첫 열매로
변화의 도맥을 완성함

요 11:25-26 예수께서 가라사대 나는 부활이요 생명이니 나를 믿는 자는 죽어도 살겠고 무릇 살아서 나를 믿는 자는 영원히 죽지 아니하리니 이것을 네가 믿느냐

위 구절은 예수께서 친히 하신 말씀으로, 산 자의 두 도맥으로 부활과 변화가 있음을 분명하고 확실하게 제시하고 있다.

"나는 부활이요 생명이니 나를 믿는 자는 죽어도 살겠고"는 부활에 해당되고, "살아서 나를 믿는 자는 영원히 죽지 아니하리니"는 영생, 즉 변화에 해당되는 말씀이다.

이 말씀은 죽은 나사로를 부활시키는 역사를 행하시기 직전에 마르다에게 하신 말씀이다. 예수께서 "나는 부활이요 생명이니"라고 말씀하신 대로 나사로를 부활시키셨다. 예수님 자신이 부활의 본체이시라면 실제로 이 땅에 와서 부활의 능력을 보여주셔야 한다. 그래서 나사로를 부활시켜 주신 것이다.

나사로를 살리신 것은 회당장 야이로의 딸, 나인 성 과부의 아들을 살리신 경우와 큰 차이점이 있다. 회당장 야이로의 딸이나 나인 성 과부의 아들의 경우에는 죽은지 만 하루가 지나지 않아 육신이

파괴되지 않은 상태에서 떠난 혼을 불러들임으로 살리신 것이다. 엘리야가 죽은 사렙다 과부의 아들을 살릴 때에도 떠난 혼을 불러들여 살렸고(왕상 17:21-22), 엘리사가 수넴 여인의 아들을 살릴 때에도 동일한 입장에서 살린 것이다.

그러나 나사로는 죽은지 나흘이 지나 이미 시체가 부패하여 냄새가 난다고 했다. 육신이 파괴된 시체를 다시 살리신 것은 부활의 능력이 아니면 불가능한 일이다. 부활의 주인이신 예수님의 능력이 아니고는 절대 행할 수 없는 일이다.

예수님 자신도 죽었다 부활하실 것을 믿음으로 바라보시면서 아버지께 심한 통곡과 눈물로 간구하셨다.

> 히 5:7 그는 육체에 계실 때에 자기를 죽음에서 능히 구원하실 이에게 심한 통곡과 눈물로 간구와 소원을 올렸고 그의 경외하심을 인하여 들으심을 얻었느니라

왜 나사로를 부활시키신 예수께서 자신의 부활에 대해 그토록 아버지께 간구하신 것일까?

예수께서는 십자가에서 흘리신 피 속에 태초의 말씀을 담아 땅에 떨치심으로 순수한 인자(人子, Son of Man) 자체로 스올에 들어가셨다. 예수께서 인간 예수로 죽으셨기 때문에 아버지께서 살려주시기 전에는 절대 스스로 살아나지 못한다.[26]

---

26) <이 땅의 주, 그는 누구인가?> 159-170쪽, 벽암 조영래 저, 도서출판 오색이슬

그렇기 때문에 '육체에 계실 때에' 자기를 죽음에서 능히 구원하실 아버지께 심한 통곡과 눈물로 간구와 소원을 올리심으로 들으심을 얻으신 것이다. 다시 말하면 밤마다 감람산에 가셔서 갈릴리 바닷바람을 이불 삼아 기도하시므로 아버지께로부터 살려주신다는 약속을 얻으셨다는 것이다. 그 결과 3일 만에 사망 권세를 깨고 부활하심으로 하나님의 아들로 인정받으셨다. 즉 멜기세덱이 되신 것이다. 그것을 가리켜 "성결의 영으로는 죽은 가운데서 부활하여 능력으로 하나님의 아들로 인정되셨으니 곧 우리 주 예수 그리스도시니라"(롬 1:4)고 하신 것이다.

이처럼 예수님은 '자기 백성을 저희 죄에서 구원할 자'(마 1:21)로 오셔서 아담의 후예들의 죄의 문제를 해결해주시고, 십자가를 지시고 3일 만에 부활하심으로 부활의 도맥을 완성하신 것이다.

그렇다면 부활은 죄의 결과로 이루어진 산물(産物)인가?

> 창 3:6 여자가 그 나무를 본즉 먹음직도 하고 보암직도 하고 지혜롭게 할만큼 탐스럽기도 한 나무인지라 여자가 그 실과를 따먹고 자기와 함께 한 남편에게도 주매 그도 먹은지라

> 약 1:15 욕심이 잉태한즉 죄를 낳고 죄가 장성한즉 사망을 낳느니라

왜 부활이 존재하게 되었는지 생각해 볼 필요가 있다. 에덴동산에서 아담이 "먹으면 정녕 죽으리라"(창 2:17)고 말씀하신 선악나무 열매를 먹으므로 원죄가 생겼다. 아담의 후예에게는 원죄라는 올

무가 씌워진 것이다.

만일 아담이 생명나무 열매를 따먹고 영생하는 자가 되었다면 (창 3:22) 우리에게는 부활이 존재할 의미가 없는 것인가? 아담이 선악나무 열매를 따먹고 산 영이 되지 못하고, 죽는 자가 되었기 때문에 우리에게 부활이 필요한 것인가? 부활에 대한 근본적인 의미를 알기 전에는 쉽게 답변하기 어려운 문제이다.

> 약 1:15 욕심이 잉태한즉 죄를 낳고 죄가 장성한즉 사망을 낳느니라

물론 아담의 죄로 인해 산 자를 낳을 에덴동산은 죽는 자를 탄생시키는 산실(産室)이 되고 말았다. 예수께서 그 사망의 권세를 해결하시고자 '자기 백성을 죄에서 구원할 이름'(마 1:21)으로 오셨다. 피조물로서는 도저히 해결할 수 없는 문제이기에 예수께서 창조주로서의 책임을 지시고자 친히 이 땅에 여인의 길을 통해 오신 것이다.

그러나 예수께서 "나는 부활이요 생명이라"(요 11:25)고 하신 말씀은 죄가 있기 때문에 하신 말씀이 아니다. 예수님의 근본이 '부활이요 생명이라'고 말씀하신 것이다. 다시 말하면 '나는 스스로 있는 자라'(출 3:14)는 의미와 일맥상통한다.

그런데 많은 기독교인들은 예수께서 인간의 죄의 문제를 해결하시고자 십자가를 통해 부활하셨다는 한 면(面)만 생각한다. 부활은 절대 죄 때문에 생긴 것만은 아니다. 부활은 죄와 상관없이 본래 하나님의 뜻이었다.

그렇다면 재림 마당에서는 부활의 역사가 어떻게 이루어지는가?

> 히 9:28 이와 같이 그리스도도 많은 사람의 죄를 담당하시려고 단번에 드리신바 되셨고 구원에 이르게 하기 위하여 죄와 상관없이 자기를 바라는 자들에게 두번째 나타나시리라

> 계 12:14 그 여자가 큰 독수리의 두 날개를 받아 광야 자기 곳으로 날아가 거기서 그 뱀의 낯을 피하여 한 때와 두 때와 반 때를 양육 받으매

재림주 멜기세덱은 죄와 상관없이 자기를 바라는 자들에게 두 번째 오시는 분이다(히 9:28). 해를 입은 여인이 재림주 멜기세덱의 영광을 입기 위해 큰 독수리의 두 날개를 받아 광야 자기 곳으로 날아가 한 때·두 때·반 때를 양육 받는다.

재림주 멜기세덱의 전신(前身)은 과연 누구일까? 요셉이 재림 마당에서 횃불언약의 실존의 인물로, 산 자의 신부가 되기 위해서 다시 등장한다면 재림주 멜기세덱의 영광을 입는 분의 전신은 누구이기에 재림 마당에 다시 등장하는 것인가? 재림 마당을 주관하시는 재림주 멜기세덱으로 부르심을 받고, 사전에 그 길을 준비하는 과정이 없이 재림 마당에 갑자기 등장할 수는 없지 않겠는가?

구약 마당에서 모세는 광야길의 지도자로, 율법의 아버지로, 구약 마당을 주관하는 이 땅의 주로 역사했다. 모세는 예수님의 그림자이다.

유다서에는 모세의 시체를 놓고 마귀와 미가엘 천사장이 다투는

장면이 나온다(유 1:9). 표면적으로는 모세의 시체를 누가 가져갔는지 알 수 없으나, 변화산에 등장한 변형되신 예수님 앞에 등장한 것으로 보아 모세의 시체를 마귀에게 빼앗기지 않고, 부활했다는 것을 알 수 있다. 이처럼 모세는 부활의 열매를 맺은 사람이지만 그의 부활은 성경에 감추어져 있다.[27] 그 이유는 부활의 첫 열매가 되실 예수님의 영광을 가리지 않기 위해서이다.

그런 모세가 신약 마당에서 변화산에 아버지의 영광으로 변화되신 예수님과 십자가 사건을 상론(相論)하고자 엘리야와 함께 등장했다(마 17:3, 막 9:4, 눅 9:30). 예수께서 가지고 오신 태초의 말씀을 이 땅에 떨치시고 순수한 인자로서 스올에 들어가 3일 만에 부활하셔야 하는 십자가 사건에 대해 서로 상의하신 것이다. "장차 예수께서 예루살렘에서 별세하실 것을 말씀할새"(눅 9:31)에는 그런 의미가 담겨있는 것이다.

왜 예수님은 태초의 말씀을 이 땅에 떨치셔야만 하는가? 만일 예수께서 태초의 말씀을 간직한 채 잠이 드신다면 사망 권세가 창조주 하나님을 삼키지 못하고 토해낼 것이다. 창조주가 창조주로서 죽는다면 살아나는 것은 너무 당연한 일이다. 창조주가 창조주로서 죽었다 살아나려면 굳이 이 땅에 인자의 길을 통해서 오실 필요가 없지 않겠는가?

예수께서 이 땅에 오신 목적은 첫째, 인류의 죄를 사해주시고 둘째, 피조물인 인간이 죽었다 살아남으로 영원한 생명을 가진 존재, 즉 멜기세덱이 되는 길을 보여주시기 위해서 친히 십자가의 길을 택

---

27) 신명기 34:6에서 모세가 모압 땅에서 죽었으나 그의 무덤을 찾을 수 없다고 했다.

하신 것이다. 장차 피조물 중에서 누군가 그 길을 걸어야 하겠기에 몸소 그 길을 예비하시고 완성하신 것이다.

그 길이 "나의 원대로 마옵시고, 아버지의 원대로 하옵소서"(마 26:39, 막 14:36, 눅 22:42)라는 아버지께서 바라고 원하시는 길이다.

예수께서 이 땅에 떨치신 태초의 말씀! 그 사실을 아는 사람은 오직 모세와 엘리야뿐이다. 변화산에 등장한 모세는 부활의 존재이고, 엘리야는 변화 승천한 존재이다. 부활의 영광이 변화의 영광보다 크기 때문에(살전 4:16-17), 모세가 예수께서 이 땅에 떨치신 태초의 말씀을 입어 재림 마당에서 해를 입은 여인으로 등장하는 것이다.

영적으로 모세는 부활한 존재이기에 또 다시 죽음이라는 과정을 겪을 필요가 없는 사람이다. 그렇다면 해를 입은 여인은 어떻게 부활의 능력을 입을 수 있는 것인가? 모세는 네 생물이 가진 네 가지 속성 중 독수리의 근본을 가진 존재이다(출 19:4). 그런 그가 이 땅에 인자로 등장했다가 다시 자기 본래로 돌아갈 때는 독수리로 돌아가는 것이다.[28] 엘리사가 스스로 죽을 병에 걸려 죽듯이(왕하 13:14), 해를 입은 여인도 영육 간의 산자로 탄생하기 위해서 스스로 죽음의 길로 들어가는 것이다. 그것을 가리켜 해를 입은 여인이 큰 독수리의 두 날개를 받아 광야 자기 곳으로 날아갔다고 표현한 것이다.

그가 산 자로 탄생하려면 한 때·두 때·반 때를 통해 양육을 받아야 한다(계 12:14). 성경에는 그가 비록 이 땅에서는 죽었다 살아나지만 그 사실을 가리켜 죽었다고 하지 않고, 양육을 받는 것이라고 표현한 것이다.

---

[28] <이 땅의 주, 그는 누구인가?> 283-292쪽, 벽암 조영래 저, 도서출판 오색이슬

만일 죄로 말미암아 부활이 생겼다면, 죄와 상관없이 오신 재림주께서(히 9:28) 왜 죽었다가 다시 살아나야만 되는가? 그것만 보아도 부활은 죄 때문에 존재하는 것이 아니라, 죄와 상관없이 세우신 본래 하나님의 뜻이었다. 본래 하나님 자신이 부활이시며 영원한 생명의 존재이셨다.

초림주 예수님은 죄의 문제를 해결하고자 오신 분이기에 고난의 주로서 부활하신 것이고, 재림주 멜기세덱은 죄와 상관없이 오신 분이므로 하나님의 영광을 나타내기 위한 부활을 하시는 것이다.

왜 부활이 하나님 자신이며 존재이며 뜻이 될 수 있는 것일까?

눅 20:34-36 예수께서 이르시되 이 세상의 자녀들은 장가도 가고 시집도 가되 저 세상과 및 죽은 자 가운데서 부활함을 얻기에 합당히 여김을 입은 자들은 장가가고 시집가는 일이 없으며 저희는 다시 죽을 수도 없나니 이는 천사와 동등이요 부활의 자녀로서 하나님의 자녀임이니라

계 20:4-6 또 내가 보좌들을 보니 거기 앉은 자들이 있어 심판하는 권세를 받았더라 또 내가 보니 예수의 증거와 하나님의 말씀을 인하여 목 베임을 받은 자의 영혼들과 또 짐승과 그의 우상에게 경배하지도 아니하고 이마와 손에 그의 표를 받지도 아니한 자들이 살아서 그리스도로 더불어 천년 동안 왕노릇 하니 (그 나머지 죽은 자들은 그 천년이 차기까지 살지 못하더라) 이는 첫째 부활이라

> 이 첫째 부활에 참예하는 자들은 복이 있고 거룩하도다 둘째 사망이 그들을 다스리는 권세가 없고 도리어 그들이 하나님과 그리스도의 제사장이 되어 천년 동안 그리스도로 더불어 왕노릇 하리라
>
> 요 5:29 선한 일을 행한 자는 생명의 부활로, 악한 일을 행한 자는 심판의 부활로 나오리라

흙으로 지음을 받은 인간이 죽었다 생명의 부활로 구원받으면 천사가 된다. 예수님께 찾아온 사두개인들이 부활의 문제를 질문했을 때, "죽은 자들은 천사와 동등이요 부활의 자녀로서 하나님의 자녀임이니라"(눅 20:36)고 하셨다. 그들은 영육의 부활이 아니라 영혼만 부활 받는 존재이다.

그러나 하나님의 아들들로 부활을 받는 사람들은 첫째 부활, 의인의 부활을 받는다(계 20:4-6). 첫째 부활, 의인의 부활은 영육 간의 부활이다. 생명의 부활과 의인의 부활은 천 년의 차이가 있다(계 20:5). 첫째 부활, 의인의 부활을 받은 자들이 이 땅에서 살아서 그리스도와 함께 천년 동안 왕노릇 하는 동안 생명의 부활을 받을 자들은 죽어서 천년을 기다려야 한다. 그렇기 때문에 생명의 부활을 받는 자들은 영육의 부활을 받는 하나님의 후사들을 받들며 섬기는 종이 되는 것이다(히 1:14, 고전 6:3).

사람은 본래 이 땅에 살다가 그냥 영생의 존재로서 하늘에 가지 못한다. 이 땅에서 하늘로 가려면 반드시 죽음이라는 통로를 지나 부활해야 한다. 물론 변화되어 올라갈 수는 있지만, 변화의 영광보다는 부활의 영광이 더 크기 때문에 변화와 부활이라는 두 길을 다

통과해야 한다.

> 히 1:14 모든 천사들은 부리는 영으로서 구원 얻을 후사들을 위하여 섬기라고 보내심이 아니뇨

> 고전 6:3 우리가 천사를 판단할 것을 너희가 알지 못하느냐 그러하거든 하물며 세상 일이랴

하늘에 있는 천사들은 사람이 심판할 수 있는 대상이라는 것이다. 천사들은 사람보다 더 저급한 존재, 차원이 낮은 존재이기 때문이다. 비록 지금은 이 땅에 붙어사는 인간들보다 천사들이 더 신령한 능력을 가진 존재이지만, 사람들이 하나님 후사로서의 영광을 받으면 천사들은 차자가 되고 하나님의 후사들은 장자가 된다. 그렇기 때문에 하나님의 후사들이 천사들을 심판할 수 있는 것이다. 뜻으로 보면 천사들은 사람들을 섬기며 받들라는 종에 불과하다(히 1:14).

마지막 때 이 땅에서 의인의 부활, 첫째 부활로 영육 간에 부활하는 사람들은 천사들을 다스리며 주관하게 되어 있는 것이다.

그런 하늘 차원의 사람이 되려면 땅의 흔적을 모두 지워야 한다. 그런 의미에서도 죽음이라는 통로를 거쳐 부활을 해야 하는 것이다. 땅의 흔적, 족보 등을 다 가지고 하늘에 간다면 하늘나라의 의미가 없기 때문이다.

> 빌 3:21 그가 만물을 자기에게 복종케 하실 수 있는 자의 역사로 우리의 낮은 몸을 자기 영광의 몸의 형체와 같이 변케 하시리라

또, 이 땅에 붙어사는 유한적인 몸으로는 하늘에 갈 수가 없기에, 하늘의 영광의 세계에 들어가기 위해서는 우리의 낮은 몸이 신령한 영광의 몸으로 변해야 한다(빌 3:21). 그렇기 때문에 이 땅에 있는 사람들은 죄와 상관없이 반드시 부활을 거쳐야 한다는 것이다. 그것이 부활의 근본적인 목적이다.

하나님께서 부활의 과정을 통해서 각자에게 고유적인 자기의 모양과 형상을 입혀주신다. 그렇기 때문에 부활은 죄와 상관없이 누구에게나 필연적이고 근본적이고 섭리적인 것이다. 그러나 부활의 순서에 따라서, 부활의 차원에 따라서 그 상급과 영광이 달라진다. 따라서 누구나 부활을 받으려면 이 땅에 와야만 하는 것이다.

> 창 2:9 여호와 하나님이 그 땅에서 보기에 아름답고 먹기에 좋은 나무가 나게 하시니 동산 가운데에는 생명나무와 선악을 알게 하는 나무도 있더라

예수께서 에덴동산 한가운데 생명나무로 계실 때에도 분명히 형상과 모양을 가지고 계셨다. 그러나 그 인격은 하늘 차원의 고유적인 형상과 모양이었지, 이 땅의 형상과 모양은 아니었다. 그렇기 때문에 이 땅에 오셔서 인격적인 형상과 모양을 갖추어야 한다. 그래서 하늘의 영광을 다 버리고 자신을 비우고 낮추어서(빌 2:7) 이 땅에 오신 것이다.

이 땅에 오셔서 사망의 권세를 깨시고 부활하신 모습은 영원한, 독생하신 하나님의 참 모습이다. 하늘에서도 그 모습이고 땅에서도 그 모습으로서 영원히 변하지 않는 모습이다. 지금 우편 보좌에 계시는 주님은 이 땅에서 부활하신 그 모습 그대로 계시는 것이다.

고전 15:13-15 만일 죽은 자의 부활이 없으면 그리스도도 다시 살지 못하셨으리라 그리스도께서 만일 다시 살지 못하셨으면 우리의 전파하는 것도 헛것이요 또 너희 믿음도 헛것이며 또 우리가 하나님의 거짓 증인으로 발견되리니 우리가 하나님이 그리스도를 다시 살리셨다고 증거하였음이라 만일 죽은 자가 다시 사는 것이 없으면 하나님이 그리스도를 다시 살리시지 아니하셨으리라

만일 죽은 자의 '부활'이 없다면 예수님도 부활하실 수 없다. 그래서 하나님께서는 아담의 타락 이전부터 부활을 구속 사역의 중심으로 세우신 것이다. 부활은 사람뿐만 아니라, 천사들에게도 필요한 것이다. 약속의 자녀들은(히 11:39-40) 천사화(化)된 인자들을 말한다. 결국 그들이 구속 사역을 돕는 입장에서 마지막 때 부활 받는 존재가 될 것이다.

따라서 부활과 변화는 창조 세계의 최고의 경지이며, 경륜이며, 으뜸이 되는 본래의 뜻이다.

변화의 도맥을 통하여 열매 맺은 사람은 누구인가?

고전 15:51-54 보라 내가 너희에게 비밀을 말하노니 우리가 다 잠잘 것이 아니요 마지막 나팔에 순식간에 홀연히 다 변화하리니 나팔 소리가 나매 죽은 자들이 썩지 아니할 것으로 다시 살고 우리도 변화하리라 이 썩을 것이 불가불 썩지 아니할 것을 입겠고 이 죽을 것이 죽지 아니함을 입으리로다 이 썩을

것이 썩지 아니함을 입고 이 죽을 것이 죽지 아니함을 입을 때에는 사망이 이김의 삼킨바 되리라고 기록된 말씀이 응하리라

변화는 썩을 것이 불가불 썩지 아니할 것을 입고, 죽을 것이 죽지 아니함을 입는 것이라고 했다. 유한적인 육신으로는 영생을 입을 수 없기에, 썩지 않는 육신을 덧입는 것을 변화라고 한다.

신구약을 통틀어서 죽음을 보지 않고 이러한 변화의 영광을 입은 자가 있었는가?

창 5:21-24 에녹은 육십 오세에 므두셀라를 낳았고 므두셀라를 낳은 후 삼백년을 하나님과 동행하며 자녀를 낳았으며 그가 삼백 육십 오세를 향수하였더라 에녹이 하나님과 동행하더니 하나님이 그를 데려 가시므로 세상에 있지 아니하였더라

에녹은 하나님과 300년 동행한 사람이다. 그를 죽이자니 죄가 없고, 이 땅에 그대로 두자니 창조 원리에 어긋나므로 하나님께서 그를 하늘로 데려가셨다.

유 1:14-15 아담의 칠세 손 에녹이 사람들에게 대하여도 예언하여 이르되 보라 주께서 그 수만의 거룩한 자와 함께 임하셨나니 이는 뭇 사람을 심판하사 모든 경건치 않은 자의 경건치 않게 행한 모든 경건치 않은 일과 또 경건치 않은 죄인의 주께 거스려 한 모든 강퍅한 말을 인하여 저희를 정죄하려 하심이라 하였느니라

그러한 에녹이 재림 마당에 임재하실 역사에 대해서 예언한 내용이다. 재림주께서 오시는 것은 경건치 않은 자들의 경건치 못한 행위와 말에 대해 심판하기 위함이라는 것이다.

그렇다면 에녹이 변화의 열매를 맺은 것인가? 에녹이 죄를 짓지 않고 하나님과 동행한 결과 하늘로 올라갔지만 스스로 변화해서 간 것이 아니라, 하나님께서 그를 데려가신 것이다.

성경에서 유일하게 변화의 열매가 된 사람은 엘리야뿐이다.

> 왕하 2:11 두 사람이 행하며 말하더니 홀연히 불 수레와 불 말들이 두 사람을 격하고 엘리야가 회리바람을 타고 승천하더라

> 왕하 2:12 엘리사가 보고 소리지르되 내 아버지여 내 아버지여 이스라엘의 병거와 그 마병이여 하더니 다시 보이지 아니하는지라 이에 엘리사가 자기의 옷을 잡아 둘에 찢고

엘리야는 이 땅에서 죽음을 맛보지 않고 불 말과 불 수레를 타고 하늘로 승천한 사람이다. 엘리야의 승천을 목격하는 순간 그의 제자 엘리사가 "내 아버지여! 내 아버지여!"라고 소리쳤다. 엘리야가 변화의 아버지, 변화의 조상이 된 사람이라는 것을 엘리사가 깨달은 것이다. 엘리야가 어떻게 변화 승천할 수 있었는지 그 정체와 실상과 비밀을 엘리사가 알게 된 것이다.[29]

---

29) '엘리사'에 대해서는 <제 5장 두 감람나무와 두 촛대의 관계>에서 자세히 다루기로 한다.

왜 엘리야의 족보가 기록되지 않았는가?

성경에 등장하는 모든 인물들, 특히 구속사에서 중요한 의미를 가지고 있는 등장인물들은 보편적으로 4~5대의 조상들이 소개가 되는 공통점이 있다.

에스라와 같은 경우에는 아론의 16대 후손으로 그의 족보가 소개되고 있다. 이렇게 성경에서 구속사의 빛을 발하고 있는 인물들은 대부분 그들의 족보가 최소한 5대 이상 소개되고 있다.

> 왕상 17:1 길르앗에 우거하는 자 중에 디셉 사람 엘리야가 아합에게 고하되 나의 섬기는 이스라엘 하나님 여호와의 사심을 가리켜 맹세하노니 내 말이 없으면 수년 동안 우로가 있지 아니하리라 하니라

그런데 엘리야는 전혀 족보에 대한 기록이 없다. '길르앗에 우거(寓居, 남의 집이나 타향에 임시로 사는 것)하는 자 중에 디셉 사람 엘리야'라고만 되어 있지, 표면적으로도 어느 지파에 소속된 사람인지 도무지 알 수가 없다.

그렇다면 출신은 디셉이라는 지역에 소속되어있는데 그는 왜 족보가 없는 존재로서 인간의 삶의 현장에 등장했을까? 그렇다고 엘리야가 하늘에서 떨어진 존재는 아닐 것이다. 분명히 그도 창조원리의 길을 통해서 온 사람일 것이다. 예수님이 '때가 차매'(갈 4:4) 여인의 후손으로 오신 것처럼 엘리야도 우리와 성정이 같은 사람이라는 것을 볼 때(약 5:17), 인자로 이 땅에 온 것만은 분명하다.

그런데 왜 엘리야는 족보 없이 등장했을까? 족보가 없다는 것이 무슨 의미인가?

> 히 7:1-3 이 멜기세덱은 살렘 왕이요 지극히 높으신 하나님의 제사장이라 여러 임금을 쳐서 죽이고 돌아오는 아브라함을 만나 복을 빈 자라 아브라함이 일체 십분의 일을 그에게 나눠주니라 그 이름을 번역한즉 첫째 의의 왕이요 또 살렘 왕이니 곧 평강의 왕이요 아비도 없고 어미도 없고 족보도 없고 시작한 날도 없고 생명의 끝도 없어 하나님 아들과 방불하여 항상 제사장으로 있느니라

아비도 없고 어미도 없고 족보도 없고 시작한 날도 없고 생명의 끝도 없는 존재는 하나님 아들과 방불한 존재이며, 하늘의 제사장인 멜기세덱이다. 하나님 아들 자체는 아니지만 하나님 아들과 방불한 존재, 즉 하나님 아들의 분량과 거의 비슷한 존재이다.

이 구절의 내용을 볼 때, 엘리야는 멜기세덱적인 사람으로서 산 자의 맥을 따라 이 땅에 등장한 존재라는 것을 알 수 있다.

> 약 5:17-18 엘리야는 우리와 성정이 같은 사람이로되 저가 비 오지 않기를 간절히 기도한즉 삼년 육개월 동안 땅에 비가 아니오고 다시 기도한즉 하늘이 비를 주고 땅이 열매를 내었느니라

또 엘리야는 우리와 성정이 같은 사람인데 비 오지 않기를 기도하니 3년 6개월 동안 우로가 내리지 않았고, 다시 기도하니 비가 내렸다. 과연 엘리야는 어떤 능력을 가진 사람이기에 하늘 문을 열고 닫을 수 있는 존재인가? 우리와 성정이 같은 사람으로서 그런 능력을 행할 수 있는 원인은 무엇인가? 하늘에서 온 자가 아니면 하늘 문을 열고 닫을 수 없지 않겠는가?

엘리야가 등장한 당시 아합과 이세벨이 이스라엘의 국교를 우상으로 바꾸려고 바알과 아세라를 섬기는 선지자들을 궁궐에서 합숙 훈련 시키면서 국고를 탕진했다. 더 이상 두면 온 나라가 우상화되기 직전이기에 하나님께서는 엘리야를 등장시키지 않으면 안 되었다. 엘리야로 하여금 갈멜산 전투를 하게 하여 이세벨의 의도를 저지하는 비상수단으로 급히 파견하신 것이다.

> 왕상 18:19-20 그런즉 보내어 온 이스라엘과 이세벨의 상에서 먹는 바알의 선지자 사백 오십인과 아세라의 선지자 사백인을 갈멜산으로 모아 내게로 나오게 하소서 아합이 이에 이스라엘 모든 자손에게로 보내어 선지자들을 갈멜산으로 모으니라

> 왕상 18:23-24 그런즉 두 송아지를 우리에게 가져오게 하고 저희는 한 송아지를 택하여 각을 떠서 나무 위에 놓고 불은 놓지 말며 나도 한 송아지를 잡아 나무 위에 놓고 불은 놓지 말고 너희는 너희 신의 이름을 부르라 나는 여호와의 이름을 부르리니 이에 불로 응답하는 신 그가 하나님이니라 백성이 다 대답하되 그 말이 옳도다

갈멜산에서 엘리야와 바알의 선지자들이 각각 송아지를 잡아서 제사를 드렸을 때, 송아지 제물을 불로 응답해서 사르는 자가 참 하나님이라는 제안으로 승부를 가릴 것을 요청했다. 그러자 그 자리에 모인 백성들이 엘리야의 말에 찬성했다. 그렇게 도적(道的)인 싸움을 한 것이다.

먼저 바알의 선지자들이 아침부터 저녁 소제를 드릴 때까지 아

무리 외쳐대고 기도하고 자기 몸에 상처를 내면서까지 바알 신을 통해서 제물을 태워달라고 요구를 했지만 전혀 응답이 없었다.

그러자 엘리야가 열두 지파를 의미하는 열두 돌단을 쌓고, 또 토단을 쌓아서 열두 돌을 쌓은 주변에 깊은 골을 이랑처럼 파서 네 통의 물을 세 번씩 열두 번을 붓게 했다. 한가운데는 송아지를 잡은 제육(祭肉)을 돌 위에 올려놓았다. 그리고 엘리야가 기도를 함으로 말미암아 하늘에서 불이 내려와서 송아지 제육만이 아니라 나무와 돌과 흙을 태우고 물까지도 핥았다. 그러자 백성들이 "여호와 그는 하나님이시로다, 여호와 그는 하나님이시로다"(왕상 18:39)라고 거듭 인정해줌으로 백성들의 힘을 빌려서 바알의 선지자 450명을 기손 시냇가에서 한 명도 살려주지 않고 다 죽였다(왕상 18:40). 엘리야가 갈멜산 전투에서 이긴 자가 되므로 바알 선지자들을 다 전멸시킬 수 있었다.

그리고 나서 갈멜산 꼭대기에 올라가서 허벅지 사이로 머리를 깊숙이 묻고 일곱 번 기도함으로 말미암아 주먹만한 구름이 나타나고, 3년 6개월 동안 우로가 내리지 않아 가물어 지하 200m까지 메말랐던 땅을 적실 수 있는 충분한 비를 내리게 했다(왕상 18:42-45).

엘리야가 디셉 사람으로 등장하기 전의 행적은 어디에서 찾아볼 수 있는가?

왕상 19:1-2 아합이 엘리야의 무릇 행한 일과 그가 어떻게 모든 선지자를 칼로 죽인 것을 이세벨에게 고하니 이세벨이 사자를 엘리야에게 보내어 이르되 내가 내일 이맘때에는 정녕 네 생명으로 저 사람들 중 한 사람의 생명 같게 하리라 아니하면 신들이 내게 벌 위에 벌을 내림이 마땅하니라 한지라

갈멜산 전투에서 바알 선지자들이 다 죽임을 당했다는 소식을 들은 아합의 처 이세벨이 이를 갈고 저주하며 맹세했다. 그리고 엘리야에게 사자를 보내어 "내가 내일 이맘때에는 정녕 네 생명으로 저 사람들 중 한 사람의 생명 같게 하리라. 아니하면 신들이 내게 벌 위에 벌을 내림이 마땅하니라"고 전했다.

왕상 19:4-8 스스로 광야로 들어가 하룻길쯤 행하고 한 로뎀나무 아래 앉아서 죽기를 구하여 가로되 여호와여 넉넉하오니 지금 내 생명을 취하옵소서 나는 내 열조보다 낫지 못하니이다 하고 로뎀나무 아래 누워 자더니 천사가 어루만지며 이르되 일어나서 먹으라 하는지라 본즉 머리맡에 숯불에 구운 떡과 한 병 물이 있더라 이에 먹고 마시고 다시 누웠더니 여호와의 사자가 또 다시 와서 어루만지며 이르되 일어나서 먹으라 네가 길을 이기지 못할까 하노라 하는지라 이에 일어나 먹고 마시고 그 식물의 힘을 의지하여 사십주 사십야를 행하여 하나님의 산 호렙에 이르니라

이에 엘리야가 스스로 광야로 들어가서 로뎀 나무 아래에서 하나님께 죽기를 청원했다. "여호와여 넉넉하오니 지금 내 생명을 취하옵소서"(왕상 19:4)라고 기도하다 잠이 들었는데, 천사가 깨워서 보니까 엘리야의 머리맡에 숯불 위에 구운 떡과 한 병의 물을 예비하고 준비했다. "네 갈 길이 멀다. 길에서 기진할까 두려우니 떡을

먹으라"고 하므로 천사가 구워 준 떡과 한 병의 물을 먹고 또 잠이 들었는데 다시 깨웠다. 그래서 천사가 숯불 위에 구워 준 떡과 한 병의 물을 다시 한 번 먹고 40일 밤낮을 자지 않고 걸어서 호렙산으로 가서 호렙산 굴 앞에 섰다.

그리고 거기에서 하나님의 세미한 소리를 듣게 된다. "엘리야야 네가 왜 여기 왔느냐?"(왕상 19:9)라는 물음에, 엘리야가 "내가 만군의 하나님 여호와를 위하여 열심이 특심하오니 이는 이스라엘 자손이 주의 언약을 버리고 주의 단을 헐며 칼로 주의 선지자들을 죽였음이오며 오직 나만 남았거늘 저희가 내 생명을 찾아 취하려 하나이다"(왕상 19:10)라고 대답했다.

그러자 하나님께서 엘리야를 굴 앞에 서라고 하시고, 바람과 지진과 불, 세 가지를 보여주셨으나 그곳에 하나님이 계시지 않았고 세미한 소리 가운데 엘리야를 부르시는 말씀을 받게 된다.

> 왕상 19:11-12 여호와께서 가라사대 너는 나가서 여호와의 앞에서 산에 섰으라 하시더니 여호와께서 지나가시는데 여호와의 앞에 크고 강한 바람이 산을 가르고 바위를 부수나 바람 가운데 여호와께서 계시지 아니하며 바람 후에 지진이 있으나 지진 가운데도 여호와께서 계시지 아니하며 또 지진 후에 불이 있으나 불 가운데도 여호와께서 계시지 아니하더니 불 후에 세미한 소리가 있는지라

엘리야가 40주야 밤낮으로 자지 않고 물도, 떡도 먹지 않고 호렙산까지 걸었다. 왜 엘리야는 이세벨이 죽이려는 위기 상황에서 호렙산 굴을 찾아갔을까?

호렙산 굴이 아무 연고가 없는 생면부지(生面不知)의 땅이라면 엘리야가 가장 어려운 시기에 굳이 찾지 않았을 것이다. 엘리야가 스스로 호렙산 굴을 찾아간 것은 엘리야가 있는 힘을 다해서 하나님을 만났던 본래의 사명지로 돌아왔다고 말할 수 있는 것이다.

분명히 엘리야는 디셉 사람이라는 인간의 삶의 현장에 등장하기 전에 호렙산 굴에서 구도의 길을 걸었는데, 엘리야가 나타낸 그의 능력으로 볼 때에 그는 호렙산 굴에서 구도의 길을 통해서 이긴 자가 되었다는 것을 미루어 짐작할 수 있다.

> 고후 12:1-4 무익하나마 내가 부득불 자랑하노니 주의 환상과 계시를 말하리라 내가 그리스도 안에 있는 한 사람을 아노니 십 사년 전에 그가 세째 하늘에 이끌려 간 자라 (그가 몸 안에 있었는지 몸 밖에 있었는지 나는 모르거니와 하나님은 아시느니라) 내가 이런 사람을 아노니 (그가 몸 안에 있었는지 몸 밖에 있었는지 나는 모르거니와 하나님은 아시느니라) 그가 낙원으로 이끌려가서 말할 수 없는 말을 들었으니 사람이 가히 이르지 못할 말이로다

이 부분을 이렇게 바꾸어 설명할 수 있다. 사도 바울이 다메섹 선상에서 빛으로 구속을 받아 포로가 되었다. 낙마를 해서 3일 동안 눈이 멀었다. 그래서 계시를 받은 아나니야라는 사람이 사울을 찾아가서 예수님의 말씀을 전하면서 안수함으로써 사울의 눈에 있던 비늘이 떨어짐으로 말미암아 사울이 다시 보게 되었다(행 9:1-18). 거기서 잠시 머물며 복음을 전하므로 사람들이 "아, 저가 예수 믿는 사람들을 체포하고 잡아다 옥에 가두고 죽이던 사람인데 결국은 저렇

게 되었네!"라고 하였다. 그리고 나서 제사장들과 서기관, 바리새인들이 사울을 잡으려고 하자 사울이 아라비아 사막으로 가서 3년 동안 구도의 길을 걸었던 것이다(갈 1:17).

> 갈 1:17 또 나보다 먼저 사도 된 자들을 만나려고 예루살렘으로 가지 아니하고 오직 아라비아로 갔다가 다시 다메섹으로 돌아갔노라

사도 바울이 아라비아 사막에서 구도의 길을 걸을 때 셋째 하늘에 갔다 온 것이다. 그 후 14년이 지나 조심스럽게 고린도후서 12:1-4의 말씀을 하였다. 바울도 아라비아 사막에서 구도의 길을 걸을 때 낙원에 가서 예수 그리스도의 계시를 통해서 사람의 입으로 담을 수 없는 '가히'(고후 12:4) 이르지 못할 말씀을 받은 것이다.

마찬가지다. 엘리야도 호렙산 굴에서 구도의 길을 마치고 이긴 자가 되었기에 하늘에서 불이 내려오게 해서 오십 부장과 오십 인들을 두 번 사르고(왕하 1:10-12), 갈멜산 전투를 승리로 이끌고(왕상 18:20-40), 사렙다 과부의 아들을 살려주고(왕상 17:17-22), 기도함으로 3년 6개월 동안 우로가 내리지 않게 하는(왕상 17:1, 약 5:17-18) 등, 기적적인 능력을 나타냈다. 엘리야가 이긴 자가 되었기에 족보를 초월하여 멜기세덱 반차에 소속된 사람이 될 수 있었고, 불 말과 불 수레를 타고 하늘로 승천할 수 있었던 것이다(왕하 2:11).

엘리야가 보이는 입장에서는 불 말과 불 수레를 타고 하늘로 승천했지만 영적으로는 그 길이 멜기세덱 반차의 길이다. 엘리야가 이긴 자가 되어 족보 없이 등장한 멜기세덱적 사람이 되었기에 멜기세

덱 반차를 좇을 수 있었던 것이다.

> 마 17:1-5 엿새 후에 예수께서 베드로와 야고보와 그 형제 요한을 데리시고 따로 높은 산에 올라가셨더니 저희 앞에서 변형되사 그 얼굴이 해같이 빛나며 옷이 빛과 같이 희어졌더라 때에 모세와 엘리야가 예수로 더불어 말씀하는 것이 저희에게 보이거늘 베드로가 예수께 여짜와 가로되 주여 우리가 여기 있는 것이 좋사오니 주께서 만일 원하시면 내가 여기서 초막 셋을 짓되 하나는 주를 위하여, 하나는 모세를 위하여, 하나는 엘리야를 위하여 하리이다 말할 때에 홀연히 빛난 구름이 저희를 덮으며 구름 속에서 소리가 나서 가로되 이는 내 사랑하는 아들이요 내 기뻐하는 자니 너희는 저의 말을 들으라 하는지라

> 막 9:2-4 엿새 후에 예수께서 베드로와 야고보와 요한을 데리시고 따로 높은 산에 올라가셨더니 저희 앞에서 변형되사 그 옷이 광채가 나며 세상에서 빨래하는 자가 그렇게 희게 할 수 없을만큼 심히 희어졌더라 이에 엘리야가 모세와 함께 저희에게 나타나 예수로 더불어 말씀하거늘

> 눅 9:27-31 내가 참으로 너희에게 이르노니 여기 섰는 사람 중에 죽기 전에 하나님의 나라를 볼 자들도 있느니라 이 말씀을 하신 후 팔 일쯤 되어 예수께서 베드로와 요한과 야고보를 데리시고 기도하시러 산에 올라가사 기도하실 때에 용모가 변화되고 그 옷이 희어져 광채가 나더라 문득 두 사람이 예수와 함께 말하니 이는 모세와 엘리야라 영광 중에 나타나서 장차 예수께서 예루살렘에서 별세하실 것을 말씀할새

예수께서 "너희 중에 죽기 전에 인자가 그 왕권을 가지고 오는 것을 볼 자들도 있으리라"(마 16:28, 막 9:1, 눅 9:27)는 말씀을 하신 후 마태복음과 마가복음에서는 '6일 후에', 누가복음에서는 '8일 후에' 베드로, 야고보, 요한 세 제자를 데리고 변화의 산에 올라가셨다. 그곳에서 "예수께서 저희 앞에서 변형되사 그 얼굴이 해같이 빛나며 옷이 빛과 같이 희어졌더라"(마 17:2), "그 옷이 광채가 나며 세상에서 빨래하는 자가 그렇게 희게 할 수 없을 만큼 심히 희어졌더라"(막 9:3)는 모습으로 변화되신 것을 볼 수 있었다.

그렇다면 "내가 참으로 너희에게 이르노니 여기 섰는 사람 중에 죽기 전에 하나님의 나라를 볼 자들도 있느니라"(마 16:28)는 '하나님의 나라'는 무엇을 가리킨 것인가?

모세는 비스가산에서 가나안 땅을 바라보며 죽은 자이고, 엘리야는 불 말과 불 수레를 타고 하늘로 승천한 사람이다. 만일 모세가 죽은 자였다면 아버지의 왕권으로 변화되신 예수님 앞에 등장할 수 있는가? 죽은 자는 절대 산 자의 하나님 앞에 등장할 수 없고, 대화할 수도 없다. 모세는 죽었다 부활한 사람이고 엘리야는 죽음을 보지 않고 변화한 산 자들이기에, 예수님과 십자가 사건을 놓고 의논할 수 있었던 것이다.

다시 말하면 모세는 부활의 상징이고, 엘리야는 변화의 상징이다. 베드로, 야고보, 요한이 변화의 산, 다볼산에서 등장한 산 자의 두 도맥인 부활과 변화의 실체의 모습을 본 것이다. 세 제자가 본 것은 곧 하늘나라의 모습이며, 하늘에 있는 하나님의 보좌의 모습을 상징적으로 보게 된 것이다. 예수님을 중심으로 한 우편 보좌와 좌편 보좌의 모습을 상징적인 입장으로, 그림자로써 보여주신 모습이다.

이처럼 이루어진 결과를 통해 원인을 유추해보면, 예수님을 중심으로 모세와 엘리야는 하늘나라에 본래 함께 했던 본질의 사람들이라는 것을 알 수 있다.

> 살전 4:15-17 우리가 주의 말씀으로 너희에게 이것을 말하노니 주 강림하실 때까지 우리 살아남아 있는 자도 자는 자보다 결단코 앞서지 못하리라 주께서 호령과 천사장의 소리와 하나님의 나팔로 친히 하늘로 좇아 강림하시리니 그리스도 안에서 죽은 자들이 먼저 일어나고 그 후에 우리 살아남은 자도 저희와 함께 구름 속으로 끌어 올려 공중에서 주를 영접하게 하시리니 그리하여 우리가 항상 주와 함께 있으리라

이 구절에 대입하면, 우편 보좌는 부활의 영광의 보좌를 의미하고, 좌편 보좌는 변화의 영광의 보좌를 의미하는 것이다. 부활과 변화 중에서 부활의 영광이 더 크기 때문이다. 따라서 부활을 체험하지 못한 엘리야가 마지막 때 이 땅에 와서 부활의 과정을 겪어야 한다.

재림 마당에 등장하는 '이 땅의 주, 해를 입은 여인'의 전신(前身)은 구약 마당의 모세이다. 그는 부활을 체험한 존재이기에 변화의 길만 걸으면 된다. 그래서 해를 입은 여인이 이 땅에서 죽었다 부활하는 과정을 가리켜 '부활'이라고 표현하지 않고, '양육 받는다'(계 12:14)라고 표현한 것이다.

그러나 재림 마당에 등장하는 '두 감람나무'의 전신(前身)은 변

화산의 입장에서 볼 때, 구약 마당의 엘리야이다.[30] 그는 변화를 체험한 존재이지만, 부활의 과정을 체험하지 못했다. 따라서 '이 땅의 주 앞에 섰는 두 감람나무'는 죽었다 3일 반 만에 살아나야 하는 것이다. 그렇기 때문에 그의 죽음과 부활의 사건이 요한계시록 11:7-12에 기록되어 있는 것이다.

두 죽음이 표면적으로는 같은 죽음이나, 뜻으로는 부활과 변화라는 전혀 다른 입장으로 표현된 것이다.

이상으로 엘리야의 전생과, 엘리야가 이 땅에 부름을 받은 입장에서의 두 가지의 삶을 조명해 보았다. 마지막 때에는 하늘나라가 이 땅에서 이루어지는 때이다. 이 땅에서 이루어지기 때문에 재림의 마당에도 그들이 또 다시 등장하여 구도의 길을 걷는 것은 너무 당연하다.

구도의 길에는 삼일길이 있다. 믿음의 길·뜻의 길·영의 길이 있고, 중생·성화·영화가 있기에 구속사의 중심에 서있는 하나님의 사람들은 그 삼일길을 이루기 위하여 창조의 세 마당에 다 등장하게 되어 있는 것이다. 인류 구속사역을 이루시는 구약 마당, 신약 마당, 재림 마당에 다 등장하게 되어 있다. 모세처럼 세 마당에 동일한 이름으로 등장하는 사람이 있는가 하면, 세 마당에 등장하되 각기 다른 이름으로 등장하는 사람들도 있다.

---

30) 요한계시록 19:11-13에서 재림주가 이 땅에 '백마와 탄 자', '충신과 진실', '만 왕의 왕, 만 주의 주', '하나님의 말씀' 등 많은 이름을 가지고 등장한다. 구속사역을 담당한 하나님의 사람들은 사역 면에서 여러 가지 이름을 가지고 역사한다. 두 감람나무도 산 자의 첫 열매인 요셉이 재림 마당에서 영육 간의 산 자로 열매 맺고자 등장한 존재이며, 변화산에 나타난 구속사의 두 도맥인 부활과 변화라는 입장에서 볼 때는 변화의 조상 엘리야의 입장이 될 수도 있다.

예수께서 둘째 아담으로 오셔서 아담이 실패한 부분을 회복하셨다. 창조주 하나님은 인간의 신랑이 될 수 없으나, 첫 아담이 실패함으로 이루지 못한 신랑의 입장을 회복하시고 부활의 맥을 완성하셨다. 이제 변화의 맥을 완성하는 사역이 남았다.

하와가 실패함으로 이루지 못한 신부의 사명을 회복하고자 재림마당에 두 감람나무가 등장한다. 그가 변화의 도맥을 이룩함으로 산자의 두 도맥인 부활과 변화가 이 땅에서 완성되는 것이다. 변화의 도맥이 완성됨으로 횃불언약으로 시작한 인류 구속사역이 완성되는 것이다.

제 4장

두 감람나무의 사역

제 4장
두 감람나무의 사역

'이 땅의 주 앞에 섰는 두 감람나무'가 재림 마당에서 구속사역을 완성할 주인공이라면 그는 스스로 자신의 사명을 알고 오는 사람이 아니겠는가? 그가 재림 마당에서 하나님께로부터 기름 부음을 받은 자라면 이 땅 어디에선가 기름 부음의 역사가 이루어질 것이다.

이스라엘 백성들을 이끌어내신 여호와 하나님도 시내산에서 언약식을 맺고 율법에 조인하고 선포하는 형식을 갖추었는데, 재림 마당에서 이루어질 구속사의 중심이 되는 역사가 이 땅에서 실질적으로 이루어진다는 것은 너무 당연한 일이 아니겠는가?

말씀은 막연히 '이럴 것이다, 저럴 것이다'라는 짐작으로 생각해서는 안 된다. 분명히 성경에는 마지막 구속사역을 완성할 주인공을 부르시고 선택하셔서 기름을 부으시는 언약식이 이루어지는 내용이 소개되어 있다.

> 시 68:15-18 바산의 산은 하나님의 산임이여 바산의 산은 높은 산이로다 너희 높은 산들아 어찌하여 하나님이 거하시려 하는 산을 시기하여 보느뇨 진실로 여호와께서 이 산에 영영히 거하시리로다 하나님의 병거가 천천이요 만만이라 주께서 그 중에 계

심이 시내산 성소에 계심 같도다 주께서 높은 곳으로 오르시며 사로잡은 자를 끌고 선물을 인간에게서, 또는 패역자 중에서 받으시니 여호와 하나님이 저희와 함께 거하려 하심이로다

이 구절은 하나님께서 재림 마당에서 어느 산을 통하여 역사하시는 내용이다. 모세가 이스라엘 백성들을 시내산으로 이끄는 모습에 비추어 시편 기자는 재림 마당에서 이루어질 일을 소개하고 있다. 우리를 불러주시고 인도하시고 함께 해 주시는 그분이 시내산 성소에 있는 하나님의 모습과 같다는 것이다.

눅 9:28-31 이 말씀을 하신 후 팔 일쯤 되어 예수께서 베드로와 요한과 야고보를 데리시고 기도하시러 산에 올라가사 기도하실 때에 용모가 변화되고 그 옷이 희어져 광채가 나더라 문득 두 사람이 예수와 함께 말하니 이는 모세와 엘리야라 영광 중에 나타나서 장차 예수께서 예루살렘에서 별세하실 것을 말씀할쌔

변화산에서 아버지의 영광으로 변화되신 예수께서 모세와 엘리야를 불러 십자가 사건에 대한 삼자회담을 하셨다. 변화산에 등장한 모세는 부활의 사람, 엘리야는 변화의 사람으로서 산 자의 두 도맥으로 등장한 것이다. 세상 끝에 오신 예수께서 영적으로 두 마리의 비둘기를 부르신 것이다.

"이기는 그에게는 내가 감추었던 만나를 주고 또 흰 돌을 줄 터인데 그 돌 위에 새 이름을 기록한 것이 있나니 받는 자 밖에는 그 이름을 알 사람이 없느니라"(계 2:17)는 말씀처럼 예수님과 모세와 엘리야만이 천상천하에서 하늘의 천사도 아들도 모르고 오직 아버지

만 아시는(마 24:36) 그 비밀을 아는 유일한 사람들이기에 신약 마당에서 쓰임을 받은 것이다.

마지막 재림 마당에서도 그 비밀을 아는 사람만이 시편 68편의 역사를 행할 수 있을 것이다. 분명히 재림 마당에도 하나님께서 만세 전에 정하신 거룩한 성산(聖山)에서 그 역사가 이루어져야 할 것이다. 그것은 오직 그 비밀을 아는 사람만이 그 역사를 이룩할 수 있는 것이다.

노아가 방주에서 7일 간격으로 비둘기를 내보낼 수 있었던 것처럼(창 8:8-12), 그 비밀을 아는 사람만이 노아처럼, 예수님처럼 비둘기를 부를 수 있는 것이다.

> 시 68:15-16 바산의 산은 하나님의 산임이여 바산의 산은 높은 산이로다 너희 높은 산들아 어찌하여 하나님이 거하시려 하는 산을 시기하여 보느뇨 진실로 여호와께서 이 산에 영영히 거하시리로다

이 세상에는 하나님을 믿는 큰 교회 목사들, 덕망 있는 신학자들, 성도들로부터 추앙을 받는 많은 종교지도자들이 있다. 그들이 지금까지 아무리 바산의 높은 산들로 자리매김을 하고 있을지라도, 하나님께서 작은 산을 통해 역사하실 때, 하나님이 거하시려는 작은 산을 시기하지 말라는 것이다.

2천 년 전 유대 땅에 오신 예수님의 모습도 가난한 목수의 아들로, 낮고 천한 모습으로 오심으로 그 당시 24,000명의 제사장, 바리새인, 유사, 서기관들에게 핍박을 당하셨다. 성경에는 "시기로 예수

를 넘겨주었다"(막 15:10)는 말씀이 기록되어 있다. 그 당시 수많은 바산의 높은 산들이 하나님이 거하시려는 작은 산을 시기한 것이다.

이스라엘 민족이 수가 적어서 택하셨다(신 7:7)는 말씀을 생각할 때, 재림 마당에서 역사하시는 모습도 결코 수가 많고 교세가 큰 곳에서 역사하지 않으신다는 말씀이 아니겠는가? 마치 시내산 성소와 같은 한 산을 통하여 하나님께서 실존의 역사를 펴시겠다는 선포의 말씀이다.

> 시 68:17-18 하나님의 병거가 천천이요 만만이라 주께서 그 중에 계심이 시내산 성소에 계심 같도다 주께서 높은 곳으로 오르시며 사로잡은 자를 끌고 선물을 인간에게서, 또는 패역자 중에서 받으시니 여호와 하나님이 저희와 함께 거하려 하심이로다

만세 전에 정하신 산에서 두 종류의 인간들을 불러 모으시고 그들을 천천과 만만의 병거, 또는 증인을 삼아 역사하시는 장면이다. 마치 구약 때 여호와 하나님이 시내산 성소에 강림하신 것처럼 재림 마당에서도 그런 역사를 이루신다는 것이다. 시내산에서 언약식을 마치고 70장로들과 연회를 베푸시듯, 두 종류의 인간들에게서 선물을 받으신다는 내용이다.

시편 68편의 내용은 재림 마당에서 이루어질 '이 땅의 주와 두 감람나무'의 실존의 역사의 장(場)이다. 하나님께서 만세 전에 예비하신, 인류 구속의 완성을 위한 역사이기에, 시편 기자는 마치 눈앞에 펼쳐지는 역사를 바라보듯 기록하였다.

과연 두 감람나무의 사역은 이 땅에서 어떻게 전개될 것인지 그 구체적인 내용을 살펴보고자 한다.

I
갈대자로 성전을 척량하는 사역

계 11:1-2 또 내게 지팡이 같은 갈대를 주며 말하기를 일어나서 하나님의 성전과 제단과 그 안에서 경배하는 자들을 척량하되 성전 밖 마당은 척량하지 말고 그냥 두라 이것을 이방인에게 주었은즉 저희가 거룩한 성을 마흔 두 달 동안 짓밟으리라

벧전 4:17 하나님 집에서 심판을 시작할 때가 되었나니 만일 우리에게 먼저 하면 하나님의 복음을 순종치 아니하는 자들의 그 마지막이 어떠하며

겔 9:6 늙은 자와 젊은 자와 처녀와 어린 아이와 부녀를 다 죽이되 이마에 표 있는 자에게는 가까이 말라 내 성소에서 시작할찌니라 하시매 그들이 성전 앞에 있는 늙은 자들로부터 시작하더라

위의 구절들의 공통점은 하나님의 심판을 성전 안에서부터 시작하라는 말씀이다. 성전 안에서 경배하던 자들, 하나님의 집에서 복음을 따르던 자들, 성소 앞의 오랜 세월 믿은 자들부터 심판하신다는 것이다. 재림 마당의 두 감람나무에게 지팡이 같은 갈대자를 주

며 "하나님의 성전과 제단과 그 안에서 경배하는 자들을 척량하되 성전 바깥마당은 척량하지 말고 그냥 두라"고 했다. 성전 바깥마당은 이방인에게 넘겨준 것이니 저들이 거룩한 성을 마흔 두 달 동안 짓밟기로 예정되었다는 것이다.

두 감람나무가 성전 안을 척량하는 때는 전 3년 반이고, 성전 밖 마당을 척량할 때는 후 3년 반이다. 즉 두 감람나무가 살아있을 때 성전 안을 척량하는 것이다. 이런 척량의 역사가 있기에 열매 맺는 대상이 있는 것이다.

두 감람나무에게 '지팡이 같은 갈대'로 성전 안을 척량하라고 하신 갈대자는 무엇인가? 갈대자는 인간의 몸과 혼과 영을(살전 5:23) 척량하는 기준을 말한다. 즉 두 감람나무는 '화염검'(히 4:12)을 가지고 인간의 영혼을 척량하는 사람이기에, 누구도 열외 없이 두 감람나무의 척량에서 빠져나가지 못한다.

> 히 4:12 하나님의 말씀은 살았고 운동력이 있어 좌우에 날선 어떤 검보다도 예리하여 혼과 영과 및 관절과 골수를 찔러 쪼개기까지 하며 또 마음의 생각과 뜻을 감찰하나니

화염검은 인간의 혼과 영과 관절과 골수를 찔러 쪼개며, 사람의 마음의 생각과 뜻을 헤아리는 불 칼이다. 두 감람나무는 화염검을 가진 존재이기에 인간의 깊은 무의식의 세계까지도 정확하게 바라보며 척량할 수 있는 존재라는 것이다. 그는 악인과 의인을 구별할 수 있는 능력을 가진 존재로서 1260일, 전 3년 반 동안 예언할 수 있는 사람이다.

이는 마치 구약 마당의 엘리사와 같은 존재라고 말할 수 있다.

왕상 19:15-17 여호와께서 저에게 이르시되 너는 네 길을 돌이켜 광야로 말미암아 다메섹에 가서 이르거든 하사엘에게 기름을 부어 아람 왕이 되게 하고 너는 또 님시의 아들 예후에게 기름을 부어 이스라엘 왕이 되게 하고 또 아벨므흘라 사밧의 아들 엘리사에게 기름을 부어 너를 대신하여 선지자가 되게 하라 하사엘의 칼을 피하는 자를 예후가 죽일 것이요 예후의 칼을 피하는 자를 엘리사가 죽이리라

엘리야에게 마지막으로 주신 사명의 내용이 "하사엘에게 기름을 부어 아람 왕이 되게 하고, 님시의 아들 예후에게 기름을 부어 이스라엘 왕이 되게 하고, 아벨므홀라 사밧의 아들 엘리사에게 기름을 부어 너를 대신하여 선지자가 되게 하라"는 것이다. 그리고 이어서 "하사엘의 칼을 피하는 자를 예후가 죽일 것이요, 예후의 칼을 피하는 자를 엘리사가 죽이리라"고 하셨다.

"하사엘의 칼을 피하는 자를 예후가 죽일 것이요, 예후의 칼을 피하는 자를 엘리사가 죽이리라"는 말씀의 의미가 무엇인가? 엘리사는 최후의 보루가 되는 사람으로서 그를 통과하는 것이 결코 만만치 않다는 것이다. 엘리사는 엘리야의 세 번의 시험을 통과하여 엘리야의 영감의 갑절을 받은 사람이다. 따라서 엘리사를 통과하지 못하면 절대 엘리야의 영감의 은혜를 받을 수 없다는 것이다.

마찬가지다. 두 감람나무에게 화염검, 갈대자를 주신 이상 그의 척량을 쉽게 벗어날 수 없다는 것이다. 두 감람나무는 갈대자를 가진 이상 휘어질망정 절대 부러지지 않는 존재이다.

예수님은 고난의 주로 오셨다. 죄인을 구원하러 십자가를 지러 오신 분이시다. 그러나 재림주는 죄와 상관없이 자기를 바라는 자들에게 오신 분이다(히 9:28). 재림주는 죄인을 구원하러 오신 분이 아니라, 의인을 구원하러 오신 분이다.

그렇기 때문에 재림주의 사역은 성전 안을 척량하는 것이다. 재림주는 성전 밖 마당을 척량하러 오신 분이 아니다. "성전 안을 척량하라. 성전 밖 마당은 마흔 두 달 동안 이방에게 내어 던져라"는 말씀의 의미는 재림주는 절대 죄인이 알 수 없는 분이라는 뜻이다.

재림주가 죄와 상관없이 자기를 바라는 자들에게 오신 분이라는 (히 9:28) 말은 영적으로 오신 분이라는 것이다. 산 자의 하나님으로, 영광의 주로 이 땅에 오신 분이시기 때문에 인간의 눈으로는 그 분을 알 수 없다. 즉 '이 땅의 주 앞에 섰는 두 감람나무'의 역사는 죄인들과는 상관이 없는 역사이며, 제 밭의 역사인 것이다.

마 13:24-30 예수께서 그들 앞에 또 비유를 베풀어 가라사대 천국은 좋은 씨를 제 밭에 뿌린 사람과 같으니 사람들이 잘 때에 그 원수가 와서 곡식 가운데 가라지를 덧뿌리고 갔더니 싹이 나고 결실할 때에 가라지도 보이거늘 집 주인의 종들이 와서 말하되 주여 밭에 좋은 씨를 심지 아니하였나이까 그러면 가라지가 어디서 생겼나이까 주인이 가로되 원수가 이렇게 하였구나 종들이 말하되 그러면 우리가 가서 이것을 뽑기를 원하시나이까 주인이 가로되 가만 두어라 가라지를 뽑다가 곡식까지 뽑을까 염려하노라 둘 다 추수 때까지 함께 자라게 두어라 추수 때에 내가 추숫군들에게 말하기를 가라지는 먼저 거두어 불사르게 단으로 묶고 곡식은 모아 내 곳간에 넣으라 하리라

제 밭은 바깥에서는 절대 알 수 없는 밭이다. 제 밭 안에 함께 한 알곡과 가라지들만 서로가 서로를 알아볼 수 있는 밭이다. 좋은 씨를 뿌린 밭에 밤중에 마귀가 와서 가라지를 뿌렸다. 주인의 종들이 와서 "우리가 가서 이것을 뽑기를 원하시나이까?"라고 하자, 주인이 "가만 두어라 가라지를 뽑다가 곡식까지 뽑을까 염려하노라. 둘 다 추수 때까지 함께 자라게 두어라. 추수 때에 내가 추숫군들에게 말하기를 가라지는 먼저 거두어 불사르게 단으로 묶고 곡식은 모아 내 곳간에 넣으리라"고 했다.

추수 때까지 알곡과 가라지들이 함께 자라게 두었다가 추수 때에 가라지는 먼저 거두어 불사르게 단으로 묶고, 곡식은 모아 곳간에 넣는 역사도 성전 안을 척량하는 역사라고 할 수 있다.

> 마 13:47-50 또 천국은 마치 바다에 치고 각종 물고기를 모는 그물과 같으니 그물에 가득하매 물가로 끌어내고 앉아서 좋은 것은 그릇에 담고 못된 것은 내어 버리느니라 세상 끝에도 이러하리라 천사들이 와서 의인 중에서 악인을 갈라내어 풀무 불에 던져 넣으리니 거기서 울며 이를 갊이 있으리라

예수께서 친히 말씀하신 천국에 대한 일곱 가지 비유 중 하나이다. 재림 마당에서는 의인과 악인을 구별하는 때가 아니라, 의인 중에서 악인을 골라내는 때이다. 그렇기 때문에 의인 중의 의인, 성도 중의 성별된 성도가 되지 않고는 천국에 들어가지 못한다. 마지막 때는 성도의 권세가 다 깨어지는 때이다(단 12:7). 자신이 의인인 줄 믿고 있다가 악인으로 선별되어 풀무불에 던져질 때에 얼마나 이를 갈며 원망하겠는가?

이처럼 두 감람나무가 갈대자를 가지고 성전 안에서부터 척량하여 의인 중에서 악인을 골라내는 역사를 하는 것이다.

> 마 24:40-41 그때에 두 사람이 밭에 있으매 하나는 데려감을 당하고 하나는 버려둠을 당할 것이요 두 여자가 매를 갈고 있으매 하나는 데려감을 당하고 하나는 버려둠을 당할 것이니라

> 눅 17:34-35 내가 너희에게 이르노니 그 밤에 두 남자가 한 자리에 누워 있으매 하나는 데려감을 당하고 하나는 버려둠을 당할 것이요 두 여자가 함께 매를 갈고 있으매 하나는 데려감을 당하고 하나는 버려둠을 당할 것이니라

이 구절은 예수께서 친히 말씀하신 종말론적 말씀이다. "두 사람이 매를 갈고 있으매 한 사람은 데려감을 당하고, 한 사람은 버려둠을 당한다. 또 두 사람이 잠을 자고 있으매 한 사람은 데려감을 당하고 한 사람은 버려둠을 당한다"는 말씀의 진정한 의미가 무엇인가? 데려감을 당하는 사람은 첫째 부활, 의인의 부활로 구원 받는 사람이고, 버려둠을 당하는 사람은 생명의 부활로 구원 받는 사람이다.

> 계 20:4-6 또 내가 보좌들을 보니 거기 앉은 자들이 있어 심판하는 권세를 받았더라 또 내가 보니 예수의 증거와 하나님의 말씀을 인하여 목 베임을 받은 자의 영혼들과 또 짐승과 그의 우상에게 경배하지도 아니하고 이마와 손에 그의 표를 받지도 아니한 자들이 살아서 그리스도로 더불어 천년 동안 왕노릇 하니 (그 나머지 죽은 자들은 그 천년이 차기까지 살지 못하더라) 이는 첫째 부활이라

이 첫째 부활에 참예하는 자들은 복이 있고 거룩하도다 둘째 사망이 그들을 다스리는 권세가 없고 도리어 그들이 하나님과 그리스도의 제사장이 되어 천년 동안 그리스도로 더불어 왕 노릇하리라

요 5:29 선한 일을 행한 자는 생명의 부활로, 악한 일을 행한 자는 심판의 부활로 나오리라

첫째 부활, 의인의 부활과 생명의 부활은 천년의 차이가 있다. 그만큼 첫째 부활의 영광이 큰 것이다. 첫째 부활은 개별적인 부활로서 영육 간에 산 자로 부활한다. 그들은 하나님과 그리스도의 제사장이 되어 천년 동안 왕 노릇하는 존재들이다. 그리스도의 신성조직으로서 왕 같은 제사장이 될 수 있는 장자들이다(벧전 2:9).

그러나 생명의 부활로 구원 받는 사람들은 영혼 구원에 해당하는 대상들이다(벧전 1:9). 첫째 부활이 이루어진 후 그들은 천년 동안 무덤에서 대기하고 있다가 마지막 때에 총 부활하는 존재들이다. 그들은 천사와 같이 되어(눅 20:27-36) 하나님의 후사들을 받들며 섬기는 자들이다.

겔 14:13-20 인자야 가령 어느 나라가 불법하여 내게 범죄하므로 내가 손을 그 위에 펴서 그 의뢰하는 양식을 끊어 기근을 내려서 사람과 짐승을 그 나라에서 끊는다 하자 비록 노아, 다니엘, 욥, 이 세 사람이 거기 있을찌라도 그들은 자기의 의로 자기의 생명만 건지리라 나 주 여호와의 말이니라 가령 내가 사나운 짐승으로 그 땅에 통행하여 적막케 하며 황무케 하여 사람으로 그

짐승을 인하여 능히 통행하지 못하게 한다 하자 비록 이 세 사람이 거기 있을찌라도 나의 삶을 두고 맹세하노니 그들은 자녀도 건지지 못하고 자기만 건지겠고 그 땅은 황무하리라 나 주 여호와의 말이니라 가령 내가 칼로 그 땅에 임하게 하고 명하기를 칼아 이 땅에 통행하라 하여 사람과 짐승을 거기서 끊는다 하자 비록 이 세 사람이 거기 있을찌라도 나의 삶을 두고 맹세하노니 그들은 자녀도 건지지 못하고 자기만 건지리라 나 주 여호와의 말이니라 가령 내가 그 땅에 온역을 내려 죽임으로 내 분을 그 위에 쏟아 사람과 짐승을 거기서 끊는다 하자 비록 노아, 다니엘, 욥이 거기 있을찌라도 나의 삶을 두고 맹세하노니 그들은 자녀도 건지지 못하고 자기의 의로 자기의 생명만 건지리라 나 주 여호와의 말이니라 하시니라

노아, 다니엘, 욥은 의인의 대표적인 사람들이다. 마지막 때에 기근, 짐승, 칼, 온역의 네 가지로 심판할 때 세 의인이 한 가족에서 한 자녀씩 구원시켜주시는 것이 아니라, 세 가족 중에서 한 명의 자녀를 구원시켜주시기를 간구하였을 때 하나님께서 "안 된다"고 네 번 거듭 되풀이하여 말씀하셨다. 의인의 구원이 그렇게 힘든 것이다. 부모가 잘 믿는다고 해서 자녀가 구원을 받는 것도 아니고, 자녀가 잘 믿는다고 해서 부모가 구원을 받는 것도 아니다. 의인의 구원은 해와 같은 구원이다. 절대 그림자가 있거나 어둠이 있는 사람은 구원 받지 못한다.

자신이 평생 믿은 신앙의 결과가 첫째 부활의 영광에 해당하는 줄 알았다가 마지막 때 생명의 부활로 구원받을 때 그 부끄러움은

이루 말할 수 없을 것이다. 그래서 "산아, 바위야, 날 가려다오"(눅 23:30)라고 부르짖을 수밖에 없다는 것이다. 이런 역사가 작은 의미의 제 밭, 뜻의 가정에서도 일어난다는 것이다.

이처럼 재림 마당에서 일어나는 크고 작은 사건들이 두 감람나무가 갈대자로 성전 안을 척량하는 사건이다.

Ⅱ
불로 심판하는 사역

계 11:5 만일 누구든지 저희를 해하고자 한즉 저희 입에서 불이 나서 그 원수를 소멸할찌니 누구든지 해하려 하면 반드시 이와 같이 죽임을 당하리라

"저희를 해하고자 한즉 저희 입에서 불이 나서"라는 의미가 무엇인가? 정말 사람의 입에서 불이 나올 수 있는 것인가? 두 감람나무의 입에서 불이 나온다는 것은 무엇을 의미하는가?

심판에도 노아 때의 물심판과 소돔과 고모라의 불심판이 있다. 물심판과 불심판의 차이는 무엇인가?

예수께서 십자가에서 운명하시고 3일 동안 무저갱에 들어가셨다. 무저갱을 스올, 음부, 지옥이라고 말한다. 그곳에 들어가셔서 무슨 일을 하셨는가? 노아 때에 물로 심판 받았던 사람들에게 부활의 복음을 전하여 주심으로 예수께서 부활하신 이후 그들도 모두 부활을 했다(벧전 3:18-20). 그 부활은 영적인 부활을 말한다.

물론 이 중에는 특별히 영육 간에 부활한 사람들이 있었다. "무덤들이 열리며 자던 성도의 몸이 많이 일어나되 예수의 부활 후에 저희가 무덤에서 나와서 거룩한 성에 들어가 많은 사람에게 보이니

라"(마 27:52-53)고 했다.

따라서 이 부활 속에도 "첫 열매인 그리스도요, 다음에는 그리스도 강림하실 때에 그에게 붙은 자요, 그 후에는 나중이니 저가 모든 정사와 모든 권세와 능력을 멸하시고 나라를 아버지 하나님께 바칠 때라"(고전 15:22-24)는 세 종류의 부활이 있었다. 예수님 당시의 부활에도 다양한 영광과 내용이 있었다. 무조건 똑같은 부활을 받은 것이 아니다. 영적인 부활을 받은 사람이 있었는가 하면, 영육 간에 부활을 받은 특별한 은총을 입은 사람들도 있었다.

그러나 소돔과 고모라 때에 불로 심판을 받은 사람들에게는 예수님이 부활의 길을 주시지 않았다. 성경 어디에도 불심판으로 죽은 영혼들을 구원해주셨다는 기록은 찾아볼 수 없다. 물은 구원의 표가 되기 때문에(벧전 3:21) 물로 세례를 받아 죽은 행실을 깨끗하게 함으로써 부활을 받을 수 있다.

그러나 상대적으로 불은 심판의 표이기 때문에 불로 심판받은 사람은 절대 구원받지 못한다. 그 이유는 하나님의 능력이 부족해서 불심판의 대상들을 구원시켜주지 못하는 것이 아니다. 물은 긍휼의 표로 정해놓으셨기에 물심판은 긍휼함을 얻을 수 있으나, 불은 심판의 표로 정해놓으셨기에 불심판은 긍휼함을 얻지 못하는 것이다. 물과 불을 원리적인 측면에서 구분하시고 부활과 구원의 여부를 분명하게 제한하고 계시는 것이다.

> 약 2:13 긍휼을 행하지 아니하는 자에게는 긍휼 없는 심판이 있으리라 긍휼은 심판을 이기고 자랑하느니라

즉, 물과 성령은 중생을 통한 은혜와 진리의 차원을 말씀하는 것이고, 불은 심판을 말씀하는 것이다. 물과 성령의 역사는 은혜와 진리로 오신 예수님의 역사가 되며, 불은 아버지의 고유적인 역사가 되는 것이다. 그렇기 때문에 두 감람나무의 입에서 불이 나온다는 것은 심판을 한다는 것이다.

심판하는 것이 눈에 보이면 얼마나 좋은가? 구약의 엘리야는 하늘에서 불이 내려오게 하여 아하시야 왕이 보낸 오십부장과 그의 군사들을 두 번이나 심판하였다(왕하 1:10, 1:12). 그러나 두 감람나무의 심판은 영적인 심판이기에 심판하는 것이 눈에 보이지 않는다. 눈에 보이지 않기에 심판받은 사실조차 알 수가 없는 것이다.

따라서 두 감람나무의 입에서 불이 나온다는 것은 영원히 구원받을 수 없는 자들을 불같은 말씀으로, 심판의 말씀으로 심판하는 것이다. 그러나 그 말씀이 불같은 심판의 말씀이라고 해서 겉으로 하나님의 영광이나 능력이 드러나는 말씀은 아니다. 그 말씀은 육신을 죽이는 말씀이 아니라 영혼을 심판하는 말씀이기 때문이다. 그 불은 눈에 보이는 불이 아니다. 영적인 말씀의 권세와 능력을 말하는 것이다. 말씀과 성령이 함께 역사하시는 불이 되는 것이다.

그 불은 아버지의 고유적인 권한이다. 입에서 불이 나온다는 말은 아버지께서 주시는 심판의 능력을 갖고 있다는 뜻이다.

그렇다면 입에서 불이 나오는 두 감람나무가 아버지라는 것인가? 두 감람나무가 어떻게 아버지의 고유권한인 불로 심판할 수 있는가?

사 6:6-7 때에 그 스랍의 하나가 화저로 단에서 취한 바 핀 숯을 손에 가지고 내게로 날아와서 그것을 내 입에 대며 가로되 보라 이것이 네 입에 닿았으니 네 악이 제하여졌고 네 죄가 사하여졌느니라 하더라

스랍은 불을 다스리는 천사로서 네 생물에 소속된 존재이다. 그렇기 때문에 네 생물 안에도 불이 있다[31].

예수께서 "나를 보내신 이가 나와 함께 하시도다. 내가 항상 그의 기뻐하시는 일을 행하므로 나를 혼자 두지 아니하셨느니라"(요 8:29)고 하신 것처럼, 두 감람나무는 네 생물이 임마누엘 된 존재이다. 따라서 두 감람나무를 대적하는 자를 네 생물이 그대로 두지 않고 불로 심판하는 것이다.

또 그의 권세는 재림 마당에 '아버지의 영광으로' 오신 신랑이 주신 고유권한이다. 그렇기 때문에 아버지의 고유권한인 불로 심판할 수 있는 것이다.

두 감람나무가 땅을 친다는 말은 무엇인가?

마 17:12 내가 너희에게 말하노니 엘리야가 이미 왔으되 사람들이 알지 못하고 임의로 대우하였도다 인자도 이와 같이 그들에게 고난을 받으리라 하시니

---

31) <멜기세덱, 그는 누구인가?> 287-301쪽, 벽암 조영래 저, 도서출판 오색이슬

예수께서 자기 땅에 오셨으나 메시아로 알아보지 못하고 무익한 말로 정죄하고 대적한 자들이 얼마나 많았는가? 엘리야가 이미 왔으나 사람들이 알지 못하고 임의로 대우하였다고 예수께서 친히 말씀하셨다. 마찬가지다. 두 감람나무가 역사할 때에도 많은 사람들이 아무 이해관계도 없이 그를 정죄하고 비난하고 심판한다는 것이다.

> 마 12:36-37 내가 너희에게 이르노니 사람이 무슨 무익한 말을 하든지 심판 날에 이에 대하여 심문을 받으리니 네 말로 의롭다 함을 받고 네 말로 정죄함을 받으리라

예수께서는 사람이 어떤 무익한 말을 하여도 마지막 때 자기가 한 그 말로 심판받는다고 하셨다. 그 이유는 무엇인가? 사람의 말은 생각에 의해서 밖으로 나오는 것이다. 사람의 말 속에는, 혼, 생각이 들어있다. 따라서 입 밖으로 나온 말은 눈에 보이지 않지만 혼이 들어있기에 영원히 없어지지 않는다. 지금까지 내뱉은 모든 말들은 이 지구의 대기 중에 고스란히 남아있는 것이다.

말은 절대 저절로 사라지지 않는다. 자기가 한 말이 마지막 때 하나님께 다 직고한다(롬 14:12). 혹자는 인생을 마치고 하나님의 심판대 앞에 서서 자신의 행위를 직고한다고 생각한다. 그러나 자기 생각에 의해서 입에서 나온 말들이 그 사람에 대해서 사실대로 증언을 한다는 것이다. 그렇기 때문에 성경에서는 "생명을 사랑하고 좋은 날 보기를 원하는 자는 혀를 금하여 악한 말을 그치며 그 입술로 궤휼을 말하지 말라"(벧전 3:10)고 경고하고 계신다.

단, 주님의 십자가 보혈에 의지하여 회개한 부분에 한해서는 그 말이 지워진다. 그렇게 회개하지 않은 무익한 말들은 영원히 사라지지 않는다.

하나님께서 만세 전에 인류 구속사역을 행하기 위해서 예비하고 준비하셔서 좋은 씨로 제 밭에 뿌려진 두 감람나무를 정죄하고 대적한 자들이 받을 결국은 어떠하겠는가?

그의 말씀은 하나님께서 주시는 소멸하는 불이다. 영혼을 소멸시키는 불같은 말씀이며, 그의 능력은 하나님이 주신 것이다. 물론 도적같이 오신 영적인 역사의 때이기에 그의 능력은 보이는 능력으로 나타나지 않는다. 그러나 영적으로는 그의 능력도 예수님이 공생애 동안 나타내신 능력에 비해 절대 떨어지지 않는 능력이다. 다만 그런 영적인 능력을 행할 때 인간들이 깨닫지 못한다는 것이다.

III
하늘 문을 닫고
비오지 못하게 하는 사역

계 11:6 저희가 권세를 가지고 하늘을 닫아 그 예언을 하는 날 동안 비 오지 못하게 하고 또 권세를 가지고 물을 변하여 피 되게 하고 아무 때든 지 원하는 대로 여러 가지 재앙으로 땅을 치리로다

약 5:17-18 엘리야는 우리와 성정이 같은 사람이로되 저가 비 오지 않기를 간절히 기도한즉 삼년 육개월 동안 땅에 비가 아니오고 다시 기도한즉 하늘이 비를 주고 땅이 열매를 내었느니라

두 감람나무는 하늘 문을 열고 닫을 수 있는 권세를 가졌다. 마치 구약 마당의 엘리야가 기도하여 3년 6개월 동안 비가 오지 않고, 다시 기도하니 비가 온 것과 같은 능력을 가진 사람이다. 성경 전체에서 피조물로서 하늘 문을 열기도 하고, 닫기도 한 사람은 이 두 사람뿐이다.

두 감람나무와 엘리야는 어떻게 하늘 문을 닫고 열 수 있는가?

> 겔 36:37 나 주 여호와가 말하노라 그래도 이스라엘 족속이 이와 같이 자기들에게 이루어 주기를 내게 구하여야 할찌라 내가 그들의 인수로 양 떼같이 많아지게 하되

아무리 전능하신 하나님이시라도 자신이 하려는 일을 구속사의 대상이 되는 사람이 기도해주어야 행하실 수 있다.

따라서 엘리야가 자신의 능력으로 하늘 문을 닫고 열 수 있었던 것이 아니라, 하나님께 간절히 기도함으로 가능한 것이었다. 더 엄밀히 말하면 하늘 문을 지키는 네 생물이 엘리야의 기도를 받아 준 것이다. 엘리야는 하늘 문을 지키는 화염검을 가진 그룹, 네 생물에 소속된 사람으로서, 같은 주파수를 가지고 서로 통하는 관계라는 것을 알 수 있다.

하늘 문이 닫힘으로 3년 6개월 우로(雨露)가 내리지 않아 지하 200미터까지 마르는 가뭄으로 인해, 하나님께서 엘리야를 그릿 시냇가로 보내시고 사렙다 과부의 집으로 보내시는 동안, 많은 세월이 흘러 이제는 갈멜산으로 보내셨다. 엘리야가 거짓 선지자들과 갈멜산 전투를 마치고 갈멜산 꼭대기에서 머리를 무릎 사이에 넣고 간절히 기도하는 모습이 기록되어 있다. 엘리야가 그만큼 절실하게 기도한 것이다. 한 번만 기도한 것이 아니라, 일곱 번 기도했다. 그리고 그의 사환이 일곱 번 확인하는 가운데 구름이 한 점 떠오르면서 큰 비가 내리게 되었다(왕상 18:1-46).

그 외에 성경에 하늘 문이 열린 적이 있는가?

마 11:12 세례 요한의 때부터 지금까지 천국은 침노를 당하나니 침노하는 자는 빼앗느니라

예수께서 "천국은 침노를 당하나니 침노하는 자는 빼앗느니라"고 하신 말씀은 하늘 문을 열어놓으셨다는 뜻이다.

요 3:13 하늘에서 내려온 자 곧 인자 외에는 하늘에 올라간 자가 없느니라

아버지의 집에서 오신 인자는 오직 예수님뿐이라는 것이다(요 14:2). 아버지의 집에 계시던 예수께서 하늘 문을 열고 친히 말씀이 육신으로 이 땅에 오셨다는 말씀이다. 천상천하에 유일무이한 하나님의 존재성과 고유적인 독립성을 표현하신 말씀이다.

겔 1:1 제 삼십년 사월 오일에 내가 그발강 가 사로잡힌 자 중에 있더니 하늘이 열리며 하나님의 이상을 내게 보이시니

또 구약 마당에서 하늘이 열린 적이 있다. 왜 하늘 문이 열리는가? 누군가 하늘에서 나와 이 땅에 올 사람이 있기 때문에 하늘 문이 열린 것이다. 네 생물이 이 땅에 등장하는 모습이 에스겔 1장부터 10장까지 기록되었다.

창 3:24 이같이 하나님이 그 사람을 쫓아내시고 에덴동산 동편에 그룹들과 두루 도는 화염검을 두어 생명나무의 길을 지키게 하시니라

생명나무로 가는 길, 즉 하늘 문을 지키는 존재는 화염검을 가진 그룹, 즉 네 생물이다.

참고로, 화염검을 가진 그룹이 지키는 문은 셋째 하늘나라의 동쪽 문이다. 생명나무 앞으로 가려면 반드시 동향한 문으로 들어가야 한다. 그 문은 하나님만 들어가고 나오신 문이기에 아무나 사용하지 못한다(겔 44:1-3). 그 문을 네 생물이 지키고 있는 것이다.

네 생물이 하늘 문을 지킬 수 있는 것은 그들이 하나님의 명령에 따라 하늘 문을 열고 닫을 수 있는 권세를 가진 존재라는 것이다. 네 생물은 하나님의 명령에 절대적으로 책임 준종하며 순종할 수밖에 없는 존재로 지음을 받았다.

두 감람나무는 네 생물이 함께 하는 존재이다. 네 생물이 하늘 문을 열고 닫을 수 있는 권세를 가졌다면, 두 감람나무 역시 하늘 문을 열고 닫을 수 있는 권세와 능력을 가졌다. 이를 가리켜 스가랴 선지자는 "감람나무 역사는 힘으로 되지 아니하며 능으로 되지 아니하고 오직 나의 신(神)으로 되느니라"(슥 4:6)고 했다. 하나님의 신으로 되었다는 것은 하나님께서 두 감람나무에게 거룩한 기름을 부으심으로, 그가 마지막 구속사의 때에 맞는 주인공으로서 입어야 할 은혜의 옷을 다 입었다는 것이다. 그렇기 때문에 그가 역사하는 한 더 이상 하늘 문을 열어놓을 필요가 없다. 그가 때에 맞는 모든 은사와 은혜를 입고 왔기에 그 역사를 마치기까지 하늘에서 더 이상 신령한 자들이 이 땅에 올 필요가 없는 것이다.

엘리야는 일곱 번 기도함으로 하늘 문을 열기도 하고 닫기도 했지만, 두 감람나무는 말씀과 동시에 하늘 문을 열고 닫는 존재이다.

'아버지의 영광으로' 오시는 신랑께서 그에게 고유권한을 주셨기에 그의 말씀은 예수님의 명령, 하나님의 명령에 준하기 때문이다. 엘리야의 기도가 부탁의 기도라면 두 감람나무의 기도는 명령에 준하는 것이다.

예수께서 말씀이 육신으로 이 땅에 오심으로 후견인과 청지기(갈 4:2), 몽학선생(갈 3:24)이었던 여호와의 시대, 율법·예언·선지자의 시대가 마감된 것처럼, 두 감람나무가 이 땅에 등장함으로 각종 성령의 은사가 마감된다. 성령이 인자로 등장함으로 무형의 성령의 시대는 끝이 난다. 따라서 두 감람나무가 등장한 이후 각종 방언, 예언의 은사가 사라지는 것이다.

두 감람나무의 근본은 하나님께서 소유하시고, 열납하시고, 취하여 간직하셨던 마지막 천국을 이룰 좋은 씨이다. 요셉은 영적 장자이다(대상 5:2). 영적 장자란 영맥을 가진 자로서 영적인 세계를 하늘에서 이루듯 이 땅에서 이룰 수 있는 주인공이라는 것이다. 하나님께서 친히 예비하시고 준비하신 유일한 산 자의 열매이다. 그렇기 때문에 재림의 때를 영적인 때라고 한다.

요한계시록이 역사되는 때는 영적인 때이기에 당연히 영적 장자가 이 땅에 와야 한다. 영적인 장자 없이 어떻게 영적인 때를 이룩할 수 있는가? 그래서 천국은 제 밭에 좋은 씨를 뿌렸다고 한다. 그 좋은 씨가 영적 장자인 요셉이다.

그렇기 때문에 마지막 때는 요셉만이 하늘에서 온 자라고 말할 수 있다(요 3:13). 요셉이 이 땅에서 하늘로 간 자이기 때문에 하늘에서 다시 올 수 있는 것이다. 그가 이 땅에서 하나님께서 불러주신

소명대로 자기의 사명을 다 이룬 후에 하늘로 올라갔다가, 신부로서의 영광을 받기 위해, 해와 달과 별들이 절하는 하늘의 장자로서의 영광을 받기 위해, 다시 이 땅에 내려오는 모습을 가리켜 어린 양의 아내, 새 예루살렘 성이라고 한다(계 21:2, 21:9-10).

바꾸어 말하면 그런 사람만이 하늘 문을 열고 닫을 수 있다. 두 감람나무 사역이 마쳐지기 전까지는 닫힌 하늘 문이 절대 열리지 않는다. 언제 하늘 문이 열리는가? 두 감람나무가 죽었다 3일 반 만에 살아나서 철장으로 만국을 다스릴 아이가 되어(계 12:5) 하늘 보좌로 올라갈 때는 닫힌 하늘 문이 열리게 된다.

그 때는 가두었던 댐의 둑이 무너지듯 순식간에 어마어마한 양의 물이 폭포수처럼 쏟아지는 현상이 나타난다. 하늘에 있던 모든 신령한 자들이, 그 때까지 하늘에서 쥐죽은 듯 숨도 쉬지 못하고 꼼짝하지 못하다가 이 땅에 한꺼번에 쏟아져 내려와 광명한 천사로 역사를 하게 된다(고후 11:14). 그래서 예수께서 "그리스도가 여기 있다, 저기 있다고 해도 믿지 말라"(마 24:23), "그리스도가 광야에 있다 하여도 나가지 말고, 골방에 있다 하여도 믿지 말라"(마 24:26)고 하신 것이다.

하늘 문을 닫음으로 나타나는 현상은 무엇인가?

암 8:11 주 여호와께서 가라사대 보라 날이 이를찌라 내가 기근을 땅에 보내리니 양식이 없어 주림이 아니며 물이 없어 갈함이 아니요 여호와의 말씀을 듣지 못한 기갈이라 마지막 때의 기근은 보이는 물이 없는 기근이 아니라, 하나님의 말씀을 듣지 못하는 기갈이다. 두 감람나무가 등장하기 이전까지는 하늘 문이 열렸기에 성령의 역사가 풍부하게 진행되었다. 그러나 두 감람나무가 등장한 이상, 그가 이 땅에서 인자로서의 성령의 역사를 하기에 이전에 성행하던 성령의 역사가 사라지게 된다.

예수께서 친히 "인자가 올 때에 세상에서 믿음을 보겠느냐"(눅 18:8)라고 하셨다. 지금 한국에만 해도 기독교 인구가 천만 명이 넘는다고 한다. 서울의 야경(夜景)을 물들이는 십자가의 불빛이 얼마나 찬란한가? 그런데 왜 인자가 올 때에 믿음이 없다고 하셨는가? 양적으로는 수많은 기독교 인구가 있으나, 그 중에 참 말씀, 참 진리, 참 목자, 참 성도를 찾아보기 힘들다는 뜻이다. 참 말씀이 없기 때문에 자기가 메시아라는 사람들이 판을 치는 것이 아니겠는가?

> 고전 13:8-10 사랑은 언제까지든지 떨어지지 아니하나 예언도 폐하고 방언도 그치고 지식도 폐하리라 우리가 부분적으로 알고 부분적으로 예언하니 온전한 것이 올 때에는 부분적으로 하던 것이 폐하리라

두 감람나무 역사는 비둘기의 역사, 즉 인격적인 성령의 역사이다. 온전한 성령의 역사가 진행되는 때에는 방언, 예언, 신유 은사와 같은 초보적인 성령의 은사는 마감되는 것이다.

> 히 6:1-3 그러므로 우리가 그리스도 도의 초보를 버리고 죽은 행실을 회개함과 하나님께 대한 신앙과 세례들과 안수와 죽은 자의 부활과 영원한 심판에 관한 교훈의 터를 다시 닦지 말고 완전한데 나아갈찌

니라 하나님께서 허락하시면 우리가 이것을 하리라

이제 예수님 이후 2천 년이 넘도록 우려먹은 초보의 신앙을 제발 버리고 완전한 데로 나아오라는 것이다. 그리스도 도의 초보가 무엇인가? 회개, 신앙, 세례, 안수, 부활, 심판의 여섯 가지이다. 이것만 매일 닦지 말고 이제는 완전한 데로 나아오라는 것이다. 때가 오래므로 너희가 마땅히 선생이 되고도 남아야 하는데, 여전히 말씀의 초보에 머물며 누구의 가르침을 받아야 하는 존재로 있다고 통탄하는 내용이다(히 5:12).

그렇다면 초보가 아닌 장성한 신앙은 무엇을 말하는가?

히 5:11-14 멜기세덱에 관하여는 우리가 할 말이 많으나 너희의 듣는 것이 둔하므로 해석하기 어려우니라 때가 오래므로 너희가 마땅히 선생이 될 터인데 너희가 다시 하나님의 말씀의 초보가 무엇인지 누구에게 가르침을 받아야 할 것이니 젖이나 먹고 단단한 식물을 못 먹을 자가 되었도다 대저 젖을 먹는 자마다 어린 아이니 의의 말씀을 경험하지 못한 자요 단단한 식물은 장성한 자의 것이니 저희는 지각을 사용하므로 연단을 받아 선악을 분변하는 자들이니라

멜기세덱의 말씀은 의의 말씀이며, 단단한 식물이며, 장성한 믿음으로 자랄 수 있는 말씀이다. 멜기세덱의 말씀으로써만 의인이 될 수 있고, 지각을 사용하므로 연단을 받아(신 8:2-3, 욥 23:10), 선악

을 분별할 수 있는 것이다(요일 4:1).

"하나님께서 허락하시면 우리가 이것을 하리라"(히 6:3)고 했다. 하나님께서 허락하신 자녀들은 멜기세덱의 말씀을 받을 수 있고, 장성한 믿음의 소유자가 될 수 있는 것이다.

IV
물을 변하여 피가 되게 하는 사역

계 11:6 저희가 권세를 가지고 하늘을 닫아 그 예언을 하는 날 동안 비 오지 못하게 하고 또 권세를 가지고 물을 변하여 피 되게 하고 아무 때든지 원하는 대로 여러 가지 재앙으로 땅을 치리로다

두 감람나무가 권세를 가지고 물을 변하여 피 되게 하는 역사를 한다. 여기서 물과 피는 무엇을 상징하고 있는가? 물이 변하여 피가 되면 어떤 현상이 일어나는 것인가?

출 7:20-21 모세와 아론이 여호와의 명하신대로 행하여 바로와 그 신하의 목전에서 지팡이를 들어 하수를 치니 그 물이 다 피로 변하고 하수의 고기가 죽고 그 물에서는 악취가 나니 애굽 사람들이 하수 물을 마시지 못하며 애굽 온 땅에는 피가 있으나

구약 마당에서 모세가 지팡이로 하수를 치매 물이 변하여 피가 되었다. 하나님께서 모세에게 주신 세 가지 신임장 중에서 세 번째 내용이 물이 변하여 피가 되게 하는 것이었다.

물이 피가 되면 하수의 고기가 죽고, 사람들 또한 그 물을 마시지

못한다. 물이 변하여 피가 되는 것도 하늘 문을 닫는 사역과 같은 맥락의 말씀이다. 하늘 문이 닫혔기에 성령의 은사가 그치고, 참 말씀의 기갈이 오는 것이다. 마찬가지다. 물이 변하여 피가 되므로 참 진리가 먹을 수 없는 비진리가 되는 것이다.

두 감람나무가 물이 피가 되게 한다는 것은 그도 역시 하나님이 주신 신임장을 가지고 있다는 뜻이다. 두 감람나무에게 갈대자를 주신 것, 두 감람나무 입에서 불이 나오는 것, 물을 변하여 피가 되게 하는 것 등이 하나님이 주신 신임장이다.

물이 변하여 피가 되게 한다는 것은 한 마디로 저주의 독주를 먹인다는 뜻이다(렘 25:15-16, 사 28:7, 29:9-10). 부정한 피, 저주의 독주를 마시게 함으로써 성도의 권세가 다 깨어진다는 의미이다.

> 계 17:5-6 그 이마에 이름이 기록되었으니 비밀이라, 큰 바벨론이라, 땅의 음녀들과 가증한 것들의 어미라 하였더라 또 내가 보매 이 여자가 성도들의 피와 예수의 증인들의 피에 취한지라 내가 그 여자를 보고 기이히 여기고 크게 기이히 여기니

재림 마당에 등장하는 음녀가 성도들의 피에 취한 모습이 등장한다. 마지막 때는 성도의 권세가 다 깨어지는 것이다(단 12:7). 다니엘처럼 성별된 성도가 되지 못하면 이처럼 음녀에게 먹히는 존재가 될 수밖에 없는 것이다.

구약 마당에서 엘리야가 갈멜산 전투에서 승리함으로 바알 선지자들 450명을 기손 시냇가에서 다 죽였다(왕상 18:40). 기손 시내가 거짓 선지자들의 피에 붉게 물들었을 것이다. 그 역사도 물을 변

하여 피가 되게 한 역사이다.

> 계 8:8 둘째 천사가 나팔을 부니 불붙는 큰 산과 같은 것이 바다에 던지우매 바다의 삼분의 일이 피가 되고

> 계 16:3 둘째가 그 대접을 바다에 쏟으매 바다가 곧 죽은 자의 피같이 되니 바다 가운데 모든 생물이 죽더라

요한계시록에 일곱 인, 일곱 나팔, 일곱 대접의 역사가 진행될 때, 바다에 두 번째 대접을 쏟으매 바다가 피로 변하는 역사가 일어난다. 바다가 피로 변하면 모든 생물이 죽게 된다.

첫 아담의 타락으로 에덴동산은 산 자의 산실(産室)이 되지 못하고, 죽는 자의 산실이 되고 말았다.

> 사 55:1 너희 목마른 자들아 물로 나아오라 돈 없는 자도 오라 너희는 와서 사 먹되 돈 없이, 값없이 와서 포도주와 젖을 사라

가뭄이 심해도 먹을 물이 없지만, 홍수가 범람해도 정작 먹을 물은 없다. 지금 말씀이 넘치는 시대임에도 불구하고 참 진리를 찾는 자들은 갈급해 있다. 그러나 비진리에 취한 자들은 그 물이 먹으면 죽는 물인 줄조차 자각(自覺)하지 못한다.

두 감람나무가 이 땅에서 역사할 때 물을 변하여 피가 되게 함으로 그 사실을 폭로하는 것이다. 지금껏 먹지 못할 물을 생수인 줄 알고 먹은 성도들에게 그 실상을 나타내며 보여주는 것이다.

요 6:53-55 예수께서 이르시되 내가 진실로 진실로 너희에게 이르노니 인자의 살을 먹지 아니하고 인자의 피를 마시지 아니하면 너희 속에 생명이 없느니라 내 살을 먹고 내 피를 마시는 자는 영생을 가졌고 마지막 날에 내가 그를 다시 살리리니 내 살은 참된 양식이요 내 피는 참된 음료로다

창 9:4-5 그러나 고기를 그 생명 되는 피채 먹지 말것이니라 내가 반드시 너희 피 곧 너희 생명의 피를 찾으리니 짐승이면 그 짐승에서, 사람이나 사람의 형제면 그에게서 그의 생명을 찾으리라

참으로 놀라운 구절이 아닌가? 두 감람나무는 물이 변하여 피가 되게 했는데, 예수님은 자신의 피를 마셔야 영생한다고 하셨다. 그렇다면 두 감람나무가 물을 변하게 한 피와 예수님이 마시면 영생한다는 피는 어떻게 다른 것인가?

두 감람나무가 저주한 피는 먹으면 죽는 독주이지만, 예수님의 피는 생명의 피, 언약의 피, 영생의 피이기에 마시면 영원히 살 수 있는 것이다. 똑같은 피라도 내용에 있어서 전혀 다른 피인 것이다.

V
마지막 선지자의 사역

두 감람나무가 마지막 선지자의 사역을 한다는 것을 세례 요한의 입장과 비교해서 살펴보고자 한다. 예수님과 함께 파트너십으로 온 세례요한과, 이 땅의 주와 함께 파트너십으로 온 두 감람나무의 공통점을 먼저 찾아보고자 한다.

세례요한은 율법, 예언, 선지자의 마침으로 이 땅에 왔다(마 11:13). 다시 말하면 세례요한은 신약의 문을 여시는 예수님을 위해서 구약을 마감하는 사람으로 온 것이다. 그런 점에 있어서 이 땅의 주 앞에 선 두 감람나무와 세례 요한의 공통점은 다음과 같다.

첫째, 두 감람나무는 세례요한처럼 마지막 순교자, 마지막 선지자로 온 사람이다. 그들은 새 시대의 문을 열기 위해서 구시대를 마감하는 사람으로 왔다는 것이 공통점이다.

세례 요한은 은혜와 진리의 시대라는 문을 열기 위해서 예수님보다 앞서 보내심을 입은 길잡이로, 광야의 소리로 이 땅에 왔다(사 40:3, 요 1:23). 마찬가지로 두 감람나무는 변화의 시대의 문을 열기 위해서 도적같이 오시는 재림주 멜기세덱이 기름 부어 세우신 자이다.

둘째, 세례요한은 여자가 낳은 사람 중에서 가장 큰 자라고 예수께서 친히 증거해 주셨다(마 11:11, 눅 7:28). 성령으로 잉태한 세례요한은 예수님 당시에 여자가 낳은 자 중에서는 영광이 가장 큰 자였다. '여자가 낳은 자'라는 뜻은 흙으로 지음을 받은 인간 중에서, 즉 피조물 중에서 가장 큰 자라는 것이다. 만일 그가 실족하지 않았다면 예수님과 함께 십자가를 지면서, 십자가 상에서 예수님을 변론해 드리는 우편강도의 역할을 했을 것이다.

이 땅의 주 앞에 선 두 감람나무도 여자가 낳은 자 중에 가장 큰 자가 된다. 두 감람나무의 전신(前身)은 구약의 요셉이다. 요셉은 영적 장자로서 영광이 가장 큰 자이다. 아브라함, 이삭, 야곱 3대보다도 더 영광이 큰 자이다. 그런 의미에서 두 감람나무도 여자가 낳은 자 중에서 가장 큰 자라고 말할 수 있다.

셋째, 두 감람나무와 세례 요한의 본질은 어떤 공통점이 있는가?

세례요한은 엘리야의 심령과 능력으로 하늘 차원에서 온 사람이다(말 4:5-6). 그는 엘리야 본인은 아니다. 에녹이 환생한 존재이다. 하나님께서 에녹이라는 그릇 속에 엘리야의 심령과 능력이라는 사명을 불어넣어주신 대상이다(눅 1:17). 만일 세례 요한이 엘리야였다면 그는 이긴 자로서 변화 승천한 존재이기에 절대 실족할 수 없었을 것이다. 그러나 하나님께서 데려가신 에녹, 즉 '엘리야와 같은 사람'으로 왔기에 이 땅에서 실족할 수 있는 가능성을 가지고 있었다.

두 감람나무도 하늘에서 온 사람이다. 재림 마당에 등장하는 두 감람나무의 본질, 근본은 요셉이다. 요셉은 이스라엘의 영적 장자라고 역대상 5:1-2에 기록되어 있다. 요셉은 아브라함·이삭·야곱 3대를 통해 4대째 산 자의 첫 열매가 된 자로서 하나님께서 열납한 존재이다(레 19:23-25). 그는 횃불언약의 실존의 열매로 재림 마당에서 영광을 받을 존재이다.

그런데 왜 예수께서는 "여자가 낳은 자 중에 세례 요한이 가장 큰 자라"(마 11:11)고 하셨는가?

세례 요한은 초림주로 오신 예수님을 증거하는 사명을 가진 자이며, 이스라엘 백성들을 예수께 인도할 사명을 가진 존재이다. 그런 의미에서 본방 이스라엘에서 가장 큰 자이다. 예수께서 "여인이 낳은 자 중에 세례 요한이 가장 큰 자라"고 하신 것은 이 땅의 존재 중에서 가장 큰 자라는 입장에서 말씀하신 것이다.

그러나 요셉은 영적 장자이다(대상 5:1-2). 영적 장자란 인류 구속사역에서 가장 으뜸이 되는 존재이다. 영적 장자라는 말은 그보다 더 큰 자는 없다는 의미이다. 그는 장차 하늘과 땅을 주관하며 다스릴 수 있는 철장으로 만국을 다스릴 아이가 될 것이다(계 12:5).

따라서 요셉을 제외한 입장에서 "여자가 낳은 자 중에 세례 요한이 가장 큰 자라"는 뜻으로 말씀하신 것이다.

> 계 6:9-11 다섯째 인을 떼실 때에 내가 보니 하나님의 말씀과 저희의 가진 증거를 인하여 죽임을 당한 영혼들이 제단 아래 있어 큰 소리로 불러 가로되 거룩하고 참되신 대주재여 땅에 거하는 자들을 심판하여 우리 피를 신원하여 주지 아니하시기를 어느 때까지 하시려나이까 하니 각각 저희에게 흰 두루마기를 주시며 가라사대 아직 잠시 동안 쉬되 저희 동무 종들과 형제들도 자기처럼 죽임을 받아 그 수가 차기까지 하라 하시더라

사도 요한이 받은 계시에서 일곱 인을 떼는 장면 중, 다섯째 인을 떼는 장면이다. 두 감람나무는 이 땅에 어떤 입장으로 온 사람인가? 다섯째 인을 뗄 때에 제단 아래에 있는 순교자들이 "거룩하고 참되신 대주재여 땅에 거하는 자들을 심판하여 우리 피를 신원하여 주지 아니하시기를 어느 때까지 하시려나이까?"(계 6:10)라고 하나님께 신원하고 있다. 그때에 흰 두루마기를 주시며 "아직 잠시 동안 쉬되 저희 동무 종들과 형제들도 자기처럼 죽임을 받아 그 수가 차기까지 하라"(계 6:11)고 하셨다.

두 감람나무는 순교의 수를 채우는 마지막 선지자이다. 그의 죽음으로 순교의 수가 차게 되고, 그가 부활할 때 제단 아래 기다리던 순교자들이 함께 부활한다.

'순교의 수가 차기까지'라는 말은 순교의 시작과 끝이 있다는 것이다. 시작하는 첫 사람이 있으면 끝을 마치는 사람이 있다는 것이다. 하나님의 모든 구속사역 속에는 하나님께서 만세 전에 예정하신 수가 있다. 안식에 들어가서 편하게 쉴 수 있는 안식의 수가 있고(단 12:13), 순교자의 수가 있고(계 6:9-11), 또 시온산에 서는 수가 있고(계 14:1), 어린 양의 피로써 정결함과 깨끗함을 입고 666이라는 타락한 짐승의 수와 싸워 이기는 셀 수 없는 많은 무리의 수가 있다고 계시록에 기록되어 있다(계 7:9-14). 모든 영광에는 그 영광을 입을 수 있는 수가 이미 만세 전에 다 정해져 있는 것이다.

순교의 수를 채우는 사람은 제일 늦게 들어와서 제일 먼저 달란트를 받는 사람이다(마 20:1-16). 그래서 순교자들 중에서 영광이 제일 큰 사람이 마지막에 순교해야 하는 것이다. 무조건 숫자만 채운다고 해서 순교의 수를 채우는 입장은 아니다.

또 두 감람나무가 마지막 순교자라고 해서 그 후로 순교자가 없다는 뜻은 아니다. 그런데 두 감람나무가 순교의 수를 채우는 마지막 사람이라는 것은 무슨 뜻인가? 그가 순교 전체의 영광을 짊어진 자이기 때문에 그의 죽음이 순교의 영광을 이룬 전체의 죽음과 동일한 의미를 가지고 있다는 뜻이다.

이는 마치 모세가 출애굽 1세대의 마지막 사람으로서 순교함으로 죽을 수밖에 없는 1세대들의 영혼 구원을 시켜준 입장과 같다. 마지막 사람이 산 자가 아니라면 그들이 함께 구원 받지 못하기에 순교의 수를 채우는 마지막 사람이 매우 중요한 것이다.[32] 산 자가 마지막으로 끝을 장식해야, 그 사람으로 인해서 스올에 들어간 영혼들이 구원을 받는 것이다.

마지막 순교자가 들어와야 스올에 있던 모든 사람들이 순서적으로 다시 사망에서 생명으로 탈출해 나갈 수 있다. 영혼이나마 구원을 받을 수 있다는 것이다.

두 감람나무도 마찬가지다. 두 감람나무가 죽어야 순교자의 수가 채워지는 것이다. 순교의 주인공이 마지막 끝수를 채워야 지금까지 순교했던 사람들에게 본래 주시고자 하셨던 영광을 순서대로 주시는 것이다. 그래서 전도서 7:8에 "시작보다 끝이 어렵다"고 한 것이다.

히 11:39-40 이 사람들이 다 믿음으로 말미암아 증거를 받았으나 약속을 받지 못하였으니 이는 하나님이 우리를 위하여 더 좋은 것을 예비하셨은즉 우리가 아니면 저희로 온전함을 이루지 못하게

---

32) <이 땅의 주, 그는 누구인가?> 105-111쪽, 벽암 조영래 저, 도서출판 오색이슬

하려 하심이니라

마지막을 이루는 약속의 자녀로 인하여 증거를 받은 자녀들이 비로소 온전함을 입는다는 것이다.

> 고전 15:22-24 아담 안에서 모든 사람이 죽은 것 같이 그리스도 안에서 모든 사람이 삶을 얻으리라 그러나 각각 자기 차례대로 되리니 먼저는 첫 열매인 그리스도요 다음에는 그리스도 강림하실 때에 그에게 붙은 자요 그 후에는 나중이니 저가 모든 정사와 모든 권세와 능력을 멸하시고 나라를 아버지 하나님께 바칠 때라

두 감람나무가 변화의 첫 열매가 되어야 순서에 의해서 변화를 받을 수 있다. 첫 열매가 된 두 감람나무 안에 변화의 비밀이 다 들어 있다. 즉 변화를 받은 그 사람을 통해서 계속해서 다른 사람들이 변화를 받을 수 있는 것이다.

아브라함에게 복을 맡기셨기에 복을 받으려면 아브라함에게 받아야 하는 것처럼, 변화의 첫 열매가 되는 그 사람에게 하나님께서 변화에 대한 모든 것을 다 맡기신 것이다. 그를 통하지 않고서는 절대 변화를 받지 못하는 것이다.

VI
때와 법을 변개하는 사역

단 7:8 내가 그 뿔을 유심히 보는 중 다른 작은 뿔이 그 사이에서 나더니 먼저 뿔 중에 셋이 그 앞에 뿌리까지 뽑혔으며 이 작은 뿔에는 사람의 눈 같은 눈이 있고 또 입이 있어 큰 말을 하였느니라

단 7:25 그가 장차 말로 지극히 높으신 자를 대적하며 또 지극히 높으신 자의 성도를 괴롭게 할 것이며 그가 또 때와 법을 변개코자 할 것이며 성도는 그의 손에 붙인 바 되어 한 때와 두 때와 반 때를 지내리라

신학에서는 다니엘 7장의 작은 뿔을 적그리스도라고 한다. 그 이유는 작은 뿔의 사역이 첫째, 지극히 높으신 자를 대적하며 둘째, 지극히 높으신 자의 성도를 괴롭게 하며 셋째, 때와 법을 변개시킨다고 했기 때문이다. 이런 이유에서 작은 뿔은 누가 뭐래도 적그리스도라는 의심을 받을 수밖에 없다. 세상에는 많은 큰 뿔들이 있다. 성공하여 큰 교세를 자랑하는 목회자들, 스스로 정통 신앙인이라고 자부하는 신학자 등이 큰 뿔이 아니겠는가? 그 큰 뿔들로부터 작은 뿔이 적그리스도라는 비난을 받고 있다.

정말 작은 뿔은 적그리스도인가?

눅 1:69 우리를 위하여 구원의 뿔을 그 종 다윗의 집에 일으키셨으니

뿔은 무엇을 의미하는가? 뿔은 구원의 상징이다.

단 7:8 내가 그 뿔을 유심히 보는 중 다른 작은 뿔이 그 사이에서 나더니 먼저 뿔 중에 셋이 그 앞에 뿌리까지 뽑혔으며 이 작은 뿔에는 사람의 눈 같은 눈이 있고 또 입이 있어 큰 말을 하였느니라

작은 뿔에는 눈 같은 눈이 있고, 입이 있어 큰 말을 한다고 했다. 대표적인 예로 예수님이 작은 뿔로 오셨다.

예수님이 율법의 마침이 되시어(롬 10:4), 율법을 폐하셨다. 즉 때를 변개시켰다. 율법의 때를 은혜와 진리의 때로 바꾸어놓으셨다. 또 법을 변개시키셨다. 4천 년 동안 내려오던 율법을 자유 율법으로, 완전한 법으로 바꾸어 놓으셨다. 왜냐하면 율법으로는 죄를 깨닫게 하는 것이지, 구원을 받지 못하기 때문이다.

갈 3:10-11 무릇 율법 행위에 속한 자들은 저주 아래 있나니 기록된바 누구든지 율법 책에 기록된대로 온갖 일을 항상 행하지 아니하는 자는 저주 아래 있는 자라 하였음이라 또 하나님 앞에서 아무나 율법으로 말미암아 의롭게 되지 못할 것이 분명하니 이는 의인이 믿음으로 살리라 하였음이니라

롬 3:20 그러므로 율법의 행위로 그의 앞에 의롭다 하심을 얻을 육체가 없나니 율법으로는 죄를 깨달음이니라

율법에서 짐승의 피는 어떤 피도 먹지 못하게 금하고 있다(창 9:4-5, 레 17:12). 그런데 예수께서 "내 살과 내 피를 먹는 자는 영생하리라"(요 6:53-56)고 하셨다. 그 말씀으로 인해 사람들이 다 떠나고 70문도까지도 떠나고 말았다.

또 율법으로는 안식일에 아무 것도 할 수 없었는데 "사람을 위해서 안식일이 존재하는 것이지 사람이 안식일을 위해서 있는 것이 아니다. 안식일에 선을 행하는 것과 악을 행하는 것, 생명을 구하는 것과 멸하는 것 어느 것이 옳으냐?"(눅 6:9)라고 하셨다. 예수님은 의도적으로 안식일에 많은 병자들의 병을 고쳐주셨다. 그 이유는 때와 법을 변개시키시려는 의중이 있으셨기 때문이다.

> 마 23:33 뱀들아 독사의 새끼들아 너희가 어떻게 지옥의 판결을 피하겠느냐

> 마 3:7 요한이 많은 바리새인과 사두개인이 세례 베푸는데 오는 것을 보고 이르되 독사의 자식들아 누가 너희를 가르쳐 임박한 진노를 피하라 하더냐

또 예수님은 입이 있어 큰 말을 하신 분이다. 변질된 종교지도자들을 향해서 거침없이 "뱀들아 독사의 새끼들아 너희가 어떻게 지옥의 판결을 피하겠느냐?"(마 23:33)라고 질책하셨다.

예수님을 증거하던 세례 요한도 그가 실족하기 전까지는 이처럼 작은 뿔로서 입다운 입이 있어 큰 말을 하는 사람이었다. 그도 타락한 종교지도자들을 향해 "독사의 자식들아 누가 너희를 가르쳐 장차 올 진노를 피하라 하더냐"(마 3:7, 눅 3:7)라고 소리쳤다. 세례 요

한 역시 이 땅에 작은 뿔로서 역사한 사실을 성경에서 찾아볼 수 있다. 그 당시 24,000명의 제사장들이 있었지만, 오직 세례 요한만이 예수님을 메시아로 알아보는 눈 같은 눈이 있었고, 입다운 입이 있었다.

마찬가지다. 재림 마당에서 두 감람나무가 때와 법을 변개시킨다. 즉 큰 뿔들이 난무한 때에 그들의 말씀이 참 진리가 아닌 비진리이며, 온전한 제사를 드리지 못하고, 참 믿음이 없는 자라며 책망하고 채찍질하는 것이다.

하나님께서 모세를 통해서 출애굽 시키는 과정에 있어서 열 가지 재앙으로 애굽을 쳤다. 사단 마귀가 함의 장자를 통해서 하나님이 세우신 장자의 가정을 항상 쳤기 때문에, 율법적으로 대응을 하는 입장에서 하나님께서도 모세를 통하여 열 가지 재앙으로 함의 장자인 애굽을 치셨다. 사단 마귀가 붉은 용이 가진 열 가지의 보석, 지혜, 능력을 가지고(겔 28:13) 아담의 가정부터 노아의 가정에 이어 하나님의 장자, 하나님의 자녀들을 쳐서 자기들의 종으로 삼았던 그 역사적 사실을 폭로하신 것이다. 그 점이 열 가지 재앙으로 애굽을 치신 가장 중심이 되며 핵심이 되는 이유이다.

또한 모세가 열 가지 기사이적으로 애굽인들을 친 것은 애굽에 함께 살고 있는 이스라엘 백성들을 살리기 위해서, 애굽인과 이스라엘 백성들을 분리시키는 역사이기도 하다. 따라서 열 가지 재앙은 영적으로 말하면 성도의 권세를 깨는 역사가 되기도 한다. 성별된 성도, 하나님이 택한 백성들을 구별하시기 위해서 함의 장자인 애굽을 치고 있는 모습이라고 말할 수 있다.

단 12:7 내가 들은즉 그 세마포 옷을 입고 강물 위에 있는 자가 그 좌우 손을 들어 하늘을 향하여 영생하시는 자를 가리켜 맹세하여 가로되 반드시 한 때 두 때 반 때를 지나서 성도의 권세가 다 깨어지기까지니 그렇게 되면 이 모든 일이 다 끝나리라 하더라

작은 뿔이 때와 법을 변개시키고, 성도들을 괴롭힌다는 말은 성도의 권세를 깨는 것이다. 마지막 때 성도의 권세는 다 깨어지게 되어 있다. 두려운 말씀이다. 성별된 성도만이 창세 이후 전무후무한 환난에서 끝까지 이기고 남는 자가 될 수 있다. 그래서 다니엘서를 '성별된 성도의 장'이라고 말하는 것이다.

벧전 4:17 하나님 집에서 심판을 시작할 때가 되었나니 만일 우리에게 먼저 하면 하나님의 복음을 순종치 아니하는 자들의 그 마지막이 어떠하며

분명히 하나님의 심판이 성전 안에서부터 시작된다고 했다. 즉 주님의 몸 된 교회로부터 심판을 시작하신다는 것이다. 예를 들면, 에덴동산 한가운데에는 생명나무와 선악을 알게 하는 나무가 함께 있다. 즉 선과 악이 공존해 있는 곳이다. 그러므로 선과 악을 가르는 심판을 하려면 에덴동산 한가운데부터 심판해야한다.

또한 하늘의 영광이 이 땅으로 옮겨졌다면, 이 땅에서 성도의 권세를 깨기 위해서는 지성소에서부터 심판을 시작해야 한다. 지성소는 돌비가 담긴 법궤, 만나가 담긴 항아리, 아론의 싹난 지팡이가 있는 곳으로, 하나님의 영광이 임하시는 곳이다. 하나님의 심판은 그 곳에서부터 시작된다.

이 땅에서 지상천국을 이루시고자 제 밭에 좋은 씨를 뿌렸다. 다시 말하면 좋은 씨가 뿌려진 제 밭이 지성소가 되기에 거기에서부터 심판이 시작되는 것이다. 여기에는 두 가지 입장의 심판이 있다.

좋은 씨와 가라지를 구별하는 심판이 있고, 성별된 성도와 일반적인 성도를 구별하는 심판이 있다. 좋은 씨를 기준으로 말하면 가라지들은 단에 묶어 유황불에 던진다. 그러나 장자와 차자를 구별하는 심판에서는 차자가 불에 던져지는 대상은 아니다. 장자가 먼저 의인의 부활을 하고, 차자들은 생명의 부활을 기다리는 존재이다.

> 슥 4:10 작은 일의 날이라고 멸시하는 자가 누구냐 이 일곱은 온 세상에 두루 행하는 여호와의 눈이라 다림줄이 스룹바벨의 손에 있음을 보고 기뻐하리라

이 구절에서 말하는 작은 날은 작은 뿔의 날이라는 것이다. 그 작은 날 속에는 일곱 영이 있기에 멸시하지 말라는 것이다. 일곱 영은 하나님의 눈이라고 했다. 비록 예수님이 작은 뿔로 오셨지만 그분의 중심은 하나님이라는 것이다.

VII
이 땅의 주를 증거하는 사역

요 1:1-8 태초에 말씀이 계시니라 이 말씀이 하나님과 함께 계셨으니 이 말씀은 곧 하나님이시니라 그가 태초에 하나님과 함께 계셨고 만물이 그로 말미암아 지은바 되었으니 지은 것이 하나도 그가 없이는 된 것이 없느니라 그 안에 생명이 있었으니 이 생명은 사람들의 빛이라 빛이 어둠에 비취되 어둠이 깨닫지 못하더라 하나님께로서 보내심을 받은 사람이 났으니 이름은 요한이라 저가 증거하러 왔으니 곧 빛에 대하여 증거하고 모든 사람으로 자기를 인하여 믿게 하려 함이라 그는 이 빛이 아니요 이 빛에 대하여 증거하러 온 자라

빛이 어둠에 비치되 어둠의 사람들이 깨닫지 못하기에 빛은 반드시 증거자를 동반하여 오시는 것이 원칙이다. 그래서 하나님의 사람들은 파트너십으로 역사하는 것이다.

구약 마당에서는 아론이 모세를 대언하는 증거자가 되었고(출 4:16), 신약 마당에서는 세례 요한이 예수님보다 6개월 앞서 와서 '광야의 외치는 자의 소리'(사 40:3)로서 "세상 죄를 지고 가는 하나님의 어린 양을 보라"(요 1:29)고 예수님을 증거했다.

재림 마당에서는 두 감람나무가 이 땅에 도적같이 오신 이 땅의 주, 아버지의 영광으로 오시는 분을 증거하는 사역을 행한다. 두 감람나무만이 도적같이 오신 이 땅의 주를 알 수 있는 사람이기 때문이다. 그러나 재림 마당은 구약 마당이나 신약 마당과는 차이점이 있다. 이 땅의 주가 도적같이 오시는 분이기에 공개적으로 증거하지 못한다.

> 계 16:15 보라 내가 도적 같이 오리니 누구든지 깨어 자기 옷을 지켜 벌거벗고 다니지 아니하며 자기의 부끄러움을 보이지 아니하는 자가 복이 있도다

> 살전 5:2-3 주의 날이 밤에 도적 같이 이를 줄을 너희 자신이 자세히 앎이라 저희가 평안하다, 안전하다 할 그 때에 잉태된 여자에게 해산 고통이 이름과 같이 멸망이 홀연히 저희에게 이르리니 결단코 피하지 못하리라

> 벧후 3:10 그러나 주의 날이 도적 같이 오리니 그 날에는 하늘이 큰 소리로 떠나가고 체질이 뜨거운 불에 풀어지고 땅과 그 중에 있는 모든 일이 드러나리로다

두 감람나무가 이 땅의 주를 증거하는 데에는 한계가 있다. 초림 주 예수님 때처럼 거리에 나가서 외치지 못한다. 왜냐하면 그의 증거는 성경에 예언되어 있는 말씀처럼 거리에서 들을 수 없는 말씀이기 때문이다.

사 42:1-4 내가 붙드는 나의 종, 내 마음에 기뻐하는 나의 택한 사람을 보라 내가 나의 신을 그에게 주었은즉 그가 이방에 공의를 베풀리라 그는 외치지 아니하며 목소리를 높이지 아니하며 그 소리로 거리에 들리게 아니하며 상한 갈대를 꺾지 아니하며 꺼져가는 등불을 끄지 아니하고 진리로 공의를 베풀 것이며 그는 쇠하지 아니하며 낙담하지 아니하고 세상에 공의를 세우기에 이르리니 섬들이 그 교훈을 앙망하리라

재림주를 증거하는 사람은 하나님께서 하나님의 신(神)을 준 사람이다. 그러나 그의 소리는 거리에서 듣지 못한다. 이 땅의 주가 도적같이 오신 분인데, 그를 증거하는 두 감람나무가 공개적으로 그분을 증거한다면 이 땅의 주가 도적같이 오실 수가 없다.

따라서 한정된 제 밭에 함께 하고 있는 자들만이 알 수 있도록 은밀한 복음의 역사가 진행이 되는 것이다. 그가 하는 일을 세상의 다른 사람들이 도무지 깨닫게 못하게 하신다는 것이다. 두 감람나무의 복음은 한정된 특별한 장소에서만 복음의 역사가 진행되며 이루어지기에 감추어진 역사가 되는 것이다.

계 2:17 귀 있는 자는 성령이 교회들에게 하시는 말씀을 들을찌어다 이기는 그에게는 내가 감추었던 만나를 주고 또 흰 돌을 줄 터인데 그 돌 위에 새 이름을 기록한 것이 있나니 받는 자 밖에는 그 이름을 알 사람이 없느니라

두 감람나무 역사는 주고받은 자만 알 수 있는 감추인 만나의 역사이다. 그것을 가리켜 영적인 역사라고 하는 것이다(계 11:8).

그렇다면 두 감람나무는 어떻게 도적같이 오시는 아버지를 알 수 있는가? 그는 창세 전에 이미 하늘에서 아버지와 함께 했던 존재이고, 하늘에서 본래 임마누엘이 되었던 존재이기 때문이다.

그리고 비둘기 같은 성령만이 도적같이 오시는 아버지를 알 수 있다. 아버지의 성령만이 그 비밀을 알고 있다. 따라서 재림 마당에서 역사하실 이 땅의 주를 알 수 있는 존재는 이미 정해져 있는 것이다.

변화의 산에서 모세, 엘리야와 함께 예수께서 어떻게 죽으실 것을 상의했다. 상의한 두 사람만이 예수님의 비밀을 아는 사람이다. 그 비밀이 중차대한 비밀이기에 변화의 산이라는 그 누구도 들어올 수 없고, 사단 마귀가 침범할 수 없는 영역에서 상론(相論)하신 것이다. 따라서 모세와 엘리야 외에는 예수님의 죽음의 비밀을 아는 자가 아무도 없다.

마찬가지다. 도적같이 오시는 이 땅의 주를 아는 사람은 하늘에서 그와 함께 있었던 네 생물만이 알 수 있고, 또 네 생물이 이 땅에 인자로 등장했기 때문에 아버지께서 네 생물인 그 인자를 통해서 감람나무 역사를 행하실 수 있었던 것이다.

그런데 감람나무 역사를 하실 때에는 중간 매개체가 필요하다. 노아에게 감람 새 잎을 물고 올 비둘기가 필요한 것처럼, 아버지의 뜻의 메시지를 전하고 그 메시지를 그로 하여금 믿게 할 수 있는 사람이 필요한 것이다. 그것이 노아의 비둘기의 사건이다. 노아의 비둘기 사건의 터 위에서 재림 마당에서 인격적인 실존의 비둘기를 통해서 역사하시는 것이다.

예를 들면, 에스겔을 성령의 장이라고 하는 것은 에스겔이 성령이라는 뜻이 아니다. 단지 하나님께서 네 생물과 함께 해 주셨던 것처럼, 비둘기 같은 성령이 에스겔과 함께 함으로써 성령이 에스겔이라는 사람 속에 임재해서 역사하신다는 뜻이다. 그런 사람을 가리켜서 비둘기 같은 사람이라고 말하는 것이다.

다시 말하면 이 땅에 도적같이 오신 이 땅의 주와 해를 입은 여인의 비밀은 이 땅의 주 앞에 선 두 감람나무와 그 중간에서 매개체 역할을 한 비둘기 같은 성령의 사람 밖에 모르는 것이다. 그것이 창조 원리이고, 인류 구속사를 통하여 하나님께서 인류에게 주신 영원한 언약이다. 그 외에 그들을 통해서 복음을 증거 받는 사람들이 알게 되는 것이다. 단 그들도 말씀을 증거 받은 만큼만 알 수 있다.

그 외에 안다고 말하는 것은 다 거짓말이다. 그 외에 안다고 말하는 사람들은 다 마귀들이다. 그래서 예수께서 "그리스도가 여기 있다, 저기 있다고 해도 가지 말라"(마 24:23, 24:26)고 하신 것이다.

VIII
전 3년 반 속에서, 한 때와 두 때를 이루는 사역

단 12:5-7 나 다니엘이 본즉 다른 두 사람이 있어 하나는 강 이편 언덕에 섰고 하나는 강 저편 언덕에 섰더니 그중에 하나가 세마포 옷을 입은 자 곧 강물 위에 있는 자에게 이르되 이 기사의 끝이 어느 때까지냐 하기로 내가 들은즉 그 세마포 옷을 입고 강물 위에 있는 자가 그 좌우 손을 들어 하늘을 향하여 영생하시는 자를 가리켜 맹세하여 가로되 반드시 한 때 두 때 반 때를 지나서 성도의 권세가 다 깨어지기까지니 그렇게 되면 이 모든 일이 다 끝나리라 하더라

다니엘이 받은 계시 중에서 강둑에 두 다리를 벌리고 선 자가 강물 위에 있는 자에게 마지막 때의 징조를 묻는 장면이다. 강물 위에 있는 자의 대답이 "한 때·두 때·반 때를 지나 성도의 권세가 다 깨어지기까지"라는 것이다. 여기서 말하는 한 때·두 때·반 때는 무엇을 의미하는가?

단 9:24-27 네 백성과 네 거룩한 성을 위하여 칠십 이레로 기한을 정하였나니 허물이 마치며 죄가 끝나며 죄악이 영속되며 영원한 의가

드러나며 이상과 예언이 응하며 또 지극히 거룩한 자가 기름부음을 받으리라 그러므로 너는 깨달아 알찌니라 예루살렘을 중건하라는 영이 날 때부터 기름부음을 받은 자 곧 왕이 일어나기까지 일곱 이레와 육십 이 이레가 지날 것이요 그 때 곤란한 동안에 성이 중건되어 거리와 해자가 이룰 것이며 육십 이 이레 후에 기름부음을 받은 자가 끊어져 없어질 것이며 장차 한 왕의 백성이 와서 그 성읍과 성소를 훼파하려니와 그의 종말은 홍수에 엄몰됨 같을 것이며 또 끝까지 전쟁이 있으리니 황폐할 것이 작정되었느니라 그가 장차 많은 사람으로 더불어 한 이레 동안의 언약을 굳게 정하겠고 그가 그 이레의 절반에 제사와 예물을 금지할 것이며 또 잔포하여 미운 물건이 날개를 의지하여 설 것이며 또 이미 정한 종말까지 진노가 황폐케 하는 자에게 쏟아지리라 하였느니라

다니엘이 받은 70이레의 내용이다. 하나님께서 인류 구속사역을 이루시는 과정으로 70이레를 삼으셨다. 그 중에서 율법과 예언의 역사로 62이레, 예수님이 오셔서 7이레의 역사를 하심으로 69이레가 지나고, 이제 남은 한 이레의 역사는 재림 마당을 통하여 이루어지게 된다(단 9:24-27)[33]

한 이레, 즉 7년은 빛이 역사하는 전 3년 반과, 어둠의 권세에게 내어준 후 3년 반으로 나뉘어진다. 전 3년 반은 이 땅의 주께서 두 감람나무, 두 촛대를 통하여 역사하시는 때이다. 공의의 하나님이

---

33). <이 땅의 주, 그는 누구인가?> 440-454쪽, 벽암 조영래 저, 도서출판 오색이슬

시기에 하나님의 사람들을 중심으로 전 3년 반의 역사를 하신 후에, 어둠의 권세에게 후 3년 반을 넘겨주시는 것이다.

> 계 11:3 내가 나의 두 증인에게 권세를 주리니 저희가 굵은 베옷을 입고 일천 이백 육십 일을 예언하리라

> 계 11:9 백성들과 족속과 방언과 나라 중에서 사람들이 그 시체를 사흘 반 동안을 목도하며 무덤에 장사하지 못하게 하리로다

> 계 11:11 삼일 반 후에 하나님께로부터 생기가 저희 속에 들어가매 저희가 발로 일어서니 구경하는 자들이 크게 두려워하더라

두 감람나무가 전 3년 반에 해당하는 1260일을 역사하다가 무저갱에서 올라오는 짐승에 의해 죽임을 당한다. 그리고 그의 시체가 큰 성길에 누워 있다가 3일 반이 지나 하늘의 음성을 듣고 두 발로 일어서는 장면이 요한계시록 11:1-11에 기록되어 있다.

왜 예수님은 십자가를 지시고 운명하신 후 3일 만에 부활하셨는데, 두 감람나무는 죽었다 3일 반 만에 살아나는 것인가? 인류의 첫 시조 아담은 흙, 사람, 생령이라는 삼일길을 걸어 생령이 된 사람이다. 따라서 아담의 암호는 3이다. 3이라는 암호를 가진 아담이 실패하였기에, 잃어버린 3수를 회복하기 위해 예수께서 둘째 아담으로 오셔서 3년 공생의 길을 걸으시고, 3일 만에 부활하신 것이다.

첫 아담의 갈비뼈로 지음을 받은 하와는 3.5라는 암호를 가진 자이다. 아담보다 하와의 영광이 크다는 의미가 아니다. 아담은 3일길을 걸어야 완성되는 존재이지만, 하와는 3일 반 길을 걸어야 완성되

는 존재라는 의미이다. 따라서 신랑의 암호는 3이고, 신부의 암호는 3.5이다. 그 하와가 타락함으로 빼앗긴 3.5 수를 회복하기 위해 두 감람나무가 3년 반, 즉 1260일 역사하고, 죽은 지 3일 반 만에 살아나는 것이다.

> 계 12:6 그 여자가 광야로 도망하매 거기서 일천 이백 육십일 동안 저를 양육하기 위하여 하나님의 예비하신 곳이 있더라

> 계 12:14 그 여자가 큰 독수리의 두 날개를 받아 광야 자기 곳으로 날아가 거기서 그 뱀의 낯을 피하여 한 때와 두 때와 반 때를 양육 받으매

이 땅의 주, 해를 입은 여인이 첫 번째 광야로 도망갈 때는 1260일 양육 받는다고 했는데, 두 번째 큰 독수리의 두 날개를 받아 광야로 날아갈 때는 한 때·두 때·반 때를 양육 받는다고 했다. 왜 처음에는 1260일이라고 했고, 두 번째는 한 때·두 때·반 때라고 했는가? 처음에는 크로노스(χρόνος)에 해당되는 시간을 말하는 것이고, 두 번째는 영적인 3년 반, 영적인 1260일에 해당되는 믿음의 시간, 호라(ὥρα)의 시간을 말하는 것이다.[34]

즉 이 땅의 주, 해를 입은 여인이 철장으로 만국을 다스릴 아이를 탄생시킬 수 있는 능력의 사람이 되기까지 한 때·두 때·반 때를 양육 받아야 한다. 두 감람나무가 영육 간에 산 자로 탄생하여 철장으로

---

34) 시간에는 카이로스, 크로노스, 호라의 세 종류가 있다. 크로노스의 시간은 일반적인 시간을 말하고, 카이로스는 하나님께서 역사하시는 시간을 말하며, 호라는 믿음으로 행하는 시간을 말한다. -밀레니엄과 신약성서의 종말론, 한국신약학회편, 한둘, 1999

만국을 다스릴 아이가 되기까지 3일 반이 걸린다는 의미와 같은 맥락이다. 따라서 한 때·두 때·반 때와 3일 반은 같은 시간이라고 말할 수 있다.

이 땅의 주와 두 감람나무가 공통적으로 역사하는 한 때·두 때·반 때는 무엇을 말하는 것인가? 사람은 누구나 나름대로의 고유적인 자기 때를 가지고 태어난다. 이 땅의 주, 두 감람나무도 각자의 고유적인 때를 가지고 있다. 그 때는 공통적으로 한 때·두 때·반 때, 3일 반, 1260일이다. 때를 가지고 태어난 것은 이 땅의 주나 두 감람나무나 같은 입장이다. 그러나 때를 적용받는 시점이 다를 뿐이다.

> 요 13:30 유다가 그 조각을 받고 곧 나가니 밤이러라

예수님이 십자가에 달리시기 전날 밤에 제자들과 함께 예루살렘성 마가의 다락방에서 최후의 성만찬식을 행하셨다. 이 성만찬식에서 가룟 유다가 예수님이 떼어주는 떡과 포도주를 먹고 나간 때가 밤이라고 성경에 기록되어 있다(요 13:30).

그 밤은 자연계시의 밤이면서 영적인 밤이기도 하다. 그 밤은 결정적인 시간이다. 그 밤이 시작된 후 예수님이 겟세마네 동산에서 자정까지 기도하시고 세 제자들에게 "일어나라! 함께 가자!"(마 26:46, 막 14:42)라고 말씀하실 때 추포되신 시간이 자정을 넘어섰다. 그 밤은 이사야 21:12에서 파수꾼이 외치는 밤이며, 영적인 밤이다. 종말론적인 입장에서 보면, 그 밤은 창세 이후 전무후무한 환난의 때라는 것이다.

예수님도 전 3년 반과 후 3년 반 경계에서 십자가에 달리셨다.

전 3년 반과 후 3년 반 경계에서 죽으셨다는 것이다. 이 말씀으로 비교해보면 이 땅의 주 앞에 선 두 감람나무도 한 때·두 때·반 때, 1260일 동안 역사하다가 전 3년 반과 후 3년 반의 경계에서 죽게 되어 있었다.

그러나 성경에 "때가 단축되었다"(고전 7:29)는 말씀이 기록되어 있다. 그 말씀에 의하여 하나님께서 두 감람나무가 가진 한 때·두 때·반 때 중에서 반 때를 앞당기신 것이다. 하나님께서 때를 단축시키셨기 때문에 두 감람나무에게 반 때에 대한 말씀을 주시지 않았다. 두 감람나무가 그 말씀을 받을 수 없는 분이기 때문에 주지 않았다는 뜻이 아니다. 하나님께서 때를 단축시키셨기 때문에 반 때의 말씀을 선포하도록 허락하지 않으신 것이다.

요한계시록 8장에 보면 여섯째 인을 떼고 일곱째 인을 떼기 전에 반 시 동안 폭풍전야와 같은 고요한 때가 있다.

계 8:1 일곱째 인을 떼실 때에 하늘이 반시 동안쯤 고요하더니

일곱째 인을 떼기 직전 고요한 반 시 동안을 가리켜서 반 때라고 한다. 왜 반시(半時)라는 때가 필요한 것인가?

후 3년 반의 환난의 때가 오기 전에 하나님께서 택하신 자들의 이마에 인치는 역사를 이루시는 시간이 절대적으로 필요하기 때문이다. 장차 다가올 후 3년 반의 환난이 너무도 크기 때문에, 택하신 자라도 견디기 어려워 때를 감하여 주셔야만 살아남을 수가 있다(마 24:21-22). 여기서 때를 감해주신다는 것은 날짜를 줄여주신다는 의미보다는, 후 3년 반의 환난을 이기고 남는 자가 될 수 있는 '말씀'을 주신다는 의미이다.

그 말씀을 반 때의 주인공을 통해 반 때 안에서 주셔야 한다.

제 밭에 뿌려진 좋은 씨가 역사하는 한 때·두 때는 좋은 씨와 가라지가 함께 자라는 기간이다. 좋은 씨를 뿌린 주인이 "가라지를 뽑다가 곡식까지 뽑을까 염려하노라. 둘 다 추수 때까지 함께 자라게 두라"는 기간이다.

> 마 13:29-30 주인이 가로되 가만 두어라 가라지를 뽑다가 곡식까지 뽑을까 염려하노라 둘 다 추수 때까지 함께 자라게 두어라 추수 때에 내가 추숫군들에게 말하기를 가라지는 먼저 거두어 불사르게 단으로 묶고 곡식은 모아 내 곳간에 넣으라 하리라

"함께 자라게 두라"는 말씀의 저의는 무엇일까? 이미 좋은 씨와 가라지가 만나서 한 가정을 이루었기 때문이다. 여기서 한 가정이란 작은 의미의 한 가정도 되고, 뜻의 한 가정도 된다. 좋은 씨와 가라지가 서로를 잘 아는 존재들로서 인연을 맺었기에 가라지를 뽑으려고 하면 좋은 씨마저 뽑히게 된다. 즉 분리하려고 하면 가정이 깨어진다. 그래서 추수 때까지 같이 자라 열매를 맺게 두라는 것이다.

그렇다면 언제 구별되고 언제 분리되는가? 반 때의 주인공에 의해서 반 때를 통하여 구별되는 것이다. 제 밭에 뿌려진 좋은 씨가 한 때·두 때의 주인공이라면, 반 때의 사람은 좋은 씨 외의 별도의 사람이라는 것이 분명하다.

과연 반 때의 주인공은 누구인가?

> 왕상 19:15-17 여호와께서 저에게 이르시되 너는 네 길을 돌이켜 광야로 말미암아 다메섹에 가서 이르거든 하사엘에게 기름을 부어 아람 왕이 되게 하고 너는 또 님시의 아들 예후에게 기름을 부어 이스라엘 왕이 되게 하고 또 아벨므홀라 사밧의 아들 엘리사에게 기름을 부어 너를 대신하여 선지자가 되게 하라 하사엘의 칼을 피하는 자를 예후가 죽일 것이요 예후의 칼을 피하는 자를 엘리사가 죽이리라

갈멜산 전투에서 승리한 엘리야를 호렙산으로 부르신 하나님께서 그에게 마지막 사명을 주시는 내용이다.

"하사엘에게 기름을 부어 아람 왕이 되게 하고, 님시의 아들 예후에게 기름을 부어 이스라엘 왕이 되게 하고, 아벨므홀라 사밧의 아들 엘리사에게 기름을 부어 너를 대신하여 선지자가 되게 하라"고 하신 후, "아람 왕 하사엘의 칼을 피하는 자는 이스라엘 왕 예후가 죽이고, 예후의 칼을 피하는 자는 엘리사가 죽인다"라고 하셨다. 이처럼 엘리사는 마지막 관문이 되는 사람이다. 엘리사는 결코 누구나 뚫고 들어갈 수 없고, 아무나 통과할 수 있는 문이 아니라는 것이다.

어차피 알곡과 가라지가 제 밭에서 추수 때까지 함께 자라야 하기 때문에, 한 때·두 때의 주인공은 가라지들의 정체를 알면서도 알곡과 똑같이 대우를 해준다. 상대방의 정체를 알면서도 속아주는 것이다. 그러나 반 때 안에서는 절대 가라지는 통과하지 못한다. 반 때의 문은 아무나 통과할 수 없기 때문이다.

반 때의 주인공이 주시는 반 때의 말씀은 어떤 말씀인가? 알곡은 창고에 넣고 가라지는 불에 던져 태운다는 불의 말씀이 되는 것이다. 요한계시록 11장에 보면 이 땅의 주 앞에 선 두 감람나무의 입에서 불이 나와 원수를 소멸한다고 했다.

> 계 11:5 만일 누구든지 저희를 해하고자 한즉 저희 입에서 불이 나서 그 원수를 소멸할찌니 누구든지 해하려 하면 반드시 이와 같이 죽임을 당하리라

'불로 소멸시키리니', 그의 입에서 나오는 불로 말미암아 믿지 않는 자들, 그를 대적하는 자들을 심판하신다는 말씀이다. 그 말씀의 불이 반 때에서 이루어지는 것이다.

> 왕하 1:10-12 엘리야가 오십부장에게 대답하여 가로되 내가 만일 하나님의 사람이면 불이 하늘에서 내려와서 너와 너의 오십인을 사를찌로다 하매 불이 곧 하늘에서 내려와서 저와 그 오십인을 살랐더라 왕이 다시 다른 오십부장과 그 오십인을 엘리야에게로 보내니 저가 엘리야에게 일러 가로되 하나님의 사람이여 왕의 말씀이 속히 내려오라 하셨나이다 엘리야가 저희에게 대답하여 가로되 내가 만일 하나님의 사람이면 불이 하늘에서 내려와서 너와 너의 오십인을 사를찌로다 하매 하나님의 불이 곧 하늘에서 내려와서 저와 그 오십인을 살랐더라

마치 엘리야가 북조 이스라엘의 아하시야 왕이 보낸 오십부장과 그의 군사들을 하늘에서 불이 내려오게 해서 죽인 두 번의 사건과 같은 맥락이다.

한 때·두 때의 주인공은 공개적인 입장에서 말씀을 하시는 분이다. 한 때·두 때는 공개적인 때로서 알곡과 가라지가 함께 하고 있다. 즉 천국의 비밀이 허락된 자와 허락되지 않은 자가 함께 하고 있다. 그런 입장에서 한정되어 있는 천국의 비밀을 말씀하시는 것이지, 그 이상의 말씀을 하지 않는다. 그러므로 예수님이 말씀하신 것처럼 한 때·두 때를 통해 가라지는 가라지대로 묶이게 되어 있고, 알곡은 알곡으로서 모아지게 되는 것이다. 그것이 한 때·두 때에서 이루어지는 역사의 세계이다.

그러면 반 때에는 어떤 일이 이루어지는가? 한 때·두 때에 역사된 과정에 대한 의미를 밝히 가르쳐주는 때이다. 한 때·두 때의 내용을 분명하고 정확하게 앎으로써 반 때의 주인공들로서 올바른 품성, 인격을 갖출 수 있는 때이다.

마치 예수님 때 함께 동고동락했던 제자들이 막상 예수님과 함께 할 때는 눈뜬장님처럼 말씀을 깨닫지 못하고 엉뚱한 소리만 했지만, 예수님이 승천하시고 나서 마가 다락방에서 성령의 은사를 받은 후에는 전혀 다른 사람들이 된 것과 같다.

> 요 2:19-22 예수께서 대답하여 가라사대 너희가 이 성전을 헐라 내가 사흘 동안에 일으키리라 유대인들이 가로되 이 성전은 사십육 년 동안에 지었거늘 네가 삼 일 동안에 일으키겠느뇨 하더라 그러나 예수는 성전된 자기 육체를 가리켜 말씀하신 것이라 죽은 자 가운데서 살아나신 후에야 제자들이 이 말씀하신 것을 기억하고 성경과 및 예수의 하신 말씀을 믿었더라

예수께서 "이 성전을 헐라 내가 사흘 동안에 일으키리라"고 친히

말씀하실 때는 깨닫지 못했으나, 부활하신 후에야 예수님 자신을 가리켜 하신 말씀임을 기억하고 그제야 그 말씀을 깨닫고 믿을 수 있었다는 내용과 일맥상통하는 것이다.

그러나 반 때라고 해서 하늘 역사의 은사를 모두 동일하게 받는 것은 아니다. 반 때의 역사 안에서 각자의 분량에 따른 상급, 각자의 분량에 따른 면류관, 각자의 분량에 따른 영광의 세계가 이루어지고, 열매 맺고, 구별되는 것이다.

> 고전 15:41 해의 영광도 다르며 달의 영광도 다르며 별의 영광도 다른데 별과 별의 영광이 다르도다

육체에도 네 가지 육체가 있듯이(고전 15:39) 영광에도 네 가지 영광이 있다. 해의 영광, 달의 영광, 별의 영광, 별과 별의 영광으로 구별되어 있다. 그러한 영광이 반 때 안에서 이루어지는 것이다. 반 때 안에서 반 때의 말씀에 의해서 네 가지 영광의 세계가 역사되고 이루어지는 것이다.

> 계 10:8-11 하늘에서 나서 내게 들리던 음성이 또 내게 말하여 가로되 네가 가서 바다와 땅을 밟고 섰는 천사의 손에 펴 놓인 책을 가지라 하기로 내가 천사에게 나아가 작은 책을 달라 한즉 천사가 가로되 갖다 먹어버리라 네 배에는 쓰나 네 입에는 꿀 같이 달리라 하거늘 내가 천사의 손에서 작은 책을 갖다 먹어버리니 내 입에는 꿀같이 다나 먹은 후에 내 배에서는 쓰게 되더라 저가 내게 말하기를 네가 많은 백성과 나라와 방언과 임금에게 다시 예언하여야 하리라 하더라

반 때의 주인공이 주시는 말씀이 작은 책, 다시 복음이다. 작은 책, 다시 복음을 주시기 위해서 하늘을 반 시 동안 고요하게 하신 것이다. 이 작은 책, 다시 복음을 듣지 못한 사람은 절대 첫째 부활, 의인의 부활에 참여할 수 없다. 작은 책의 말씀을 받은 사람만이 장차 지구 상에 닥칠 창세 이후 전무후무한 환난에서 이기고 남을 수 있는 자격자가 될 수 있는 것이다.

그렇기 때문에 모든 상급과 영광은 작은 책의 말씀 안에서 이루어지는 것이다. 다시복음 안에서, 작은 책의 말씀 안에서 모든 것이 이루어지는 것이다. 한 때·두 때 안에서 이루어지는 것이 아니라, 반 때 안에서 이루어지는 것이다. 반 때 안에서 열매 맺는 결과에 따라서 해의 영광, 달의 영광, 별의 영광, 별과 별의 다른 영광이 이루어지고 결정되는 것이다.

IX
죽음과 부활의 사역

> 롬 1:4 성결의 영으로는 죽은 가운데서 부활하여 능력으로 하나님의 아들로 인정되셨으니 곧 우리 주 예수 그리스도시니라

누구를 막론하고 로마서 1:4의 과정을 걷지 않고는 멜기세덱의 영광을 입지 못한다. 그렇기 때문에 예수님도 이 땅에 오셔서 그 과정을 친히 걸으신 것이다. 말씀이 육신으로 오신 예수님이라 할지라도 스스로 스올, 음부에 들어가셔서 사망 권세를 깨시고 부활의 능력으로 살아나셔야만 그분이 멜기세덱의 영광과 능력을 입는 것이다.

> 계 12:14 그 여자가 큰 독수리의 두 날개를 받아 광야 자기 곳으로 날아가 거기서 그 뱀의 낯을 피하여 한 때와 두 때와 반 때를 양육 받으매

재림 마당에서의 이 땅의 주, 해를 입은 여인도 마찬가지다. 해를 입었기 때문에 멜기세덱은 되었지만 아직 멜기세덱의 영광과 능력을 입지는 못하였다. 그 영광을 입기 위해서는 스스로 양육을 받아야 하는 것이다. 재림주 멜기세덱으로서의 영광을 받기 위해서는 로

마서 1:4 말씀처럼 사망의 권세를 깨고 승리해야 한다. 그런 이유에서 해를 입은 여자도 필히 사망의 음부 속으로 들어가야만 하는 것이다.

이처럼 하나님의 사람들의 죽음에는 많은 비밀들이 함축되어 있다.

> 계 11:7-10 저희가 그 증거를 마칠 때에 무저갱으로부터 올라오는 짐승이 저희로 더불어 전쟁을 일으켜 저희를 이기고 저희를 죽일터인즉 저희 시체가 큰 성길에 있으리니 그 성은 영적으로 하면 소돔이라고도 하고 애굽이라고도 하니 곧 저희 주께서 십자가에 못 박히신 곳이니라 백성들과 족속과 방언과 나라 중에서 사람들이 그 시체를 사흘 반 동안을 목도하며 무덤에 장사하지 못하게 하리로다 이 두 선지자가 땅에 거하는 자들을 괴롭게 한 고로 땅에 거하는 자들이 저희의 죽음을 즐거워하고 기뻐하여 서로 예물을 보내리라 하더라

산 자의 첫 열매인 요셉이 재림 마당에 등장한 존재가 두 감람나무이지만, 그도 역시 사망의 권세를 깨고 승리하기 전에는 산 자의 신부로서의 영광을 입지 못한다. 그렇기 때문에 두 감람나무도 죽음과 부활이라는 과정을 통과해야만 한다.

두 감람나무가 전 3년 반을 통하여 갈대자로 성전 안을 척량하는 사역, 불로 심판하는 사역, 물이 변하여 피가 되는 사역, 하늘 문을 열고 닫는 사역 등을 마치면 무저갱에서 올라온 짐승에 의해서 죽임을 당한다(계 11:7).

무저갱에서 올라온 짐승은 누구인가?

> 계 11:7 저희가 그 증거를 마칠 때에 무저갱으로부터 올라오는 짐승이 저희로 더불어 전쟁을 일으켜 저희를 이기고 저희를 죽일터인즉

창세기 3:15의 예언대로, 예수께서 오셔서 뱀의 머리를 징치하셨다. 뱀은 파충류인 진짜 짐승이 아니라 뱀의 속성을 가진 사람을 가리킨다. 시편 기자는 "존귀에 처하나 깨닫지 못하는 사람은 멸망하는 짐승 같도다"(시 49:12, 49:20)라고 했다. 사람도 존귀함을 빼앗긴 자, 즉 하나님의 형상과 모양을 빼앗긴 자는 외형적으로는 사람이지만 영적으로는 짐승이라는 것이다.

그래서 예수께서 바리새인, 사두개인, 제사장들을 향해서 "뱀들아 독사의 새끼들아! 너희가 어떻게 지옥의 판결을 피하겠느냐?"(마 23:33)라고 하신 것이다. 예수께서 자신을 대적하는 자들을 가리켜 직설적으로 뱀이라고 질책하셨다. 예수님의 신령한 영안으로 볼 때 그들은 마귀, 뱀의 후예들이기 때문이다. 비유와 상징으로 말씀하신 것이 아니라, 사실 그대로 말씀하신 것이다.

> 요 8:44 너희는 너희 아비 마귀에게서 났으니 너희 아비의 욕심을 너희도 행하고자 하느니라 저는 처음부터 살인한 자요 진리가 그 속에 없으므로 진리에 서지 못하고 거짓을 말할 때마다 제 것으로 말하나니 이는 저가 거짓말장이요 거짓의 아비가 되었음이니라

창세기의 족보에는 가인 계열의 7대 후손까지만 기록되어 있고, 그 이후의 족보는 기록되지 않았다(창 4:16-22). 족보에는 기록

되지 않았지만 가인 계열은 여전히 그 명맥이 이어져 내려오고 있었다. 그러나 인간의 눈에는 누가 가인 계열의 후손들인지 겉으로는 알 수가 없다. 오직 완전한 인성과 신성을 가지고 오신 예수님만이 사람에게 묻지 않아도 그들의 정체와 실상을 아시는 분이다(요 2:24-25).

초림주 메시아로 오신 예수님을 대적하고 적그리스도라고 손가락질하는 인간들이 누구인가? 뱀의 후손들이며, 가인 계열의 존재인 것이다. 그런 그들을 향해 "뱀들아! 독사의 새끼들아!", "너희 아비는 마귀라"고 하시는 것은 너무 당연한 말씀이다.

> 창 3:15 내가 너로 여자와 원수가 되게 하고 너의 후손도 여자의 후손과 원수가 되게 하리니 여자의 후손은 네 머리를 상하게 할 것이요 너는 그의 발꿈치를 상하게 할 것이니라 하시고

여자의 후손으로 오신 예수께서 뱀에게 발뒤꿈치를 물려 십자가에서 운명하셨으나, 그 대신 뱀의 머리를 징치하셨다. 이로써 뱀의 머리는 상했지만 그 뱀이 완전히 죽지는 않았다. 남아있는 꼬리로 하늘 별 삼분의 일을 떨어뜨린다(계 12:3-4). 꼬리는 거짓 선지자라고 했다(사 9:15). 그래서 재림 마당에서는 거짓 선지자들이 판을 치게 되는 것이다.

창세기 3:15에서 하나님과 뱀이 서로 계약을 맺었기 때문에, 뱀은 장차 여인의 후손이 등장할 것을 잘 알고 있다. 뱀의 입장에서는 여자의 후손이 오셔서 자신의 머리를 상하게 할 것을 알기에 무저갱에 숨어있었다. 그러나 말씀이 육신으로 오신 예수께서 뱀이 무저갱에 숨어있다고 해서 그 뜻을 포기하지 않으신다. 기필코 무저갱에

들어가셔서 뱀의 머리를 상하게 하심으로 아담이 빼앗겼던 장자의 영광을 찾아 회복하셨다.

장자권을 빼앗긴 뱀이 얼마나 분노하고 있겠는가? 그가 장자권을 상실한 채 포기할 것인가? 아니면 빼앗긴 장자의 권세와 영광에 재도전하여 다시 그의 능력을 회복할 것인가?

> 계 13:2-3 내가 본 짐승은 표범과 비슷하고 그 발은 곰의 발 같고 그 입은 사자의 입 같은데 용이 자기의 능력과 보좌와 큰 권세를 그에게 주었더라 그의 머리 하나가 상하여 죽게 된 것 같더니 그 죽게 되었던 상처가 나으매 온 땅이 이상히 여겨 짐승을 따르고

바다에서 나오는 짐승이 머리가 상하여 죽게 되었으나 붉은 용이 능력과 권세를 주므로, 죽게 되었던 상처가 낫는다. 그러자 온 세상이 이상히 여겨 그 짐승을 따르게 된다고 했다. 그가 에덴동산에서 아담과 하와를 타락시킨 옛 뱀이다. 예수님으로 인해 머리가 상해 죽게 되었으나, 붉은 용으로 인해 그 상처가 나았다는 것이다.

그렇다면 붉은 용이 언제 이 땅에 온 것인가? 분명히 붉은 용이 이 땅에 오기 때문에, 머리가 상한 옛 뱀의 죽게 되었던 상처를 회복시킬 수 있는 것이다. 붉은 용이 이 땅에 왔었다는 성경적 근거는 어디에서 찾아볼 수 있는가?

> 계 12:3-4 하늘에 또 다른 이적이 보이니 보라 한 큰 붉은 용이 있어 머리가 일곱이요 뿔이 열이라 그 여러 머리에 일곱 면류관이 있는데 그

꼬리가 하늘 별 삼분의 일을 끌어다가 땅에 던지더라 용이 해산
하려는 여자 앞에서 그가 해산하면 그 아이를 삼키고자 하더니

해를 입은 여인이 철장으로 만국을 다스릴 아이를 낳으려고 구로하는 중, 그가 아이를 낳으면 그 아이를 삼키고자 붉은 용이 호시탐탐 노리고 있다. 그러나 해를 입은 여인이 이 땅의 주로서 어려운 가운데 철장으로 만국을 다스릴 아이를 낳아 하늘 보좌로 올려보낸다(계 12:5). 그 아이는 제 밭에 뿌려진 좋은 씨로서 영육 간에 산 자가 된 존재이다.

그렇다면 해를 입은 여인이 이 땅에서 산 자를 낳을 수 있는 명분은 무엇인가? 하나님의 사람이기에 임의로 아이를 낳을 수 있는 것인가? 마귀에게 넘겨준 죄악된 세상에서 어떻게 산 자를 낳을 수 있는가?

지금은 마귀에게 넘겨준 때가 다 찼기 때문에 산 자를 낳아도 마귀와 계약한 내용에 위배되지 않는다. 마귀와의 계약 조건은 6천 년 동안에 하나님이 첫째 아담을 통해서 이루고자 하셨던 지상천국을 마귀가 이루지 못한다면, 그 때는 당연히 그들에게 넘겨주신 때를 다시 내놓아야 한다는 쌍방의 계약 조건이 있었다. 그 조건의 기간이 찼기 때문에 마귀의 참소를 받지 않고도 하나님께서 본래대로 계획하셨던 목적을 당당히 집행하실 수가 있는 것이다. 그 때는 산 자를 탄생시켜도 마귀가 참소할 수가 없다.

그 대신 철장으로 만국을 다스릴 아이가 태어나면 마귀들은 자기들의 세상이 끝나는 것이다. 아담에게서 넘겨받은 권세와 영광을 다 빼앗긴다(눅 4:5-6). 그래서 그 아이를 삼키고자 이를 갈며 저주하는 것이다. 붉은 용이 가진 모든 능력을 동원해서 해를 입은 여인

이 낳고자 하는 산 자의 탄생을 방해하려고 총력을 기울이고 있다. 그 과정에서 옛 뱀이 루시퍼에게는 가장 충성된 심복이다. 따라서 그를 이 땅에 출현시키는 것이 붉은 용으로서는 너무 당연한 일이다.

> 눅 10:18 예수께서 이르시되 사단이 하늘로서 번개 같이 떨어지는 것을 내가 보았노라

예수님 당시에 붉은 용은 아직 이 땅에 오지 않았다. 70문도가 귀신을 내어 쫓고 자랑할 때 "귀신들이 너희에게 항복하는 것으로 기뻐하지 말고 너희 이름이 하늘에 기록된 것으로 기뻐하라"(눅 10:20)고 하시고, 그 말씀과 동시에 "사단이 하늘로서 번개 같이 떨어지는 것을 보았노라"고 하셨다.

왜 사단이 번개같이 올 수밖에 없는가?

예수께서 40일 금식하신 후 성령의 도우심으로 광야에 이끌려 마귀에게 세 번 시험을 받으셨다(마 4:1-11, 막 1:12-13, 눅 4:1-13). 마귀의 세 번 시험에도 넘어가지 않는 예수님을 보고, 마귀 입장에서는 긴장하지 않을 수 없었다. 마귀 혼자의 힘으로는 도저히 예수님을 상대할 수가 없다는 것을 간파한 것이다. 그래서 붉은 용에게 도움을 요청하자 붉은 용이 즉시 사단을 보내주었다. 예수님 당시에는 사단만 보내주었지, 붉은 용이 직접 이 땅에 온 것은 아니다.

그런데 재림 마당에서는 붉은 용이 이 땅에 오지 않을 수가 없다. 재림 마당은 마지막 결전장이기 때문이다. 예수님 당시에는 아직 넘겨받은 기간이 남아있는 때이지만, 해를 입은 여인의 사건은 재림 마당에서의 사건이기 때문에 붉은 용이 등장하지 않으면 안 된다. 붉은 용이 등장하는 마지막 때이기에 예수님이 "인자가 올 때에 믿음을 보겠느냐?"(눅 18:8)라고 하신 것이다.

> 계 11:7 저희가 그 증거를 마칠 때에 무저갱으로부터 올라오는 짐승이 저희로 더불어 전쟁을 일으켜 저희를 이기고 저희를 죽일 터인즉

무저갱에서 올라온 짐승은 아담과 하와를 타락시킨 옛 뱀을 말한다. 그가 외형상으로는 두 감람나무를 죽이는 것이다. 그의 사주를 받아 그의 역사에 동참하고 있는 자들은 마귀가 뿌린 가라지들이다. 재림주가 자기를 바라는 자들의(히 9:28) 도움을 받아서 새 하늘과 새 땅, 새 창조의 역사를 이루시는 것처럼, 무저갱에서 올라온 짐승도 마귀가 뿌린 가라지들의 도움을 받아서 제 밭의 주인, 천국의 주인이 될 두 감람나무를 죽이는 것이다.

무저갱에서 나온 짐승이 두 감람나무를 죽이는 이유가 무엇인가?

만물의 세계에도 천적이 있다. 두꺼비와 뱀은 서로 천적 관계이다. 두꺼비는 자기의 생존 번식을 위해서 반드시 뱀에게 먹혀야 한다. 그러나 두꺼비의 몸에 독이 있기에 뱀은 두꺼비를 삼키면 죽는

다. 서로 상극(相剋)적인 입장에서 뱀은 두꺼비를 건드리면 반드시 죽는다는 것을 알고 있다.

문제는 두꺼비가 자기의 생존 번식을 위해 뱀에게 자꾸 집적거린다는 것이다. 뱀이 자기를 삼키게 하기 위해서 자꾸 건드리는 것이다. 뱀이 두꺼비를 삼키면 두꺼비 안에 있던 독으로 말미암아 뱀도 죽는다. 그러면 두꺼비 안에 있던 알이 자기 어미의 육체를 통해서 양분을 얻고, 모자라는 부분은 뱀의 육체에 있는 양분을 통해서 부화되고 자란다. 그것이 두꺼비가 생존하고, 생식하는 본능이다.

마찬가지다. 하나님도 만물의 세계에 있는 이치와 원리를 통해서 무저갱에서 올라온 짐승에게 두 감람나무를 죽게 하신다. 하나님께서 무저갱에서 올라온 짐승에게 두 감람나무를 죽게 하시는 이유는 무엇인가? 꼭 그렇게 해야만 되는 성경적인 의미는 무엇인가? 그것은 그 뱀에게 아담과 하와가 당했기 때문이다. 따라서 두 감람나무의 천적은 뱀이다. 두 감람나무가 싸워야 될 대상은 무저갱에서 올라온 짐승인 것이다.

그러면 무저갱에서 올라온 짐승은 어떤 입장이 되어 무저갱에서 나오는 것인가?

무저갱에 있다는 말은 자신의 은신처 속에 깊이 숨어있다는 것이다. 예수님이 오실 때에도 뱀이 무저갱에 숨어있었다. 하물며 마지막 때에 '아버지의 영광으로' 영광의 주, 심판의 주가 오실 때 그들은 무저갱 속에 더욱 더 깊이 숨을 것이다. 그런 짐승이 왜 무저갱에서 올라오는 것일까?

살후 2:4-7 저는 대적하는 자라 범사에 일컫는 하나님이나 숭배함을 받는 자 위에 뛰어나 자존하여 하나님 성전에 앉아 자기를 보여 하나님이라 하느니라 내가 너희와 함께 있을 때에 이 일을 너희에게 말한 것을 기억하지 못하느냐 저로 하여금 저의 때에 나타나게 하려 하여 막는 것을 지금도 너희가 아나니 불법의 비밀이 이미 활동하였으나 지금 막는 자가 있어 그 중에서 옮길 때까지 하리라

후 3년 반은 하나님께서 어둠의 권세에게 내주신 때이다. 그들은 자기들에게 주어진 때에만 역사해야 한다. 자기 때가 아닌 때, 즉 빛으로 역사하시는 전 3년 반에 역사하지 못하도록 그들의 역사를 제한하시는 분이 있다. 그럼에도 불구하고 그들은 전 3년 반 안에서 자기들의 역사를 불법으로 진행하고 있는 것이다.

예를 들면, 마귀가 제 밭에 가라지를 뿌린 것은 자기들의 때인 후 3년 반에 행해야 하는 것이 원칙인데, 빛이 역사하는 전 3년 반에 불법으로 은밀하게 행한 것이다. 이 땅의 주가 역사하는 빛이 있는 때에, 그들이 가라지를 뿌린 것이다.

이처럼 빛이 역사하시는 때에 그들이 자기들의 역사를 먼저 불법으로 시작했기 때문에, 하나님께서 전 3년 반에는 한 때·두 때·반 때라는 영적인 시간을 통하여 역사하실 수 있지만, 후 3년 반은 실제로 1260일, 1290일이라는 날짜를 통해서, 크로노스의 시간을 통해서 역사하게 하신 것이다. 공의의 하나님께서는 원칙대로 역사하셨지만 마귀가 먼저 불법으로 전 3년 반을 침범했기에 하나님께 항변하지 못한다.

그들이 마귀를 통해서 가라지를 뿌리고 자기의 때를 기다리고

있다. 자기의 때를 기다리고 있다는 말은 그들이 머리를 징치당한 데에 대해서, 장자권을 빼앗긴 데에 대해서, 이를 갈며 보복하고자 벼르고 있다는 것이다. 자기들이 빼앗긴 것을 다시 회복하기 위해서 호시탐탐 틈을 노리고 있다.

> 마 13:24 예수께서 그들 앞에 또 비유를 베풀어 가라사대 천국은 좋은 씨를 제 밭에 뿌린 사람과 같으니

하나님께서 이 땅의 주 앞에 선 두 감람나무, 좋은 씨를 천국의 주인으로 삼고자 뿌리신 것은 그 좋은 씨를 하늘에서 이루어진 뜻대로 이 땅에서 이루어지는 지상낙원, 지상천국의 주인으로 세우기 위함이다. 좋은 씨는 이 땅에서 이루어지는 천년왕국의 주인으로서의 영광을 가지고 있다.

그렇기 때문에 무저갱에 있던 뱀은 좋은 씨가 가진 영광을 빼앗기 위해서 에덴동산에서 하와를 타락시킨 것과 같이, 다시 한 번 두 감람나무를 죽이고 그의 영광을 빼앗으려는 것이다.

> 고전 2:6-8 그러나 우리가 온전한 자들 중에서 지혜를 말하노니 이는 이 세상의 지혜가 아니요 또 이 세상의 없어질 관원의 지혜도 아니요 오직 비밀한 가운데 있는 하나님의 지혜를 말하는 것이니 곧 감추었던 것인데 하나님이 우리의 영광을 위하사 만세 전에 미리 정하신 것이라 이 지혜는 이 세대의 관원이 하나도 알지 못하였나니 만일 알았더면 영광의 주를 십자가에 못 박지 아니하였으리라

마귀들이 예수께서 영광의 주인 줄 알았더라면 십자가에 못 박지 않았을 것이라고 했다. 예수께서 십자가의 능력으로 마귀의 머리를 징치하셨다. 한번 쓰라린 패전을 경험하여, 패배의 한을 안고 있는 그들이 마지막 때에 호락호락 그 함정에 다시 빠지겠는가?

무저갱에서 올라온 짐승이 불법으로 행한 내용이 무엇인가? 자기들의 때가 아닌 빛이 역사하는 때에 불법으로 마귀를 통해서 가라지를 뿌렸다. 마귀가 가라지를 뿌린 이유는 자기들의 때를 연장시키기 위한 최후의 방편, 수단으로 뿌린 것이다.

제 밭에 뿌려진 좋은 씨는 천국의 영광이 이 땅에서 이루어질 때 천국에서 가장 큰 자를 말한다. 마귀의 입장에서는 가라지가 최고의 씨이다. 좋은 씨는 하나님의 입장에서 최고의 씨이고, 가라지는 마귀의 입장에서 최고의 씨이다. 마귀가 빛이 있을 때 몰래 불법으로 가라지라는 자기들의 입장에서의 좋은 씨를 뿌린 것이다.

가라지가 얼마나 지혜로운 존재인가? 마귀가 가라지를 뿌리자마자 가라지들은 자기들의 생존을 위해서 좋은 씨의 뿌리를 자기들의 뿌리로 다 감아버렸다. 그것이 자기들이 제 밭에서 살아남을 수 있는 유일한 자구책이기 때문이다.

봄에 씨를 뿌리면 여름에 자라서 가을에 열매를 맺는 식물을 사막지대에 뿌려놓으면 그 환경에 맞게 적응하게 되어있다. 사막은 봄, 여름, 가을이라는 계절로 구분되어 있지 않고, 우기와 건기로 구분되어있다. 건기에는 비가 오지 않기 때문에, 비가 많이 오는 우기에 초고속으로 자라서 꽃 피고 열매를 맺고 씨의 포자를 날려야 한다. 이것이 사막에 적응하려는 식물의 생존본능이다.

마찬가지다. 만물들도 그렇게 환경에 적응할 줄 아는데 어둠의 세력들이 그들의 가장 좋은 씨를 남의 밭에 몰래 뿌리는데 아무 대책도 없이 뿌리겠는가? 가라지가 땅에 뿌려지자마자 초고속으로 뿌리를 내려 좋은 씨의 뿌리를 다 감아버리고 말았다.

가라지를 발견한 종이 "가라지를 뽑으오리까?"라고 묻자 주인이 "가라지를 뽑지 말고 추수 때까지 함께 자라게 두어라. 가라지를 뽑다가 알곡까지 다칠까 염려하노라"고 했다. 이러한 상황을 한 가정 안에 원수가 있다고 한 것이다.

> 미 7:6 아들이 아비를 멸시하며 딸이 어미를 대적하며 며느리가 시어미를 대적하리니 사람의 원수가 곧 자기의 집안 사람이리로다

여기서의 가족은 뜻의 가족을 말한다. 마지막 때 피보다 진한 영의 가족으로 구성이 된 가족이다. 하나님께서 마지막 때에 이루시려는 가정 안에 마귀가 가라지를 뿌린 것이다.

마귀가 가라지를 뿌린 이유는 마지막 때에 자기의 때를 연장하기 위해서이다. 그들이 넘겨받은 때는 6천년이다. 마귀가 넘겨받은 6천년의 때를 정리하고, 공식적으로 마감시키기 위해서 재림주가 이 땅에 오셔서 한 이레의 역사를 하시는 것이다.

한 이레의 역사를 반으로 나누어 전 삼년 반에는 빛의 역사를 하게 하시고, 후 삼년 반에는 어둠의 역사를 하게 하시는 의미는 무엇인가?

공식적으로 6천년을 마감하시기 위한 마지막 역사의 과정임을 선포하시는 것이다. 그래서 그런 기회를 똑같이 주신 것이다. 공의적인 입장에서 "이제는 내가 너희들에게 넘겨주었던 6천년의 역사

를 마지막으로 마감하겠다. 그 마지막 때를 통하여 동일한 조건과 입장에서 나는 빛의 역사를 하고, 너희는 어둠의 역사를 할 수 있는 기회를 주겠다"는 것이 재림주가 오셔서 행하시는 종말론적인 구속사이다.

그래서 재림주가 이 땅에 오셔야 하는 것이다. 재림주가 오시지 않으면 그들이 절대 그 협상에 응하지 않고, 그 역사에 동참하지 않는다. 그들이 협상테이블에 동참하지 않기 때문에 재림주가 오셔야 한다.

한 맺힌 실패의 아픔을 지니고 있는 마귀가 두 감람나무를 죽이는 이유가 무엇인가? 그 이유는 가라지 때문이다. 이 땅의 주 앞에 선 두 감람나무, 좋은 씨는 가라지들을 알고 있는 사람이다.

그들은 본능적인 본성을 가지고 있고, 본능적으로 행하는 존재들이다(유 1:10). 따라서 그 좋은 씨가 가라지의 본성을 이용하고 자극해서 입에서 나오는 불로 그들을 모두 심판하기 시작한다. 우선 좋은 씨가 입에서 나오는 불로 마귀가 뿌려놓은 가라지들을 하나하나 죽이기 시작한다. 가라지들이 죽어가는 모습을 볼 때 무저갱에서 올라온 짐승의 마음이 초조할 것이다. 자기들의 때가 연장되는 여부가 가라지들의 존재 유무에 따라서 결정되는데, 그 가라지들이 좋은 씨의 입에서 나오는 불로 하나하나 심판을 받아 죽어가는 모습을 더 이상 볼 수가 없어서 결국 무저갱에서 나온다.

뱀이 두꺼비를 먹으면 죽는 줄 뻔히 알면서도, 뱀 즉, 마귀는 왜 두꺼비를 삼켜야하는가? 한번 쓰라린 패배의 한을 가진 마귀의 입장에서는 가라지들이 다 죽으면 자기의 여망, 소망이 끊어지게 된다. 자기들의 대를 이를 후사가 다 끊어지기 때문에 세상말로 하면 이판사판인 것이다. 그래서 제 밭을 바라보고 있던 짐승이 도저히 참을 수가 없어서 좋은 씨를 죽이는 것이다.

무저갱에서 올라온 짐승을 도와주는 사람이 누구인가? 예수님 때에 예수님을 죽이는 것을 도와주고 가담했던 자들은 그 당시의 종교지도자들과 그들을 신봉하고 따르던 성도들이다. 24,000명의 제사장들이 헤롯과 빌라도와 야합을 해서 예수님을 죽인 것이다.

> 단 7:8 내가 그 뿔을 유심히 보는 중 다른 작은 뿔이 그 사이에서 나더니 먼저 뿔 중에 셋이 그 앞에 뿌리까지 뽑혔으며 이 작은 뿔에는 사람의 눈 같은 눈이 있고 또 입이 있어 큰 말을 하였느니라

다니엘 7장에 나오는 작은 뿔을 가리켜 신학에서는 적그리스도라고 말한다. 그가 때와 법을 변개하고 거룩한 성도들을 대적하기 때문에 적그리스도라고 하는 것이다. 예수님도 신약 마당에 작은 뿔로 등장하셨다. 다니엘 7장의 작은 뿔을 적그리스도라고 하는 사람들은 예수님을 적그리스도라고 하는 사람들과 똑같다.

그래서 예수께서 "인자가 올 때 믿음을 보겠느냐?"(눅 18:8)라고 하신 것이다. 이 세상에 제대로 알고 믿는 사람이 있는가? 모르고 믿으니까 맹신적으로 신앙생활을 하고, 본능적으로 믿는다. 본능적으로 믿는다는 말은 하늘의 소리를 땅의 개념으로 믿는다는 것이다.

이처럼 초림 때에 예수님을 적그리스도라고 생각한 짐승들이 예수님을 십자가에 못 박은 것처럼, 재림 마당에서도 두 감람나무를 적그리스도라고 생각하는 짐승들이 그를 죽이는 것이다.

계 11:10 이 두 선지자가 땅에 거하는 자들을 괴롭게 한고로 땅에 거하는 자들이 저희의 죽음을 즐거워하고 기뻐하여 서로 예물을 보내리라 하더라

두 감람나무가 평소에 얼마나 불같은 말씀으로 그들을 질책하고 심판하여 괴롭게 하였는가? 두 감람나무는 함부로 해하지 못하는 권세를 가진 자였기에, 눈엣가시 같은 존재이지만 건드리지 못한 것이다. 그러던 중, 두 감람나무가 죽자 서로 기뻐하며, 심지어 예물 교환까지 하는 모습이다. 얼마나 앓던 이가 빠지듯 기쁘면 선물까지 교환하며 축제를 벌이는가? 그만큼 두 감람나무의 존재는 마귀, 가라지들이 가장 미워하는 대상이었던 것이다.

두 감람나무의 시체가 큰 성길에 있다는 의미가 무엇인가?

계 11:8-9 저희 시체가 큰 성길에 있으리니 그 성은 영적으로 하면 소돔이라고도 하고 애굽이라고도 하니 곧 저희 주께서 십자가에 못 박히신 곳이니라 백성들과 족속과 방언과 나라 중에서 사람들이 그 시체를 사흘 반 동안을 목도하며 무덤에 장사하지 못하게 하리로다

왜 두 감람나무의 시체를 무덤에 장사하지 못하게 하고 큰 성길 위에서 목도하고 있는가? 두 감람나무가 땅에 묻히지 못하게 하는 이유는 무엇인가?

첫째, 두 감람나무가 땅에 묻히면 사람들이 그를 망각하게 된다. 그는 망각되는 대상이 아니라, 살아나기까지 눈앞에 두고 항상 저주를 받는 대상이다. 그래서 그의 시체가 큰 성길 위에 누워 있는 동안 아무 이해관계가 없는 사람들도 쉬지 않고 저주를 퍼붓는다.

"하늘로부터 큰 음성이 있어 이리로 올라오라 함을 저희가 듣고 구름을 타고 하늘로 올라가니 저희 원수들도 구경하더라"(계 11:12)고 했다. 여기서 원수들은 두 감람나무 역사의 모든 과정을 아는 대상이다. 두 감람나무에게 적그리스도라고 돌을 던진 자들이다. 그들이 두 감람나무의 부활하는 모습을 구경하는 것이다.

둘째, 만일 그가 땅에 묻히거나 무덤에 들어간다면 부활의 대상이 된다. 전도서 3:21에서 "인생의 혼은 위로 올라가고 짐승의 혼은 아래 곧 땅으로 내려가는 줄을 누가 알랴"고 했다. 그가 묻히면 그의 영혼이 하늘로 가기 때문에 묻히지 못하게 하고자 그의 시체를 큰 성길 위에 보관하고 있다.

> 계 11:13 그 시에 큰 지진이 나서 성 십분의 일이 무너지고 지진에 죽은 사람이 칠천이라 그 남은 자들이 두려워하여 영광을 하늘의 하나님께 돌리더라

두 감람나무를 죽인 사람들에 대한 보응을 의미한다. 분명히 "이 소자에게 행한 것이 내게 행한 것이라"(마 25:40)고 하셨다. 두 감람나무에게 돌팔매질을 한 사람들이 보는 가운데 지진이 나서 7천 명이 죽는 역사가 일어난다. 그 때에야 지진에서 살아남은 자들이 두려워하며 하나님께 영광을 돌린다는 것이다.

두 감람나무가 큰 성길 위에 있는 모습은 영적으로 무엇과 같은가?

> 창 50:25 요셉이 또 이스라엘 자손에게 맹세시켜 이르기를 하나님이 정녕 너희를 권고하시리니 너희는 여기서 내 해골을 메고 올라가겠다 하라 하였더라

요셉의 유언에 따라 이스라엘 백성들이 출애굽할 때 요셉의 해골을 메고 나왔다(출 13:19). 요셉이 "나를 절대 묻지 말라. 하나님이 너희를 권고해서 출애굽할 때가 있으니 그 때 나를 메고 나가라"고 함으로 요셉을 땅에 묻지 않았다.

솔로몬의 연을 60명이 메듯이(아 3:7), 이스라엘 백성들이 요셉의 해골을 메고 40년 동안 광야길을 걸었고, 젖과 꿀이 흐르는 가나안 땅에 들어가서도 16년 동안 메고 다녔다. 이스라엘 백성들이 요셉의 해골을 56년 동안 메고 다닌 시간은 요셉이 이스라엘의 영적 장자가 되기까지의 과정이었다.

두 감람나무가 큰 성길에 누워있는 3일 반의 시간도 두 감람나무가 사망 권세를 깨고 철장으로 만국을 다스릴 남자가 되기 위한 과정인 것이다. 따라서 이스라엘 백성들이 요셉의 해골을 메고 다닌 56년의 기간이 영적으로 보면 두 감람나무가 큰 성길에 누워있는 3일 반과 같은 시간이라고 할 수 있다.

두 감람나무는 어떻게 살아나는가?

계 11:11 삼일 반 후에 하나님께로부터 생기가 저희 속에 들어가매 저희가 발로 일어서니 구경하는 자들이 크게 두려워하더라

이 구절에서 "생기가 저희 속에 들어가매"란 무슨 의미인가? 그에게 주어진 저주가 축복으로 바뀐다는 의미이다.

잠 14:12 어떤 길은 사람의 보기에 바르나 필경은 사망의 길이니라

잠 16:25 어떤 길은 사람의 보기에 바르나 필경은 사망의 길이니라

사 55:8-9 여호와의 말씀에 내 생각은 너희 생각과 다르며 내 길은 너희 길과 달라서 하늘이 땅보다 높음 같이 내 길은 너희 길보다 높으며 내 생각은 너희 생각보다 높으니라

사람의 생각과 하나님의 생각은 전혀 다르다. 예수님도 사람의 생각과 전혀 다른 입장에서 십자가에서 율법의 마침을 이루셨다.
마찬가지다. 이 땅의 주 앞의 두 감람나무도 아사셀 양의 입장으로 저주의 십자가를 짊어지고 마귀에게 삼킴을 당한 바 되었다. 모든 교계가 그를 정죄하며 손가락질을 하였으나, 하나님의 생기가 저희 속에 들어가매 저희가 발로 일어서니 구경하는 자들이 크게 두려워했다.

왜 구경하는 자들이 크게 두려워하는가? 당연히 저주의 대상인

줄만 알았던 두 감람나무가 하늘로부터 "이리로 올라오라"는 음성을 듣고 영육 간에 산 자가 되어 하늘로 올라가기 때문이다. 여기서 구경하는 자들이란 제 밭에서 함께 하던 자들로서 좋은 씨의 정체를 아는 대상들이다. 그들은 두 감람나무를 죽임으로 자기들의 목적을 이루었다고 생각했는데, 그가 하나님의 음성을 듣고 살아나는 모습에 놀라, 크게 두려움을 느끼게 된다.

예를 들면 형제들이 요셉을 팔았는데, 요셉이 애굽에서 큰 능력자인 총리가 되었다는 것을 알았을 때 요셉을 판 형들이 크게 두려움을 느끼게 되는 입장과 같다.

온 교계는 두 감람나무를 적그리스도라고 오판(誤判)함으로 다 함께 무참하게 두 감람나무에게 돌을 던졌다. 그러나 저주했던 두 감람나무에게 생기가 들어가는 모습을 볼 때 그들은 크게 두려워하지 않을 수 없다. 분명히 "생기가 저희 속에 들어가매 저희가 발로 일어서니"라고 했다. '발로 일어서니'란 한 마디로 저주가 축복이 된 것을 말한다.

> 히 5:7-10 그는 육체에 계실 때에 자기를 죽음에서 능히 구원하실 이에게 심한 통곡과 눈물로 간구와 소원을 올렸고 그의 경외하심을 인하여 들으심을 얻었느니라 그가 아들이시라도 받으신 고난으로 순종함을 배워서 온전하게 되었은즉 자기를 순종하는 모든 자에게 영원한 구원의 근원이 되시고 하나님께 멜기세덱의 반차를 좇은 대제사장이라 칭하심을 받았느니라

예수께서 "하나님의 아들이시라도 통곡과 눈물로 아버지께 약속을 받으셨다"고 했다. 예수님이 하나님 아들이시라고 해서 스스

로 살아나신 것이 아니다. 예수께서 가지고 오신 태초의 말씀을 십자가 상에서 흘리신 피에 담아 이 땅에 떨치셨기에 순수한 인자로서 스올에 들어가신 것이다. 그렇기 때문에 심한 통곡과 눈물로 간구하셨고, 그 결과 아버지로부터 살려주신다는 약속을 받으셨다. 예수님도 아버지가 죽이고 살리시는 것이다. 그런 아버지의 마음을 바라보시면서 "나는 살 수 있는 권세도 받았고 죽을 권세도 받았다"(요 10:18)라고 하신 것이다.

마찬가지다. 재림 마당에서 두 감람나무에게 생기를 넣어주시는 분도 아버지이시다. 이 땅의 주로 역사하시던 해를 입은 여인이 두 번째 큰 독수리의 두 날개를 받아 광야로 날아가 한 때·두 때·반 때 양육을 받아 재림주 멜기세덱의 영광을 입은 존재가 되었기에, 이제는 두 감람나무에게 생기를 주어 영육 간의 산 자로 탄생시키시는 것이다.

두 감람나무는 언제 살아나는가?

계 11:9-12 백성들과 족속과 방언과 나라 중에서 사람들이 그 시체를 사흘 반 동안을 목도하며 무덤에 장사하지 못하게 하리로다 이 두 선지자가 땅에 거하는 자들을 괴롭게 한고로 땅에 거하는 자들이 저희의 죽음을 즐거워하고 기뻐하여 서로 예물을 보내리라 하더라 삼일 반 후에 하나님께로부터 생기가 저희 속에 들어가매 저희가 발로 일어서니 구경하는 자들이 크게 두려워하더라 하늘로부터 큰 음성이 있어 이리로 올라오라 함을 저희가 듣고 구름을 타고 하늘로 올라가니 저희 원수들도 구경하더라 두 감람나무가 죽임을 당한지 삼일 반 후에 하나님께로부터 생기가 들어가 발로 일어선다. 이어서 하늘로부터 "이리로 올라오라"는 큰 음성과 함께 하늘 보좌로 올라간다(계 12:5).

아담은 3일 만에 지음을 받고, 하와는 아담의 갈비뼈로 3.5일 만에 지음을 받았다. 신랑의 암호는 3이고, 신부의 암호는 3.5가 된다. 그래서 둘째 아담으로 오신 예수님은 3일 만에 부활하셨고, 두 감람나무는 죽었다가 3일 반 만에 부활하는 것이다.

첫 아담의 갈비뼈로 지음을 받은 하와는 선악나무 열매를 따먹고 남편에게도 주었다. 재림 마당의 신랑은 '아버지의 영광으로' 오시는 멜기세덱이다. 재림 마당의 신부는 '아버지의 영광으로' 오시는 멜기세덱의 갈비뼈로 지음을 받는다. 재림 마당의 신랑의 갈비뼈는 영광의 주, 심판의 주의 갈비뼈가 된다. 생령인 첫 아담의 갈비뼈와 영광의 주·심판의 주로 오시는 재림주의 갈비뼈는 그 본질이 전혀 다르다.

에덴동산의 하와는 선악나무 열매를 따먹으면 죽을 수밖에 없는 인간이었지만, 심판의 주·영광의 주·멜기세덱에 의해서 지음을 받는 신부는 선악나무 열매를 따먹어도 죽지 않는 존재이다.

두 감람나무는 재림 마당에 처음으로 등장하여 지음을 받는 존재가 아니다. 그의 전신(前身)은 이 땅에서 대속의 십자가의 의미를 이루었던, 산 자의 열매를 맺었던 영적 장자 요셉이기에 그는 결코 죽는 존재가 아니다.

마 11:6-11 누구든지 나를 인하여 실족하지 아니하는 자는 복이 있도다 하시니라 저희가 떠나매 예수께서 무리에게 요한에 대하여 말씀하시되 너희가 무엇을 보려고 광야에 나갔더냐 바람에 흔들리는 갈대냐 그러면 너희가 무엇을 보려고 나갔더냐 부드러운 옷 입은 사람이냐 부드러운 옷을 입은 자들은 왕궁에 있느니라 그러면 너희가 어찌하여 나갔더냐 선지자를 보려더냐 옳다 내가 너희에게 이르노니 선지자보다도 나은 자니라 기록된바 보라 내가 내 사자를 네 앞에 보내노니 저가 네 길을 네 앞에 예비하리라 하신 것이 이 사람에 대한 말씀이니라 내가 진실로 너희에게 말하노니 여자가 낳은 자 중에 세례 요한보다 큰이가 일어남이 없도다 그러나 천국에서는 극히 작은 자라도 저보다 크니라

예수께서 세례요한에 대해 '실패한 자'라고 하지 않으시고 '실족한 자'라고 표현하신 이유가 무엇인가? 세례 요한의 죄가 실패한 자라고 인정할 만한 죄가 아니었기에 실족했다고 하신 뜻이 아니다.

세례요한은 믿음으로 하나님을 기쁘시게 한 자라는 증거를 받고 (히 11:5) 하늘로 데려간 에녹이 이 땅에 성령으로 잉태되어 다시 온 사람이다. 그는 죽음을 보지 않은 자, 즉 생명나무 열매를 주어 먹은 자가 되었기에 사망의 권세에 종속 받을 자는 아니었다. 단지 예수님을 끝까지 증거하여 하나님의 영광을 드러내야 하는 자신의 사명을 저버렸으므로, 여인이 낳은 자 중에서 가장 큰 자에서 가장 작은 자로 전락한 것이다.

성전의 지성소의 성물들은 다 정금으로 만들어진다(출 25:17, 25:29, 25:31, 25:36, 25:39, 37:2, 37:6, 37:16-17, 37:22). 심지어 가장 작은 불똥을 담는 종지까지도 정금으로 만들어진다(출 25:38, 37:23). 즉 세례 요한도 그런 입장에서 천국의 아들들의 자

리에서 탈락된 것은 아니지만, 그 중에서 가장 영광이 작은 자로 전
락되었다는 뜻이다. 그런 입장이기에 실패했다고 하지 않고, 실족했
다고 표현한 것이다.

   그러나 이 땅에 오는 좋은 씨는 생명나무 열매를 주어 먹은 자가
아니라 따먹은 자였다. 그는 하나님께서 취하시는 4대째 맺힌 산 자
의 열매였다. 그는 죽는 자의 족보에 기록할 수 없는 영적 장자이다.
   첫 번째 에덴동산의 하와는 뱀이 주는 선악나무 열매를 먹고 죽
었다. 재림 마당의 두 감람나무도 외형적으로는 무저갱에서 올라오
는 짐승이 주는 독초를 먹고 죽는다고도 할 수 있다. 그러나 그는 영
원히 죽는 것이 아니라 그 죽음을 통해 부활과 변화의 영광을 나타
낸다.

> 계 11:8 저희 시체가 큰 성길에 있으리니 그 성은 영적으로 하면 소돔이라
> 고도 하고 애굽이라고도 하니 곧 저희 주께서 십자가에 못 박히신
> 곳이니라

   두 감람나무의 죽음이 영적으로는 예수님과 같은 죽음이라고 했
다. 즉 예수께서 부활을 통하여 하나님 아들로 인정받으시고자(롬
1:4) 스스로 죽음의 길로 들어가신 것과 같은 죽음이라는 것이다.
죽음을 통과해야 부활 변화의 영광을 나타낼 수 있기에 두 감람나무
도 스스로 사망 권세 속으로 걸어 들어가기 위하여 짐승이 주는 독
주를 마신 것이다.
   두 감람나무는 하와처럼 모르고 먹는 입장이 아니다. 그는 이미
산 자의 열매로 하나님께서 취하신 분이다. 짐승이 어떻게 해도 죽

일 수 있는 존재가 아니다. 그럼에도 불구하고 죽어야만 되는 이유는 죽음을 깨고 승리해야 될 사명적인 과제가 있기 때문에 그가 죽음을 받아들이고, 큰 성길 위에서 3일 반을 기다리는 것이다.

두 감람나무가 걸어야 할 삼일길은 무엇인가?

하나님께서 성부·성자·성령의 삼위일체의 존재이시기에 창조하신 세계도 3수의 과정을 통하여 역사하신다. 그것은 하나님께서 단번에 창조하실 수 있는 능력이 부족해서 3단계 과정으로 창조하신 것이 아니라, 피조물들이 완성되는 데에 시간이 필요하기 때문이다. 따라서 모든 피조세계에는 수리성이라는 원리가 적용된다.[35]

> 막 4:28 땅이 스스로 열매를 맺되 처음에는 싹이요 다음에는 이삭이요 그 다음에는 이삭에 충실한 곡식이라

특히 하나님의 형상과 모양으로 지으신 인간이 만물을 다스리고 주관할 수 있는 존재가 되려면 3단계 과정을 통하여 완성되지 않으면 안 된다.

> 창 2:7 여호와 하나님이 흙으로 사람을 지으시고 생기를 그 코에 불어 넣으시니 사람이 생령이 된지라

---

35) 하나님의 창조 원리는 다섯 가지 원칙이 있다. 영원성, 상대성, 수리성, 완전무결성, 절대성이다.

인류 구속 사역의 첫 시조로 택함을 받은 아담도 흙[36], 사람, 생령의 3단계 과정을 통하여 완성하고자 택함을 받은 존재였다. 따라서 흙 차원의 아담이 생령 차원의 존재가 되기까지 3단계 과정의 구도의 길을 걷는 것을 삼일길이라고 말한다.

아담이 생령으로서 하나님의 말씀에 순종하여 구도의 길을 마치고 생명나무 열매를 따먹었다면 우주 만물을 주관하며 다스릴 수 있는 하나님의 후사가 되었을 것이다. 즉 피조물 중에서 가장 정점에 이르는 멜기세덱이 되었을 것이다.

그러나 하나님 말씀에 불순종하여 선악을 알게 하는 나무의 실과를 따먹음으로(창 3:6), 흙 차원의 존재로 전락하여(창 3:19) 에덴동산에서 쫓겨나는 비극을 맞이하고 말았다(창 3:24). 타락한 아담은 하나님의 장자가 될 수 있는 장자권을 비롯하여, 천하만국을 다스리고 주관할 수 있는 권세와 능력을 다 빼앗긴 것이다(눅 4:5-6). 따라서 아담의 후예들이 빼앗긴 영광을 다시 되찾아오려면 3단계 과정을 거치지 않으면 안 된다.

예수께서 이 땅에서 삼일길을 걸으신 것은 이런 3단계 수리성의 과정이 있음을 보여주신 것이다. 모세, 아브라함, 요셉, 다윗 등 하나님의 사람들은 다 삼일길을 걸었다.

재림 마당에서 이 땅의 주, 해를 입은 여인도 삼일길을 통하여 재

---

[36] "존귀함에 처하나 깨닫지 못하는 사람은 멸망하는 짐승과 같다"(시 49:12, 49:20)는 짐승 차원의 사람을 흙이라고 한다. 타락한 아담에게 "너는 흙이니 흙으로 돌아가라"(창 3:19)고 말씀한 흙도 짐승 차원의 존재로 전락하는 모습을 상징하고 있다.

림주 멜기세덱의 영광을 받는 것이다.[37] 두 감람나무도 감람나무로서의 삼일길을 걸어야 한다. 두 감람나무가 걸어야 할 삼일길은 무엇인가?

첫째, 이 땅에서 인자의 입장으로서 두 감람나무의 사역을 행한다.

> 계 11:1-6 또 내게 지팡이 같은 갈대를 주며 말하기를 일어나서 하나님의 성전과 제단과 그 안에서 경배하는 자들을 척량하되 성전 밖 마당은 척량하지 말고 그냥 두라 이것을 이방인에게 주었은즉 저희가 거룩한 성을 마흔 두달 동안 짓밟으리라 내가 나의 두 증인에게 권세를 주리니 저희가 굵은 베옷을 입고 일천 이백 육십 일을 예언하리라 이는 이 땅의 주 앞에 섰는 두 감람나무와 두 촛대니 만일 누구든지 저희를 해하고자 한즉 저희 입에서 불이 나서 그 원수를 소멸할찌니 누구든지 해하려 하면 반드시 이와 같이 죽임을 당하리라 저희가 권세를 가지고 하늘을 닫아 그 예언을 하는 날 동안 비 오지 못하게 하고 또 권세를 가지고 물을 변하여 피 되게 하고 아무 때든지 원하는 대로 여러 가지 재앙으로 땅을 치리로다

이 땅의 주와 두 감람나무가 서로 합력하여 선을 이루는 관계, 즉 파트너십으로 역사한다. 갈대자로 하나님의 성전과 제단에서 경배하는 자들을 척량하고, 굵은 베옷을 입고 1260일 예언한다. 권세를

---

37) <이 땅의 주, 그는 누구인가> 413-419쪽, 벽암 조영래 저, 도서출판 오색이슬

가지고 하늘을 닫아 비 오지 못하게 하고, 또 권세를 가지고 물을 변하여 피 되게 하고, 여러 가지 재앙으로 땅을 치는 역사를 한다.

둘째, 짐승에게 죽임을 당하고 3일 반 만에 부활한다.

> 계 11:7-10 저희가 그 증거를 마칠 때에 무저갱으로부터 올라오는 짐승이 저희로 더불어 전쟁을 일으켜 저희를 이기고 저희를 죽일터인즉 저희 시체가 큰 성길에 있으리니 그 성은 영적으로 하면 소돔이라고도 하고 애굽이라고도 하니 곧 저희 주께서 십자가에 못 박히신 곳이니라 백성들과 족속과 방언과 나라 중에서 사람들이 그 시체를 사흘 반 동안을 목도하며 무덤에 장사하지 못하게 하리로다 이 두 선지자가 땅에 거하는 자들을 괴롭게 한 고로 땅에 거하는 자들이 저희의 죽음을 즐거워하고 기뻐하여 서로 예물을 보내리라 하더라

그의 사역이 마치는 순간 무저갱에서 올라온 짐승에게 죽임을 당한다. 그의 시체가 큰 성길에 3일 반 동안 놓여지고, 백성들과 족속과 방언과 나라 중에서 사람들이 그 시체를 사흘 반 동안을 목도하며 무덤에 장사하지 못하게 한다. 3일 반이 지난 후 하나님께로부터 생기가 들어가 발로 일어선다. 그리고 하늘에서 "이리로 올라오라!"는 큰 음성을 듣고 구름을 타고 하늘로 올라간다.

> 계 11:11-12 삼일 반 후에 하나님께로부터 생기가 저희 속에 들어가매 저희가 발로 일어서니 구경하는 자들이 크게 두려워하더라 하늘로부터 큰 음성이 있어 이리로 올라오라 함을 저희가 듣고

구름을 타고 하늘로 올라가니 저희 원수들도 구경하더라

드디어 6천 년 만에 산 자의 신부가 탄생했다. 그가 장차 철장으로 만국을 다스릴 남자이다(계 12:5). 하늘과 땅을 통일시키고 주관하며 다스릴 존재가 탄생한 것이다.

셋째, 하늘보좌로 올라가 하늘의 전쟁을 일으켜, 붉은 용을 내쫓고 하늘을 통일시킨다.

계 12:5-9 여자가 아들을 낳으니 이는 장차 철장으로 만국을 다스릴 남자라 그 아이를 하나님 앞과 그 보좌 앞으로 올려가더라 그 여자가 광야로 도망하매 거기서 일천 이백 육십일 동안 저를 양육하기 위하여 하나님의 예비하신 곳이 있더라 하늘에 전쟁이 있으니 미가엘과 그의 사자들이 용으로 더불어 싸울쌔 용과 그의 사자들도 싸우나 이기지 못하여 다시 하늘에서 저희의 있을 곳을 얻지 못한지라 큰 용이 내어 쫓기니 옛 뱀 곧 마귀라고도 하고 사단이라고도 하는 온 천하를 꾀는 자라 땅으로 내어 쫓기니 그의 사자들도 저와 함께 내어 쫓기니라

두 감람나무가 철장으로 만국을 다스릴 아이가 되어 하늘 보좌로 올라간다. 그가 올라감으로 하늘의 전쟁이 벌어진다.

왜 하늘에서 전쟁이 벌어져야 하는가? 하늘에는 타락한 신령한 존재들이 공중의 권세를 잡고 있기 때문이다. 하나님께서 직접 그들을 물리치시고 하늘을 회복하시는 것이 본래 하나님의 뜻이 아니다. 하나님의 후사로 하여금 하늘을 통일시켜 주관하며 다스리게 하려

는 것이 본래 하나님의 뜻이다.

철장 권세를 가진 아이가 대군(大君, Prince) 미가엘로서, 하나님의 아들로서, 하늘에 올라가 타락하지 않은 천사의 무리를 이끌고 하늘에서 전쟁을 일으킨다. 그 결과 공중 권세를 잡고 있는 붉은 용과 그의 사자들을 내쫓는다. 그러므로 궁창을 중심으로 윗물과 아랫물로 분리된 궁창의 세계를 통일시키는 역사가 이루어진 것이다(창 1:6-8). 그러므로 "하늘과 그 가운데 거하는 자들은 즐거워하라"(계 12:12)는 것이다. "그러나 땅과 바다는 화 있을찐저 이는 마귀가 자기의 때가 얼마 못된 줄을 알므로 크게 분내어 너희에게 내려갔음이라"(계 12:12)고 했다.

그리고 다시 이 땅으로 내려오는 모습이 사도 요한이 본 새 예루살렘 성이다.

> 계 21:2 또 내가 보매 거룩한 성 새 예루살렘이 하나님께로부터 하늘에서 내려오니 그 예비한 것이 신부가 남편을 위하여 단장한 것 같더라

> 계 21:9-10 일곱 대접을 가지고 마지막 일곱 재앙을 담은 일곱 천사중 하나가 나아와서 내게 말하여 가로되 이리 오라 내가 신부 곧 어린 양의 아내를 네게 보이리라 하고 성령으로 나를 데리고 크고 높은 산으로 올라가 하나님께로부터 하늘에서 내려오는 거룩한 성 예루살렘을 보이니

하늘에서 내려오는 거룩한 성 새 예루살렘은 건축 구조물이 아니다. 푸른 창공에서 건축물이 내려온다고 믿는 사람들은 성경의 이

면에 감추인 뜻을 깨닫지 못하고 표면으로만 믿는 자들이다.

하늘에서 내려오는 거룩한 성 새 예루살렘은 신랑되신 재림주 멜기세덱의 신부, 어린 양의 아내를 상징적으로 표현한 것이다.

이처럼 두 감람나무가 삼일길을 걸음으로써 자신에게 주어진 사역을 다 이루는 것이다. 이로써 아브라함과 맺은 횃불언약이 영육간에 다 완성되어 마쳐지는 것이다.

제 5장

두 감람나무와
두 촛대의 관계

I
산 자의 도맥을 간직한 엘리사

1. 엘리야의 영감의 갑절을 받은 엘리사

　엘리야에게는 엘리사(뜻: 하나님의 구원하심)라는 후계자가 있었다. 엘리야가 갈멜산에서 거짓 선지자들과 850대 1의 싸움에서 승리하였으나, 이를 갈며 대적하는 이세벨의 눈을 피하여 호렙산 굴에 가서 하나님을 대면하였다.

　바람과 지진과 불 가운데에도 여호와께서 계시지 아니하더니 불후에 세미한 소리 가운데 마지막 사명을 주셨다(왕상 19:11-12). 엘리야가 하늘로 승천하기 전에 이 땅의 사명을 정리하게 하신 내용은 "하사엘에게 기름을 부어 아람 왕이 되게 하고, 예후에게 기름을 부어 이스라엘 왕이 되게 하고, 엘리사에게 기름을 부어 너를 대신하여 선지자가 되게 하라"는 것이다.

> 왕상 19:15-17 여호와께서 저에게 이르시되 너는 네 길을 돌이켜 광야로 말미암아 다메섹에 가서 이르거든 하사엘에게 기름을 부어 아람 왕이 되게 하고 너는 또 님시의 아들 예후에게 기름을 부어 이스라엘 왕이 되게 하고 또 아벨므홀라 사밧의 아들

엘리사에게 기름을 부어 너를 대신하여 선지자가 되게 하라 하사엘의 칼을 피하는 자를 예후가 죽일 것이요 예후의 칼을 피하는 자를 엘리사가 죽이리라

하사엘의 칼을 피하는 자는 예후가 죽이고, 예후의 칼을 피하는 자는 엘리사가 죽이리라고 하셨다. 즉 엘리사는 마지막 심판자로서 그의 칼을 피할 자는 없다는 뜻이다.

왕상 19:19-21 엘리야가 거기서 떠나 사밧의 아들 엘리사를 만나니 저가 열 두 겨리 소를 앞세우고 밭을 가는데 자기는 열 둘째 겨리와 함께 있더라 엘리야가 그리로 건너가서 겉옷을 그의 위에 던졌더니 저가 소를 버리고 엘리야에게로 달려가서 이르되 청컨대 나로 내 부모와 입맞추게 하소서 그리한 후에 내가 당신을 따르리이다 엘리야가 저에게 이르되 돌아가라 내가 네게 어떻게 행하였느냐 하니라 엘리사가 저를 떠나 돌아가서 소 한 겨리를 취하여 잡고 소의 기구를 불살라 그 고기를 삶아 백성에게 주어 먹게 하고 일어나 가서 엘리야를 좇으며 수종 들었더라

엘리야가 그 말씀을 행하고자 엘리사를 찾아가 만나는 장면이다. 아벨므흘라 사밧의 아들인 엘리사는 열두 겨리의 소를 이끌고 밭을 가는 농부였다. 열두 겨리의 소를 앞세우고 밭을 가는데 엘리사는 열두 번째 겨리에 있었다. 겨리란 소나 말 등 두 마리 짐승이 함께 끄는 큰 쟁기를 말한다.

한꺼번에 24마리의 소가 밭을 간다는 것은 상식적으로는 이해

가 되지 않는 일이다. 그것은 강퍅해질 대로 강퍅해져 24마리의 소가 밭을 갈지 않으면 안 되는 이스라엘 백성들의 마음을 엘리사가 상징적으로 보여주는 모습이다.

> 왕하 2:1-6 여호와께서 회리바람으로 엘리야를 하늘에 올리고자 하실 때에 엘리야가 엘리사로 더불어 길갈에서 나가더니 엘리야가 엘리사에게 이르되 청컨대 너는 여기 머물라 여호와께서 나를 벧엘로 보내시느니라 엘리사가 가로되 여호와의 사심과 당신의 혼의 삶을 가리켜 맹세하노니 내가 당신을 떠나지 아니하겠나이다 이에 두 사람이 벧엘로 내려가니 벧엘에 있는 선지자의 생도들이 엘리사에게로 나아와 이르되 여호와께서 오늘날 당신의 선생을 당신의 머리 위로 취하실 줄을 아나이까 가로되 나도 아노니 너희는 잠잠하라 엘리야가 저에게 이르되 엘리사야 청컨대 너는 여기 머물라 여호와께서 나를 여리고로 보내시느니라 엘리사가 가로되 여호와의 사심과 당신의 혼의 삶을 가리켜 맹세하노니 내가 당신을 떠나지 아니하겠나이다 하니라 저희가 여리고에 이르매 여리고에 있는 선지자의 생도들이 엘리사에게 나아와 이르되 여호와께서 오늘날 당신의 선생을 당신의 머리 위로 취하실 줄을 아나이까 엘리사가 가로되 나도 아노니 너희는 잠잠하라 엘리야가 또 엘리사에게 이르되 청컨대 너는 여기 머물라 여호와께서 나를 요단으로 보내시느니라 저가 가로되 여호와의 사심과 당신의 혼의 삶을 가리켜 맹세하노니 내가 당신을 떠나지 아니하겠나이다 이에 두 사람이 행하니라

하나님께서 명령하신 말씀대로 엘리야가 엘리사에게 기름을 붓

고 엘리사를 부른 뒤 엘리사는 엘리야를 따르며 추종했다. 그러던 중 이제 하나님께서 엘리야를 취하실 때가 되어 엘리야가 엘리사와 헤어지고자 할 때, 엘리사가 엘리야를 절대로 놓지 않겠다며 끝까지 좇았다.

> 왕하 2:9-10 건너매 엘리야가 엘리사에게 이르되 나를 네게서 취하시기 전에 내가 네게 어떻게 할 것을 구하라 엘리사가 가로되 당신의 영감이 갑절이나 내게 있기를 구하나이다 가로되 네가 어려운 일을 구하는도다 그러나 나를 네게서 취하시는 것을 네가 보면 그 일이 네게 이루려니와 그렇지 않으면 이루지 아니하리라 하고

엘리야가 엘리사에게 "네 길을 가라"하고 길갈에서부터 벧엘, 여리고, 요단에 이르기까지 세 번이나 시험을 해도 가지 않고 끝까지 따르는 엘리사를 보고 엘리야가 소원을 말하라고 하자, 영감의 갑절을 달라고 하였다. 그때 엘리야가 "나를 네게서 취하시는 것을 네가 보면 그 일이 네게 이루어지리라"고 하였다.

본다는 의미는 무엇인가?

> 왕하 2:11-12 두 사람이 행하며 말하더니 홀연히 불 수레와 불 말들이 두 사람을 격하고 엘리야가 회리바람을 타고 승천하더라 엘리사가 보고 소리 지르되 내 아버지여 내 아버지여 이스라엘의 병거와 그 마병이여 하더니 다시 보이지 아니하는지라 이에

엘리사가 자기의 옷을 잡아 둘에 찢고

여기서 "나를 네게서 취하시는 것을 네가 보면 그 일이 네게 이루어지리라"(왕하 2:10)는 것은 단순히 하늘로 올라가는 것만을 의미하는 것이 아니다. 엘리사가 엘리야에게서 영광을 입을 수 있었던 것은 하늘로 승천하는 엘리야를 보고 "내 아버지여, 내 아버지여!"라고 소리쳤다는 것이다. 엘리사가 엘리야가 승천하는 것을 '보았다'는 뜻은 단순히 눈으로 확인했다는 의미가 아니라, 엘리야가 승천하는 비밀을 깨달았다는 것이다.

왜 하늘로 승천하는 엘리야를 보며 엘리사가 아버지라고 소리친 것일까?

하늘로 취하는 것을 보면 이루어진다는 것은 하나님께서 엘리야를 하늘로 데려가는 정체와 실상과 비밀을 알게 될 때, 그 갑절의 영감을 얻을 수 있다는 것이다. 엘리야가 승천할 때 "내 아버지여! 내 아버지여!"라고 엘리사가 소리친 것을 볼 때, 엘리야의 영적인 비밀이 '아버지'라는 사실을 깨달은 것이다. 즉 엘리야가 이긴 자로서 변화의 조상, 변화의 아버지가 된 사실을 엘리사가 최초로 깨달은 것이다.

> 신 21:15-17 어떤 사람이 두 아내를 두었는데 하나는 사랑을 받고 하나는 미움을 받다가 그 사랑을 받는 자와 미움을 받는 자가 둘 다 아들을 낳았다 하자 그 미움을 받는 자의 소생이 장자이든 자기의 소유를 그 아들들에게 기업으로 나누는 날에 그 사랑을 받는 자의 아들로 장자를 삼아 참 장자 곧 미움을 받는 자의

아들보다 앞세우지 말고 반드시 그 미움을 받는 자의 아들을
장자로 인정하여 자기의 소유에서 그에게는 두 몫을 줄 것이
니 그는 자기의 기력의 시작이라 장자의 권리가 그에게 있음
이니라

엘리야는 이긴 자로서 변화 승천할 수 있었다. 이긴 자란 장자를 말한다. 장자는 차자의 두 몫을 받는다. 엘리사가 엘리야의 갑절의 영감을 받음으로 엘리사는 엘리야가 가지고 있는 장자권을 갖게 된 것이다. 실제로 엘리사는 이 땅에 있는 동안 엘리야보다 더 많은 능력을 행하였다.

엘리사가 받은 갑절의 영감은 무엇인가?

왕하 4:16-17 엘리사가 가로되 돐이 되면 네가 아들을 안으리라 여인이 가
로되 아니로소이다 내 주 하나님의 사람이여 당신의 계집종
을 속이지 마옵소서 하니라 여인이 과연 잉태하여 돐이 돌아
오매 엘리사의 말한대로 아들을 낳았더라

엘리사가 자식을 낳지 못하는 수넴 여인에게 아들을 주었다. 이 말씀은 하나님께서 아브라함과 사라에게 "기한이 이를 때에 내가 정녕 네게로 돌아오리니 네 아내 사라에게 아들이 있으리라 하시니"(창 17:21, 18:10)라고 하신 말씀의 내용과 같다. 엘리사도 수넴 여인에게 "돐이 되면 네가 아들을 안으리라"고 하였다.
성경 전체에서 피조물이 아이를 잉태시키는 사건은 엘리사의 경

우가 유일무이하다. 사라, 리브가, 라헬, 한나 등 석녀들이 아이를 가질 때에도 '하나님이 그를 생각하신지라'(창 30:22, 삼상 1:19), '들으셨으므로'(창 25:21), '권고하셨고'(창 21:1)라는 약속의 말씀으로 축복해주심으로 그들이 자녀를 얻을 수 있었다.

엘리사의 스승인 엘리야도 사렙다 과부의 죽은 아들을 살려준 역사는 있었지만, 자식을 잉태시키는 일은 하지 못했다. 믿음의 조상인 아브라함과 사라도 하나님께서 이삭을 주신다고 하실 때, 말씀을 말씀대로 믿지 못하고 그들의 허와 실과 틈을 보였는데 엘리사는 그런 사건을 주관할 수 있는 능력의 사람이라는 점이 참으로 놀라운 일이다.

그렇다면 엘리사가 가진 믿음의 분량, 믿음의 능력이 어떤 것이기에 창조주 하나님만 행하실 수 있는 고유적인 능력을 이 땅에서 직접 행할 수 있었는가?

> 왕하 2:9 건너매 엘리야가 엘리사에게 이르되 나를 네게서 취하시기 전에 내가 네게 어떻게 할 것을 구하라 엘리사가 가로되 당신의 영감이 갑절이나 내게 있기를 구하나이다

엘리사는 표면적으로도 엘리야의 영감의 두 배를 가지고 있는 사람이다. 그렇다면 엘리야가 가진 영감은 무엇인가? 엘리야가 어떤 능력을 가지고 있기에 죽지 않고 하늘로 승천할 수 있었는가? 과연 엘리야가 하늘로 승천한 길은 어떤 길인가?

엘리야가 보이는 입장에서는 불 말과 불 수레를 타고 올라갔지만, 영적으로는 야곱이 꿈 중의 계시에서 본, 땅에 세워져 하늘에 닿

은 사닥다리를 타고 올라간 것이라고 말할 수 있다(창 28:12). 즉 땅에 세워져 하늘에 닿은 사닥다리는 멜기세덱 반차를 말한다.

엘리사가 엘리야가 승천하는 모습을 보고 "내 아버지여! 이스라엘의 병거와 마병이여!"라고 소리친 것은 멜기세덱 반차의 비밀을 깨달은 것이다. 멜기세덱 반차의 비밀을 깨달았기 때문에 엘리야의 영감의 갑절을 받을 수 있었다.

이스라엘의 병거와 마병이란 무슨 의미인가?

> 왕하 2:12 엘리사가 보고 소리지르되 내 아버지여 내 아버지여 이스라엘의 병거와 그 마병이여 하더니 다시 보이지 아니하는지라 이에 엘리사가 자기의 옷을 잡아 둘에 찢고

> 왕하 13:14 엘리사가 죽을 병이 들매 이스라엘 왕 요아스가 저에게로 내려가서 그 얼굴에 눈물을 흘리며 가로되 내 아버지여 내 아버지여 이스라엘의 병거와 마병이여 하매

승천하는 엘리야를 보고 엘리사가 "이스라엘 병거와 마병이여"라고 소리치는 내용과, 요아스 왕이 죽게 된 엘리사를 찾아와서 "이스라엘의 병거와 마병이여"라고 소리치는 내용이 같다. 엘리야와 엘리사는 이스라엘의 병거와 마병이 된 사람들이다. 엘리야와 엘리사가 살아있는 동안에는 그 어떤 나라도 이스라엘을 침략하지 못했다. 그들이 이 땅에서 하나님의 사람으로서 하나님의 뜻을 행하는 동안은 그 누구도 침범할 수 없었다.

삼상 7:13 이에 블레셋 사람이 굴복하여 다시는 이스라엘 경내에 들어오지 못하였으며 여호와의 손이 사무엘의 사는 날 동안에 블레셋 사람을 막으시매

마치 사무엘 선지자가 살아있는 동안에는 블레셋 군대가 침범하지 못한 것과 같다. 그 이유가 무엇인가?

시 99:6 그 제사장 중에는 모세와 아론이요 그 이름을 부르는 자 중에는 사무엘이라 저희가 여호와께 간구하매 응답하셨도다

제사장 중에는 모세와 아론이지만 하나님께서 때에 맞게 부르시는 부르심 앞에는 사무엘 선지자라는 것이다. 사무엘 선지자는 왕, 선지자, 제사장의 삼직을 가진 존재로서 이스라엘의 영도자, 율법의 아버지, 광야의 지도자인 모세의 영광에 버금가는 사람이다. 그러한 한 사람이 나라의 국방과 마병이 될 수 있는 것이다.

하나님은 양(量)보다 질(質)을 원하시는 분이다. 이스라엘 백성들이 속을 썩이고 패역할 때, 그들을 다 쓸어버리고 모세 한 사람으로 나라를 다시 세우겠다고 하셨다(민 14:12).

왕하 6:13-17 왕이 가로되 너희는 가서 엘리사가 어디 있나 보라 내가 보내어 잡으리라 혹이 왕에게 고하여 가로되 엘리사가 도단에 있나이다 왕이 이에 말과 병거와 많은 군사를 보내매 저희가 밤에 가서 그 성을 에워쌌더라 하나님의 사람의 수종드는 자가 일찌기 일어나서 나가보니 군사와 말과 병거가 성을 에워쌌는지라 그 사환이 엘리사에게 고하되 아아, 내 주여 우리

가 어찌하리이까 대답하되 두려워하지 말라 우리와 함께한 자가 저와 함께한 자보다 많으니라 하고 기도하여 가로되 여호와여 원컨대 저의 눈을 열어서 보게 하옵소서 하니 여호와께서 그 사환의 눈을 여시매 저가 보니 불 말과 불 병거가 산에 가득하여 엘리사를 둘렀더라

아람 군대가 엘리사가 머무는 도단 성을 에워쌌을 때에도 엘리사의 기도로 불 말과 불 병거가 호위하는 장면을 사환 게하시가 목격하였다.

하나님께서 엘리야와 엘리사를 이스라엘의 병거와 마병으로 삼으신 이유는 그들이 산 자의 믿음을 가진 자들이기 때문이다.

즉 엘리야가 가지고 있는 영감은 죽는 자의 도맥을 통해서 얻을 수 있는 영감이 아니다. 산 자의 도맥을 통해서만 얻을 수 있는 영감이며, 믿음의 영역이며, 능력이라고 말할 수 있다.

왕하 2:15-17 맞은편 여리고에 있는 선지자의 생도들이 저를 보며 말하기를 엘리야의 영감이 엘리사의 위에 머물렀다 하고 가서 저를 영접하여 그 앞에서 땅에 엎드리고 가로되 당신의 종들에게 용사 오십인이 있으니 청컨대 저희로 가서 당신의 주를 찾게 하소서 염려컨대 여호와의 신이 저를 들어가다가 어느 산에나 어느 골짜기에 던지셨을까 하나이다 엘리사가 가로되 보내지 말라 하나 무리가 저로 부끄러워하도록 강청하매 보내라 한지라 저희가 오십인을 보내었더니 사흘을 찾되 발견하지 못하고

엘리야가 승천하는 장면을 두 종류의 사람들이 바라보고 있다. 죽은 자의 도맥을 통해서 바라보는 자들은 하나님께서 회리바람으로 엘리야를 들어서 어디엔가 던지셨을 것이라고 생각했다. 마치 모세와 아론이 죽었을 때 장사지낸 것처럼 생각할 수밖에 없었기 때문에, 선지자의 생도들은 사흘 동안 엘리야의 시신을 찾았지만 발견하지 못했다.

그러나 산 자의 믿음을 가진 엘리사는 엘리야가 멜기세덱 반차를 타고 올라가는 것이라고 보았다. 이처럼 산 자의 믿음을 가진 자와 죽은 자의 믿음을 가진 자는 같은 상황을 보고도 서로 상반된 입장으로써 생각하고 바라보는 것이다.

그렇다면 엘리야는 어떤 사람이었기에 멜기세덱 반차를 좇아 하늘로 승천할 수 있었는가? 디셉 사람 엘리야! 그는 족보가 없는 사람이다(왕상 17:1).

성경에는 엘리야가 족보가 없는 사람으로 등장했지만 정말 엘리야가 족보가 없는 사람이었을까? 이 세상에 족보 없이 태어나는 사람은 없다. 엘리야가 하늘에서 떨어진 사람은 아니라는 뜻이다. 말씀이 육신으로 오신 예수님도 이 땅에 인자로 오시기 위해서 여인의 길로 오셨다. 하물며 피조물인 엘리야가 부모가 없이 이 세상에 태어날 리는 만무하다. 그렇다면 엘리야는 어떻게 족보가 없는 존재가 되었을까?

엘리야도 부모를 통해 이 땅에 왔으나, 땅의 족보가 지워진 것이다. 엘리야는 어떤 입장에서 땅의 족보가 지워졌는가? 그가 호렙산 굴에서 성령의 소욕으로 육신의 소욕과 싸워 이겼기 때문에, 육신의 소욕에 기록되어 있는 모든 내용들이 사라져버리고 만 것이다.

따라서 그는 혈과 육에 소속된 사람이 아니라, 하나님의 생명과 하나님의 영으로 완성된 사람으로서 족보가 없는 사람이 된 것이다.

과연 엘리야의 영감의 갑절을 받은 엘리사의 능력의 한계는 어떤 것일까? 두 배란 물질적인 양을 말하는 것이 아니다. 영육 간의 축복을 의미하는 것이다. 이처럼 영육 간의 축복을 받지 않고는 멜기세덱 반차의 비밀을 깨달을 수도 없고, 멜기세덱 반차를 따라갈 수도 없다.

멜기세덱은 아비도 없고 어미도 없고 족보도 없고 시작한 날도 없고 생명의 끝도 없어 하나님 아들과 방불하여 항상 제사장으로 있는 존재이다(히 7:3). 즉, 영원한 생명의 능력, 무궁한 생명의 능력을 가진 자이다. 엘리사가 엘리야의 승천을 보았기에 멜기세덱 반차의 비밀을 깨달을 수 있었다. 엘리사가 영원한 생명을 탄생시킬 수 있는 신비한 능력을 가진 사람이었기에, 수넴 여인에게 약속의 자녀를 줄 수 있었다.

> 왕하 13:20-21 엘리사가 죽으매 장사하였더니 해가 바뀌매 모압 적당이 지경을 범한지라 마침 사람을 장사하는 자들이 그 적당을 보고 그 시체를 엘리사의 묘실에 들이던지매 시체가 엘리사의 뼈에 닿자 곧 회생하여 일어섰더라

또 한 가지 놀라운 사실이다. 엘리사는 분명히 죽을 병이 들어서 죽었는데(왕하 13:14), 그의 시체에 다른 사람의 시체가 닿자마자 살아났다. 그 사건으로 엘리사는 산 자의 도맥을 간직한 채 이 땅에 머물러 있는 사람이라는 것을 알 수 있다. 성경에는 살아서 다른 사

람을 살려준 경우는 있지만, 죽은 시체가 죽은 사람을 살려준 경우는 엘리사뿐이다.

　그 사건을 통해 엘리사는 부활의 능력도 가지고 있는 사람이라는 것을 알 수 있다. 엘리사에게는 생명의 능력과 부활의 능력이 있는 것이다. 물론 메시아적인 차원의 생명의 능력과 부활의 능력을 가진 것은 아니다.

> 요 11:25-26 예수께서 가라사대 나는 부활이요 생명이니 나를 믿는 자는 죽어도 살겠고 무릇 살아서 나를 믿는 자는 영원히 죽지 아니하리니 이것을 네가 믿느냐

　예수께서 산 자의 두 도맥인 부활과 영생을 말씀하셨다. 엘리사도 작은 의미에서 새 생명을 줄 수도 있고, 죽은 사람을 살릴 수도 있는 능력을 가진 사람이다.

> 왕하 13:14 엘리사가 죽을 병이 들매 이스라엘 왕 요아스가 저에게로 내려가서 그 얼굴에 눈물을 흘리며 가로되 내 아버지여 내 아버지여 이스라엘의 병거와 마병이여 하매

　살아서도 수넴 여인의 죽은 아들을 살려주었고, 죽어서도 시체를 살려준 엘리사가 왜 정작 자신은 죽을 병에 걸려 죽었는가? 하나님의 사람의 죽음에는 인간이 알지 못하는 비밀이 들어있다. 즉 엘리사의 죽음은 비밀을 포장하는 보자기 역할을 한 것이다. 엘리사는 재림 마당에 등장하기 위하여 이 땅에 머물러 있는 것이다. 그 사명을 감당하기 위해 스스로 죽을 병을 선택한 것이다.

예수께서 "추수할 것은 많되 일군이 적으니 그러므로 추수하는 주인에게 청하여 추수할 일군들을 보내어 주소서 하라"(눅 10:2, 마 9:37-38)고 하셨다. "추수할 일꾼을 보내 달라고 기도하라"는 말씀은 이미 추수할 수 있는 일꾼을 준비해 놓으셨기 때문에 그렇게 말씀하신 것이다.

성경에는 예표의 사람들이 있다(슥 3:8). 그들은 하나님께서 때에 맞게 꼭 필요로 하는 사람들이다. 그들은 엘리야처럼, 엘리사처럼 만세 전에 준비된 사람들이다. 엘리사가 그런 능력을 가지고 있었기 때문에 그는 재림 마당에서 절대적으로 필요한 존재이다. 따라서 그는 재림 마당에 반드시 다시 등장하지 않으면 안 되는 사람이다. 그런 이유 때문에 엘리사가 엘리야의 갑절의 영감을 받았음에도 불구하고 하늘로 승천하지 않고 이 땅에 머물러 그때를 기다리고 있는 것이다.

2. 엘리사가 행한 열 가지 능력

엘리사가 엘리야의 영감의 갑절을 받음으로 이 땅에서 많은 능력을 행했다. 그 중에서 대표적인 열 가지의 능력을 살펴보면, 모세가 행한 열 가지 기사이적에 준하는 놀라운 능력이라는 것을 알 수 있다. 엘리사가 행한 능력은 다음과 같다.

(1) 물의 근원을 고치는 기적

> 왕하 2:19-22 그 성 사람들이 엘리사에게 고하되 우리 주께서 보시는 바와 같이 이 성읍의 터는 아름다우나 물이 좋지 못하므로 토산이 익지 못하고 떨어지나이다 엘리사가 가로되 새 그릇에 소금을 담아 내게로 가져오라 하매 곧 가져온지라 엘리사가 물 근원으로 나아가서 소금을 그 가운데 던지며 가로되 여호와의 말씀이 내가 이 물을 고쳤으니 이로 좇아 다시는 죽음이나 토산이 익지 못하고 떨어짐이 없을찌니라 하셨느니라 하니 그 물이 엘리사의 말과 같이 고쳐져서 오늘날에 이르렀더라

엘리사가 여리고 성에 있는 좋지 못한 물을 고친 내용이다. 이스라엘 백성들이 가나안 땅에 들어가서 첫 번째 전쟁을 한 곳이 여리고 성의 전투였다. 여리고 성은 가나안 땅의 성 중에서도 가장 견고하고 완벽한 아름다운 성이었다. 여리고 성은 가나안 땅에 들어가는 첫 관문이 되고, 요단강을 중심으로 강변에 있는 좋은 토질로 이루어진 땅이었기 때문에 수목이 풍성한 아름다운 지역이었다.

단, 여리고 성은 수원(水原)은 풍부했는데 수질이 나빠서 제대로 좋은 결실을 맺지 못했다. 그것이 여리고 성의 수원이 가진 약점이다. 여리고 성의 수원은 본래에는 나쁜 물이 아니었다. 그런데 여호수아가 하나님의 말씀으로 여리고 성을 저주했기 때문에(수 6:26) 여리고 성의 수질이 나빠진 것이다.

또, 여호수아가 여리고 성을 저주하기 전에 본질적으로 가나안 땅을 저주한 사람은 노아였다. 따라서 보이는 입장에서는 젖과 꿀

이 흐르는 가나안 땅이지만 영적으로는 이미 노아로부터 저주를 받았다. 그래서 가나안은 셈의 종으로 전락하고 말았다(창 9:25). 그런 저주의 땅으로 들어가는 관문이 여리고 성이었다.

여리고 성의 토산이 열매 맺지 못하는 마라와 같은 쓴물이 됨으로 말미암아 성에 거한 성도들이 엘리사에게 물을 고쳐줄 것을 요청했다. 그래서 엘리사가 수원을 고치는 과정에서 새 그릇에 소금을 담아오라고 요구했다.

> 레 2:13 네 모든 소제물에 소금을 치라 네 하나님의 언약의 소금을 네 소제에 빠지지 못할찌니 네 모든 예물에 소금을 드릴찌니라

새 그릇에 소금을 담아오라는 엘리사의 의중은 무엇일까? 여리고 성의 토산(열매와 곡식 등)은 소제에 해당된다. 소제에는 꼭 소금을 넣으라고 했다. 그래서 엘리사는 토산이 익지 못하는 나쁜 물에 새 그릇에 담아온 소금을 던졌다. 영적으로는 엘리사가 새 그릇에 담아온 소금을 쓴 물에 던져서 하나님께 소제를 드렸다는 뜻이다. 다시 말하면 새 그릇에 담긴 소금으로만 수원을 바꿀 수 있는 것이다. 그 결과 하나님께서 쓴 물을 단물로 만들어 주셨다. 그리스도 안에서 새로운 피조물이 되는 것처럼 하나님께서 소금의 언약을 통해서 쓴 물을 단물로 만들어 주신 것이다.

과연 엘리사가 아무 생각 없이 소금을 가져오라고 해서 던짐으로 단물이 된 것인가? 엘리사는 하나님의 선하신 뜻과 말씀으로써 만물을 다스릴 수 있는 이치와 원리를 알기 때문에 만물에게 명해서 그렇게 움직이는 것이다.

사 48:13 과연 내 손이 땅의 기초를 정하였고 내 오른손이 하늘에 폈나니 내가 부르면 천지가 일제히 서느니라

왜 하나님의 부르심에 만물이 일제히 설 수 있는가? 모든 만물 속에는 하나님의 신성과 능력이 들어있기 때문이다(롬 1:20). 만물들이 하나님의 아들들이 나타나기를 고대하고 있다(롬 8:19). 만물들이 하나님의 아들들이 나타나기를 고대한다는 말은 만물들도 하나님의 아들들을 바라볼 수 있다는 것이다.

엘리야가 하늘로 승천할 수 있는 것은 산 자가 되었다는 것이다. 그의 영감을 두 배 받은 엘리사도 지금 산 자가 되었다. 그렇기 때문에 엘리사가 창조 원리의 비밀을 알고, 그 원리를 이용해서 만물에게 명령하므로 만물이 순종하는 것이다. 그 한 가지 경우로 엘리사가 나쁜 수원에게 명하니 수원이 변화를 받아 본질적으로 달라진 것이다.

(2) 물과 피의 기적

왕하 3:5-7 아합이 죽은 후에 모압 왕이 이스라엘 왕을 배반한지라 그때에 여호람 왕이 사마리아에서 나가서 온 이스라엘을 점고하고 또 가서 유다 왕 여호사밧에게 보내어 이르되 모압 왕이 나를 배반하였으니 당신은 나와 함께 가서 모압을 치시겠느뇨 저가 가로되 내가 올라가리이다 나는 당신과 일반이요 내 백성은 당신의 백성과 일반이요 내 말들도 당신의 말들과 일반이니이다

이스라엘 왕 아합이 죽고 나서 모압 왕이 이스라엘을 배반하였다. 아합이 죽자마자 모압이 북조 이스라엘을 배반했다는 것은 아합의 왕위를 이어 받은 아들 여호람이 그의 아버지인 아합 왕만 못하다고 판단했기 때문이다.

이에 여호람이 자기 나라를 배신한 모압을 함께 치러가기를 간청하매 사돈 관계인 남조 유다의 여호사밧 왕이 어쩔 수 없이 그 청을 수락할 수밖에 없었다. 북조 이스라엘 여호람과 남조 유다 왕인 여호사밧, 그리고 남조 유다에 예속되어 있던 에돔 왕, 이렇게 세 왕이 연합해서 모압을 치러 간 것이다.

그런데 출정한지 일주일 만에 사람과 가축이 먹을 물이 떨어지고 말았다. 참으로 난감한 일이다. 전쟁은 고사하고 동원된 많은 병력과 가축들을 먹일 물이 없었기 때문에 매우 위급한 상황에 처해 있을 때 유다 왕 여호사밧이 하나님의 사람인 엘리사를 찾게 된다(왕하 3:9-11).

엘리사가 "내가 만일 유다 왕 여호사밧의 낯을 봄이 아니면 당신을 향하지도 아니하고 보지도 아니하였으리이다"(왕하 3:14)라고 했다. 그리고 엘리사가 거문고를 탈 때에 격동되었던 엘리사의 마음이 차분하게 가라앉고 하나님의 신의 감동을 받게 되었다(왕하 3:15). 그래서 골짜기를 파라는 지시를 통해 많은 물을 얻게 된다(왕하 3:16).

왕하 3:16-17 저가 가로되 여호와의 말씀이 이 골짜기에 개천을 많이 파라 하셨나이다 여호와께서 이르시기를 너희가 바람도 보지 못하고 비도 보지 못하되 이 골짜기에 물이 가득하여 너희와 너희 육축과 짐승이 마시리라 하셨나이다 모세는 반석을 쳐서 물을 얻었지만(출 17:6, 민 20:11), 엘리사는 땅을 파서 많은 물을 얻었다. 골짜기에 고인 물은 성령의 샘을 의미한다. 모세는 성자 예수님을 상징하는 반석에서 물을 얻었고, 엘리사는 성령의 샘을 파서 물을 얻은 것이다. 그래서 남조, 북조, 에돔의 세 나라 왕과 연합군들이 그 물로 인해서 기갈을 해소하고 말과 생축들에게도 물을 충분히 먹일 수 있었다.

> 왕하 3:22-24 아침에 모압 사람이 일찌기 일어나서 해가 물에 비취므로 맞은편 물이 붉어 피와 같음을 보고 가로되 이는 피라 필연 저 왕들이 싸워 서로 죽인 것이로다 모압 사람들아 이제 노략하러 가자 하고 이스라엘 진에 이르니 이스라엘 사람이 일어나 모압 사람을 쳐서 그 앞에서 도망하게 하고 그 지경에 들어가며 모압 사람을 치고

그런데 아침에 이 생수의 골짜기에 강처럼 가득 고인 물에 떠오르는 붉은 햇빛이 비추기 시작했다. 그러므로 빛의 굴절로 인해서 잠시 동안 시야에 착란현상을 일으키게 되었다.

그 곳은 원래 물이 없었던 골짜기였는데 골짜기 개천에 고인 물에 붉은 태양 빛의 굴절현상으로 인해 모압 쪽에서 바라볼 때에는 물이 피처럼 보였다. 그들의 생각에는 연합군들이 자중지란(自中之亂)을 일으킨 것으로 알고 방심하여 쳐들어왔다. 그 결과 연합군들이 무방비로 쳐들어온 모압 적군들을 단숨에 물리칠 수 있었다.

이 사건을 통해 알 수 있는 도비(道秘)는 무엇인가? 붉은 피, 즉 보혈의 능력은 마귀를 소멸시킬 수 있는 하나님의 능력이라는 것을 보여준 이적의 사건이었다.

(3) 탕감의 기적

> 왕하 4:1-7 선지자의 생도의 아내 중에 한 여인이 엘리사에게 부르짖어 가로되 당신의 종 나의 남편이 이미 죽었는데 당신의 종이 여호와를 경외한 줄은 당신이 아시는 바니이다 이제 채주가 이르러 나의 두 아이를 취하여 그 종을 삼고자 하나이다 엘리사가 저에게 이르되 내가 너를 위하여 어떻게 하랴 네 집에 무엇이 있는지 내게 고하라 저가 가로되 계집종의 집에 한 병 기름 외에는 아무 것도 없나이다 가로되 너는 밖에 나가서 모든 이웃에게 그릇을 빌라 빈 그릇을 빌되 조금 빌지 말고 너는 네 두 아들과 함께 들어가서 문을 닫고 그 모든 그릇에 기름을 부어서 차는대로 옮겨 놓으라 여인이 물러가서 그 두 아들과 함께 문을 닫은 후에 저희는 그릇을 그에게로 가져 오고 그는 부었더니 그릇에 다 찬지라 여인이 아들에게 이르되 또 그릇을 내게로 가져 오라 아들이 가로되 다른 그릇이 없나이다 하니 기름이 곧 그쳤더라 그 여인이 하나님의 사람에게 나아가서 고한대 저가 가로되 너는 가서 기름을 팔아 빚을 갚고 남은 것으로 너와 네 두 아들이 생활하라 하였더라

엘리사의 생도 중 하나가 빚을 청산하지 못하고 죽었는데 채주가 두 아이를 종으로 삼으려는 위기에 놓였다. 그 아내가 부르짖는 하소연에 엘리사가 빈 그릇을 빌려오면 기름을 채워줄 테니 그것을 팔아 빚을 갚고 생활하라고 했다. 그래서 그 여인이 그릇을 많이 빌려왔는데 더 이상 그릇이 없다고 하자 기름이 그쳤다는 내용이다.

하나님께서 우리에게 주시는 은혜는 무한(無限)한 은혜이다. 그

러나 그 은혜를 받는 사람들이 받을 그릇이 부족하기에 더 이상 받지 못하는 것을 보여주고 있다.

　　엘리사가 행한 이적 중, 첫 번째 사건이 여리고성의 물은 풍부했지만 토산이 익지 못함으로 나쁜 물을 좋은 물로 만드는 기적을 일으켰다. 두 번째는 골짜기의 개천을 많이 파서 물을 얻었고, 그 물에 태양이 비춰서 빛의 굴절현상을 통하여 피처럼 보이게 함으로 모압 사람들을 멸망시켰고, 세 번째는 빈 그릇에 기름을 채워주어 빚을 탕감해주었다.
　　이상의 세 가지 이적은 물과 기름의 이적이다. 모세는 반석을 쳐서 생수를 얻었다. 고린도전서 10:4에서 반석은 그리스도라고 했다. 즉 생수는 예수님께로부터 얻는다는 것이 보편적인 개념이다. 그러나 엘리사는 반석을 쳐서 생수를 얻은 것이 아니라, 골짜기를 파서 개천을 이루는 많은 생수를 얻었다. 즉 땅에서 생수를 얻은 것이다. 땅에서 샘처럼 솟아오른 생수는 여성을 상징한다. 즉 성령을 의미한다. 그렇기 때문에 반석에서 얻은 물이 성자 예수께서 주신 물이라면, 땅에서 얻은 생수는 성령이 주시는 물이라고 할 수 있다.

> 계 22:17 성령과 신부가 말씀하시기를 오라 하시는도다 듣는 자도 오라 할 것이요 목마른 자도 올 것이요 또 원하는 자는 값 없이 생명수를 받으라 하시더라

　　예수님은 말씀이 육신으로 오신 분이지만, 신부는 성령이 육신을 입은 분이다. 예수님의 육신은 흙 차원으로 이루어진 육신이 아니다. 예수님은 독생하신 하나님으로서 말씀이 육신으로 오신 분이

다(요 1:14). 그러나 신부의 육신은 하나님의 아들과 방불한 차원의 거룩한 육신이지만, 본질은 흙의 존재인 피조물이다. 요셉은 이 땅에 성령의 사람으로 태어났지만, 그의 전생은 역시 흙에서 출발한 것이다.

따라서 엘리사가 행한 세 가지 역사의 공통점은 물과 기름이다. 즉 성령의 역사를 엘리사를 통해서 보여주고 있는 것이다. 엘리사는 엘리야로부터 성령을 받았다는 것을 짐작할 수 있다. 구약 마당에 이런 성령의 역사가 엘리사의 사역 속에 감추어져 있었다는 것은 참으로 놀라운 사실이다.

물론 그 성령은 예수께서 승천하신 후에 보내주신 보혜사 성령과는 다른 것이다. "예수께서 아직 영광을 받지 않으심으로 성령이 아직 저희에게 계시지 아니하시더라"(요 7:39)고 하였다. 예수께서 십자가 사건을 통하여 영광을 받으심으로 비로소 예수님 안에 계신 성령이 완전한 성령으로서 역사하실 수 있었던 것이다. 부활하신 예수께서 하늘 우편 보좌로 승천하심으로 비로소 완전하신 보혜사 성령을 보내주신 것이다.

그러면 구약 마당에서는 성령의 역사가 없었는가? 구약 마당에서도 성령의 역사가 진행되었다. 그러나 구약 마당에서 역사한 성령은 성신이다.

> 시 51:10-11 하나님이여 내 속에 정한 마음을 창조하시고 내 안에 정직한 영을 새롭게 하소서 나를 주 앞에서 쫓아내지 마시며 주의 성신을 내게서 거두지 마소서

구약 마당의 다윗이 밧세바 사건으로 죄를 짓고 나단 선지로부터 책망을 들었을 때 회개하므로 신앙고백을 하는 내용이다. "주의 성신을 내게서 거두지 마소서"라는 고백을 통하여 다윗에게도 성신이 임하여 역사했다는 것을 알 수 있다.

그렇다면 예수님의 완전하신 성령과 성신은 어떤 차이가 있는가? 예수께서 이 땅에 오시기 전, 구약 마당에서 역사한 성신은 네 생물의 영이다. 약속하신 자손이 오시기 전까지 네 생물이 때로는 멜기세덱으로, 때로는 여호와 하나님으로 역사하였다.[38]

(4) 잉태의 기적

> 왕하 4:16-17 엘리사가 가로되 돐이 되면 네가 아들을 안으리라 여인이 가로되 아니로소이다 내 주 하나님의 사람이여 당신의 계집종을 속이지 마옵소서 하니라 여인이 과연 잉태하여 돐이 돌아오매 엘리사의 말한대로 아들을 낳았더라

성경에 이 땅 위에 살고 있는, 우리와 같은 성정을 가진 사람으로서 잉태의 능력을 행한 것은 엘리사가 처음 있는 일이다. 사사기에 보면 삼손의 아버지 마노아에게 '기묘'라고 하는 하늘에서 온 특별한 천사가 삼손이 태어날 것을 고지한 사실이 있지만(삿 13:3-5, 13:18) 그는 이 땅의 사람이 아니다. 이 땅의 사람으로서 잉태의 능

---

38) 그 네 생물의 영이 성신으로 역사한 것이다. 앞으로 출간될 '종말론적 구속사 시리즈' 제 4권 <네 생물, 그들은 누구인가?>에서 자세히 밝히고자 한다.

력을 행할 수 있다는 것은 흔히 볼 수 없는 아주 특별한 경우이다.

성경에는 '여호와께서 그 간구를 들으셨으므로'(창 25:21), '라헬을 생각한지라'(창 30:22), '그를 생각하신지라(삼상 1:19)'고 하나님께서 잉태의 능력을 베푸신 사건이 많이 소개되어있다. 하지만 이 땅에 살고 있는 우리와 똑같은 성정을 가진 사람이 잉태의 능력을 행한 사건은 성경 전체에서 엘리사의 경우가 유일무이하다.

과연 피조물인 엘리사가 어떻게 잉태의 능력을 행할 수 있는 것인가?

엘리사는 어떻게 석녀인 수넴 여인에게 아이를 낳게 하였을까? 수넴 여인의 남편 역시 아이를 생산할 수 없는 나이가 많은 남자였다. 그렇다면 수넴 여인이 낳은 아이는 분명히 육신의 자녀가 아니라 약속의 자녀라는 것을 알 수 있다. 그러면 엘리사는 누구이기에, 엘리사가 갖고 있는 능력은 어떤 것이기에, 그가 약속의 자녀를 이 땅에 태어나게 할 수 있었을까? 생각할수록 참 놀라운 사건이다.

분명한 것은, 성경에 기록된 모든 구원의 수는 이미 확정되어 있다는 것이다. 순교자의 수, 이 땅에서 죽지 않고 변화 받는 수, 아브라함과 함께 거룩한 성에서 안식을 누리는 의인들의 수 등, 모든 구원의 수는 정확하게 만세전에 예비되고 준비되어 있다.

그렇다면 엘리사가 수넴 여인에게 약속의 자녀를 생산할 수 있도록 역사한 역사의 내용 속에는 어떠한 구속사의 비밀이 감추어져 있는 것인가? 존귀한 하나님의 부르심으로 이 땅에 부르심을 입고 태어날 수 있는 자녀들이 하늘에서 자기 때를 기다리고 있다. 이 땅에 태어나는 것은 아무 의미 없이 태어나는 것이 아니라 누군가 이 땅에 태어날 수 있도록 허락해주시고 축복해주셔야만 이 땅에 태어날 수 있는 것이다.

그런 의미에서 본다면 "돐이 오면 네가 아들을 안으리라"고 엘리사가 말씀함으로 말미암아 그 말씀과 동시에 아이가 수넴 여인에게 잉태되는 사건이 이루어진 것이다. 하나님의 부르심으로 이 땅에 태어날 존귀한 약속의 자녀들 중에서 엘리사가 한 생명을 불러 수넴 여인의 태에 수육을 시킨 것이다. 이 땅에 올 수 있는 예정된 사람 중, 하나를 엘리사가 바라보고 수넴 여인의 태 속으로 불러들인 셈이다.

> 왕하 4:34-35 아이의 위에 올라 엎드려 자기 입을 그 입에, 자기 눈을 그 눈에, 자기 손을 그 손에 대고 그 몸에 엎드리니 아이의 살이 차차 따뜻하더라 엘리사가 내려서 집 안에서 한 번 이리 저리 다니고 다시 아이 위에 올라 엎드리니 아이가 일곱 번 재채기 하고 눈을 뜨는지라

또, 수넴 여인의 아들이 죽었을 때 엘리사가 그를 살려내는 방법도 특이한 방법이다. 성경에서 유일무이하게 하나밖에 없는 방법이다. 입과 입을 마주 대하고, 눈과 눈을 마주 대하고, 손과 손을 대고 엎드렸다. 그러자 죽은 아이의 살이 점차 따뜻해짐으로 나중에는 아이가 일곱 번 재채기를 하고 살아났다. 사람을 살려내는 방법 중에서 두 번 다시 볼 수 없는, 특이한 방법으로 수넴 여인의 아들을 살려냈다.

엘리사는 부활의 능력을 가지고 있었다. 그렇기 때문에 죽은 수넴 여인의 아들을 독특한 자기 방식으로 살려낸 것이다. 남이 한 번도 시도해보지 않은 방법으로 수넴 여인의 아들을 살려낼 수 있었던 것이다. 그런 점에서 수넴 여인의 사건은 참으로 신묘막측한 사건이다.

그 점에 있어서는 엘리야와 엘리사의 공통점이 있다. 엘리야 역시 사렙다 과부의 죽은 아들을 살려주는 기적을 행했다. 구약 마당에서 엘리야가 최초로 죽은 사람을 살려준 것이다. 즉 사렙다 과부에게 부활의 비밀을 가르쳐준 것이다. 엘리사는 수넴 여인에게, 엘리야는 사렙다 과부에게 부활의 비밀을 가르쳐 주어야만 되는 공통적인 이유가 무엇인가?

왕상 17:17-24 이 일 후에 그 집 주모 되는 여인의 아들이 병들어 증세가 심히 위중하다가 숨이 끊어진지라 여인이 엘리야에게 이르되 하나님의 사람이여 당신이 나로 더불어 무슨 상관이 있기로 내 죄를 생각나게 하고 또 내 아들을 죽게 하려고 내게 오셨나이까 엘리야가 저에게 그 아들을 달라 하여 그를 그 여인의 품에서 취하여 안고 자기의 거처하는 다락에 올라가서 자기 침상에 누이고 여호와께 부르짖어 가로되 나의 하나님 여호와여 주께서 또 내가 우거하는 집 과부에게 재앙을 내리사 그 아들로 죽게 하셨나이까 하고 그 아이 위에 몸을 세 번 펴서 엎드리고 여호와께 부르짖어 가로되 나의 하나님 여호와여 원컨대 이 아이의 혼으로 그 몸에 돌아오게 하옵소서 하니 여호와께서 엘리야의 소리를 들으시므

> 로 그 아이의 혼이 몸으로 돌아오고 살아난지라 엘리야가 그 아이를 안고 다락에서 방으로 내려가서 그 어미에게 주며 이르되 보라 네 아들이 살았느니라 여인이 엘리야에게 이르되 내가 이제야 당신은 하나님의 사람이시요 당신의 입에 있는 여호와의 말씀이 진실한줄 아노라 하니라

사렙다 과부에게는 극심한 흉년으로 인해 아들과 함께 먹고 죽을 마지막 남은 밀가루가 전부였다. 그 한 줌의 가루로 작은 떡을 만들어 하나님의 사람 엘리야를 공궤한 공로로 통에 가루가 떨어지지 않았다. 즉 엘리야와 함께 사는 3년 동안 하늘의 만나를 먹고 산 것이다(왕상 17:8-16).

그런데 하늘의 만나를 먹고도 그 의미, 가치를 깨닫지 못한다면 3년 동안 먹은 만나가 아무 의미가 없게 된다. 그렇기 때문에 3년 동안 만나를 먹은 것에 대한 올바른 깨달음을 주기 위해서 하나님께서 사렙다 과부의 아들을 죽게 한 것이다. 그리고 엘리야로 하여금 다시 사렙다 과부의 아들을 살려주게 하신 것이다.

그 순간 사렙다 과부가 "이제야 당신이 진정 참 하나님의 사람이심을 믿습니다"(왕상 17:24)라고 고백한 것으로 볼 때, 그녀가 부활의 참 비의를 깨달은 것을 알 수 있다. 사렙다 과부가 하나님께서 보내신 자를 온전히 믿으면 부활의 은총을 입을 수 있다는 점을 깨달은 것이다.

엘리야와 엘리사, 그들은 어떻게 부활의 능력을 입을 수가 있었는가?

변화의 산에서 모세와 엘리야가 예수님의 십자가 죽음에 대해서 삼자회담을 하였다(마 17:1-3, 막 9:2-4, 눅 9:28-31). 천상천하에 예수님의 죽음의 비밀을 상의하고 협의한 사람은 모세와 엘리야밖에 없다. 즉 엘리야는 부활과 변화의 비밀을 깨달은 사람이다. 그렇다면 또 엘리야를 통해서 엘리사가 그 비밀을 알게 되지 않았겠는가? 따라서 엘리야의 영감의 갑절을 받은 엘리사가 부활과 변화의 능력을 받는 것은 당연한 것이다.

그렇다면 수넴 여인의 아들은 왜 죽은 것인가?

> 왕하 4:16 엘리사가 가로되 돐이 되면 네가 아들을 안으리라 여인이 가로되 아니로소이다 내 주 하나님의 사람이여 당신의 계집종을 속이지 마옵소서 하니라

엘리사가 수넴 여인에게 "돐이 되면 네가 아들을 안으리라"고 하자, "아니로소이다. 내 주, 하나님의 사람이여. 당신의 계집종을 속이지 마옵소서"라고 부인했다. 마리아처럼 "주의 계집종이오니 말씀대로 내게 이루어지이다"(눅 1:38)라고 했으면 얼마나 좋았겠는가? 수넴 여인이 믿지 못하는 불신으로 말미암아 수넴 여인의 아들이 본래 받아야 할 은혜와 축복과 영광을 다 빼앗기고 말았다.

"기한이 이를 때에 네 아내 사라에게 아들이 있으리라'"(창 18:10)는 하나님의 말씀에 사라가 웃고, 여호와 하나님이 웃음을 지적할 때 두려움에 순간적으로 부인함으로, 이삭에게 본래 주고자 하신 영광을 빼앗겼다. 그래서 이삭의 본래 영광을 되찾아주려고 아

브라함에게 이삭을 바치라고 하신 것이다. 아브라함이 이삭을 바치는 순간 "이제야, 네가 나를 믿는 줄을 아노라"(창 22:12)고 하신 것은 빼앗긴 이삭의 영광을 회복했다는 것이다.

그런 이유에서 수넴 여인의 아들도 하나님께서 죽게 하신 것이다. 수넴 여인이 엘리사의 두 발을 안고 흐느껴 울 때에 게하시가 만류하려고 하자 "그만두어라. 저에게 심히 깊은 괴로움이 있구나. 하나님이 이것을 내게 알리지 않고 그런 일을 행하셨구나"(왕하 4:27)라는 내용을 보면 하나님께서 수넴 여인의 아들을 치셨다는 것을 알 수 있다.

그래서 엘리사가 게하시에게 먼저 자기 지팡이를 주면서 "가다가 누굴 만나도 인사하지 말고 내 지팡이를 아이의 얼굴 옆에 놓으라"(왕하 4:29)고 했다. 게하시가 엘리사의 말대로 지팡이를 갖다 놓았는데도 아이가 살아나지 않았다.

물론 그 엘리사의 지팡이는 하나님의 사람의 능력의 지팡이다. 그러나 비록 하나님의 능력의 지팡이라 할지라도 사용하는 사람에 따라 능력의 여부가 나타나는 것이다. 게하시는 참 하나님의 종이 아니다. 게하시는 나아만 장군의 사건 때, 엘리사의 말을 어기고 나아만 장군에게 좇아가 두 벌 옷과 은 두 달란트를 받은 사실을 속인 죄로 문둥이가 된 사람이다(왕하 5:20-27). 게하시가 설령 하나님의 능력의 지팡이를 손에 쥐었다 할지라도 그를 통해서는 그 능력의 지팡이의 효력이 나타나지 않은 것이다.

그래서 결국 엘리사가 가서 입과 입을 대고, 눈과 눈을 대고, 손과 손을 대고 그의 위에 엎드려 한 몸을 이룸으로 말미암아 아이가 살아났다. 죽으면 시신이 차가워진다. 아이의 살에 엘리사의 체온이

전해짐으로 말미암아 아이가 일곱 번 재채기를 하고 살아났다.

엘리사가 아이에게 눈과 눈을 마주 대했다는 것은 무슨 의미인가? 사람의 눈은 마음의 창이라고 한다. 즉 눈은 사람의 마음, 혼과 영을 의미한다. 입은 말씀을 의미하고, 손은 하나님의 신, 창조의 능력을 의미하는 것이다. 하나님이 흙으로 사람을 지으실 때, 손으로 지으신 것이다. 바꾸어 말하면 손은 성령을 뜻하는 것이다.

> 막 5:41 그 아이의 손을 잡고 가라사대 달리다굼 하시니 번역하면 곧 소녀야 내가 네게 말하노니 일어나라 하심이라

회당장 야이로의 딸이 죽었을 때, 제자들도 다 그 집에 함께 갔다. 그러나 정작 방에는 베드로, 야고보, 요한 세 제자들만 데리고 들어가셨다. 세 제자들이 들어가서 죽은 아이를 위해서 어떻게 역사했는가?

물론 세 제자들이 자기들이 행해야 할 일을 알고 행한 것은 아니다. 그들이 모르고 쓰임 받고 있지만, 예수께서 세 제자를 꼭 동행시켜야 하는 이유가 있다. 그들이 성부·성자·성령의 대행자로서의 사명을 행해야 하는 의미를 부여하신 것이다.

영적으로 말하면, 한 사람에게는 소녀의 눈을, 한 사람에게는 소녀의 입을, 한 사람에게는 소녀의 손을 붙잡게 하신 것이다. 그리고 예수께서 "달리다굼, 즉 번역하면 소녀여 일어나라"(막 5:41)하신 것이다. 그래서 죽은 소녀를 일으키는 부활의 세 가지의 요건을 세 제자로 하여금 대행시키는 모습을 볼 수 있는 것이다.

그런데 엘리사는 혼자서 그 일을 친히 담당해야 하기 때문에, 자기의 눈으로, 자기의 입으로, 자기의 두 손으로 죽은 아이 몸의 세 부

분을 접촉하였다. 그 결과 죽은 아이가 일곱 번 재채기를 하고 살아난 것이다.

엘리사가 수넴 여인에게 은혜를 베푼 이유는 무엇인가?

엘리사의 역사 가운데 수넴 여인에 대한 내용은 큰 비중을 차지하고 있다. 이 사건 후에 엘리사가 수넴 여인에게 "너는 일어나서 네 권속과 함께 거할 만한 곳으로 가서 거하라. 여호와께서 기근을 명하셨으니 그대로 이 땅에 칠 년 동안 임하리라"(왕하 8:1)고 했다. 그래서 수넴 여인이 블레셋 땅에 가서 칠 년간 머무르다 돌아왔다.

그런데 놀라운 것은 그 여인이 돌아와서 자기의 농경지와 전토를 다시 찾아달라고 왕에게 호소하려고 찾아왔다. 그때 왕이 엘리사가 행한 역사의 내용을 수록하기 위해서 엘리사의 몸종 게하시와 대화를 하던 참이었다.

게하시가 한참 수넴 여인에 대해 이야기하고 있는데 때마침 수넴 여인이 자기 아들을 데리고 왕에게 호소하러 왔다. 그러자 게하시가 "내 주 왕이여 이는 그 여인이요 저는 그 아들이니 곧 엘리사가 다시 살린 자니이다"(왕하 8:5) 그래서 왕이 특별한 배려를 통해서 수넴 여인의 농경지를 전부 찾아주었다.

수넴 여인의 사건은 엘리사가 행한 어느 기적의 사건보다도 매우 비중있는 사건이다. 피조물로서 잉태를 시킨 일과 또 그렇게 태어났다 죽은 사람을 살려낸 일을 성경에서 두 번 다시 찾아볼 수 없다.

그렇다면 엘리사는 왜 수넴 여인에게 그처럼 각별한 배려를 베풀고 있는가? 그 이유가 무엇인가?

> 왕하 5:14-16 나아만이 이에 내려가서 하나님의 사람의 말씀대로 요단강에 일곱번 몸을 잠그니 그 살이 여전하여 어린아이의 살 같아서 깨끗하게 되었더라 나아만이 모든 종자와 함께 하나님의 사람에게로 도로 와서 그 앞에 서서 가로되 내가 이제 이스라엘 외에는 온 천하에 신이 없는 줄을 아나이다 청컨대 당신의 종에게서 예물을 받으소서 가로되 나의 섬기는 여호와의 사심을 가리켜 맹세하노니 내가 받지 아니하리라 나아만이 받으라 강권하되 저가 고사한지라

아람 왕의 군대장관 나아만은 큰 용사였으나 문둥병자였다. 그가 이스라엘에서 온 계집종의 말을 듣고 엘리사에게 찾아왔다. 엘리사가 요단 강물에 일곱 번 씻으라는 말에 격분하여 돌아가고자 했으나, 지혜로운 신하의 권유로 요단 강물에 일곱 번 씻어 문둥병이 나았다(왕하 5:1-14).

나아만 장군은 은 10달란트, 금 6천개와 의복 열 벌이라는(왕하 5:5)[39] 엄청난 재물을 가져왔다. 그것을 자신의 문둥병을 고쳐준 엘리사에게 주고자 간청했으나 엘리사가 끝내 고사(固辭)하였다. 엘리사는 나아만 장군이 가져온 그 많은 예물을 왜 받지 않았을까?

엘리사의 몸종인 게하시는 '이스라엘에 가난한 사람들이 얼마나 많은데, 왜 우리 선생님은 저 돈을 받지 않으실까? 자기가 쓰지 않더

---

39) 한 달란트의 무게는 33kg이고, 열 달란트라면 330kg에 해당된다.

라도, 가난한 사람들을 도와주면 좋을텐데, 왜 그것을 도로 가져가게 하실까?'라고 생각했다. 게하시의 생각도 상식적으로는 이해할 수 있는 생각이다.

게다가 나아만 장군이 엘리사에게 예물을 받으라고 사정사정 했는데도 끝내 고사하고 도로 가져가게 했다. 그래서 게하시가 "여호와의 사심을 가리켜 맹세하노니, 내가 저를 쫓아가서 무엇이든지 그에게서 취하리라"(왕하 5:20)하고 쫓아가서 거짓말을 하고 은 한 달란트와 옷 두 벌을 달라고 했다. 그러자 나아만 장군이 은 두 달란트와 옷 두 벌을 주어서 보냈다(왕하 5:23).

> 왕하 5:25-27 들어가서 그 주인 앞에 서니 엘리사가 이르되 게하시야 네가 어디서 오느냐 대답하되 종이 아무데도 가지 아니하였나이다 엘리사가 이르되 그 사람이 수레에서 내려 너를 맞을 때에 내 심령이 감각되지 아니하였느냐 지금이 어찌 은을 받으며 옷을 받으며 감람원이나 포도원이나 양이나 소나 남종이나 여종을 받을 때냐 그러므로 나아만의 문둥병이 네게 들어 네 자손에게 미쳐 영원토록 이르리라 게하시가 그 앞에서 물러나오매 문둥병이 발하여 눈 같이 되었더라

게하시가 자기 하인들에게 그것을 집에 가져다 감추게 하고, 자기는 스승 엘리사에게 갔더니 엘리사가 "지금이 어찌 은을 받으며 옷을 받으며 감람원이나 포도원이나 양이나 소나 남종이나 여종을 받을 때냐? 그러므로 나아만의 문둥병이 네게 들어 네 자손에게 미쳐 영원토록 이르리라"고 책망하였다. 그 말씀과 동시에 게하시에게 문둥병이 발하여 눈 같이 되었다고 했다.

나아만 장군의 예물을 끝끝내 사양한 엘리사의 의중 속에는 나아만 장군에게 어떤 간절한 바람이 있었기 때문에 그의 예물을 고사한 것이 아니겠는가? 그 간절한 바람이 무엇인지 게하시는 짐작할 수 없었다.

엘리사가 은혜를 베푼 수넴 여인과 나아만 장군에게 바라는 것이 무엇이었겠는가? 그렇다면 엘리야가 사렙다 과부에게 은혜를 베풀어 주었을 때에도 그처럼 바라는 것이 있지 않았겠는가?
구약 마당에서는 엘리야가 최초로 죽은 자를 살려낸 사람이다. 상징적으로는 사렙다 과부의 아들도 부활의 자녀라고 말할 수 있다. 엘리사는 수넴 여인에게 약속과 부활의 의미를 가지고 있는 자녀를 주었다. 또 나아만 장군을 통하여 최초로 천형(天刑)인 문둥병이 낫는 기적을 보여주었다.
이처럼 엘리야가 한 사람을 준비했다면 엘리야의 영감의 두 배를 받은 엘리사는 두 사람을 준비하여, 모두 세 사람이 준비가 되었다. 준비된 세 사람들의 후손 중에서 세 동방박사를 준비했다는 놀라운 사실을 알 수 있다.

> 마 2:11 집에 들어가 아기와 그 모친 마리아의 함께 있는 것을 보고 엎드려 아기께 경배하고 보배합을 열어 황금과 유향과 몰약을 예물로 드리니라

동방박사는 이스라엘 백성들이 아니었다.[40] 멀리 동방에서부터

---

40) 동방박사는 바벨론, 바사, 아라비아 등지에서 온 현인, 또는 점성술가로 전해진다. 그들이 메시야 탄생을 기다렸다 별을 보고 수천 키로미터 떨어진 먼 길을 찾아와 아기

세 박사들이 황금과 유향과 몰약을 가지고 아기 예수님을 찾아와 경배를 드렸다.

요셉과 마리아가 여인숙을 찾았을 때, 정말 방이 없어서 방을 내주지 않은 것일까? 요셉과 마리아의 행색이 너무 초라하고 가난해 보였기 때문에 여인숙 주인이 방이 없다고 말한 것이 아닐까?

그 당시 헤롯이 메시아 탄생의 소식을 듣고 두 살 이하의 사내아이들을 다 죽였다(마 2:16). 아기 예수님이 헤롯의 눈을 피해 애굽으로 피신해야 하는데, 만일 동방박사들이 아기 예수님께 찾아와 황금과 유황과 몰약을 드리지 않았으면 요셉과 마리아가 애굽으로 피난할 수 없었을 것이다. 가난한 요셉과 마리아는 동방박사들이 가져온 예물로 인해 애굽으로 피난가서 몇 년 동안 버틸 수 있었다(마 2:13-15).

성경에 표면적으로 나와 있지는 않지만, 동방박사를 준비하기 위해 사전에 엘리야가 사렙다 과부의 가문에 은밀한 깨우침을 주지 않았겠는가? 엘리사 또한 나아만 장군의 가문과 수넴 여인의 가문에 메시야 탄생의 비밀을 분명히 가르쳐 주었을 것이다.

다시 말하면 사전적으로 "장차 유대 땅에 메시야가 탄생되는데 너희 후손들 중 누군가 그 메시야를 위해서 황금과 유향과 몰약의 세 가지 예물을 가지고 경배를 드리라"는 깊은 도비가 세 가정을 통해서 전해지고 있었을 것이다. 그들은 이미 그들의 선조들이 엘리야와 엘리사를 통하여 깊은 은혜를 입었기에 가문을 통해 전해져오는 그 명령을 따를 수밖에 없는 입장이 된 것이다.

예수께 경배드리고, 황금과 유향과 몰약을 바쳤다.
-라이프 성경사전, 가스펠서브 발행, 생명의 말씀사

이처럼 엘리야와 엘리사가 세 사람을 준비한 것은 모르고 행한 것이 아니라, 알고 준비한 것이다. 그런 이유에서 게하시를 책망한 것이다. "지금이 어찌 은을 받으며 옷을 받으며 감람원이나 포도원이나 양이나 소나 남종이나 여종을 받을 때냐"(왕하 5:26)는 말씀과, 끝내 고사한 엘리사의 행동을 보아 이 모든 정황을 알 수 있다. 엘리사가 나아만 장군의 문둥병을 고쳐준 것은 막연히 문둥병을 고쳐준 것이 아니라, 그 사람을 고쳐주는 분명한 목적을 알고 행한 것이다.

엘리사가 수넴 여인에게 행한 것 역시 우연히 행한 것이 아니다. 엘리사의 입장에서는 이왕이면 자기를 위해서 정성을 다 바치는 수넴 여인의 가정에 하나님께서 이루고자 하시는 선하신 한 뜻을 심어준 것이다. 엘리사가 그런 뜻을 그 가정에 심어줄 수 있었기 때문에 수넴 여인에게 당당하게 "돐이 되면 네가 아들을 안으리라"고 말씀한 것이다.

다시 말하면 그 역사를 행하기 전에 엘리사가 먼저 하나님께 구한 것이다. "예수님을 위해서 이런 목적을 가지고 준비를 해야 하는데, 제가 보기에는 이 가정이 합당한 가정인 것 같습니다. 하나님! 이 가정에 그 뜻을 심었으면 좋겠습니다"라고 구할 때, 하나님께서 흔쾌하게 허락하셨기 때문에 엘리사가 "돐이 되면 네가 아들을 안으리라"고 말씀한 것이 아니겠는가?

엘리사 자체가 그런 능력을 부여한다는 의미보다는 하나님의 뜻을 그 가정에 심어준 것이다. 심어준 그 가정을 더욱 더 돈독한 믿음의 가정으로 만들어주기 위해서 죽은 아들을 다시 살려준 것이다. 사렙다 과부의 아들과 수넴 여인의 아들을 살려준 의중은 "장차 너희들의 후손이 메시야를 찾아가 경배 드릴 때, 황금과 유향과 몰약의 예물을 받으실 분이 바로 죽은 자를 부활시켜주시는 부활의 주이시다"라는 것을 상징적으로 보여주고 깨닫게 하기 위함이다.

(5) 해독의 기적

> 왕하 4:38-41 엘리사가 다시 길갈에 이르니 그 땅에 흉년이 들었는데 선지자의 생도가 엘리사의 앞에 앉은지라 엘리사가 자기 사환에게 이르되 큰 솥을 걸고 선지자의 생도들을 위하여 국을 끓이라 하매 한 사람이 채소를 캐러 들에 나가서 야등덩굴을 만나 그것에서 들 외를 따서 옷자락에 채워가지고 돌아와서 썰어 국 끓이는 솥에 넣되 저희는 무엇인지 알지 못한지라 이에 퍼다가 무리에게 주어 먹게 하였더니 무리가 국을 먹다가 외쳐 가로되 하나님의 사람이여 솥에 사망의 독이 있나이다 하고 능히 먹지 못하는지라 엘리사가 가로되 그러면 가루를 가져오라 하여 솥에 던지고 가로되 퍼다가 무리에게 주어 먹게 하라 하매 이에 솥 가운데 해독이 없어지니라

엘리사와 엘리사의 생도들이 길갈에 모여 있는데 기근이 들었으니 얼마나 힘들었겠는가? 그래서 생도들이 국의 양을 늘리기 위해서 들 외를 따다가 국에 썰어 넣었다. 생도들이 국을 먹다보니 독이 들어 있어서 먹을 수가 없다고 하자, 엘리사가 가루를 가지고 오라고 해서 국에 던져 넣고 "무리에게 주어 먹게 하라"고 하니 독이 없어졌다.

사람이 정말 배가 고프면 눈이 뒤집힌다. 공자도 "삼일을 굶으면 남의 집 담을 뛰어넘지 않을 자가 없다"고 했다. 성경에는 굶주림에 대해 잘 표현된 내용이 있다. 굶주림의 극치는 자식을 삶아먹는 것이다. 얼마나 굶주려 눈이 뒤집히면 자기 자식을 삶아먹겠는가? 굶주린 자는 본성을 잃게 되고, 자아를 잃게 되고, 믿음을 잃게 된다.

말씀이 육신이 되어 오신 예수님도 40일 금식하신 후에 마귀가 "돌로 하여금 떡덩이가 되게 하라"(마 4:3, 눅 4:3)고 먹는 문제로 유혹을 했다. 사람에게 굶주린다는 것이 얼마나 고통스럽다는 것을 알 수 있다.

현대에 살고 있는 사람들은 양식이 풍부하여 굶주리는 사람들이 별로 없다. 그러나 현대에 살고 있는 사람들에게는 진정한 굶주림이 있다.

"양식이 없어 주림이 아니며 물이 없어 갈함이 아니요 여호와의 말씀을 듣지 못한 기갈이라"(암 8:11)는 영의 양식에 대한 기근이 있다. 지금은 정말 말씀이 없는 때이다.

시 85:11 진리는 땅에서 솟아나고 의는 하늘에서 하감하였도다

'땅에서 솟아나는 진리'는 만물 속에 들어 있는 하나님의 신성을 통해서 깨닫게 되는 진리이고, '하늘에서 하감하는 의'는 하늘에서 내려오는 진리이다. 따라서 같은 진리이지만 하늘에서 내려오는 진리가 있고, 땅에서 솟아나는 진리가 있다. 진리의 근본에는 그런 차이가 있다.

오늘날 세상 각처에서 소개하는 말씀들이 전부 다 하늘에서 오

신 말씀이 아니라는 뜻이다. 만나처럼 하늘의 궁창의 문을 열고 이 땅에 온 말씀이 아니라는 것이다. 세상의 이치와 지혜를 따라 전해진 땅의 진리라는 것이다. 그래서 물이 없어 기갈이 아니라 말씀이 없는 영적 기갈이 온다는 것이다.

그런 이유에서 하나님께서 새 언약을 주시는 것이다. 새 언약을 주시는 것은 전의 언약에 약점이 많기 때문이다. 전의 언약이 시대에 맞지 않고 뒤떨어지는 언약이기 때문이다. 날로 승승장구하고 있는 사단 마귀와 싸워 이길 수 있는 능력을 가지지 못한 말씀이기 때문에 하나님께서 그 언약을 폐기시키고 새로운 말씀으로 새 언약을 맺게 한 것이다.

그래야 새로운 시대의 문을 열 수 있는 새로운 주인공이 되어서 구시대를 장악하고 있는 어둠의 권세와 싸워 이길 수 있는 중심이 되는 것이다.

말씀의 영적 기갈이 온다는 뜻이 무엇인가? 새로운 말씀이 등장할 때마다 새로운 언약에 대한 계약 체결이 이루어지는 것이다.

구약 때의 율법으로는 죄를 깨닫게 하는 것이지 구원받을 수 없다. 신약 때의 은혜와 진리의 말씀을 가지고는 구원받을 수는 있지만, 변화 받을 수는 없다. 다시 말하면 생명의 부활로는 구원받을 수 있지만, 의인의 부활로는 절대 구원받지 못한다.

따라서 의인의 부활로 구원시키기 위해서는 새 언약의 말씀이 등장해야 한다. 그런 새 언약의 말씀이 없는 것을 가리켜서 영적 기갈이 온다고 말하는 것이다. 새 언약은 죽은 자들과 맺는 언약이 아니다. 새 언약은 산 자들과 맺는 언약이다.

엘리사에게는 흉년이 아무 의미가 없다. 그는 부정적인 모든 물질까지도 긍정적으로 만들어 먹을 수 있는 능력을 가진 사람이기 때문이다. 엘리사는 하늘의 궁창을 열고 만나를 내릴 수 있는 능력을 가진 사람이기에 아무 근심걱정이 없다. 빌립보서 3:21 말씀처럼 우리의 낮은 몸이 신령한 몸으로 변화 받는 것은 우주만물을 운행하시는 자의 능력 때문이다. 우리 스스로 변화되는 것이 아니다. 우리가 변화 받을 수 있는 요건을 우리 스스로 만들어야 하는 것이다.

하나님께서 엘리야, 엘리사처럼 능력의 사람으로 변화시켜주실 때, 그런 사람에게는 창세 이후 전무후무한 환란이 아무 의미 없는 환란이 되는 것이다. 그런 사람들은 이 세상에서 끝까지 남을 수 있는 분명하고 확실한 증인이 될 수 있다.

(6) 보리떡의 기적

왕하 4:42-44 한 사람이 바알살리사에서부터 와서 처음 익은 식물 곧 보리떡 이십과 또 자루에 담은 채소를 하나님의 사람에게 드린지라 저가 가로되 무리에게 주어 먹게 하라 그 사환이 가로되 어찜이니이까 이것을 일백 명에게 베풀겠나이까 하나 엘리사는 또 가로되 무리에게 주어 먹게 하라 여호와의 말씀이 무리가 먹고 남으리라 하셨느니라 저가 드디어 무리 앞에 베풀었더니 여호와의 말씀과 같이 다 먹고 남았더라

이스라엘 사람들은 보리를 가축용 사료로 사용하기 때문에 부자들은 보리를 먹지 않고 가난한 사람들이 보리를 먹는다. 바알살리사

에서 온 농부가 첫 곡식으로 보리떡 이십 개를 만들어 가지고 왔다. 가난한 중에도 정성스러운 마음으로 보리떡 이십 개와 채소 한 자루를 가지고 온 것이다.

그것을 엘리사에게 드리자, 엘리사가 자기 생도들 백 명에게 이것을 나누어 먹게 하라고 했다. 그러자 사환이 "어찜이니이까 이것을 일백 명에게 베풀겠나이까?"라고 하였다. 그 말에 엘리사가 "하나님께서 먹고도 남음이 있다고 말씀하셨으니 걱정하지 말고 주어 먹게 하라"고 하자 그 말대로 되어 먹고도 남았다.

엘리사의 기적은 산 자의 능력이다. 엘리사의 터 위에서 예수님이 오병이어의 기적을 하실 수 있었던 것이다. 바꾸어 말하면 엘리사가 이런 기적을 행함으로써, "너희가 구해주어야만 내가 할 수 있지 않느냐?"(겔 36:37)는 말씀이 이루어진 것이다. 예수님이 이 땅에 오셔서 행하실 일을 엘리사가 먼저 구해서 행하고 있는 모습이다.

그렇기 때문에 엘리사의 기적은 단지 자신이 가지고 있는 개인적인 능력을 사람들에게 보여주고 나타내주는 단순한 차원이 아니다. 놀라운 구속사의 높은 차원의 역사이다.

> 마 24:21 이는 그 때에 큰 환난이 있겠음이라 창세로부터 지금까지 이런 환난이 없었고 후에도 없으리라

창세 이후 전무후무한 후 3년 반을 어떻게 준비하고 대비해서 이길 수 있을 것인가? 엘리야와 엘리사처럼 산 자의 능력을 받아야 이길 수 있다.

산 자의 능력을 가져야만 보리떡 이십 개로 백 명을 먹일 수도 있고, 토산이 익지 못하는 나쁜 물을 좋은 물로 만들 수도 있고, 야등덩굴에서 딴 독이 든 음식에 가루를 넣어서 해독시킬 수도 있다. 그런 모든 산 자의 능력을 가진 자만이 후 3년 반에서 살아남을 수 있는 것이다. 산 자의 능력을 갖지 못한 사람은 절대 살아남지 못한다.

창세 이후 전무후무한 환란에서 살아남으려면 7년 대풍년 때에 산 자의 능력을 받아야 한다. 그 풍년의 주체가 바로 말씀이다. "물이 없어서 기갈이 아니라 말씀이 없는 기갈이 온다"(암 8:11)고 했다. 요셉이 7년 대풍년 때에 곡식을 저장하듯, 말씀의 풍년 때에 산 자의 말씀, 멜기세덱의 말씀을 저장하는 슬기로운 사람이 되어야 한다.

(7) 문둥병을 고친 기적

왕하 5:10-14 엘리사가 사자를 저에게 보내어 가로되 너는 가서 요단강에 몸을 일곱 번 씻으라 네 살이 여전하여 깨끗하리라 나아만이 노하여 물러가며 가로되 내 생각에는 저가 내게로 나아와 서서 그 하나님 여호와의 이름을 부르고 당처 위에 손을 흔들어 문둥병을 고칠까 하였도다 다메섹강 아마나와 바르발은 이스라엘 모든 강물보다 낫지 아니하냐 내가 거기서 몸을 씻으면 깨끗하게 되지 아니하랴 하고 몸을 돌이켜 분한 모양으로 떠나니 그 종들이 나아와서 말하여 가로되 내 아버지여 선지자가 당신을 명하여 큰일을 행하라 하였더면 행치 아니하였으리이까 하물며 당신에게 이르기를 씻어 깨끗하게 하

라 함이리이까 나아만이 이에 내려가서 하나님의 사람의 말
씀대로 요단강에 일곱 번 몸을 잠그니 그 살이 여전하여 어
린아이의 살 같아서 깨끗하게 되었더라

엘리사는 왜 나아만 장군에게 요단강에 가서 일곱 번 몸을 담그
라는 지시를 했는가? 일곱 번 담가야 하는 이유는 무엇인가? 7은 영
적 완전수로서 안식을 의미한다. 즉 하나님께서 허락하시고 기뻐하
시는 모든 일을 다 행한 자만이 안식세계에 들어갈 수 있는 것이다.

예수께서도 십자가 상에서 일곱 마디의 말씀을 하셨다. 여섯 번
째가 "다 이루었다"(요 19:30), 그리고 마지막으로 "내 영혼을 받
아주소서"(눅 23:46)라는 영혼의 의탁을 하셨다. 그 말씀의 의미는
"하나님께서 나를 이 땅에 보내서 행하게 하신 일을 다 이루었기 때
문에 이제 제가 아버지께서 함께 하셨던 창세 전 본래의 영광의 세
계로 돌아가겠습니다"라는 의미라고도 할 수 있다.

나아만 장군이 그러한 창조의 원리를 깨닫고 행해야 문둥병을
고칠 수 있기 때문에, 나아만으로 하여금 요단강에 일곱 번 몸을 담
그게 한 것이다. 첫째 날, 둘째 날, 셋째 날, 넷째 날, 다섯째 날, 여섯
째 날, 그 날들에게 나아만 장군으로 하여금 인정받게 한 것이다. 그
럼으로써 안식을 뜻하는 일곱째 날에 들어가게 한 것이다.

그 뒤에 어떤 일이 벌어졌겠는가? 그 소문이 나면서부터 이스라
엘 백성들 중에서 문둥병에 걸린 사람은 다 요단강에 가서 몸을 씻
기 시작했을 것이다. 그런데 아무리 이스라엘의 문둥병 환자들이 요
단강에서 일곱 번 몸을 씻어보지만 문둥병이 나은 사람이 한 사람도
없었을 것이다.

그렇다면 왜 엘리사가 보낸 아람의 나아만 장군은 문둥병이 나았는데, 그 소문을 듣고 요단강에서 일곱 번 몸을 담근 이스라엘 백성들은 몸이 낫지 않았을까? 나아만 장군과 이스라엘 문둥병 환자들이 똑같은 장소에 가서 일곱 번 몸을 담그고 씻어보았지만 오직 나은 사람은 나아만 장군밖에 없었다.

그 이유가 무엇인가? 이스라엘의 모든 문둥병 환자들은 소문을 듣고 스스로 찾아간 것이지만, 나아만 장군은 하나님의 사람 엘리사가 보낸 것이기 때문이다.

> 히 7:7 폐일언하고 낮은 자가 높은 자에게 복 빎을 받느니라

'높은 자가 낮은 자에게 복 빌어 주는 것'이 존귀한 것이다. 그 말씀의 의미는 높은 사람이 자기를 인정해 주고 불러줄 때에 존귀를 입을 수 있다는 것이다. 하나님께서 아브라함에게 "나의 벗이다"(대하 20:7, 사 41:8, 약 2:23)라고 하는 순간에 아브라함은 존귀한 자가 되는 것이다. 존귀는 하나님이 주시는 은총이다.

> 출 4:14 여호와께서 모세를 향하여 노를 발하시고 가라사대 레위 사람 네 형 아론이 있지 아니하뇨 그의 말 잘함을 내가 아노라 그가 너를 만나러 나오나니 그가 너를 볼 때에 마음에 기뻐할 것이라

모세가 "저는 말을 잘 못하니 다른 사람을 보내소서!"라고 하며 세 번을 고사(固辭)했다. 나중에는 하나님께서 화를 내시며 "말 잘하는 네 형 아론이 있지 않느냐!"라고 하셨다.

만일 모세가 "내가 말이 어눌합니다. 그러나 내 형 아론은 말을 잘하니까 저를 위해서 아론을 쓰게 해 주십시오"라고 해서 아론이 대언자가 되었다면 아론은 모세가 세운 사명자가 된다. 그러나 하나님께서 직접 아론을 인정하시고 허락하신 것은 내용면에서나, 존귀의 측면에서나 전혀 그 의미가 다르다. 전자(前者)는 모세가 아론을 요구해서 부르는 것이고, 후자(後者)는 하나님께서 아론을 불러주신 것이다.

이처럼 하나님께서 택하신 것과 사람이 택한 것은 그 근본의 차이가 있다. 하나님의 사람 엘리사가 보낸 것과 이스라엘 백성들이 소문을 듣고 가서 일곱 번 몸을 담근 것과는 근본이 다른 것이다.

민 3:9 너는 레위인을 아론과 그 아들들에게 주라 그들은 이스라엘 자손 중에서 아론에게 온전히 돌리운 자니라

다시 말하면 모세는 하나님을 대신한 사람이고, 아론은 모세의 대변자이다. 모세의 대변자 아론의 존귀가 어떤 차원인가?

이스라엘의 장자 지파인 레위 지파를 요제로 흔들어서 아론에게 선물로 주었다는 사실은 참으로 놀라운 것이다. 아론 한 개인에게 한 지파를 선물로 줄 정도로 아론이 존귀한 자라는 뜻이다(민 3:9, 8:19, 18:6).

왜 아론이 그런 존귀를 가지고 있는 것인가? 하나님께서 불러주셨기 때문이다. 이렇게 하나님의 부르심을 입은 자만이 존귀한 자가 될 수 있다.

성경에서 이런 존귀를 입은 자가 누구인가?

하나님께서 어린 사무엘을 세 번 부르셨다. 네 번째 부르셨을 때 사무엘이 "말씀하소서. 주의 종이 듣겠나이다"(삼상 3:10)라고 했다.

아브라함이 이삭을 바치고자 칼로 내리치는 순간에, 하나님께서 "아브라함아, 아브라함아"(창 22:11)라고 급히 부르셨다. 이처럼 하나님께서 불러주시는 자가 존귀한 자가 되는 것이다.

하나님께서 친히 불러주신 자, 엘리사는 엘리야의 영감의 두 배를 가진 사람이다. 다시 말하면 예수님이 말씀하신 겨자씨 한 알만한 산 자의 믿음을 가진 사람이다.

엘리사가 나아만 장군에게 "요단강에 가서 네 몸을 일곱 번 씻으라"(왕하 5:10)고 했다. 나아만이 그 말씀대로 요단강으로 갔지만, 사실은 엘리사의 입에서 나온 말씀이 나아만과 함께 요단강에 간 것이다. 말씀이 나아만과 함께 가서 일곱 번 몸을 담갔다가 꺼내준 것이다. 산 자의 능력의 말씀이 나아만과 함께 동행해 주시고, 임마누엘 되어주시므로 천형(天刑)인 문둥병이 사라진 것이다.

> 요 5:5-8 거기 삼십 팔년 된 병자가 있더라 예수께서 그 누운 것을 보시고 병이 벌써 오랜 줄 아시고 이르시되 네가 낫고자 하느냐 병자가 대답하되 주여 물이 동할 때에 나를 못에 넣어 줄 사람이 없어 내가 가는 동안에 다른 사람이 먼저 내려가나이다 예수께서 가라사대 일어나 네 자리를 들고 걸어가라 하시니

예수께서 삼십팔 년 동안 걷지도 못하던 사람에게 "네 자리를 들고 일어나 걸어가라"고 말씀하셨다. 그 말씀과 동시에 병자가 자리

를 들고 걸어갔다.

　보통 사람들의 경우에는 무릎 꿇고 한 시간만 앉았다 일어나려 해도 다리가 저려서 잘 일어나지 못한다. 하물며 삼십팔 년 동안 한 번도 걸어보지 못한 환자가 일어나고, 더구나 앉았던 자리를 전부 들고 걸어갔다. 예수님의 말씀은 태초의 말씀, 창조의 말씀이기 때문에 말씀과 동시에 일어나 걸을 수 있는 것이다. 예수께서 명하신 말씀이 우주만물을 창조하신 태초의 말씀이기 때문에 그런 능력을 발휘할 수 있었던 것이다.

　마찬가지다. 엘리사의 말씀도 산 자의 믿음을 가진 말씀이기 때문에 그런 능력이 나타날 수 있는 것이다.

　　삼상 13:8 사울이 사무엘의 정한 기한대로 이레를 기다리되 사무엘이 길갈로 오지 아니하매 백성이 사울에게서 흩어지는지라

　사무엘 선지자가 사울과 다윗에게 동일하게 "칠 일을 기다리라"고 했다. 그러나 사울은 일곱 때라는 숫자는 채웠지만 뜻을 범했다. 즉 제사장 영역을 침범함으로 말미암아 그는 실패했고, 다윗은 일곱 때를 기다려서 이기고 승리했다.

　마찬가지다. 엘리사가 산 자의 믿음의 능력을 가지고 한 말씀이 나아만 장군이 요단강에 들어가고 나오기를 일곱 번 하는 동안 일곱 때의 과정을 지나가게 한 것이다. 그런 과정을 통과했기 때문에 문둥병이 나은 것이다. 무조건 일곱 번 몸을 씻었다고 나은 것이 아니다.

　엘리사는 예수님의 영광을 위하여 나아만의 후손을 통해서 동방

박사를 예비해야 하는 목적이 있다. 나아만 장군은 모르고 하고 있지만 그가 몸을 요단강에 일곱 번 들어갔다 나오며 씻을 때, 그 목적을 위해서 말씀이 그에게 일곱 때를 순간적으로 감해주심으로 문둥병이 나은 것이다.

> 왕하 5:9-11 나아만이 이에 말들과 병거들을 거느리고 이르러 엘리사의 집 문에 서니 엘리사가 사자를 저에게 보내어 가로되 너는 가서 요단강에 몸을 일곱 번 씻으라 네 살이 여전하여 깨끗하리라 나아만이 노하여 물러가며 가로되 내 생각에는 저가 내게로 나아와 서서 그 하나님 여호와의 이름을 부르고 당처 위에 손을 흔들어 문둥병을 고칠까 하였도다

나아만 장군이 찾아왔을 때, 왜 엘리사는 문밖에 나와 보지도 않았을까? 손님이 오면 주인이 당연히 문을 열고 내다보는 것이 예의이다. 아람 나라에서 두 번째 치리자인 나아만 장군이 많은 예물을 가지고 찾아왔는데, 왜 엘리사는 나와 보지도 않고 그를 소홀히 대접하는 것인가?

그 이유는 나아만 장군을 소홀히 대접해서가 아니라 엘리사가 하는 일을 아주 평범하고 자연스러운 사건처럼 드러내지 않기 위해서 영접하지 않은 것이다. 엘리사는 그 사건을 조용히 감추려고 한 것이다. 그래서 나와 보지 않은 것이다. 모르는 입장에서는 엘리사가 거만하여 나아만 장군을 무시하는 것 같지만, 영적으로 보면 나아만 장군을 아주 존귀한 사람으로 대접하고 있는 것이다.

이처럼 나아만 장군을 통하여 이루고자 하는 목적이 있기에, 산 자의 믿음의 능력으로 나아만 장군이 일곱 때를 통과해야 할 과정을 능력의 말씀으로 단축해 줌으로 단번에 그 목적을 이룩하게 되었다.

(8) 도끼를 건진 기적

> 왕하 6:1-7 선지자의 생도가 엘리사에게 이르되 보소서 우리가 당신과 함께 거한 곳이 우리에게는 좁으니 우리가 요단으로 가서 거기서 각각 한 재목을 취하여 그곳에 우리의 거할 처소를 세우사이다 엘리사가 가로되 가라 그 하나가 가로되 청컨대 당신도 종들과 함께 하소서 엘리사가 가로되 내가 가리라 하고 드디어 저희와 함께 가니라 무리가 요단에 이르러 나무를 베더니 한 사람이 나무를 벨 때에 도끼가 자루에서 빠져 물에 떨어진지라 이에 외쳐 가로되 아아, 내 주여 이는 빌어온 것이니이다 하나님의 사람이 가로되 어디 빠졌느냐 하매 그곳을 보이는지라 엘리사가 나무가지를 베어 물에 던져서 도끼로 떠오르게 하고 가로되 너는 취하라 그 사람이 손을 내밀어 취하니라

엘리야에게 50명, 50명, 도합 100명의 생도가 있었고 엘리야의 생도가 엘리사에게 그대로 인계되었다. 그런데 그들이 함께 하던 장소가 비좁았기 때문에 보다 넓은 처소로 옮기려고 요단으로 옮겼던 것 같다. 그래서 요단에 와서 동네사람들로부터 연장을 빌려다가 자기들이 거할 처소를 준비하는 과정에서, 빌려온 도끼가 자루에서 빠져나가 깊은 물에 빠졌다. 그것을 바라보며 염려하는 생도들을 위해, 엘리사가 나뭇가지를 던져서 그 무거운 도끼를 물에 떠오르게 하여 찾았다는 내용이다.

> 마 3:10 이미 도끼가 나무뿌리에 놓였으니 좋은 열매 맺지 아니하는 나무마다 찍어 불에 던지우리라

두 구절을 통해 볼 때 도끼는 크게 두 가지의 입장으로 설명할 수 있다. 하나는 열매 맺지 못한 나무를 제거하는 심판의 도구로 사용되고 있고, 또 하나는 집을 짓거나 성전을 짓는 도구로 사용되고 있다.

> 왕하 6:6 하나님의 사람이 가로되 어디 빠졌느냐 하매 그곳을 보이는지라 엘리사가 나무가지를 베어 물에 던져서 도끼로 떠오르게 하고

도끼가 도끼자루 채 빠진 것이 아니다. 도끼만 빠져서 나갔다. 물에 빠진 도끼를 엘리사가 나뭇가지를 던져서 떠오르게 했다. 그러면 나뭇가지를 던져서 도끼를 떠오르게 한 것은 무슨 뜻인가? 표면적으로 보면 동화 같지만 여기에는 깊은 의미가 있다.

모세가 마라의 쓴 물에 작은 한 나무를 던짐으로 말미암아 물이 달게 변했다. 하나님께서 모세에게 작은 나무를 던지게 하심으로, 작은 한 그루의 나무가 쓴 물에 떨어짐으로 말미암아 단 물로 변했다(출 15:23-25).

마라의 사건도 한 작은 나무로 해결되듯, 엘리사도 나뭇가지를 던짐으로 말미암아 나뭇가지보다 수백 배 무거운 도끼를 떠오르게 했다.

그렇다면 나뭇가지를 던져서 도끼가 떠오른 것은 무슨 의미인가? 여기서 나무는 생명나무를 말하는 것이다. 즉 생명나무의 능력으로써 도끼가 새로운 도구로서의 기능을 회복하게 되었다는 것이다. 도끼가 깊은 물에 빠져 오래 가라앉아 있으면 녹슬어 못 쓰게 될 것이다. 그런데 엘리사가 나뭇가지를 던짐으로써 도끼가 물 위에 떠

오르고, 도끼로서의 기능을 다시 회복하게 된 것이다.

"누구든지 그리스도 안에 있으면 새로운 피조물이라 이전 것은 지나갔으니 보라 새것이 되었도다"(고후 5:17)라는 말씀처럼 어떤 대상이든 오직 생명나무 안에서만 본래의 생명력을 회복할 수 있는 것이다.

그렇다면 엘리사는 어떻게 나뭇가지를 던져서 나뭇가지보다 수백 배 더 무거운 쇳덩이 도끼를 떠오르게 할 수 있었을까? 과학적인 이치로 그것을 설명하자면 불가능한 일이다. 아무리 과학적인 이치를 여러 방면으로 적용을 한다 하더라도 그것은 합리적인 내용이 되지 못한다. 영의 세계는 과학으로서는 설명이 안 되는 차원의 세계이다. 말씀의 세계는 절대 물질의 세계와는 비교할 수 없는 능력의 세계이다.

분명히 나뭇가지는 무게로 보면 도끼에 비교될 수 없는 가벼운 것이다. 그러나 그 나뭇가지에 말씀의 능력이 붙는다면 도끼의 무게보다도 더 많은 능력을 소유할 수 있게 된다.

본래 도끼 자루는 나무로 되어있다. 도끼가 홀로 물에 떨어져 있으면 도끼로서의 기능도 하지 못하고 아무 쓸모가 없는 존재가 된다. 그렇기 때문에 도끼가 도끼로서의 기능을 회복하기 위해서는 자루가 되는 나무가 필요한 것이다. 철로 된 도끼가 아무리 무겁다 할지라도, 자루에 아름답게 박혀져야 제 기능을 발휘할 수 있는 것이다.

그래서 엘리사가 비록 아주 작은 가지였지만 그 나무를 던지면서 도끼에게 도끼로서의 기능을 회복할 수 있는 입장을 명령한 것이다. 엘리사가 믿음으로 나뭇가지를 던지면서 "도끼야! 네가 본래대로 물 위로 올라와서 자루에 아름답게 박혀야만 네가 도끼로서의 기능을 할 수 있고, 도끼로서의 기능을 회복하는 것이 본래의 네 생명을 회복하는 것이 아니냐?"라고 명령을 한 것이다. 만물에게도 신성과 능력이 있기 때문에(롬 1:20) 도끼는 엘리사의 말씀에 순종을 할 수밖에 없다. 그래서 도끼가 떠오르게 된 것이다.

엘리사가 하나님의 사람으로서 하늘의 이치와 땅의 이치와 만물의 원리적인 이치를 접목시켜서 도끼에게 기능을 회복할 것을 말씀으로 명하신 것이다.

엘리사가 나뭇가지를 던져서 떠오른 도끼는 어떤 도끼라고 말할 수 있는가?

새 술은 새 부대에 담아야한다. 새롭게 떠오른 도끼는 옛날 도끼가 아니다. 엘리사가 던진 나뭇가지는 어떤 가지인가? 엘리사가 던진 나뭇가지는 새로운 자루를 던진 것이다. 새로 떠오른 도끼는 본래 있던 자루에 꽂히는 도끼가 아니라, 이미 하나님의 말씀의 능력으로 중생되고 새롭게 변화 받은 도끼이다.

새롭게 변화 받은 도끼로만 성전을 지을 수 있는 것이다. 옛날 도끼로는 성전을 짓지 못한다. 변화 받은 도끼가 되어야 하나님께서 새 도끼 자루에 끼워줄 수 있고, 그런 도끼가 되어야 하나님의 집을 새롭게 지을 수 있는 것이다.

따라서 마지막 때에는 모든 짝이 조화를 이루는 역사의 과정을 통해서 본래의 모든 영광을 회복하는 것이다. 본래의 영광을 회복한다는 것은 본래의 짝대로 다 회복을 시키신다는 것이다.

고전 15:23 그러나 각각 자기 차례대로 되리니 먼저는 첫 열매인 그리스도요 다음에는 그리스도 강림하실 때에 그에게 붙은 자요

"첫째는 그리스도요, 둘째는 그가 강림할 때에 그에게 붙은 자요"라는 말씀의 의미가 무엇인가? 첫째 그리스도의 영광이 이루어지면 그 다음 순서의 영광의 세계도 본래 창조 본연의 영광의 세계로 다 회복되어 간다는 뜻이다. 즉 본래의 짝, 본래의 소속들로 다 회복되어 가는 것이다. 하나님의 자녀들이 이 땅에 오기 전에는 다 소속들이 있었다. 그런 본래의 존재로 다 회복이 되는 것이다. 도끼를 떠오르게 한 기적은 동화 같은 얘기지만 그 말씀 속에는 깊은 구속사의 신비가 들어있다.

(9) 아람군을 물리친 기적

왕하 6:8-17 때에 아람 왕이 이스라엘로 더불어 싸우며 그 신복들과 의논하여 이르기를 우리가 아무데 아무데 진을 치리라 하였더니 하나님의 사람이 이스라엘 왕에게 기별하여 가로되 왕은 삼가 아무 곳으로 지나가지 마소서 아람 사람이 그곳으로 나오나이다 이스라엘 왕이 하나님의 사람의 자기에게 고하여 경계한 곳으로 사람을 보내어 방비하기가 한두 번이 아닌지라 이러므로 아람 왕의 마음이 번뇌하여 그 신복들을 불러 이르되 우리 중에 누가 이스라엘 왕의 내응이 된 것을 내게 고하지 아니하느냐 그 신복 중에 하나가 가로되 우리 주 왕이여 아니로소이다 오직 이스라엘 선지자 엘리사가 왕이 침실에서 하신 말씀이라도 이스라엘 왕에게 고하나이다 왕이 가로되 너희는 가서 엘리사가 어디 있나 보라 내가 보내어 잡으리라 혹이 왕에게 고하여 가로되 엘리사가 도단에 있나이다 왕이 이에 말과 병거와 많은 군사를 보내매 저희가 밤에 가서 그 성을 에워쌌더라 하나님의 사람의 수종드는 자가 일찌기 일어나서 나가보니 군사와 말과 병거가 성을 에워쌌는지라 그 사환이 엘리사에게 고하되 아아, 내 주여 우리가 어찌하리이까 대답하되 두려워하지 말라 우리와 함께한 자가 저와 함께한 자보다 많으니라 하고 기도하여 가로되 여호와여 원컨대 저의 눈을 열어서 보게 하옵소서 하니 여호와께서 그 사환의 눈을 여시매 저가 보니 불말과 불병거가 산에 가득하여 엘리사를 둘렀더라

이 구절의 내용은 아합의 아들 여호람 왕 때의 사건이다. 아람은 이스라엘을 침략해서 영토를 뺏으려고 했는데 매번 목적을 이루지 못했다. 그래서 왕이 고민하며 근심 중에 "행여 우리 중에 이스라엘 왕과 내통하는 첩자가 있지 않느냐? 그렇지 않으면 우리가 아주 은밀한 작전을 세워서 적을 치려고 하는데 그쪽에서는 우리의 작전을 모두 알고 사전에 대처하고 있으니 도대체 어떻게 된 일이냐?"라고 했을 때 장관 중 한 사람이 "왕이여, 그런 것이 아닙니다. 이스라엘에는 엘리사라는 선지자가 있는데 지금 왕이 우리에게 하는 이 말도 엘리사는 다 듣고 있습니다. 그 자를 제거하지 않고는 도무지 우리가 이스라엘을 침략할 수 없습니다"라고 했다.

그 말을 들은 왕이 엘리사를 제거하지 않으면 안 되겠다고 스스로 판단해서 은밀하게 엘리사를 추적한 첩보에 의해 엘리사가 도단에 있다는 것을 알았다. 그래서 아람 왕이 민첩하고 신속하게 이동할 수 있는 기마부대를 파견해서 도단 성을 포위했다. "이제는 잡게 되었구나"라고 기세등등하고 있는데, 엘리사의 몸종이 그 사실을 알게 되었다. 도단 성이 아람의 기마부대에게 완전히 포위가 된 것

을 보았다. "선생님! 큰일 났습니다. 지금 도단 성이 아람 특수부대에 의해서 포위되어 우리가 잡혀 죽게 되었습니다"라고 하자 엘리사가 기도를 해줌으로 말미암아 그 사환이 도단 성을 지키고 있는 하늘의 군대를 바라보게 되었다.

이어서 엘리사가 도단 성을 포위하고 있는 그들의 눈을 다 어둡게 만들었다. 그리고 엘리사가 나가서 "여기는 너희들이 찾는 성이 아니다. 내가 인도할 테니 나를 따르라"고 해서 그들을 북조 이스라엘의 수도가 되는 사마리아 성으로 인도했다. 그러자 여호람 왕이 그들을 죽이려고 했다. 그러나 엘리사가 여호람 왕에게 "활과 칼로 잡은 사람들이 아니고 하나님의 능력으로 잡아온 사람들인데 그렇게 죽일 필요는 없습니다. 우리가 귀한 음식물로 대접해서 잘 보내면 그들이 이제는 쉽게 우리를 침략할 수 없을 것입니다"라고 하며 그들을 돌려 보내주었다(왕하 6:18-23).

엘리사는 왜 포로로 잡은 자들을 돌려보냈을까? 엘리사는 산 자의 도맥의 비밀을 가진 사람으로, 평화의 사람이다. 그렇기 때문에 그는 평화적으로 모든 것을 해결하는 사람이었다.

그런데 돌려보내고 나서 몇 년 후에 다시 아람 군대가 쳐들어와서 사마리아 성이 포위를 당하니 물가가 오르기 시작했다. 나귀머리 하나가 은 80세겔[41]이고, 합분태(鴿糞太)[42] 4분의 1갑에 은 5세겔이 되었다.

---

41) 세겔: 은 오십 세겔(Shekel)은 히브리인들의 화폐 단위이자 금속의 무게 단위로 대략 11.4g에 해당.
42) 합분태(鴿糞太:비둘기 똥, 오니소가룸으로 통용됨) : 사마리아성이 포위 되었을 때 고가에 거래된 백합과 식물로 단어 말 그대로 비둘기 똥이 아니라 팔레스타인에서 자라는 식물의 일종으로 식량이 부족해지면 천민들이 들에서 캐어먹던 '히르요님'이라는 알뿌리 일종(왕하 6:25).

얼마나 극심한 기근인지 생각할 수 있다. 오늘날 화폐가치로 보면 나귀 머리 하나가 약 이백 만원을 호가(呼價)하는 것이다. 이 사건 속에 보면 놀라운 말씀이 있다.

> 왕하 6:28-29 또 가로되 무슨 일이냐 여인이 대답하되 이 여인이 내게 이르기를 네 아들을 내라 우리가 오늘날 먹고 내일은 내 아들을 먹자 하매 우리가 드디어 내 아들을 삶아 먹었더니 이튿날에 내가 이르되 네 아들을 내라 우리가 먹으리라 하나 저가 그 아들을 숨겼나이다

이 구절에서 자기 자식들을 잡아먹는 아비규환(阿鼻叫喚)의 지옥도(地獄圖)가 펼쳐지고 있다.

레위기 26장에 보면 죄가 7배씩 늘어난다. 회개하지 않는 자들에게 벌을 7배로 더 증가시키는 네 가지 유형의 말씀이 나온다. 그 중 마지막 벌이 부모가 자식을 잡아먹는 벌이다(레 26:28-29). 이런 사건이 일어나는 것을 볼 때, 아합 왕과 그의 아들 여호람 왕 때에 북조 이스라엘의 죄가 최고조에 달한 것을 미루어 짐작할 수 있다.

여호람 왕 때에 이런 비참한 지경이 나타난 것은 아합 왕과 여호람 왕이 철저하게 우상을 섬겼기 때문이다. 그들이 바알과 아세라 우상을 섬긴 죄로 말미암아 7배로 가중된 벌이 내려진 것이다.

> 왕하 6:31 왕이 가로되 사밧의 아들 엘리사의 머리가 오늘날 그 몸에 붙어 있으면 하나님이 내게 벌 위에 벌을 내리실찌로다 하니라

그런데 여호람 왕은 그렇게 된 원인이 엘리사 때문이라고 생각

했다. 엘리사가 아람 군대의 눈을 어둡게 해서 사마리아에 잡아왔을 때 자기 말대로 그들을 죽였더라면 이런 일이 일어나지 않았을 텐데, 잘 먹여서 돌려보냈기 때문에 그들이 힘을 얻어서 사마리아를 공격했다는 것이다.

그렇게 여호람 왕이 엘리사에 대해서 악한 감정을 가지고 엘리사를 죽이려 했다.

그러나 그 사건의 결과가 정말 엘리사 때문인가? 우상을 섬기는 죄로 말미암아 이런 아귀 지옥과도 같은 참담한 현실이 벌어지고 있는 것을 깨닫지 못하고 여호람 왕은 도리어 소인배의 입장으로 엘리사를 원망하고 있었다.

여호람 왕의 최후는 엘리야가 저주한대로 모반을 일으킨 예후에게 죽임을 당했다. 그들이 엘리사가 권면한 대로 철저하게 회개했으면 그런 지경까지는 가지 않았을 텐데, 죄를 회개하지 아니함으로 말미암아 그런 비참한 결과가 생겨나고 말았다. 그런 죄와 허물로 징치 받아야 될 나라임에도 불구하고 '이스라엘의 병거와 마병이 되는 엘리사'가 있었기 때문에 북조 이스라엘이 하나님의 자비와 긍휼을 입고 있었다.

> 왕하 7:3-8 성문 어귀에 문둥이 네 사람이 있더니 서로 말하되 우리가 어찌하여 여기 앉아서 죽기를 기다리랴 우리가 성에 들어가자고 할찌라도 성중은 주리니 우리가 거기서 죽을 것이요 여기 앉아 있어도 죽을찌라 그런즉 우리가 가서 아람 군대에게 항복하자 저희가 우리를 살려두면 살려니와 우리를 죽이면 죽을 따름이라 하고 아람 진으로 가려 하여 황혼에 일어나서 아람 진 가에 이

르러 본즉 그곳에 한 사람도 없으니 이는 주께서 아람 군대로 병거 소리와 말소리와 큰 군대의 소리를 듣게 하셨으므로 아람 사람이 서로 말하기를 이스라엘 왕이 우리를 치려하여 헷 사람의 왕들과 애굽 왕들에게 값을 주고 저희로 우리에게 오게 하였다 하고 황혼에 일어나서 도망하되 그 장막과 말과 나귀를 버리고 진을 그대로 두고 목숨을 위하여 도망하였음이라 그 문둥이들이 진 가에 이르자 한 장막에 들어가서 먹고 마시고 거기서 은과 금과 의복을 가지고 가서 감추고 다시 와서 다른 장막에 들어가서 거기서도 가지고 가서 감추니라

결국 엘리사가 예언한 대로 그 사건이 이루어졌다. 엘리사의 예언을 이룬 사람은 네 사람의 문둥이다. 네 문둥이가 황혼에 넘어지며 신음하며 걷는 발걸음 소리를 하나님께서 수십 만 군대의 발걸음 소리로 들리게 하시므로, 아람 군대가 군물(軍物)을 하나도 가져가지 못한 채 도망을 갔다.

그래서 엘리사가 예언한 대로 모든 물가가 정상적으로 다시 회복되었지만 엘리사의 말을 불순종했던 군대장관 감독은 엘리사가 말씀한대로 백성들의 발에 짓밟혀 음식을 먹어보지도 못하고 죽고 말았다(왕하 7:16-20).

왕하 13:15-19 엘리사가 저에게 이르되 활과 살들을 취하소서 활과 살들을 취하매 또 이스라엘 왕에게 이르되 왕의 손으로 활을 잡으소서 곧 손으로 잡으매 엘리사가 자기 손으로 왕의 손을 안찰하고 가로되 동편 창을 여소서 곧 열매 엘리사가 가로되 쏘소서 곧 쏘매 엘리사가 가로되 이는 여호와의 구원의

살 곧 아람에 대한 구원의 살이니 왕이 아람 사람을 진멸하도록 아벡에서 치리이다 또 가로되 살들을 취하소서 곧 취하매 엘리사가 또 이스라엘 왕에게 이르되 땅을 치소서 이에 세 번 치고 그친지라 하나님의 사람이 노하여 가로되 왕이 오륙 번을 칠 것이니이다 그리하였더면 왕이 아람을 진멸하도록 쳤으리이다 그런즉 이제는 왕이 아람을 세 번만 치리이다 하니라

요아스 왕이 죽을 병이 들어서 죽어가는 엘리사에게 찾아와 눈물을 흘리면서 "내 아버지여! 내 아버지여! 이스라엘의 병거와 마병이여!"(왕하 13:14)라고 하자, 엘리사가 슬퍼하는 그에게 안수를 해주고 창문을 열고 활을 쏘게 한 다음, 땅을 치라고 했다. 그런데 왕이 세 번만 치고 말았다. 그러자 엘리사가 나무라며 "왕이 땅을 오륙 번을 쳤더라면 아람 족속을 완전히 멸망시킬 수 있었는데 세 번만 쳤기 때문에 세 번밖에 이길 수가 없습니다"라고 했다.

이는 마치 다윗이 물맷돌 다섯 개를 제구에 넣은 의미와 같다. 만일 요아스 왕이 오륙 번을 쳤더라면 상대방을 완전하게 이길 수 있었을 것이다. 부분적으로 이기는 것이 아니라 완전하게 굴복시켜 승리할 수 있었을 것이다. 결과적으로 요아스 왕이 아람 군대를 세 번까지만 물리칠 수 있었다(왕하 13:25).

(10) 엘리사의 시체가 행한 기적

왕하 13:20-21 엘리사가 죽으매 장사하였더니 해가 바뀌매 모압 적당이 지경을 범한지라 마침 사람을 장사하는 자들이 그 적당을 보고 그 시체를 엘리사의 묘실에 들이던지매 시체가 엘리사의 뼈에 닿자 곧 회생하여 일어섰더라

하나님의 사람들이 생전에 하나님의 능력을 통해서 기적을 행하는 경우가 많이 있다. 그러나 성경에는 죽어서도 하나님이 주신 능력을 통해서 기적을 행하는 경우를 찾아볼 수 있다.

창 23:16-19 아브라함이 에브론의 말을 좇아 에브론이 헷 족속의 듣는데서 말한대로 상고의 통용하는 은 사백 세겔을 달아 에브론에게 주었더니 마므레 앞 막벨라에 있는 에브론의 밭을 바꾸어 그 속의 굴과 그 사방에 둘린 수목을 다 성문에 들어온 헷 족속 앞에서 아브라함의 소유로 정한지라 그 후에 아브라함이 그 아내 사라를 가나안 땅 마므레 앞 막벨라 밭 굴에 장사하였더라 (마므레는 곧 헤브론이라)

창 49:29-33 그가 그들에게 명하여 가로되 내가 내 열조에게로 돌아가리니 나를 헷 사람 에브론의 밭에 있는 굴에 우리 부여조와 함께 장사하라 이 굴은 가나안 땅 마므레 앞 막벨라 밭에 있는 것이라 아브라함이 헷 사람 에브론에게서 밭과 함께 사서 그 소유 매장지를 삼았으므로 아브라함과 그 아내 사라가 거기 장사되었고 이삭과 그 아내 리브가도 거기 장사되었으며 나

도 레아를 그곳에 장사하였노라 이 밭과 거기 있는 굴은 헷 사람에게서 산 것이니라 야곱이 아들에게 명하기를 마치고 그 발을 침상에 거두고 기운이 진하여 그 열조에게로 돌아갔 더라

하나님께서는 젖과 꿀이 흐르는 가나안 땅을 회복하시고자 아브라함과 횃불언약을 맺으셨다. 그곳은 가나안의 10부족이 차지한 땅이다. 그러나 아브라함·이삭·야곱의 3대가 묻히면 본향으로서 다시 찾아올 명분이 생기는 것이다. 그래서 아브라함이 사라가 죽었을 때, 헷 족속에게 두 번 절을 하고 은 400세겔을 주고 막벨라 굴을 사서 그곳에 사라를 장사했다(창 23:4-19). 그 이후 아브라함·이삭·야곱 뿐 아니라, 리브가·레아까지도 죽어 막벨라 굴에 묻혔다.

따라서 아브라함·이삭·야곱의 3대가 비록 죽었다 할지라도 헷 족속으로부터 산 막벨라 굴에 장사됨으로, 이스라엘 백성들이 그곳을 자기들의 본향으로 삼을 수 있는 명분이 되었다. 아브라함·이삭·야곱은 물론 사라·리브가·레아가 함께 막벨라 굴에 장사되었다는 사실 한 가지만으로도 그들은 하나님의 역사에 큰 일익을 담당한 셈이다.

창 50:24-25 요셉이 그 형제에게 이르되 나는 죽으나 하나님이 너희를 권고하시고 너희를 이 땅에서 인도하여 내사 아브라함과 이삭과 야곱에게 맹세하신 땅에 이르게 하시리라 하고 요셉이 또 이스라엘 자손에게 맹세시켜 이르기를 하나님이 정녕 너희를 권고하시니 너희는 여기서 내 해골을 메고 올라가겠다 하라 하였더라

출 13:18-19 그러므로 하나님이 홍해의 광야 길로 돌려 백성을 인도하시매 이스라엘 자손이 애굽 땅에서 항오를 지어 나올 때에 모세가 요셉의 해골을 취하였으니 이는 요셉이 이스라엘 자손으로 단단히 맹세케 하여 이르기를 하나님이 필연 너희를 권고하시리니 너희는 나의 해골을 여기서 가지고 나가라 하였음이었더라

또 요셉의 경우를 들 수 있다. 요셉이 자신의 해골을 애굽에 두지 말고 출애굽하게 될 때 반드시 메고 나갈 것을 단단히 맹세를 시켰다. 그러므로 출애굽시 이스라엘 백성들이 요셉의 유언에 따라서 입관된 요셉의 해골을 메고 나갔다. 출애굽하여 40년 광야길을 걸을 때와 가나안 땅에 입성하여 전쟁을 치르는 16년 동안 요셉의 해골을 메고 다닌 것이다.

출애굽한 이스라엘 백성들이 첫째는 법궤를 메고 다녔고, 두 번째는 요셉의 해골을 메고 다닌 것이다. 이스라엘 백성들에게 가장 거룩한 성물은 법궤이고, 두 번째로 거룩한 성물은 요셉의 해골이었다. 그들이 광야길을 걸으면서 우상을 숭배하고, 간음하고, 하나님을 시험하고, 원망한 네 가지 죄로 죽을 수밖에 없었으나(고전 10:7-10), 하나님께서 열 번이나 긍휼을 베풀어주신 것은 오로지 요셉의 해골 때문이었다. 하나님께서 다시는 물로 심판하지 않겠다고 약속하신 무지개 언약이 곧 요셉을 상징하기 때문이다(창 9:13-16). 그것을 아는 입장에서 요셉이 이스라엘 백성들에게 자신의 해골을 짊어지고 나가라고 유언한 것이다.

이처럼 요셉은 살아서 뿐만 아니라, 죽어서까지도 하나님의 뜻을 받들어 섬기며 이스라엘 백성들을 구원하는 대속의 제물, 구속사

의 중심인물이었다.

> 왕하 2:11-12 두 사람이 행하며 말하더니 홀연히 불수레와 불말들이 두 사람을 격하고 엘리야가 회리바람을 타고 승천하더라 엘리사가 보고 소리지르되 내 아버지여 내 아버지여 이스라엘의 병거와 그 마병이여 하더니 다시 보이지 아니하는지라 이에 엘리사가 자기의 옷을 잡아 둘에 찢고

구약 마당에서 엘리사는 최초로 하나님이 인간을 변화시켜서 하늘로 취해가시는 거룩한 영광을 목격한 사람이다. 엘리사는 엘리야가 이 땅에 남기고 간 모든 역사의 시작과 끝, 흔적을 가지고 있는 사람이다. 엘리야가 어떻게 하늘로 승천할 수 있었는지 그 정체와 실상과 비밀, 즉 멜기세덱 반차의 비밀을 완전히 깨달은 사람이다. 따라서 엘리사가 엘리야의 승천을 보는 순간 그가 구한 엘리야의 영감의 두 배를 취할 수 있었다.

엘리사가 엘리야가 가지고 있는 영감의 두 배를 받음으로 말미암아, 엘리야가 이 땅에서 하나님의 사람으로서 행한 모든 역사의 세계를 완전히 이룰 수 있었다. 예수님이 율법을 폐하러 온 것이 아니라 완전하게 이루러 오신 것처럼(마 5:17), 엘리사도 엘리야의 갑절의 영감을 받음으로 엘리야가 이 땅에서 이룬 모든 역사의 세계를 두 배로, 완전하게 이룰 수 있었다.

그런데 엘리사는 두 배의 영감을 가지고도 죽을 병이 들어 잠이 들고 말았다(왕하 13:14). 왜 하나님께서는 죽을 병이 들어 잠이 들 사람에게 엘리야의 두 배의 능력을 주신 것인가? 그렇다면 두 배로

완전하게 이루시는 이 사건은 구약 마당의 역사로 마감되고 말 것인가?

인류 구속사역을 완성할 재림 마당에서는 엘리사의 갑절의 영감이 어떤 결과를 이룰 것인가? 인류 구속사역의 두 도맥인 포도나무 역사와 감람나무 역사는 부활과 변화의 역사이다. 포도나무 역사는 초림 때 예수께서 오셔서 이루셨고(요 15:1, 19:30), 재림 마당에서는 감람나무 역사를 이루셔야 하는 큰 과제가 남은 것이다.

감람나무 역사는 변화의 도맥을 완성하는 역사이다. 변화의 조상, 변화의 아버지가 된 엘리야의 영감의 두 배를 받은 자만이 재림 마당에 다시 등장하여 두 감람나무 역사의 거룩한 영광을 마지막으로 장식할 수 있는 것이다.

> 왕하 2:10 가로되 네가 어려운 일을 구하는도다 그러나 나를 네게서 취하시는 것을 네가 보면 그 일이 네게 이루려니와 그렇지 않으면 이루지 아니하리라 하고

"네가 어려운 것을 구하는도다"라는 말은 마치 엘리야가 줄 수 없는 것을 엘리사에게 주고 있는 것처럼 보인다. 그러나 사실은 자신이 가진 영감의 두 배를 엘리사에게 넘겨주기까지 더 노심초사하고 있는 사람은 엘리야 자신이다.

그 이유가 무엇인가? 엘리사가 엘리야의 영감의 두 배를 가져야만 자신이 못 다한 일을 엘리사가 다 이루어줄 수 있기 때문이다. 동방박사 세 사람을 준비해야 하는데 엘리야는 사렙다 과부 한 사람에게만 역사했다. 아직 두 사람을 더 예비해야 되는데 그것은 엘리사의 몫이다.

따라서 엘리야의 입장에서는 자기가 승천하는 것을 보고 엘리사가 자기의 영감의 두 배를 갖기를 소망하며 기도해 주고 축복해 주는 그런 사람이 되어야 하는 것이다. 그렇다면 결과적으로 엘리사가 그런 사람이 되었을까? 성경 어디에서 그 결과를 찾아볼 수 있는가?

> 왕하 13:20-21 엘리사가 죽으매 장사하였더니 해가 바뀌매 모압 적당이 지경을 범한지라 마침 사람을 장사하는 자들이 그 적당을 보고 그 시체를 엘리사의 묘실에 들이던지매 시체가 엘리사의 뼈에 닿자 곧 회생하여 일어섰더라

엘리사의 시체에 다른 시체가 닿는 순간 살아났다는 것은 참으로 놀라운 사건이다. 예수님은 창조주 하나님이시니 두 말할 나위가 없거니와 엘리야, 엘리사, 베드로, 사도 바울 등이 죽은 사람을 살린 경우가 있다(왕상 17:22, 왕하 4:32-35, 행 9:40, 20:9-12). 이처럼 살아있는 사람이 죽은 사람을 살린 경우는 있지만, 죽은 사람이 죽은 사람을 살린 것은 성경 전체에서 찾아보기 드문 경우이다.

엘리사의 뼈에는 어떤 능력이 있기에 죽은 사람의 시체를 다시 살릴 수 있는 것인가?

엘리사는 죽었지만 그는 변화의 장면을 목도한 사람이다. 이 땅에서 죽음을 보지 않고 변화 받은 사람이 하늘로 올라가는 거룩한 장면을 직접 목격한 사람이다.

구약 전체에서 사람이 죽지 않고 하늘로 올라가는 것을 본 사람

은 오직 엘리사밖에 없다. 에녹은 하나님이 데리고 가셨다는 증거만 가지고 있지, 아무도 본 사람은 없다. 그리고 신약 마당에서 예수님이 500명이 보는 가운데에서 감람산에서 승천하신 것, 이 두 가지 사건 외에 변화의 사건은 없었다.

엘리사가 변화 승천하는 장면을 보았기 때문에 엘리사의 뼈에는 그것을 본 데 대한 모든 정보와 내용이 들어있다. 엘리사는 단순히 스승이 올라가는 것을 본 것으로 끝난 사람이 아니다.

에베소서 4:13에 "우리가 다 하나님의 아들을 믿는 것과 아는 일에 하나가 되어 온전한 사람을 이루어 그리스도의 장성한 분량이 충만한 데까지 이르리니"라고 했다. 엘리사는 스승인 엘리야가 변화받은 사람으로서 하늘로 올라가는 것을 단순히 눈으로 본 차원의 사람이 아니다. 보았다는 내용 속에는 두 가지의 사실이 있다. 엘리사는 그리스도의 장성한 형상과 분량으로 그 영광의 비밀, 정보를 다 가지고 있는 사람이다. 그래서 믿는 것과 아는 일에 온전한 하나를 이루어 그리스도의 장성한 형상과 분량으로 충만한 정보가 엘리사에게 기록되어 있는 것이다.

쉽게 표현하면, 엘리사의 믿음의 분량이 엘리야의 믿음의 분량이 되었다는 것이다. 따라서 엘리사의 뼈는 그런 산 자의 도맥을 간직한 뼈가 되었기 때문에 그 뼈에 시체가 닿자마자 살아날 수 있었던 것이다.

이처럼 첫째 부활에 참여하는 자들도 믿는 것과 아는 일에 그리스도의 장성한 형상과 분량으로 충만한 산 자의 도비(道秘)를 간직한다면, 그들은 언제든지 하나님의 아들이 부르실 때 나사로처럼 그 부르심에 응답자가 될 수 있는 것이다(요 5:25, 11:43).

계 21:2 또 내가 보매 거룩한 성 새 예루살렘이 하나님께로부터 하늘에서 내려오니 그 예비한 것이 신부가 남편을 위하여 단장한 것 같더라

재림 마당에서 산 자의 신부가 탄생하여 강림하는 모습이다. 두 감람나무가 새 예루살렘 성으로서 이 땅에 강림하기 위해서는 엘리야와 엘리사의 관계처럼 누군가 두 감람나무가 이 땅에 강림하실 수 있는 근거와 명분과 대의를 이루어 드려야 한다. 두 감람나무 또한 이 땅에서 엘리사와 같은 관계의 사람을 준비해야 하는 것이다.

요 21:22-23 예수께서 가라사대 내가 올 때까지 그를 머물게 하고자 할찌라도 네게 무슨 상관이냐 너는 나를 따르라 하시더라 이 말씀이 형제들에게 나가서 그 제자는 죽지 아니하겠다 하였으나 예수의 말씀은 그가 죽지 않겠다 하신 것이 아니라 내가 올 때까지 그를 머물게 하고자 할찌라도 네게 무슨 상관이냐 하신 것이러라

예수께서 사도 요한에 대해 친히 말씀하시기를 "그는 내가 올 때까지 이 땅에 머물며 기다리는 자라"고 하셨다. 그리고 요한이 머물러 있는 자라고 해서 예수께서 승천하신지 2천년이 지난 오늘에 이르기까지 죽지 않는다는 의미가 아니라고 부언해서 설명하셨다.

다시 말하면 엘리사와 사도 요한은 "내가 올 때까지 기다리라!"는 관계의 사람들이다. 그들은 하늘로 승천할 수 없는 사람들이다. 왜 그들이 하늘로 승천하지 못하고 이 땅에서 기다려야만 하는 것인가? 무언가 그들에게 맡겨놓은 것이 있기 때문이다. 그들은 이 땅에서 주인이 그들에게 맡겨놓은 것을 가지고 기다리고 있다가 언젠가

주인이 오실 때 다시 돌려드려야 한다.

　재림 마당에 오시는 주인은 감추인 만나로 오시는 분이다. 셋째 하늘에서 오시려면 첫째 하늘, 즉 마귀들이 차지한 공중권세를 통과해야 하기 때문에 도적같이 오실 수가 없다. 그런 이유에서 예수께서 십자가의 피 속에 태초의 말씀을 떨치셨다. 재림 마당의 주인은 이 땅에서 그 말씀을 찾아 입는 것이다. 그분을 가리켜 해를 입는 여인이라고 한다.
　예수께서 떨치신 태초의 말씀은 아직 인격적인 말씀으로 역사하실 수 없기에 누군가 지켜드려야 한다. 그 말씀의 주인이 오셔서 해를 입기까지 그 말씀을 지키며 기다리는 자들이 있어야 하지 않겠는가? 아무나 그 말씀을 지키며 기다리는 것이 아니라, 사도 요한이나 엘리사처럼 만세 전에 그 사역을 위해 부르심을 받은 자들이 있는 것이다.

　엘리사가 받은 갑절의 영감은 예수님과 사도 요한의 관계처럼, 기다림에 대한 대가로 주신 것이다. 하늘로 승천하지 않고 이 땅에서 주인공을 위해 그렇게 오랜 세월동안 기다려야 하는 보상의 의미로 주신 것이다.

대상 16:15 너희는 그 언약 곧 천대에 명하신 말씀을 영원히 기억할찌어다

시 105:8 그는 그 언약 곧 천대에 명하신 말씀을 영원히 기억하셨으니

천대를 통하여 언약하신 횃불언약이 재림 마당에서 이루어지는

것이다. 천대라는 말은 역사적인 시간을 초월하고 초극한 입장에서의 영원한 언약을 의미한다. 그런 천대에 준하는 영원한 언약의 약속을 성취함으로써 주고받는 이들의 언약이 성취되는 것이다.

3. 부활과 변화의 맥을 간직한 엘리사

> 왕하 2:23-24 엘리사가 거기서 벧엘로 올라가더니 길에 행할 때에 젊은 아이들이 성에서 나와서 저를 조롱하여 가로되 대머리여 올라가라 대머리여 올라가라 하는지라 엘리사가 돌이켜 저희를 보고 여호와의 이름으로 저주하매 곧 수풀에서 암콤 둘이 나와서 아이들 중에 사십이 명을 찢었더라

엘리사가 엘리야로부터 영감을 받고 오는 길에 아이들이 나와서 "대머리여 올라가라, 대머리여 올라가라"할 때 엘리사가 저주하여 수풀에서 암콤 두 마리가 나와 42명의 아이들을 찢어 죽였다. 도대체 '올라가라'는 비밀이 무엇이기에 하나님의 사람이 죄 없는 어린 아이들을 저주하여 죽게 하는가?

그리고 왜 하필 42명이 죽었는가? 42라는 수에는 그만큼 남이 알아서는 안 되는 귀한 비밀이 있기 때문이 아니겠는가? 42라는 수는 하나님께서 임재하시는 비밀이 담긴 수이다. 예수께서 이 땅에 오실 때에도, 아브라함으로부터 42대 만에 오셨다(마 1:1-17). 또 모세가 광야에서 42번 장막을 쳤다(민 33:5-48, 수 5:10). 그 예언의 성취로 예수께서 42대 만에 오신 것이다.

엘리사가 저주함으로 42명의 아이들이 죽었다는 이 사건은 결코 우연이 아니다. 엘리사는 42라는 숫자의 암호를 가진 사람으로서 재림주의 역사와 관계가 깊은 사람이라는 뜻이다. 그런 그가 재림 마당에 다시 등장할 때, 그의 스승격인 두 감람나무가 "내가 하늘로 가기 전에 무엇을 구하겠느냐?"라고 묻는다면 그는 무엇을 구할 것인가? 엘리사처럼 영감의 갑절을 구하겠는가?

마지막 때는 이 땅의 것을 구하지 않고 "주여 당신이 하늘로 취함을 입을 때, 나도 같이 하늘로 올라가게 해 주소서"라고 하지 않겠는가? 그 귀한 마지막 때의 비밀을 폭로하는 어린아이들이 사람들의 눈에는 순진한 어린아이처럼 보였으나, 하나님의 사람인 엘리사의 눈에는 어린아이를 가장한 마귀라는 것을 알았기 때문에 엘리사가 그들을 저주한 것이다.

엘리사는 엘리야가 주고 간 장자권, 즉 산 자의 도맥 중에서 변화의 도맥을 잘 간직하였다가 재림 마당의 주인공이 오시면 그 분이 역사하실 수 있게끔 드리기 위해 이 땅에 머물러 있는 사람이다. 성경에는 그런 구절들의 주인공이 있다.

> 마 8:8 백부장이 대답하여 가로되 주여 내 집에 들어오심을 나는 감당치 못하겠사오니 다만 말씀으로만 하옵소서 그러면 내 하인이 낫겠사옵나이다

> 시 107:20 저가 그 말씀을 보내어 저희를 고치사 위경에서 건지시는도다

로마 백부장이 말씀을 말씀으로 영접하여 그 말씀을 이루는 순간 그 말씀은 백부장이 열매 맺어 가져간 것이다. 이처럼 성경에는

기록되어 있지만 신령한 영안으로 보면 열매 맺어 거두어진 구절들이 많이 있다.

하나님의 사람이라면 자신을 증거할 수 있는 성경 구절들이 있어야 한다. 그렇지 못하고 산에 가서 기도하다 응답을 받았다, 꿈에 하나님이 나타나서 무슨 사명을 주셨다는 것은 거짓이다. 이런 사람들은 거짓 선지자들이라고 했다(신 13:1-5, 렘 23:25-32).

왜 장자권을 받은 엘리사가 하늘로 승천하지 못했는가?

엘리야가 이긴 자로서 불 말과 불 수레를 타고 하늘로 승천할 수 있었다면, 엘리야의 장자권을 넘겨받은 엘리사는 왜 하늘로 승천하지 못하고 죽을 병이 들어 이 땅에서 최후를 마쳤는가?

> 왕하 13:14 엘리사가 죽을 병이 들매 이스라엘 왕 요아스가 저에게로 내려가서 그 얼굴에 눈물을 흘리며 가로되 내 아버지여 내 아버지여 이스라엘의 병거와 마병이여 하매

예수님이 십자가에 달리셨을 때 제사장, 서기관 등의 종교지도자들이 가장 조롱한 것이 "네가 오병이어의 기적을 행했고, 회당장 야이로의 딸을 살렸고, 죽은 지 나흘이나 지난 나사로를 살린 것 등을 아는데 왜 너는 다른 사람은 구원시키면서 너 자신을 살리지 못하느냐?", "네가 십자가에서 한 번 내려와 봐라, 그러면 우리가 너를 믿어주마"라고 한 것이다. 그동안 많은 기사이적을 행하신 예수께서 십자가에서 어느 때보다 더 놀라운 기사이적을 행하지 않을까 하

는 기대심리에 빌라도 광장에 십만 명이나 모였다는 것이다.[43]

엘리사도 죽은 수넴 여인의 아들을 살려주고, 나아만 장군의 문둥병을 고쳐주고, 바알살리사의 농부가 가져온 채소로 백 명을 먹이는 등의 열 가지 기적을 행했지만 정작 자신은 죽을 병이 들어 죽었다.

엘리사가 자신의 병을 고치지 못하고 죽을 병이 들어 죽은 이유가 무엇인가? 그것이 바로 하늘의 비밀을 싸는 보자기이다. 영적인 비밀을 싸는 포장이다. 그 말은 그가 왜 죽을 병이 들어 죽었는지 아무도 그 이유를 알 수 없게 하시고자 그렇게 역사하셨다는 것이다.

예수께서 "천국의 비밀을 아는 것이 너희에게는 허락되었으나 저희에게는 아니 되었나니 무릇 있는 자는 받아 넉넉하게 되되 무릇 없는 자는 그 있는 것도 빼앗기리라"(마 13:11-12)고 하신 것처럼, 엘리사의 산 자의 도맥은 오직 허락된 자만이 받을 수 있고, 깨달을 수 있는 비밀이다.

> 요 21:22 예수께서 가라사대 내가 올 때까지 그를 머물게 하고자 할찌라도 네게 무슨 상관이냐 너는 나를 따르라 하시더라

예수께서 사도요한에게 "내가 다시 올 때까지 머물러 있으라"고 명령하신 이유가 무엇인가? 언젠가 다시 오시는 분께서 그에게 찾을 것이 있기에, 그때까지 그것을 간직하고 이 땅에 머물러 기다리라는 것이다. 엘리야가 엘리사에게 장자권을 맡겨 둔 것처럼, 예수

---

43) <유대 전쟁사> 요세푸스 저, 생명의 말씀사

께서 사도 요한에게 장자권을 맡겨 두신 것이다. 이런 사명을 간직하고 이 땅에 머물러 있는 자들은 그리스도의 남은 고난의 사역을 짊어진 자들이라고 할 수 있다(골 1:24).

초림 때의 그리스도의 남은 고난의 사역이 있고, 재림 때의 그리스도의 남은 고난의 사역이 있다. 초림 때 그리스도의 남은 사역은 "사마리아와 땅 끝까지 이르러 내 증인이 되라"(행 1:8)는 것이다.

> 행 1:8 오직 성령이 너희에게 임하시면 너희가 권능을 받고 예루살렘과 온 유대와 사마리아와 땅 끝까지 이르러 내 증인이 되리라 하시니라

그래서 예수님 승천 이후 제자들이 베드로를 중심으로 본방 유대인들에게 복음을 전파하고, 사도 바울을 중심으로 로마에서부터 시작해서 이방에 복음을 전파했다.

> 골 1:24 내가 이제 너희를 위하여 받는 괴로움을 기뻐하고 그리스도의 남은 고난을 그의 몸된 교회를 위하여 내 육체에 채우노라

재림 때에도 그리스도의 남은 고난의 사역이 있다. 재림 때의 고난은 누가 짊어지는 것인가?

> 창 4:25 아담이 다시 아내와 동침하매 그가 아들을 낳아 그 이름을 셋이라 하였으니 이는 하나님이 내게 가인의 죽인 아벨 대신에 다른 씨를 주셨다 함이며

성경에는 '대신'의 역사가 있다. 가인이 죽인 아벨 대신 셋을 주시어 셋의 후예를 통해 하나님의 구속사의 맥을 이으셨다. 창세기 5장에는 셋으로부터 노아까지 10대 족보가 등장한다. 셋의 후예들을 통하여 구속사의 영맥을 이어가신 것이다.

> 창 22:12-13 사자가 가라사대 그 아이에게 네 손을 대지 말라 아무 일도 그에게 하지 말라 네가 네 아들 네 독자라도 내게 아끼지 아니하였으니 내가 이제야 네가 하나님을 경외하는 줄을 아노라 아브라함이 눈을 들어 살펴본즉 한 수양이 뒤에 있는데 뿔이 수풀에 걸렸는지라 아브라함이 가서 그 수양을 가져다가 아들을 대신하여 번제로 드렸더라

하나님께서 아브라함에게 이삭을 바치라고 하셨을 때, 모리아의 한 산으로 가는 노정에서 이틀 동안은 고민에 빠져 고개를 들지 못했으나, 삼일 째에 가서는 고개를 들었다. 그 이유가 무엇인가? 아브라함이 만득자 이삭을 바칠 생각에 괴로워하다가 삼일 째에 가서야 고목에 꽃을 피우게 하신 하나님께서 이삭을 바치면 다른 아들을 주실 것을 굳게 믿고, 모리아의 한 산을 바라본 것이다. 아브라함이 이삭을 결박하고 장작더미에 올려놓았을 때 정말 이삭을 죽이려고 칼로 내리친 것이다. 그러나 그 순간 하나님의 사자가 "아브라함아! 아브라함아! 그 아이에게 손을 대지 말라"고 그 칼을 막으시고 대신 수풀에 걸린 수양을 제물로 바치게 하였다. 그 사건을 가리켜 히브리 기자는 아브라함이 죽은 아들을 도로 받은 것이라고 증거했다(히 11:19).

아브라함이 수풀에 걸린 수양으로 이삭을 대신하여 번제를 드렸

다. 영적으로 보면 이삭은 제물로 바쳐졌으나 부활한 셈이고, 진짜 죽임을 당한 것은 수풀에 걸린 수양이었다. 그것이 '대신'의 역사이다.

두 감람나무의 사명은 '영적으로'(계 11:8) 이루어지는 제 밭 안의 사건이다. 세상에서는 알지 못하는 영의 사건, 감추인 사건이다. 그러나 그가 영육 간에 살아나려면 남은 고난의 역사가 이루어져야 한다. 그 남은 고난의 사건이 반 때의 역사이다. 반 때의 사역이 이루어져야 두 감람나무가 영육 간에 살아나는 것이다. 반 때의 주인공이 제물이 될 때 이 땅에서의 두 감람나무 역사가 모두 마쳐지는 것이다.

그때부터 3일 반이 카운트다운 되고, 3일 반 만에 두 제물이 된 사람들이 영육 간의 산 자로 함께 부활하는 사건이 이루어질 것이다.

II
반 때의 주인공은 누구인가?

> 시 68:15-18 바산의 산은 하나님의 산임이여 바산의 산은 높은 산이로다 너희 높은 산들아 어찌하여 하나님이 거하시려 하는 산을 시기하여 보느뇨 진실로 여호와께서 이 산에 영영히 거하시리로다 하나님의 병거가 천천이요 만만이라 주께서 그 중에 계심이 시내산 성소에 계심 같도다 주께서 높은 곳으로 오르시며 사로잡은 자를 끌고 선물을 인간에게서, 또는 패역자 중에서 받으시니 여호와 하나님이 저희와 함께 거하려 하심이로다

> 시 68:27 거기는 저희 주관자 작은 베냐민과 유다의 방백과 그 무리와 스불론의 방백과 납달리의 방백이 있도다

시편은 구약 마당, 신약 마당, 재림 마당의 비밀을 총망라한 장이다. 특히 시편 68편은 재림주께서 이 땅의 주로서 자기 백성들을 통해 역사하시는 장이다.

그런데 그 역사에 '저희 주관자 작은 베냐민'이 등장하고 있다. 그 역사의 현장에는 유다의 방백과 스불론의 방백과 납달리의 방백

들도 함께 동참하고 있다. 즉 하나님께서 주관하시고 섭리하시는 역사의 중심에는 모든 것을 평균케 하시려는 의중이 있다는 것을 알 수 있다.

재림 마당에서의 주관자, 작은 베냐민은 누구인가?

베냐민은 라헬의 둘째 아들로서, 요셉의 친동생이다. 야곱이 라반의 집에서 14년 동안 봉사하다가 열한 번째 요셉을 얻음으로, 고향으로 돌아갈 생각을 하게 되었다. 이후 야곱이 라반에게 6년 동안 봉사한 뒤 네 아내와 열한 아들과 딸 디나를 이끌고 고향을 향해 떠났다. 라헬이 고향으로 가는 노중에서 난산으로 산고(産苦) 끝에 얻은 아들이 베냐민이다(창 35:18).

> 창 42:3-4 요셉의 형 십인이 애굽에서 곡식을 사려고 내려갔으나 야곱이 요셉의 아우 베냐민을 그 형들과 함께 보내지 아니하였으니 이는 그의 말이 재난이 그에게 미칠까 두렵다 함이었더라

야곱이 노년에 얻은 요셉이 형제들에 의해 애굽에 종으로 팔려 갔다. 야곱은 요셉의 피 묻은 옷을 보고 요셉이 짐승에게 찢겨죽은 줄만 알았다. 요셉이 애굽에 종으로 팔려간 후의 시간들이 야곱의 생애에 있어서 가장 힘들고 괴로운 시간이었을 것이다. 그 세월을 보내는 동안 그나마 가장 사랑한 라헬이 낳은 베냐민을 바라보며 위로를 받았을 것이다.

그러던 중, 온 땅에 7년 대기근이 시작됨으로 야곱도 양식을 구

하러 아들들을 애굽으로 보냈다. 그곳에서 형들이 총리가 된 요셉을 만났으나 처음에는 알아보지 못하고, 요셉이 베냐민을 데려오라는 명령을 하므로 두려워 떨게 된다. 베냐민을 보내려 하지 않는 야곱을 유다가 설득하여 요셉에게로 데려갔으나 베냐민의 자루에서 요셉의 은잔이 나오는 사건이 발생했다.

> 창 44:1-12 요셉이 그 청지기에게 명하여 가로되 양식을 각인의 자루에 실을 수 있을 만큼 채우고 각인의 돈을 그 자루에 넣고 또 내 잔 곧 은잔을 그 소년의 자루 아구에 넣고 그 양식 값 돈도 함께 넣으라 하매 그가 요셉의 명령대로 하고 개동시에 사람들과 그 나귀를 보내니라 그들이 성에서 나가 멀리 가기 전에 요셉이 청지기에게 이르되 일어나 그 사람들의 뒤를 따라 미칠 때에 그들에게 이르기를 너희가 어찌하여 악으로 선을 갚느냐 이것은 내 주인이 가지고 마시며 늘 점치는데 쓰는 것이 아니냐 너희가 이같이 하니 악하도다 하라 청지기가 그들에게 따라 미쳐 그대로 말하니 그들이 그에게 대답하되 우리 주여 어찌 이렇게 말씀하시나이까 이런 일은 종들이 결단코 아니하나이다 우리 자루에 있던 돈도 우리가 가나안 땅에서부터 당신에게로 가져왔거늘 우리가 어찌 당신 주인의 집에서 은, 금을 도적질하리이까 종들 중 뉘게서 발견되든지 그는 죽을 것이요 우리는 우리 주의 종이 되리이다 그가 가로되 그러면 너희 말과 같이 하리라 그것이 뉘게서든지 발견되면 그는 우리 종이 될 것이요 너희에게는 책망이 없으리라 그들이 각각 급히 자루를 땅에 내려놓고 각기 푸니 그가 나이 많은 자에게서부터 시작하여 나이 적은 자에게까지 수탐하매 잔이 베냐민의 자루에서 발견된지라

이 때 베냐민의 심정이 얼마나 처참했겠는가? 그 당시 세계 최강대국인 애굽의 총리 요셉의 잔이 자신의 자루에서 발견되었으니, 그의 목숨은 풍전등화와 같은 입장이었을 것이다.

그때, 유다가 자신의 목숨을 걸고 베냐민을 변론함으로 베냐민이 위기를 넘길 수 있었다(창 44:18-34). 요셉이 팔려가는 사건으로 형제들을 심판과 구원이라는 기준을 삼으신 하나님께서 다시 한 번 베냐민을 통해 동일한 시험을 행하신 것이다. 요셉과 베냐민은 라헬이 낳은 친 형제지간으로서 베냐민의 환난이 곧 요셉의 환난이 된 것이다(암 6:6).

> 창 15:9 여호와께서 그에게 이르시되 나를 위하여 삼년 된 암소와 삼년 된 암염소와 삼년 된 수양과 산비둘기와 집비둘기 새끼를 취할찌니라

아브라함이 횃불언약을 맺으며 바친 세 가지 제물의 내용이다. 구약 마당에는 삼년 된 암소와 삼년 된 암염소, 신약 마당에는 삼년 된 수양, 재림 마당에는 산비둘기와 집비둘기 새끼라는 두 제물이 있다. 재림 마당은 비상하는 믿음의 때가 이루어지는 장이므로 제물도 비상하는 차원의 제물을 바치게 하신 것이다. 아브라함이 하나님의 영광을 위해 말씀에 순종하여 산비둘기와 집비둘기 새끼라는 두 제물을 바쳤다.

제사를 드릴 때에는 분명한 제사의 목적이 있다. 아브라함에게 그런 제사를 드리게 하신 것은 아브라함의 후손을 통해서 구약, 신약, 재림의 세 마당의 목적을 이루기 위해서이다. 아브라함의 후손을 통해서 하늘나라를 이루시는 것이 하나님의 뜻이었기에 믿음의 조상이며 할례의 조상이며 산 자의 조상인 아브라함으로 하여금 그

제사를 드리게 하신 것이다.

왜 재림 마당에 두 종류의 제물이 필요한 것인가?

그 해답을 얻으려면 횃불언약의 주인공인 요셉의 신앙의 발자취를 따라가 볼 필요가 있다. 요셉이 애굽에 팔려간 것은 진 자로서 이긴 자에게 빚을 갚기 위해서이다. 진 자로서 이긴 자에게 갚은 빚은 영적인 빚이다. 즉 재림 마당에서 첫 번째 제물이 되는 산비둘기는 영적인 빚을 갚는 제물로 사용된다.

따라서 그가 짊어진 십자가는 영적인 십자가이다. "저희 시체가 큰 성 길에 있으리니 그 성은 영적으로 하면 소돔이라고도 하고 애굽이라고도 하니 곧 저희 주께서 십자가에 못 박히신 곳이니라"(계 11:8)고 했다. 즉 보이는 십자가를 짊어진 것은 아니지만 영적으로는 예수님과 동일한 십자가를 짊어진 것이다.

집비둘기 새끼는 육적인 빚을 갚는 데 사용되는 제물이다. 육적인 제물이란 자의에 의해서 십자가를 짊어지는 것이 아니라, 타의에 의해서 십자가를 짊어지는 것을 말한다. 즉, 육적인 제물은 제물로 선정된 사람이 스스로 죽는 것이 아니라, 타인에 의해서 죽는 것을 말한다.

따라서 영적인 빚을 갚는 십자가는 보이지 않는 영적인 십자가가 되고, 육적인 빚을 갚는 십자가는 보이는 십자가로 나타나는 것이다. 이 비밀이 재림 마당에서 가장 큰 비밀이다. 이 말씀을 깨닫는 사람은 재림의 영광을 바라볼 수 있는 자격자가 될 수 있다.

요 6:9-13 여기 한 아이가 있어 보리떡 다섯 개와 물고기 두 마리를 가졌나이다 그러나 그것이 이 많은 사람에게 얼마나 되겠삽나이까 예수께서 가라사대 이 사람들로 앉게 하라 하신대 그 곳에 잔디가 많은지라 사람들이 앉으니 수효가 오천쯤 되더라 예수께서 떡을 가져 축사하신 후에 앉은 자들에게 나눠 주시고 고기도 그렇게 저희의 원대로 주시다 저희가 배부른 후에 예수께서 제자들에게 이르시되 남은 조각을 거두고 버리는 것이 없게 하라 하시므로 이에 거두니 보리떡 다섯 개로 먹고 남은 조각이 열두 바구니에 찼더라

막 8:5-8 예수께서 물으시되 너희에게 떡 몇 개나 있느냐 가로되 일곱이로소이다 하거늘 예수께서 무리를 명하사 땅에 앉게 하시고 떡 일곱 개를 가지사 축사하시고 떼어 제자들에게 주어 그 앞에 놓게 하시니 제자들이 무리 앞에 놓더라 또 작은 생선 두어 마리가 있는지라 이에 축복하시고 명하사 이것도 그 앞에 놓게 하시니 배불리 먹고 남은 조각 일곱 광주리를 거두었으며

　초림주로 오신 예수께서도 그런 이유에서 두 가지 기사이적을 행하신 것이다. 다섯 개의 보리떡과 두 마리의 생선으로 오천 명을 먹이고, 열두 광주리의 부스러기를 모으셨고, 일곱 개의 떡과 작은 생선 두어 마리로 사천 명을 먹이고 일곱 광주리의 부스러기를 모으셨다.
　두 번의 역사는 단순히 수만 명의 배고픔을 달래주기 위해서만 행하신 역사는 아니다. 두 번의 역사를 통하여 하나님께서 인류를 구원하시는 두 가지 구속사의 도맥을 보여주신 것이다.

그것을 보여주기 위해서 요셉에게도 두 가지 꿈을 주셨다. 열한 볏단이 절하는 꿈과(창 37:7), 해와 달과 별들이 절하는 두 가지 꿈으로(창 37:9) 말미암아 요셉이 형제들에 의해서 애굽으로 팔려가게 하셨다. 그리고 지하 감옥에서 떡 맡은 관원장과 술 맡은 관원장의 꿈을 해석함으로 총리가 되는 기회를 얻었다(창 40:9-23).

요셉이 하나님께서 주신 생명나무의 지혜로 말미암아 애굽의 총리가 되어, 땅의 장자권을 상징하는 열한 볏단이 절하는 꿈을 이루었다. 해와 달과 별이 절하는 꿈은 아직 이루지 못했다. 그러나 장차 재림 마당에서 철장으로 만국을 다스릴 남자로 탄생함으로 하늘의 장자권이 완성될 것이다(계 12:5). 신랑의 입장으로 오신 예수님도 두 가지 기사이적을 보이신 것처럼, 장차 신부가 될 요셉도 두 가지 구속사의 큰 도맥을 보여준 것이다.

구약과 신약 마당에서 보여준 내용처럼 재림 마당에서도 두 감람나무가 대속사의 뜻을 짊어지고 두 제물로 자신에게 주어진 십자가의 길을 걷는 것이다. 한 분은 영적인 제물로 바쳐지는 분이다. 물론 무저갱에서 올라온 짐승이 그를 죽인다고 기록되어 있지만, 그것은 영적인 죽음을 말하는 것이다(계 11:8).

그러나 두 번째 제물이 되는 사람은 영적인 죽음이 아니라 실제로 타의에 의해서 죽는 것이다. 자기 운명대로의 생을 사는 것이 아니라, 타인에 의해서 목숨이 끊겨진다. 두 감람나무 중, 첫째 제물은 보이지 않는 영적인 십자가를 짊어지는 것이고, 두 번째 제물은 보이는 십자가를 짊어진다는 의미이다. 그것이 두 감람나무의 본질이 된다.

마 25:31-46 인자가 자기 영광으로 모든 천사와 함께 올 때에 자기 영광의 보좌에 앉으리니 모든 민족을 그 앞에 모으고 각각 분별하기를 목자가 양과 염소를 분별하는 것 같이 하여 양은 그 오른편에, 염소는 왼편에 두리라 그때에 임금이 그 오른편에 있는 자들에게 이르시되 내 아버지께 복 받을 자들이여 나아와 창세로부터 너희를 위하여 예비된 나라를 상속하라 내가 주릴 때에 너희가 먹을 것을 주었고 목마를 때에 마시게 하였고 나그네 되었을 때에 영접하였고 벗었을 때에 옷을 입혔고 병들었을 때에 돌아보았고 옥에 갇혔을 때에 와서 보았느니라 이에 의인들이 대답하여 가로되 주여 우리가 어느 때에 주의 주리신 것을 보고 공궤하였으며 목마르신 것을 보고 마시게 하였나이까 어느 때에 나그네 되신 것을 보고 영접하였으며 벗으신 것을 보고 옷 입혔나이까 어느 때에 병드신 것이나 옥에 갇히신 것을 보고 가서 뵈었나이까 하리니 임금이 대답하여 가라사대 내가 진실로 너희에게 이르노니 너희가 여기 내 형제 중에 지극히 작은 자 하나에게 한 것이 곧 내게 한 것이니라 하시고 또 왼편에 있는 자들에게 이르시되 저주를 받은 자들아 나를 떠나 마귀와 그 사자들을 위하여 예비된 영영한 불에 들어가라 내가 주릴 때에 너희가 먹을 것을 주지 아니하였고 목마를 때에 마시게 하지 아니하였고 나그네 되었을 때에 영접하지 아니하였고 벗었을 때에 옷 입히지 아니하였고 병들었을 때와 옥에 갇혔을 때에 돌아보지 아니하였느니라 하시니 저희도 대답하여 가로되 주여 우리가 어느 때에 주의 주리신 것이나 목마르신 것이나 나그네 되신 것이나 벗으신 것이나 병드신 것이나 옥에 갇히신 것을 보고 공양치 아니하더이까 이에 임금이 대답하여 가라사대 내가 진실로 너희에게 이르노니 이 지극히 작은 자 하나에게 하지 아니한 것이 곧 내게 하지 아니한 것이니라 하시리니 저희는 영벌에, 의인들은 영생에 들어가리라 하시니라

재림 마당의 제 밭 안에서 알곡과 가라지를 구별하고, 양과 염소를 구별하는 기준은 소자에게 있다. 그 소자가 하는 일은 하나님을 대신해서 구원과 심판의 사역을 담당하는 것이다. 그 소자가 재림 마당을 주관하는 작은 주관자 베냐민이다.

눅 17:2 저가 이 작은 자 중에 하나를 실족케 할찐대 차라리 연자 맷돌을 그 목에 매이우고 바다에 던지우는 것이 나으리라

그렇기 때문에 그를 실족시키면 연자 맷돌을 짊어지고 바다로 들어가야 하는 것이다. 그는 이 땅의 주와 두 감람나무를 짊어지고 남은 반 때의 역사를 완성하는 사람이다. 따라서 그를 거스리고 대적하는 것은 성령을 거스리는 것이 된다. 예수께서 "누구든지 말로 인자를 거역하면 사하심을 얻되 누구든지 말로 성령을 거역하면 이 세상과 오는 세상에도 사하심을 얻지 못하리라"(마 12:32, 눅 12:10)고 친히 말씀하신 대상이다.

골 1:24 내가 이제 너희를 위하여 받는 괴로움을 기뻐하고 그리스도의 남은 고난을 그의 몸된 교회를 위하여 내 육체에 채우노라

반 때의 주인공이 재림 때 그리스도의 남은 고난을 짊어지는 대상이다. 한 때와 두 때를 이루고 가신 두 감람나무의 사역을 이어받아, 반 때 안에서 그를 대신해서 전 3년 반의 사역을 마치는 것이다.

> 마 10:42 또 누구든지 제자의 이름으로 이 소자 중 하나에게 냉수 한 그릇이라도 주는 자는 내가 진실로 너희에게 이르노니 그 사람이 결단코 상을 잃지 아니하리라 하시니라

그렇기 때문에 그 소자에게 냉수 한 그릇이라도 주는 자는 결단코 상을 잃지 않는다는 것이다. 그 소자가 구원과 심판의 기준이 되는 사람이다.

왜 구약의 3대 절기 중 맥추절에는 두 번의 제물이 바쳐지는가?

유월절은 예수께서 신랑의 영광을 회복하심으로 오늘날 부활절로 전환되었다. 맥추절은 유월절을 지나 무교절 다음 날부터 7주를 세어 연중 첫 열매로 제사 드리는 절기이다. 그래서 칠칠절, 또는 오순절이라고도 한다. 보리를 상징하는 절기로서 신부의 영광을 회복하기 위한 절기이다. 또, 수장절은 오늘날 추수감사절을 의미하기도 한다. 이 세 절기는 매우 중요한 구속사의 의미가 함축된 절기이므로 반드시 하나님께 빈손 들고 나오지 말라고 명령하셨다(출 23:14-15).

맥추절에는 두 번의 제사를 드린다고 기록되어 있다. 가나안 땅

에 들어가서 유월절 지나 무교절을 지내고, 다음 날 첫 번째 벤 곡식 한 단으로 하나님께 제사를 드리고 흔든 다음 칠 주, 즉 49일 이후에 벤 또 한 번의 곡식으로 떡을 만들어서 50일째 되는 날에 제사를 드리는 내용이 소개되어 있다.

레 23:9-14 여호와께서 모세에게 일러 가라사대 이스라엘 자손에게 고하여 이르라 너희는 내가 너희에게 주는 땅에 들어가서 너희의 곡물을 거둘 때에 위선 너희의 곡물의 첫 이삭 한 단을 제사장에게로 가져갈 것이요 제사장은 너희를 위하여 그 단을 여호와 앞에 열납되도록 흔들되 안식일 이튿날에 흔들 것이며 너희가 그 단을 흔드는 날에 일년 되고 흠 없는 수양을 번제로 여호와께 드리고 그 소제로는 기름 섞은 고운 가루 에바 십분 이를 여호와께 드려 화제를 삼아 향기로운 냄새가 되게 하고 전제로는 포도주 힌 사분 일을 쓸 것이며 너희는 너희 하나님께 예물을 가져오는 그날까지 떡이든지 볶은 곡식이든지 생 이삭이든지 먹지 말찌니 이는 너희가 그 거하는 각처에서 대대로 지킬 영원한 규례니라

위 구절이 맥추절에 드리는 첫 번째 제사의 내용이다. 그 이후 레위기 23:15부터는 두 번째 거둔 곡식을 바치는 제사를 말하고 있다.

레 23:15-21 안식일 이튿날 곧 너희가 요제로 단을 가져온 날부터 세어서 칠 안식일의 수효를 채우고 제 칠 안식일 이튿날까지 합 오십 일을 계수하여 새 소제를 여호와께 드리되 너희 처소에서 에바 십분 이로 만든 떡 두개를 가져다가 흔들찌니 이는 고운 가

루에 누룩을 넣어서 구운 것이요 이는 첫 요제로 여호와께 드리는 것이며 너희는 또 이 떡과 함께 일 년 되고 흠 없는 어린 양 일곱과 젊은 수소 하나와 수양 둘을 드리되 이들을 그 소제와 그 전제와 함께 여호와께 드려서 번제를 삼을찌니 이는 화제라 여호와께 향기로운 냄새며 또 수염소 하나로 속죄제를 드리며 일 년 된 어린 수양 둘을 화목제 희생으로 드릴 것이요 제사장은 그 첫 이삭의 떡과 함께 그 두 어린 양을 여호와 앞에 흔들어 요제를 삼을 것이요 이것들은 여호와께 드리는 성물인즉 제사장에게 돌릴 것이며 이 날에 너희는 너희 중에 성회를 공포하고 아무 노동도 하지 말찌니 이는 너희가 그 거하는 각처에서 대대로 지킬 영원한 규례니라

첫 번째 제사는 순수한 곡식의 한 단을 드리는 것이다(레 23:9-14). 두 번째 제사는 그 곡식을 가지고 떡을 만들어서 번제, 속죄제, 화목제와 함께 수양과 송아지와 함께 제사를 드리는 내용이다(레 23:15-21).

창 15:9 여호와께서 그에게 이르시되 나를 위하여 삼년 된 암소와 삼년 된 암염소와 삼년 된 수양과 산비둘기와 집비둘기 새끼를 취할찌니라

재림의 마당에서 이루어지는 산비둘기의 제사, 집비둘기 새끼의 제사도 같은 맥락에서 그 제사가 시작되고 마쳐지는 것이다. 영적으로 말하면 재림 마당에서 드리는 제사는 한 번으로 끝나지 않는다. 마지막 두 번째 제물이 바쳐져야 제사가 끝나는 것이다. 반 때의 주인공, 집비둘기 새끼라는 제물이 바쳐짐으로 두 감람나무에게 주어진 제물로서의 사역이 모두 마쳐지는 것이다.

III
사도 요한이 먹은 작은 책은 무엇인가?

계 10:1-11 내가 또 보니 힘센 다른 천사가 구름을 입고 하늘에서 내려오는데 그 머리 위에 무지개가 있고 그 얼굴은 해 같고 그 발은 불기둥 같으며 그 손에 펴 놓인 작은 책을 들고 그 오른발은 바다를 밟고 왼발은 땅을 밟고 사자의 부르짖는 것 같이 큰 소리로 외치니 외칠 때에 일곱 우레가 그 소리를 발하더라 일곱 우레가 발할 때에 내가 기록하려고 하다가 곧 들으니 하늘에서 소리나서 말하기를 일곱 우레가 발한 것을 인봉하고 기록하지 말라 하더라 내가 본바 바다와 땅을 밟고 섰는 천사가 하늘을 향하여 오른손을 들고 세세토록 살아계신 자 곧 하늘과 그 가운데 있는 물건이며 땅과 그 가운데 있는 물건이며 바다와 그 가운데 있는 물건을 창조하신 이를 가리켜 맹세하여 가로되 지체하지 아니하리니 일곱째 천사가 소리 내는 날 그 나팔을 불게 될 때에 하나님의 비밀이 그 종 선지자들에게 전하신 복음과 같이 이루리라 하늘에서 나서 내게 들리던 음성이 또 내게 말하여 가로되 네가 가서 바다와 땅을 밟고 섰는 천사의 손에 펴 놓인 책을 가지라 하기로 내가 천사에게 나아가 작은 책을 달라 한즉 천사가 가로되 갖다 먹어버리라 네 배에는 쓰나 네 입에는 꿀 같이 달리라 하거늘 내가 천사의 손에서 작은 책을 갖다 먹어버리니 내 입에는 꿀 같이 다나 먹은 후에 내 배에서는 쓰게 되더라 저가 내게 말하기를 네가 많은 백성과 나라와 방언과 임금에게 다시 예언하여야 하리라 하더라

사도 요한이 밧모섬에서 '작은 책'을 먹는 장면이다. 사도 요한에게 작은 책을 주신 힘센 천사가 "네가 많은 백성과 나라와 방언과 임금에게 다시 예언해야 하리라"고 말씀하고 계신다. 작은 책은 많은 백성과 나라와 방언과 임금에게 다시 전해야 하는 말씀이다. 재림 마당에서 작은 책은 다시 전해져야 하는 복음, 즉 '다시 복음'이다.

왜 "다시 예언하여야 하리라"고 하셨는가? 온 세상에 흩어져 살고 있는 약속의 자녀들을 하나님께서 찾아내시기 위해서 다시 예언하라고 하신 것이다. 예수께서 "마지막 때에는 천사들을 보내어 동서남북에 흩어진 하나님의 백성들을 불러 모은다"(마 13:27)라고 하셨다. 목자는 양을 알고, 양은 목자를 알듯이 하나님의 양은 '다시 복음'을 들으면 그 말씀을 하시는 분이 누구인지 알고 믿고 따르게 되어 있다.

율법으로는 완전 구원이 이루어질 수 없기에 은혜와 진리의 복음을 주셨다. 마찬가지다. 은혜와 진리의 복음으로 완전한 부활과 변화가 이루어질 수 없기에 '작은 책'이 등장하게 되는 것이다. 따라서 재림 마당에서 어느 누구라도 '작은 책'을 받지 못하면 산 자가 될 수 없다.

작은 책은 성경책과 별개의 말씀이 아니다. 작은 책은 성경책 속에 있는 말씀이다. 성경책으로 해결할 수 없기에 등장하는 또 다른

별책이라고 할 수 있다. 큰 책 안에 있으되 비밀로 인봉되어 사도 요한과 같이 허락된 사람만 알 수 있는 말씀이다. 허락되지 않은 사람은 누구도 알 수 없는 말씀이다(계 2:17). 엘리야와 엘리사, 예수님과 사도 요한과 같이 주고받은 자만이 알 수 있는 말씀이다. 하나님께서 주시지 않으면 절대로 알 수 없는 말씀이다.

"일곱 우레가 발할 때에 내가 기록하려고 하다가 곧 들으니 하늘에서 소리 나서 말하기를 일곱 우레가 발한 것을 인봉하고 기록하지 말라 하더라"(계 10:4)고 했다. 왜 일곱 우레의 말씀을 기록하지 말라고 하셨는가? 사도 요한이 받은 우레의 말씀을 기록하면 다 공개되기 때문에 기록하지 말라고 하신 것이다. 이 말씀은 다니엘에게 "다니엘아 마지막 때까지 이 말을 간수하고 이 글을 봉함하라"(단 12:4)고 하신 것과 같은 맥락이다.

즉 '작은 책', '다시 복음'은 새로운 예언의 말씀이 아니다. 지금까지 성경에 기록되었지만 인봉되었던 말씀들이 재림 마당에서 해를 입은 여인, 이 땅의 주에 의해 공개되는 입장을 말하는 것이다.

무지개를 쓴 힘센 천사와 사도 요한은 어떤 관계인가?

신약 마당에서 세례 요한이 예수님이 오시는 길을 예비하기 위해 6개월 먼저 태어났다. 세례 요한이 물로 세례를 준 것은 예수님을 이스라엘에 나타내고, 율법과 예언과 선지자의 시대를 마치기 위해서이다. 그런 그가 예수님을 끝까지 증거하지 못하고 실족하고 말았다.

그래서 재림 마당에서의 파트너십은 순서가 바뀐다. 이 땅의 주께서 먼저 오셔서 두 감람나무를 찾아 기름을 붓는 역사를 하신다.

요한일서 2:27에서 "주께 받은 바 기름이 모든 것을 책임진다"고 하셨다. 그렇기 때문에 두 감람나무는 세례 요한처럼 실족하지 않는다.

무지개를 쓴 힘센 천사와 사도 요한도 주고받는 관계이다. 사도 요한에게는 작은 책을 준 힘센 천사가 절대적으로 믿고 순종해야 할 대상이다.

왜 사도 요한이 작은 책을 먹게 되었는가?

계 2:17 귀 있는 자는 성령이 교회들에게 하시는 말씀을 들을찌어다 이기는 그에게는 내가 감추었던 만나를 주고 또 흰 돌을 줄 터인데 그 돌 위에 새 이름을 기록한 것이 있나니 받는 자 밖에는 그 이름을 알 사람이 없느니라

이기는 자에게는 감추인 만나를 주신다고 했다. 작은 책은 누구에게나 공개될 수 없는 감추인 만나이다. 오직 재림 마당에서 주고받은 자 밖에는 알 수 없는 복음이다. 사도 요한이 작은 책을 먹을 수 있었던 것은 분명히 이기는 자가 되었기 때문이다.

사도 요한이 언제 이긴 자가 되었는가?

요 19:25-27 예수의 십자가 곁에는 그 모친과 이모와 글로바의 아내 마리아와 막달라 마리아가 섰는지라 예수께서 그 모친과 사랑하

> 시는 제자가 곁에 섰는 것을 보시고 그 모친께 말씀하시되 여자여 보소서 아들이니이다 하시고 또 그 제자에게 이르시되 보라 네 어머니라 하신대 그때부터 그 제자가 자기 집에 모시니라

예수님의 십자가의 밑에는 네 여자와 한 남자가 있었다. 수제자 베드로도 세 번 부인하고 도망갔고, 나머지 제자들도 다 도망갔지만 그 중에서 남은 유일한 남자가 사도 요한이었다. 예수님의 어머니 마리아와 이모, 막달라 마리아, 글로바의 아내 마리아의 네 여자와 사도 요한, 이 다섯 사람이 십자가 밑에 끝까지 남아있었다. 그들은 로마의 총칼 앞에 순교를 각오한 입장으로 그 자리를 지킨 것이다.

영적으로 말하면 이들은 이긴 자로서 최초로 생명나무 열매를 따 먹은 사람들이라고 할 수 있다. 예수님이 비록 포도나무로 이 땅에 오셔서 피 흘리는 십자가 사역을 이루셨지만, 그 분이 인류 구속사역에 최초로 뛰어드신 모습은 에덴동산의 생명나무이셨다(창 2:9). 포도나무로 오신 예수님을 말씀이 육신으로 오신 생명나무로 믿으며 목숨을 거는 사람들에게 예수께서 생명나무 열매를 주시는 것은 당연한 상급이 아니겠는가? 물론 그 상급은 다 같은 영광이 아니라, 그 안에도 영광의 순서가 있다.

이와 같이 사도 요한이 이긴 자가 되었기에 재림 마당에서 역사하실 비밀의 말씀을 간직할 수 있는 자격자가 되었고, 작은 책을 받을 수가 있었다.

왜 사도 요한은 '다시 올 때까지' 머물러야 하는가?

요 21:15-23 저희가 조반 먹은 후에 예수께서 시몬 베드로에게 이르시되 요한의 아들 시몬아 네가 이 사람들보다 나를 더 사랑하느냐 하시니 가로되 주여 그러하외다 내가 주를 사랑하는 줄 주께서 아시나이다 가라사대 내 어린 양을 먹이라 하시고 또 두 번째 가라사대 요한의 아들 시몬아 네가 나를 사랑하느냐 하시니 가로되 주여 그러하외다 내가 주를 사랑하는 줄 주께서 아시나이다 가라사대 내 양을 치라 하시고 세 번째 가라사대 요한의 아들 시몬아 네가 나를 사랑하느냐 하시니 주께서 세 번째 네가 나를 사랑하느냐 하시므로 베드로가 근심하여 가로되 주여 모든 것을 아시오매 내가 주를 사랑하는 줄을 주께서 아시나이다 예수께서 가라사대 내 양을 먹이라 내가 진실로 진실로 네게 이르노니 젊어서는 네가 스스로 띠 띠고 원하는 곳으로 다녔거니와 늙어서는 네 팔을 벌리리니 남이 네게 띠 띠우고 원치 아니하는 곳으로 데려가리라 이 말씀을 하심은 베드로가 어떠한 죽음으로 하나님께 영광을 돌릴 것을 가리키심이러라 이 말씀을 하시고 베드로에게 이르시되 나를 따르라 하시니 베드로가 돌이켜 예수의 사랑하시는 그 제자가 따르는 것을 보니 그는 만찬석에서 예수의 품에 의지하여 주여 주를 파는 자가 누구오니이까 묻던 자러라 이에 베드로가 그를 보고 예수께 여짜오되 주여 이 사람은 어떻게 되겠삽나이까 예수께서 가라사대 내가 올 때까지 그를 머물게 하고자 할찌라도 네게 무슨 상관이냐 너는 나를 따르라 하시더라 이 말씀이 형제들에게 나가서 그 제자는 죽지 아니하겠다 하였으나 예수의 말씀은 그가 죽지 않겠다 하신 것이 아니라 내가 올 때까지 그를 머물게 하고자 할찌라도 네게 무슨 상관이냐 하신 것이러라

예수께서 부활하신 후 디베랴 바닷가의 제자들에게 나타나신 것은 실추된 사도로서의 명예를 회복해주시기 위해서이다. 특히 베드로는 닭이 울기 전에 예수님을 세 번 부인한 사실로 인해 3수에 대한 약점이 있는 사람이다. 예수께서 베드로에게 "내 양을 먹이라", "내 양을 치라", "내 어린 양을 먹이라"하고 세 번 당부하실 때 베드로는 예수님을 부인한 사실 때문에 무척 근심하였다. 그러나 예수께서 세 번 동일한 당부를 하신 것은 베드로가 예수님을 세 번 부인한 신앙을 회복시키기 위한 예수님의 배려였다.

그런데 베드로에게는 신앙의 라이벌이 있었다. 다름 아닌 사도 요한이었다. 예수께서 열두 제자 중에서 가장 사랑한 세 제자는 베드로, 야고보, 요한이었다. 그들은 항상 예수님과 중요한 자리에 동석(同席)하는 자들이었다. 특히 사도 요한은 최후의 만찬석에서 예수님의 품에 누워 "주여, 주를 파는 자가 누구오니이까?"하고 묻던 자였고, 예수님의 가장 많은 사랑을 받은 자였다.

천주교에서는 베드로가 수제자라고 해서 초대 교황의 이름을 베드로라고 붙였지만, 사실 예수님의 가장 사랑하신 제자는 사도 요한이었다. 요한복음에는 특별히 사도 요한에 대해 '사랑하시는 제자'(요 19:26), '예수의 사랑하시던 다른 제자'(요 20:2)라는 호칭으로 기록되어 있다.

마 16:16-24 시몬 베드로가 대답하여 가로되 주는 그리스도시요 살아 계신 하나님의 아들이시니이다 예수께서 대답하여 가라사대 바요나 시몬아 네가 복이 있도다 이를 네게 알게 한 이는 혈육이 아니요 하늘에 계신 내 아버지시니라 또 내가 네게 이르노니 너는 베드로라 내가 이 반석 위에 내 교회를 세우리니 음부의 권세가 이기지 못하리라 내가 천국 열쇠를 네게 주리니 네가 땅에서 무엇이든지 매면 하늘에서도 매일 것이요 네가 땅에서 무엇이든지 풀면 하늘에서도 풀리리라 하시고 이에 제자들을 경계하사 자기가 그리스도인 것을 아무에게도 이르지 말라 하시니라 이때로부터 예수 그리스도께서 자기가 예루살렘에 올라가 장로들과 대제사장들과 서기관들에게 많은 고난을 받고 죽임을 당하고 제 삼일에 살아나야 할 것을 제자들에게 비로소 가르치시니 베드로가 예수를 붙들고 간하여 가로되 주여 그리 마옵소서 이 일이 결코 주에게 미치지 아니하리이다 예수께서 돌이키시며 베드로에게 이르시되 사단아 내 뒤로 물러가라 너는 나를 넘어지게 하는 자로다 네가 하나님의 일을 생각지 아니하고 도리어 사람의 일을 생각하는도다 하시고 이에 예수께서 제자들에게 이르시되 아무든지 나를 따라 오려거든 자기를 부인하고 자기 십자가를 지고 나를 좇을 것이니라

가이사랴 빌립보에서 베드로가 "주는 그리스도시오, 살아계신 하나님의 아들이니이다"(마 16:16)라는 고백으로 반석이라는 뜻의 베드로라는 새 이름을 받았다.

그러나 잠시 후, 예수께서 십자가를 통해 죽으셨다가 사흘 만에

살아나신다는 말씀을 하실 때 그 뜻을 헤아리지 못하고 "베드로가 예수를 붙들고 간(諫)하여[44] 가로되 주여 그리 마옵소서 이 일이 결코 주에게 미치지 아니하리이다"(마 16:22)라고 함으로 "사단아! 너는 내 뒤로 물러가라!"고 하셨다(마 16:23).

물론 베드로 자신이 사단이라는 뜻은 아니다. 그러나 늘 베드로의 옆에서 밀 까부르듯 청구하는 사단이(눅 22:31) 하늘의 뜻을 먼저 생각하지 못하고 인간적인 잣대로 주님을 바라보는 베드로의 심령에 순간 들어감으로, 베드로를 조종하는 사단을 책망하신 것이다. 그 순간 "네가 땅에서 매면 하늘에서도 매일 것이요, 땅에서 풀면 하늘에서도 풀리리라"(마 16:19)는 천국열쇠의 축복은 사도 요한에게로 넘어간 것이다.

디베랴 바닷가에서 만난 예수께서 베드로가 어떤 죽음으로 최후를 마칠 것을 말씀하셨을 때 베드로는 요한의 최후의 모습이 궁금하였다. 그래서 "나는 이런 순교의 길을 가거니와 저 요한은 어떻게 됩니까?"라는 질문을 했을 때 예수께서는 "내가 올 때까지 그를 머물게 할지라도 네게 무슨 상관이냐?"라고 하셨다.

> 요 21:22-23 예수께서 가라사대 내가 올 때까지 그를 머물게 하고자 할찌라도 네게 무슨 상관이냐 너는 나를 따르라 하시더라 이 말씀이 형제들에게 나가서 그 제자는 죽지 아니하겠다 하였으나 예수의 말씀은 그가 죽지 않겠다 하신 것이 아니라 내가 올 때까지 그를 머물게 하고자 할찌라도 네게 무슨 상관이냐 하신 것이러라

---

[44] 간하여: 책망하여

이 말씀을 하실 때 제자들은 '요한은 죽지 않겠구나'라고 생각했다는 것이다. 왜냐하면 그 당시의 제자들은 예수님이 가셨다가 금방 다시 오신다고 생각했기 때문이다. 그러나 예수께서 "그가 죽지 않겠다 한 것이 아니라 내가 다시 올 때까지 그를 머물게 하고자 할지라도 네게 무슨 상관이냐?"라고 반복하셨다. 왜 예수님은 사도 요한에게 '다시 올 때까지' 머물게 하셨는가?

사람이 죽으면 세 종류로 구별된다. 좋은 영혼은 낙원으로 가고, 그렇지 못한 영혼은 스올(음부)로 가고, 또 이 땅에 머물러 있는 자가 있다. 가룟 유다를 제외한 예수님의 열 제자들은 전부 순교하여 낙원으로 갔지만 사도 요한은 낙원으로 가지 못하고 이 땅에 머무르는 존재가 되었다. 그의 믿음이 부족해서 낙원으로 가지 못한 것이 아니다. 무언가 맡겨놓으신 사명이 있기 때문이다. 예수님이 다시 오실 때 필요한 말씀을 간직하고 기다리기 위해 이 땅에 머물러 있게 된 것이다.

성경에는 머물러 기다리는 사람이 또 있다. 사도 요한과 엘리사가 그 대표적인 사람들이다. 엘리사는 엘리야의 갑절의 영감을 받은 자로서 엘리야처럼 하늘로 승천하기에 충분한 사람이다. 그러나 그가 죽을 병이 들어 죽었다는 그의 죽음에는 큰 비밀이 있다(왕하 13:14). 엘리사 또한 이 땅에 머물러 누군가 올 때까지 기다려야 하는 사명이 있기에 스스로 죽을 병이 들어 죽는 길을 선택한 것이다.

다시 오시는 분은 누구인가?

> 요 5:43 나는 내 아버지의 이름으로 왔으매 너희가 영접지 아니하나 만일 다른 사람이 자기 이름으로 오면 영접하리라

> 마 16:27 인자가 아버지의 영광으로 그 천사들과 함께 오리니 그때에 각 사람의 행한 대로 갚으리라

> 살전 5:2 주의 날이 밤에 도적 같이 이를 줄을 너희 자신이 자세히 앎이라

'종말론적 구속사 시리즈' 제 2권 <이 땅의 주, 그는 누구인가?>에서 자세히 밝힌 것처럼, 재림 마당에 다시 오시는 분은 예수가 아니다. 예수께서도 친히 "다른 사람이 자기 이름으로 오신다"고 했고, "인자가 아버지의 이름으로 오신다"고 했다. 4공관복음에만 20회 이상 기록된 말씀이다.

종의 때, 아들의 때를 지나, 세 번째 아버지 때의 주인으로 오시는 이 땅의 주, 해를 입은 여인은 예수님처럼 말씀이 육신으로 오시는 분이 아니다. 육신으로 오셔서 이 땅에서 말씀을 입으시는 분이다. 그분은 도적같이 오셔야 하기에, 하늘에서 오시지 않는다. 그는 산 자의 도맥을 통해 오시는 분이다.

그 산 자의 도맥은 감추어진 길이다. 그 길은 아브라함·이삭·야곱의 3대를 통해 4대 만에 열매 맺은 요셉이 이룬 산 자의 길이다. 그 길은 야곱이 꿈에 본 사닥다리, 즉 멜기세덱의 반차이다.[45]

---

45) <멜기세덱, 그는 누구인가?> 231-238쪽, 벽암 조영래 저, 도서출판 오색이슬

재림 마당의 때의 주인은 '아버지의 영광으로' 오신다.

> 마 16:27 인자가 아버지의 영광으로 그 천사들과 함께 오리니 그 때에 각 사람의 행한대로 갚으리라

"인자가 아버지의 영광으로 오신다"는 아버지는 예수님인가? 예수께서 이 땅에 오시는 자체가 십자가의 길이다. 말씀이 육신으로 오셔서 십자가 사역을 마치시고 하늘로 승천하신 예수께서 다시 이 땅에 오실 수는 없다. 물론 인류 구속사역이 모두 마쳐지고 영원하신 하나님의 본체의 모습으로 오실 수는 있지만, 재림 마당의 사역을 이루기 위해 다시 오실 수는 없는 것이다.

그렇다면 아버지의 영광으로 오시는 분은 누구인가? 누군가 이 땅에서 아버지의 영광을 입는 사역을 위해, 예수께서 보혈의 피 속에 태초의 말씀을 넣어 두고 가셨다. 피 속에 넣어 두지 않으면 그 말씀이 영혼의 그릇 속에 담겨 하늘로 올라가기 때문에 피에 담아 이 땅에 떨치신 것이다. 그것이 마귀들이 알지 못하는 감추인 지혜이다 (고전 2:8).

> 마 27:46 제 구시 즈음에 예수께서 크게 소리질러 가라사대 엘리 엘리 라마 사박다니 하시니 이는 곧 나의 하나님, 나의 하나님, 어찌하여 나를 버리셨나이까 하는 뜻이라

예수님이 십자가상에서 피를 흘리실 때 성체를 타고 피가 흐르는 순간에 예수님의 몸인 진리와 태초의 말씀이 분리가 된 것이다.

그 태초의 말씀이 곧 아버지요, 하나님이시다.

> 요 1:1 태초에 말씀이 계시니라 이 말씀이 하나님과 함께 계셨으니 이 말씀은 곧 하나님이시니라

그 태초의 말씀이 예수님과 분리되어 떠나는 아픔을 "아버지여! 아버지여! 어찌하여 나를 버리시나이까?"라고 부르짖으신 것이다. 예수님이 십자가를 지셨을 때 이 땅에 분리되어 떨어진 태초의 말씀이 그 순간 도적같이 이 땅에 임재하신 것이다. 그 비밀을 아는 사람이 이긴 자로서 그 태초의 말씀을 입으셨기에 해를 입은 여인이 되어 이 땅의 주의 사역을 하시는 것이다.

예수님이 곧 아버지이시고 하나님의 본체이신 분이지만 세 번째 때의 주인으로 오실 아버지의 영역을 침범하지 않기 위해, 자신을 비우고 낮추어(빌 2:7) 철저히 아들의 입장으로만 역사하셨다.

> 요 11:25-26 예수께서 가라사대 나는 부활이요 생명이니 나를 믿는 자는 죽어도 살겠고 무릇 살아서 나를 믿는 자는 영원히 죽지 아니하리니 이것을 네가 믿느냐

예수님으로 인하여 죽은 사람이 살아나는 부활의 맥은 이루어졌으나, 변화의 맥은 아직까지 이루어지지 않고 있다. 바로 이 변화의 맥을 이루기 위해 다시 오신다는 것이다.

그러나 다시 오신다고 하신 것은 예수님이 또 다시 이 땅에 오신다는 것이 아니다. 카이로스라는 한 번밖에 사용하지 못하는 시간을 통해 말씀이 육신을 입고 예수님으로 오셨다. 그분이 십자가를

통해 자신의 사명을 다 이루시고 지금은 하늘 우편 보좌에 계신다. 예수님은 자주 고난을 받지 않기 위해 세상 끝에 오셨다고 했다(히 9:26). 그분이 다시 이 땅에 오시는 자체가 십자가를 지는 것과 같다. 그래서 말씀이 육신으로는 두 번 다시 오시지 못한다.

그렇다면 왜 예수님이 다시 오신다고 하셨는가? 그것은 예수께서 피 속에 감추어 이 땅에 떨치신 태초의 말씀을 다른 사람이 입고 역사하는 모습을 자기 입장에서 표현하신 것이다. 또 실제로 그 말씀은 예수님 안에 계시던 속사람이신 태초의 말씀, 아버지이시기 때문이다.

예수께서는 하나님의 본체이시고 아버지이심에도 불구하고, 아들의 때에 오신 분이기에 철저하게 아들의 사역만 하시고, 아버지의 사역에 대해서는 그 영역을 침범하지 않으셨다. 마지막 때에 아버지의 사역을 하러 오시는 때의 주인을 위해서이다.

예수께서 두고 가신 아버지의 고유적인 말씀이 이 땅에 머물러 있다. 그 귀하고 거룩한 태초의 말씀을 아무나 가져가도록 방치해 두시겠는가? 화염검을 가진 그룹이 생명나무로 가는 길을 지키는 것이다(창 3:24). 그 비밀을 알기에 변화산에서 예수님의 십자가 사역을 의논하던 모세가 그 말씀을 지키고 있는 화염검을 가진 그룹과 싸워 이겨서, 그 말씀을 입어 해를 입은 여인이 되셨다. 화염검을 가진 그룹이 그 분과 싸우는 동안, 그 분이 그 말씀을 입을 자격자라는 것을 알고 순순히 내어 드린 것이다.

예수께서 변화산에서 하나님의 영광의 형상으로 나타나실 때 모세와 엘리야가 함께 나타난 것처럼, 재림 때에도 하나님의 뜻을 위해 필요한 두 사람이 있다. 재림 마당에서 이루어질 한 이레의 역사를 위해서 구약 때는 엘리사를 기다리게 하셨고, 신약 때는 사도 요한을 기다리게 하신 것이다. 마지막 때의 주인이 오셔서 장자권을 가진 엘리사와, 작은 책을 먹음으로 장자의 축복을 가진 사도 요한을 찾으실 것이다.

그래서 사도 요한에게 작은 책을 먹게 하신 것이다. 사도 요한도 낙원으로 올라갈 자격이 있는 사람이지만, 이런 비밀을 간직하고 예수님이 이 땅에 다시 오실 때까지 기다려야 할 사람이기에 "내가 다시 올 때까지 머물러 있으라"는 대상이 되었다.

그들에게 다시 작은 책을 주시고자 찾아오시는 것을 가리켜 "내가 길 잃어버린 한 마리의 양을 찾았노라"고 하시는 것이다.

재림 마당에서 해를 입은 여인, 이 땅의 주께서 사도 요한에게 맡겨두었던 작은 책, 엘리사에게 맡겨두었던 엘리야의 갑절의 영감을 다 찾으신다. 그리고 재림 마당에서 뜻을 위해 일할 수 있는 사명자들에게 전달해 주신다. 이 땅의 주 앞에 섰는 두 감람나무·두 촛대가 재림 마당에서 작은 책을 받아 구속사역을 완성하는 사명자들이 되는 것이다.

계 8:1 일곱째 인을 떼실 때에 하늘이 반 시 동안쯤 고요하더니

재림 마당의 이 땅의 주께서 일곱 인, 일곱 나팔, 일곱 대접의 역사를 행하신다. 일곱 인 중에서 마지막으로 일곱째 인이 떼어지면 일곱 나팔이 불려지게 되고, 일곱 대접의 재앙이 쏟아진다. 일곱 대접의 재앙이 쏟아지기 전에 하늘이 반 시 동안 고요한 때에 등장하

는 말씀이 중간계시의 말씀이다. 작은 책 안에는 중간 계시의 말씀이 들어있다.

왜 하늘이 반 시 동안 고요한 역사를 하시는가? 전 3년 반이 끝나고 후 3년 반에 닥칠 환난이 너무나 크기에 창세 이후 전무후무한 환난이라고 표현하셨다. 그 환난에서 성도의 권세는 다 깨어지고 (단 12:7) 오직 성별된 성도만이 남는 자가 된다. 그 환난에서 자기 백성을 지키려면 중간 계시의 말씀을 주시지 않으면 안 되기에 진행하던 하늘의 역사를 잠시 멈추게 하고, 중간 계시의 말씀을 주시는 것이다.

다시 복음, 작은 책의 말씀을 듣지 못한 사람은 절대 첫째 부활에 참여할 수 없다. 제 밭은 알곡과 가라지가 함께 있던 장소이다. 한 때와 두 때의 주인공은 공의의 입장으로서 허락된 한계 안에서의 말씀만 선포하시는 것이다. 마지막 다시 복음, 작은 책의 말씀은 내놓으실 수가 없다.

한 때와 두 때의 주인공이 사역을 마치는 순간 알곡은 알곡대로 모이고, 가라지는 가라지대로 단으로 묶인다. 알곡과 가라지가 구별된 반 때 안에서 알곡들에게만 다시 복음, 중간 계시, 작은 책의 말씀이 선포되는 것이다.

IV
두 감람나무와 두 촛대의 관계는 무엇인가?

계 11:4 이는 이 땅의 주 앞에 섰는 두 감람나무와 두 촛대니

재림 마당에서 역사할 주인공이 '이 땅의 주 앞에 섰는 두 감람나무와 두 촛대'라고 했다. 주석에 보면 주석학자들이 두 감람나무와 두 촛대를 서로 다른 별개의 것으로 보는 것이 일반적인 개념이다. 그러나 두 촛대는 두 감람나무에게 주신 두 개의 교회, 두 개의 보좌를 의미한다.

슥 14:4 그 날에 그의 발이 예루살렘 앞 곧 동편 감람산에 서실 것이요 감람산은 그 한가운데가 동서로 갈라져 매우 큰 골짜기가 되어서 산 절반은 북으로, 절반은 남으로 옮기고

감람산이 동서로 갈라지는 때가 있다고 하신 말씀대로, 두 감람나무가 역사하는 장소가 동서로 갈라질 때가 있다는 예언의 말씀이다. 그 갈라진 동서에 두 촛대가 있는 것이다.

단 12:5-7 나 다니엘이 본즉 다른 두 사람이 있어 하나는 강 이편 언덕에

섰고 하나는 강 저편 언덕에 섰더니 그중에 하나가 세마포 옷을 입은 자 곧 강물 위에 있는 자에게 이르되 이 기사의 끝이 어느 때까지냐 하기로 내가 들은즉 그 세마포 옷을 입고 강물 위에 있는 자가 그 좌우 손을 들어 하늘을 향하여 영생하시는 자를 가리켜 맹세하여 가로되 반드시 한 때 두 때 반 때를 지나서 성도의 권세가 다 깨어지기까지니 그렇게 되면 이 모든 일이 다 끝나리라 하더라

또 양쪽 강둑에 발을 벌리고 있는 사람이 강물 위에 있는 사람에게 성도의 권세가 언제 끝나는지 묻고 있다. 즉 두 촛대란 한 사람에게 달려있는 두 다리처럼 서로 밀접한 관계를 말하고 있다.
한 때·두 때의 주인공이 떠나면 반 때의 주인공이 그리스도의 남은 고난의 사역을 짊어지게 된다. 한 때·두 때의 주인공과 반 때의 주인공이 각자 맡은 사역을 행할 때 필요한 터전이 두 촛대가 되는 것이다.

두 촛대는 예수께서 말씀하신 좌우편 보좌를 의미한다.

마 20:20-23 그 때에 세베대의 아들의 어미가 그 아들들을 데리고 예수께 와서 절하며 무엇을 구하니 예수께서 가라사대 무엇을 원하느뇨 가로되 이 나의 두 아들을 주의 나라에서 하나는 주의 우편에, 하나는 주의 좌편에 앉게 명하소서 예수께서 대답하여 가라사대 너희 구하는 것을 너희가 알지 못하는도다 나의 마시려는 잔을 너희가 마실 수 있느냐 저희가 말하되 할 수 있나이다 가라사대 너희가 과연 내 잔을 마시려니와 내 좌우편에

앉는 것은 나의 줄 것이 아니라 내 아버지께서 누구를 위하여 예비하셨든지 그들이 얻을 것이니라

막 10:35-40 세베대의 아들 야고보와 요한이 주께 나아와 여짜오되 선생님이여 무엇이든지 우리의 구하는 바를 우리에게 하여주시기를 원하옵나이다 이르시되 너희에게 무엇을 하여주기를 원하느냐 여짜오되 주의 영광 중에서 우리를 하나는 주의 우편에, 하나는 좌편에 앉게 하여 주옵소서 예수께서 가라사대 너희 구하는 것을 너희가 알지 못하는도다 너희가 나의 마시는 잔을 마시며 나의 받는 세례를 받을 수 있느냐 저희가 말하되 할 수 있나이다 예수께서 이르시되 너희가 나의 마시는 잔을 마시며 나의 받는 세례를 받으려니와 내 좌우편에 앉는 것은 나의 줄 것이 아니라 누구를 위하여 예비되었든지 그들이 얻을 것이니라

마가복음에서는 야고보와 요한이 직접 예수님께 간청했고, 마태복음에서는 살로메가 두 아들을 예수님의 우편 좌편에 앉게 해 달라고 간청했다. 그 때 "그 자리는 누가 앉든지 아버지께서 정하신 자가 앉는다"라고 하셨다. 이미 만세 전에 예정된 자가 그 자리에 앉는다는 것이다. 그렇다면 언젠가 아버지께서 그 좌우편의 자리를 정하실 때가 있지 않겠는가?

좌우편 자리를 정하실 아버지는 과연 누구인가?

마 16:27 인자가 아버지의 영광으로 그 천사들과 함께 오리니 그 때에 각 사람의 행한대로 갚으리라

막 8:38 누구든지 이 음란하고 죄 많은 세대에서 나와 내 말을 부끄러워하면 인자도 아버지의 영광으로 거룩한 천사들과 함께 올 때에 그 사람을 부끄러워하리라

인자가 '아버지의 영광으로' 오시는 분이다(막 8:38). 그렇다면 예수님이 다시 재림 마당에 오신다는 것인가? 하늘 우편 보좌에 가신 예수님은 이 땅에 다시 오시지 못한다. 그렇다면 '아버지의 영광으로' 오시는 분은 누구인가?

예수께서 십자가에서 가지고 오신 태초의 말씀을 땅에 떨치시고, 순수한 인자로서 스올에 들어가셨다. 예수께서 비록 태초의 말씀은 땅에 떨치셨으나 가지고 계신 믿음으로 부활하신 것이다. 로마서 1:4에 "성결의 영으로는 죽은 가운데서 부활하여 능력으로 하나님의 아들로 인정되셨으니 곧 우리 주 예수 그리스도시니라"가 그런 의미이다.

부활하신 주님은 하나님 아들과 방불한 제사장, 멜기세덱이 되신 것이다. 말씀이 곧 하나님이신데(요 1:1), 말씀이 육신으로 오신 예수께서 왜 부활하시어 비로소 멜기세덱이 되신 것인가? 멜기세덱은 피조물로서 정점에 이르는 영광이고, 태초의 말씀은 그 자체가 하나님이시다. 왜 예수께서는 자신이 가진 본래의 영광보다 더 낮은 영광인 멜기세덱이 되시고자 그토록 험난한 십자가를 지셨는가?

그 이유는 장차 피조물 중에서 멜기세덱이 탄생해야 하는데, 피조물 중에서는 그 길을 걸을 수 있는 사람이 없기 때문이다. 예수께서 장차 멜기세덱이 탄생해야 하는 그 뜻을 이루시고자 스스로 비우고 낮추사(빌 2:7) 하나님 아들과 방불한 제사장 멜기세덱이 되신

것이다. 따라서 부활하신 주님은 영광의 하나님, 멜기세덱이 되신 것이다.

그분이 이 땅에 영광의 하나님으로 40일 계시는 동안, 이미 말씀하신 대로 우편과 좌편에 있을 두 보좌를 이루셨다. 장차 재림 마당에서 '아버지의 영광으로' 오실 재림주 멜기세덱의 우편과 좌편으로 역사할 대상을 예비하고 준비하신 것이다. 그 두 보좌가 두 감람나무의 두 촛대가 되는 것이다.

> 계 1:12-20 몸을 돌이켜 나더러 말한 음성을 알아보려고 하여 돌이킬 때에 일곱 금 촛대를 보았는데 촛대 사이에 인자 같은 이가 발에 끌리는 옷을 입고 가슴에 금띠를 띠고 그 머리와 털의 희기가 흰 양털 같고 눈 같으며 그의 눈은 불꽃같고 그의 발은 풀무에 단련한 빛난 주석 같고 그의 음성은 많은 물소리와 같으며 그 오른손에 일곱 별이 있고 그 입에서 좌우에 날선 검이 나오고 그 얼굴은 해가 힘있게 비취는 것 같더라 내가 볼 때에 그 발 앞에 엎드러져 죽은 자 같이 되매 그가 오른손을 내게 얹고 가라사대 두려워 말라 나는 처음이요 나중이니 곧 산 자라 내가 전에 죽었었노라 볼찌어다 이제 세세토록 살아 있어 사망과 음부의 열쇠를 가졌노니 그러므로 네 본 것과 이제 있는 일과 장차 될 일을 기록하라 네 본 것은 내 오른손에 일곱 별의 비밀과 일곱 금 촛대라 일곱 별은 일곱 교회의 사자요 일곱 촛대는 일곱 교회니라

재림주의 모습이 등장한다. 그분의 오른손에 일곱 별의 비밀과 일곱 금 촛대가 있는데, 일곱 별은 일곱 교회의 사자요 일곱 촛대는

일곱 교회라고 했다. 두 감람나무에게 소속된 두 촛대는 일곱 촛대 중의 두 촛대가 아니라, 일곱 촛대와 구별된 별도의 촛대를 말한다.

요한계시록 2-3장에 나오는 아시아의 일곱 교회에는 많은 허와 실과 틈과 약점이 있다. 오직 서머나 교회와 빌라델비아 교회 외에는 다 책망을 받는 모습을 볼 수 있다. 두 감람나무에게 소속된 두 촛대는 일곱 교회와는 분명히 구별된 교회이다. 일곱 교회를 주관하며 다스릴 교회가 두 감람나무에게 소속된 두 교회이며, 두 촛대이다.

> 슥 4:2-3 그가 내게 묻되 네가 무엇을 보느냐 내가 대답하되 내가 보니 순금 등대가 있는데 그 꼭대기에 주발 같은 것이 있고 또 그 등대에 일곱 등잔이 있으며 그 등대 꼭대기 등잔에는 일곱 관이 있고 그 등대 곁에 두 감람나무가 있는데 하나는 그 주발 우편에 있고 하나는 그 좌편에 있나이다 하고

> 슥 4:11-14 내가 그에게 물어 가로되 등대 좌우의 두 감람나무는 무슨 뜻이니이까 하고 다시 그에게 물어 가로되 금 기름을 흘려내는 두 금관 옆에 있는 이 감람나무 두 가지는 무슨 뜻이니이까 그가 내게 대답하여 가로되 네가 이것이 무엇인지 알지 못하느냐 대답하되 내 주여 알지 못하나이다 가로되 이는 기름 발리운 자 둘이니 온 세상의 주 앞에 모셔 섰는 자니라 하더라

스가랴 선지자가 본 환상 가운데 순금 등대에 일곱 등잔이 있고, 일곱 등잔은 금기름을 흘려내는 두 감람나무와 일곱 관으로 연결되어 있다.

두 감람나무가 영육 간에 산 자가 될 때, 일곱 등잔에 기름을 공

급하여 천년왕국을 주관하는 불가불 왕노릇 하는 주인공이 될 것을 스가랴 선지자가 보고 있는 내용이다(고전 15:25).

왜 그가 불가불 왕노릇하는 것인가? 재림주 멜기세덱은 죽는 자가 증거해서는 안 된다. 영육 간에 산 자가 된 두 감람나무가 재림주 멜기세덱을 증거해야 재림주께서 영광을 받으시는 것이다. 재림 마당의 실제 주인은 재림주 멜기세덱이지만 두 감람나무가 재림주의 영광을 만방에 증거하기까지 불가불 왕노릇하는 것이다.

그때 두 감람나무로부터 산 자의 기름을 공급받는 일곱 촛대가 천년왕국, 신정정국에 빛을 발하여 천년왕국을 함께 주관하는 것이다.

> 창 1:16 하나님이 두 큰 광명을 만드사 큰 광명으로 낮을 주관하게 하시고 작은 광명으로 밤을 주관하게 하시며 또 별들을 만드시고

두 제물로 바쳐진 두 감람나무가 영육 간에 산 자가 되었을 때, 재림 마당에서 창세기의 넷째 날 큰 광명과 작은 광명을 만드신 역사가 완성되는 것이다. 이 땅의 주께서는 창세기의 넷째 날의 영광을 이루러 오신 분이다. 큰 광명과 작은 광명이 완성됨으로 재림 마당의 가장 큰 목적이 이루어진 것이다.

이처럼 큰 광명과 작은 광명이 될 수 있는 주인공들은 만세 전에 이미 예정된 것이다. 믿음이 좋다고 해서, 자기들이 되고 싶다는 소망으로 될 수 있는 것이 아니다. 만세 전에 이미 그 역사를 행하고자 예정된 자들이 이 땅에 와서 그 사역을 담당하는 것이다.

그들은 이미 노아 때 하나님의 구속사역의 청사진 속에 등장한

자들이었고, 아브라함 때 횃불언약의 제물인 산비둘기와 집비둘기 새끼로 바쳐진 자들이었다. 그들이 때에 맞게 재림 마당에서 '이 땅의 주 앞에 섰는 두 감람나무·두 촛대'로 역사하는 것이다.

> 계 10:10-11 내가 천사의 손에서 작은 책을 갖다 먹어버리니 내 입에는 꿀 같이 다나 먹은 후에 내 배에서는 쓰게 되더라 저가 내게 말하기를 네가 많은 백성과 나라와 방언과 임금에게 다시 예언하여야 하리라 하더라

사도 요한에게 작은 책을 먹게 하신 하나님이 "네가 많은 백성과 나라와 방언과 임금에게 다시 예언하여야 하리라"고 하셨다.
그렇다면 사도 요한이 재림 마당에 다시 등장하여 다시 복음을 예언해야 하는가? 사도 요한은 때의 주인이 오실 때까지 이 땅에서 머물러 있어야 하는 사람이다(요 21:22). 재림 마당에 등장하신 이 땅의 주께서 사도 요한에게 맡겨 둔 작은 책을 찾아 그 사역을 담당할 두 감람나무에게 주시는 것이다.

과연 두 감람나무는 어떻게 '작은 책, 다시 복음'을 전할 것인가?

> 시 19:2-4 날은 날에게 말하고 밤은 밤에게 지식을 전하니 언어가 없고 들리는 소리도 없으나 그 소리가 온 땅에 통하고 그 말씀이 세계 끝까지 이르도다 하나님이 해를 위하여 하늘에 장막을 베푸셨도다

"날은 날에게 말하고, 밤은 밤에게 지식을 전하니"라고 했다. 빛의 자녀들에게는 생명의 말씀, 빛의 말씀이 '다시 복음'으로 전해질 것이다. 그러나 작은 책의 말씀은 입에는 다나 배에는 쓴 말씀이다 (계 10:9-10). 듣기에는 그럴 듯하여 달콤하게 들릴 수 있으나, 그 말씀을 지키고 행하기에는 너무 부담이 되고 믿어지지 않는다. 그렇기 때문에 어둠의 자식들은 절대 깨달을 수 없다. 설사 그들이 '다시 복음'을 먹었다 할지라도 입에는 다나, 배에는 쓰게 되어 결국은 토해낼 것이다.

그러나 빛의 자녀들은 어느 곳에 있든지 이 말씀의 빛을 따라 모이게 된다. 이 말씀이 전 세계적으로 퍼지면 하나님의 참 자녀들은 믿을 수밖에 없는 것이다. 어떻게 빛의 자녀들은 입에는 다나 배에는 쓴 말씀이 믿어지는 것인가?

> 요 10:26-27 너희가 내 양이 아니므로 믿지 아니하느니라 내 양은 내 음성을 들으며 나는 저희를 알며 저희는 나를 따르느니라

예수께서 "내 양은 내 음성을 들으며"라고 하셨다. 만세 전에 함께 한 자녀들은 친숙한 부모의 음성이기에 예수님의 말씀이 믿어질 수밖에 없다. 그러나 예수님의 양이 아닌 사람들은 예수님의 말씀이 믿어질 리가 없다.

마찬가지다. 재림 마당의 '다시 복음' 역시 만세 전에 함께 한 빛의 자녀들에게는 입에도 달고, 배에도 단 꿀 같은 말씀이기에 당연히 그 말씀을 향해 모이는 것이다. 따라서 예수께서 말씀하신 대로 "또 그때에 저가 천사들을 보내어 자기 택하신 자들을 땅 끝으로부터 하늘 끝까지 사방에서 모으리라"(막 13:27)는 역사가 이루어지는 것이다.

제 6장

신부의 탄생으로 이루어지는
어린 양의 혼인잔치

제 6장
신부의 탄생으로 이루어지는 어린 양의 혼인잔치

계 19:7-10 우리가 즐거워하고 크게 기뻐하여 그에게 영광을 돌리세 어린 양의 혼인 기약이 이르렀고 그 아내가 예비하였으니 그에게 허락하사 빛나고 깨끗한 세마포를 입게 하셨은즉 이 세마포는 성도들의 옳은 행실이로다 하더라 천사가 내게 말하기를 기록하라 어린 양의 혼인 잔치에 청함을 입은 자들이 복이 있도다 하고 또 내게 말하되 이것은 하나님의 참되신 말씀이라 하기로 내가 그 발 앞에 엎드려 경배하려 하니 그가 나더러 말하기를 나는 너와 및 예수의 증거를 받은 네 형제들과 같이 된 종이니 삼가 그리하지 말고 오직 하나님께 경배하라 예수의 증거는 대언의 영이라 하더라

"어린 양의 혼인잔치에 청함을 입은 자가 복이 있도다"(계 19:9), "어린 양의 혼인기약이 이르렀고 그 아내가 예비하였으니"(계 19:7)라는 구절을 보면, 분명히 어린 양의 혼인기약의 날이 있다는 것이다. 성경은 일점일획이라도 이루어지지 않으면 안 된다. 그렇기 때문에 어린 양의 혼인잔치 또한 어느 한 날을 통하여 분명하고 확실하게 이루어진다는 것이다.

그렇다면 어린 양의 혼인잔치의 주인공은 누구인가?

> 계 21:2 또 내가 보매 거룩한 성 새 예루살렘이 하나님께로부터 하늘에서 내려오니 그 예비한 것이 신부가 남편을 위하여 단장한 것 같더라

> 계 21:9 일곱 대접을 가지고 마지막 일곱 재앙을 담은 일곱 천사중 하나가 나아와서 내게 말하여 가로되 이리 오라 내가 신부 곧 어린 양의 아내를 네게 보이리라 하고

신랑과 신부가 어린 양의 혼인잔치의 주인공들이다. 어린 양의 신부가 탄생해야 어린 양의 혼인잔치를 행할 수 있다. 어린 양의 아내는 어디에서 준비되는 것일까? 혼인잔치의 주인공이 되는 신랑과 신부는 다 이 땅에서 준비가 되는 것이다.

그렇다면 예수님이 어린 양의 혼인잔치의 신랑인가?[46]

결론으로 말하면, 예수님은 우리의 신랑이 될 수 없다. 예수님은 창조주 하나님이시고, 인간들은 피조물이다. 창조주와 피조물이 어찌 짝을 이룰 수 있는가? 하나님을 보는 자는 죽는다고 했는데(출 33:20) 언감생심 어떻게 하나님을 신랑으로 모시고 살 수 있는가?
그런데 왜 많은 성도들이 예수님을 신랑이라고 믿고 있고, 또 신랑이라고 표현하는가? 그 이유는 신랑으로 완성되지 못하고 타락한 첫 아담의 입장을 회복하시고자 예수께서 둘째 아담으로 이 땅에 오

---

46) <이 땅의 주, 그는 누구인가?> 237-256쪽, 벽암 조영래 저, 도서출판 오색이슬

셨기 때문이다. 여인의 길을 통하여 말씀이 육신으로 오셔서 사망 권세를 깨시고 승리하심으로 신랑이 되는 길을 몸소 보여주셨기 때문이다.

예수께서는 십자가 상에서 태초의 말씀을 피 속에 담아 이 땅에 떨치심으로 순수한 인자로서 스올, 음부에 들어가셨다가 믿음으로 부활하심으로 하나님의 아들이 될 수 있는 길을 보여주셨다.

> 롬 1:4 성결의 영으로는 죽은 가운데서 부활하여 능력으로 하나님의 아들로 인정되셨으니 곧 우리 주 예수 그리스도시니라

예수께서 다윗의 자손, 유다 지파의 후손으로 오셨으나 성결의 영으로는 죽었다 부활하심으로 하나님의 아들이 되실 수 있었다. 사망의 권세를 깨시고 승리하신 믿음만을 가지고도, 이미 하나님 아들의 영광을 입으실 수 있었다는 것이다. 그러므로 장차 이 땅에서 멜기세덱이 신랑으로 탄생할 수 있는 길을 예비하신 것이다.

창조주이신 예수님과 피조물인 인간들이 서로 짝이 될 수는 없다. 따라서 산 자의 신랑과 신부는 피조물 중에서 탄생해야 한다.

예수께서 변화산에서 모세와 엘리야와 함께 십자가에서 별세하실 것을 상의하셨다. 장차 십자가 사건을 통하여 "가지고 오신 태초의 말씀을 어떻게 처리할 것인가?" 그 문제를 의논하신 것이다.

예수께서 "그러나 내 원대로 마옵시고 아버지의 원대로 하옵소서"(마 26:39, 26:42, 막 14:36, 눅 22:42)라고 기도하신 대로 십자가에서 흘리신 보혈 속에 태초의 말씀을 담아 이 땅에 떨치셨다.

그 비밀을 아는 모세와 엘리야 중 한 사람이 태초의 말씀을 입어

해를 입은 여인이 되는 것이다. 그는 창조주가 아닌 피조물로서 육신이 말씀을 입은 사람, 해를 입은 여인이 된 것이다. 그는 장차 철장으로 만국을 다스릴 남자를 낳아야 하는 모성을 가지고 있기에 '여인'이라고 표현한 것이다. 재림 마당에서 해를 입은 여인이 큰 독수리의 두 날개를 받아 광야 자기 곳으로 날아가 한 때·두 때·반 때를 양육 받으매 재림주 멜기세덱의 영광을 받는다. 그분이 재림 마당에 탄생하시는 신랑이다.[47]

첫째 아담이 끝까지 그 길을 걸어 이긴 자로서 멜기세덱, 즉 신랑이 되어야 했는데, 선악나무 열매를 따먹음으로 실패하고 말았다. 그래서 예수께서 둘째 아담으로 오셔서 첫 아담이 실패한 길을 회복하시므로 멜기세덱, 즉 신랑이 탄생하는 길을 친히 보여주셨다.

예수께서 만드신 그 길을 따라 피조물 중에서 영원한 생명을 가진 산 자의 신랑이 탄생한 것이다.

동일한 말씀의 역사로써 신부의 영광도 이 땅에서 이루어져야 한다. 인류의 첫 시모인 하와가 선악을 알게 하는 나무 열매를 먹지 않고 하나님의 말씀에 순종했다면 산 자의 신부가 되었을 것이다. 그러나 불순종하여 "먹으면 정녕 죽으리라"는 선악을 알게 하는 나무 열매를 먹고 남편에게도 주어 먹게 하였다. 이로써 산 자의 탄생을 간절히 바라고 원하신 하나님의 뜻이 무산되고 말았다.

첫 시조 아담이 실패한 길을 예수께서 회복하신 것처럼, 첫 시모 하와가 실패한 길도 누군가 회복해야 한다. 재림 마당에서 '이 땅의 주 앞에 섰는 두 감람나무'가 신부의 회복을 이루어야 할 사명자이

---

47) <이 땅의 주, 그는 누구인가?> 487-496쪽, 벽암 조영래 저, 도서출판 오색이슬

다. 그 신부의 영광을 위해 이 땅의 주께서 해를 입은 여인으로 등장하여 철장으로 만국을 다스릴 남자를 낳는 것이다. 그가 곧 재림 마당에서 탄생할 영원한 생명을 가진 산 자의 신부이다.

사도 요한에게 "어린 양의 아내를 네게 보이리라"는 말은 장차 재림 마당에서 이루어질 신부의 영광을 보여준 것이다. 요한계시록은 재림 마당에서 이루어질 구속사의 뜻을 받아 기록한 책이다. 반드시 이루어질 구속사의 사건이기에, 어린 양의 아내가 누구인지 친히 보여주겠다는 뜻이다.

> 계 21:9-11 일곱 대접을 가지고 마지막 일곱 재앙을 담은 일곱 천사중 하나가 나아와서 내게 말하여 가로되 이리 오라 내가 신부 곧 어린 양의 아내를 네게 보이리라 하고 성령으로 나를 데리고 크고 높은 산으로 올라가 하나님께로부터 하늘에서 내려오는 거룩한 성 예루살렘을 보이니 하나님의 영광이 있으매 그 성의 빛이 지극히 귀한 보석 같고 벽옥과 수정 같이 맑더라

장차 재림 마당에서 이루어질 어린 양의 아내를 하늘에서 내려오는 거룩한 성, 새 예루살렘이라고 표현하고 있다. 정말 하늘에서 예루살렘 성이라는 건축물이 내려올 수 있는 것인가? 그렇다면 왜 어린 양의 신부를 건축물로 표현하는 것인가?

새 예루살렘 성에는 열두 기초석, 열두 문 등의 구조물이 있다. 어린 양의 신부의 구속사역이 완성됨으로 그 역사에 동참한 자들의 영광도 함께 이루어지는 모습을 거룩한 성 예루살렘으로 표현한 것이다.

갈 4:22-26 기록된바 아브라함이 두 아들이 있으니 하나는 계집 종에게서, 하나는 자유하는 여자에게서 났다 하였으나 계집 종에게서는 육체를 따라 났고 자유하는 여자에게서는 약속으로 말미암았느니라 이것은 비유니 이 여자들은 두 언약이라 하나는 시내산으로부터 종을 낳은 자니 곧 하가라 이 하가는 아라비아에 있는 시내산으로 지금 있는 예루살렘과 같은 데니 저가 그 자녀들로 더불어 종노릇하고 오직 위에 있는 예루살렘은 자유자니 곧 우리 어머니라

위 구절에서 두 여자를 두 언약에 비유하고 있다. "하갈은 지금 아라비아에 있는 예루살렘을 말하고, 사라는 하늘에 있는 예루살렘을 뜻한다"는 말씀의 의미 속에도 하늘에 있는 예루살렘이 참 신부이며, 이 땅에 있는 예루살렘은 하갈처럼 종을 낳는 예루살렘이라는 것을 알 수 있다.

그렇다면 신부, 어린 양의 아내는 어떻게 탄생되는 것일까?

그 문제의 해답을 얻기 위해서는 신부의 전형적인 모델이었던 하와를 생각해야 한다. 하와는 아담이라는 생령의 갈비뼈로 만들어진 존재이다. 즉, 신부는 신랑 안에서만 만들어질 수 있는 존재이다.

둘째 아담으로 오신 예수님은 첫째 아담과는 다른 분이다. 첫째 아담은 산 영이었지만 둘째 아담으로 오신 예수님은 살려주는 영으로 오셨다(고전 15:45). 그렇기 때문에 그분은 스스로 자신의 갈비뼈를 통해서 자기 능력으로 신부를 만들 수 있는 분이시다.

그러나 사망 권세를 깨시고 하늘 우편 보좌로 가신 주님이 다시 이 땅에 오실 수는 없다.

그렇기 때문에 재림 마당에서 이 땅의 주와 두 감람나무·두 촛대의 관계를 통해서 그 구속사역이 완성된다. 해를 입은 여인이 철장으로 만국을 다스릴 아이를 낳아서 하늘보좌로 올리심으로 산 자의 신부가 완성되는 것이다. 재림의 마당에서 그런 역사가 이루어지는 때에 두 가지의 이적이 나타난다.

첫째 이적은 해를 입은 여인이 철장으로 만국을 다스릴 아이를 낳기 위하여 구로하는 모습이고, 두 번째 하늘의 이적은 붉은 용이 해를 입은 여인이 낳는 아이를 삼키고자 호시탐탐 노리고 있는 모습이다.

> 계 12:1-5 하늘에 큰 이적이 보이니 해를 입은 한 여자가 있는데 그 발아래는 달이 있고 그 머리에는 열 두 별의 면류관을 썼더라 이 여자가 아이를 배어 해산하게 되매 아파서 애써 부르짖더라 하늘에 또 다른 이적이 보이니 보라 한 큰 붉은 용이 있어 머리가 일곱이요 뿔이 열이라 그 여러 머리에 일곱 면류관이 있는데 그 꼬리가 하늘 별 삼분의 일을 끌어다가 땅에 던지더라 용이 해산하려는 여자 앞에서 그가 해산하면 그 아이를 삼키고자 하더니 여자가 아들을 낳으니 이는 장차 철장으로 만국을 다스릴 남자라 그 아이를 하나님 앞과 그 보좌 앞으로 올려가더라

해를 입은 여인이 장차 철장으로 만국을 다스릴 남자를 낳으려고 구로하는 모습이다. 붉은 용이 그 사실을 알고 해를 입은 여인이

철장으로 만국을 다스릴 남자를 낳으면 그를 삼키고자 대치하고 있는 내용이다. 그러나 결국 해를 입은 여인이 철장 권세를 가진 아이를 낳아 하늘 보좌로 올려 보낸다.

표면적인 이스라엘을 통해서 신랑의 영광이 탄생된 것처럼, 영적인 이스라엘을 통해서 신부가 탄생되는 것이다.

> 계 11:8 저희 시체가 큰 성길에 있으리니 그 성은 영적으로 하면 소돔이라고도 하고 애굽이라고도 하니 곧 저희 주께서 십자가에 못 박히신 곳이니라

이 땅의 주 앞에 선 두 감람나무가 이 땅에서의 사역을 마치고 짐승에게 죽임을 당한다(계 11:7). 그가 죽은 곳이 "영적으로 하면 소돔이라고도 하고 애굽이라고도 하니 곧 저희 주께서 십자가에 못 박히신 곳이니라"고 했다. 큰 성길에 3일 반 동안 누워있는 그의 죽음이 영적으로 하면 주님이 골고다 언덕에서 십자가에 못 박힌 것과 같은 의미를 가진 죽음이라는 것이다.

물론 신부는 신랑처럼 보이는 십자가를 짊어지지는 않지만 '영적으로 하면'(계 11:8) 그의 죽음도 신랑의 죽음과 같은 의미라는 것이다.

여기에서 영적이라고 해서 육신은 없고 보이지 않는 영혼을 통해서만 이루어진다고 생각해서는 안 된다. 영적인 역사란 이 땅에서 이루어지는 역사이지만, 그것이 하늘의 역사라는 것이다. 그렇기 때문에 사람들은 누구나 쉽게 그것이 하늘의 역사라는 것을 알지 못한다.

갈 3:6-9 아브라함이 하나님을 믿으매 이것을 그에게 의로 정하셨다 함과 같으니라 그런즉 믿음으로 말미암은 자들은 아브라함의 아들인 줄 알찌어다 또 하나님이 이방을 믿음으로 말미암아 의로 정하실 것을 성경이 미리 알고 먼저 아브라함에게 복음을 전하되 모든 이방이 너를 인하여 복을 받으리라 하였으니 그러므로 믿음으로 말미암은 자는 믿음이 있는 아브라함과 함께 복을 받느니라

그 이유는 아브라함 같은 믿음이 없기 때문이다. 아브라함과 같은 믿음을 가진 사람만이 영의 세계를 바라볼 수 있고, 그 세계가 믿어지기에 감사로써 찬양을 드릴 수 있는 것이다. 그렇게 영의 눈을 뜬 자만이, 신령한 눈을 가진 자만이 이 땅에서 실제로 인자를 통해서 이루어지고 있는 역사의 세계를 알 수 있는 것이지, 아무나 그것을 알지 못한다는 것이다.

아브라함은 두 가지의 믿음을 가지고 있다. 산 자를 통해 역사하시는 멜기세덱을 믿는 믿음과 죽는 자를 통해서 역사하시는 여호와 하나님의 세계를 아는 믿음이다. 따라서 아브라함은 믿음의 조상이면서, 할례의 조상, 무할례의 조상 등 각종 다양한 조상의 호칭을 가지고 있다.

이처럼 아브라함과 같은 두 가지의 도맥을 동시에 바라볼 수 있고, 그 두 가지의 도맥을 통해서 산 자와 죽은 자의 세계를 넘나들면서 산 자의 하나님으로 역사하신 멜기세덱과, 죽는 자를 통해서 역사하시는 여호와 하나님의 역사에 동참할 수 있는 믿음을 가진 사람만이 재림 마당에서 전개되는 영적인 역사를 알 수 있는 것이다.

왜 어린 양의 혼인잔치에 청함을 받은 자가 복이 있는가?

계 19:9 천사가 내게 말하기를 기록하라 어린 양의 혼인 잔치에 청함을 입은 자들이 복이 있도다 하고 또 내게 말하되 이것은 하나님의 참되신 말씀이라 하기로

어린 양의 혼인잔치에 청함을 받을 자들은 누구인가? 그들은 신랑과 신부를 다 아는 사람들이다. 하나님께서 신랑과 신부를 알지 못하는 자들에게 초청장을 보낼 리가 있겠는가? 다시 오시는 분이 '재림 예수'로 오신다고 믿고 있는 자들에게는 산 자의 하나님께서 초청장을 보내실 수가 없다. 신랑의 이름, 신부의 이름을 모르는 사람들에게 초청장을 보내실 리가 만무하다.

어린 양의 혼인잔치에 청함을 받을 자들은 아브라함과 같은 믿음을 가진 자들(갈 3:6-9)이며, 첫째 부활 즉 의인의 부활에 참여하는(계 20:1-6) 산 자들이기 때문에 복이 있는 자들이다.

어린 양의 신부의 탄생을 위해 어떤 역사를 예비하셨는가?

신 16:16 너희 중 모든 남자는 일년 삼차 곧 무교절과 칠칠절과 초막절에 네 하나님 여호와의 택하신 곳에서 여호와께 보이되 공수로 여호와께 보이지 말고

출 34:18-22 너는 무교절을 지키되 내가 네게 명한대로 아빕월 그 기한에 칠일 동안 무교병을 먹으라 이는 네가 아빕월에 애굽에서 나왔음이니라 무릇 초태생은 다 내 것이며 무릇 네 가축의 수컷 처음 난 우양도 다 그러하며 나귀의 첫 새끼는 어린 양으로

> 대속할 것이요 그렇게 아니하려면 그 목을 꺾을 것이며 네 아들 중 장자는 다 대속할찌며 빈 손으로 내 얼굴을 보지 말찌니라 너는 엿새 동안 일하고 제 칠일에는 쉴찌니 밭 갈 때에나 거둘 때에도 쉴찌며 칠칠절 곧 맥추의 초실절을 지키고 가을에는 수장절을 지키라

구약 마당에서 유월절, 맥추절, 수장절이라는 3대 절기를 준비하셨다. 하나님께서 이 3대 절기는 영원히 대대로 지킬 절기이며, 영원한 절기라고 하셨다.

> 출 23:14-16 너는 매년 삼차 내게 절기를 지킬찌니라 너는 무교병의 절기를 지키라 내가 네게 명한대로 아빕월의 정한 때에 칠일 동안 무교병을 먹을찌니 이는 그 달에 네가 애굽에서 나왔음이라 빈손으로 내게 보이지 말찌니라 맥추절을 지키라 이는 네가 수고하여 밭에 뿌린 것의 첫 열매를 거둠이니라 수장절을 지키라 이는 네가 수고하여 이룬 것을 연종에 밭에서부터 거두어 저장함이니라

3대 절기에는 구속사의 중요한 의미가 있기에 절대 빈손으로 나오지 말고, 온전한 제물을 들고 나오라고 하셨다. 절대 공수(空手)로 하나님 앞에 나아오지 말라고 경고하셨다(신 16:16).

결과적으로 3대 절기는 구약 마당에 들어있는 내용이기는 하지만 3대 절기가 실제로 구약 마당에서 이루어진 것은 없다. 구약 마당에서 상징적인 의미는 나타내었지만 실질적인 절기의 주인은 구약 마당에서는 이루어지지 않았다.

3대 절기는 아브라함이 하나님께서 요구하신 제사를 드린 의미와 같다. 아브라함이 3년 된 암소와 3년 된 암염소, 3년 된 수양, 산비둘기와 집비둘기 새끼라는 세 가지의 제물로 구약, 신약, 재림 마당에 해당하는 세 번의 제사를 드린 의미와도 같다. 그렇기 때문에 3대 절기는 구속사의 시작과 진행과 끝이 되는 것이다.

왜 3대 절기를 거룩하게 흠이 없이 지켜야 하는가?

성경에 기록된 숫자에는 나름대로의 비밀이 감추어져 있다. 7수를 가리켜 영적 완전수라고 말하고 3수를 가리켜 영적 거룩한 완전수라고 말한다. 7수에는 거룩함이 들어있지 않지만 3수에는 거룩함의 의미가 들어있는 것이 3수와 7수의 차이점이다. 다시 말하면 3수는 성부, 성자, 성령을 말씀하고 있는 것이다. 3대 절기의 3이라는 숫자는 하늘의 성부, 성자, 성령의 보좌를 의미하고 있다. 그렇기 때문에 3수는 거룩한 하늘의 세 보좌를 의미하는 것이다.

주기도문에서 "뜻이 하늘에서 이룬 것 같이 땅에서도 이루어지이다"라고 말씀한 것처럼 그 거룩한 하늘의 보좌가 이 땅에서도 이루어져야 하는 것이다. 그렇기 때문에 예수께서 베드로에게 말씀하신 "땅에서 매면 하늘에서도 매일 것이요, 땅에서 풀면 하늘에서도 풀어지리라"(마 16:19)는 말씀의 원리적 근거를 알아야 한다. 하늘에서만 이루어지는 일이라면 하나님께서 굳이 하늘의 발등상이 되는 이 땅 위에 흙으로 사람을 지으시고 코에 생기를 불어넣어 생령이 되게 하실 필요가 없다. 그러나 하늘에서 이루어진 뜻을 이 땅에서 이루시기 위해서, 하늘에서 어긋났던 일을 이 땅에서 이루심으로써 하늘의 영광을 회복하고자 계획하신 것이다.

구약 마당에서 상징적인 의미와 그림자로서 3대 절기를 우리에게 보여주셨다면 신약 마당과 재림 마당을 통해서 3대 절기의 주인공이 탄생하는 내용을 분명하게 제시하신 것이다.

유월절 절기 속에 담긴 의미는 무엇인가?

출 12:2-11 이 달로 너희에게 달의 시작 곧 해의 첫 달이 되게 하고 너희는 이스라엘 회중에게 고하여 이르라 이 달 열흘에 너희 매인이 어린 양을 취할찌니 각 가족대로 그 식구를 위하여 어린 양을 취하되 그 어린 양에 대하여 식구가 너무 적으면 그 집의 이웃과 함께 인수를 따라서 하나를 취하며 각 사람의 식량을 따라서 너희 어린 양을 계산할 것이며 너희 어린 양은 흠 없고 일년 된 수컷으로 하되 양이나 염소 중에서 취하고 이 달 십사 일까지 간직하였다가 해 질 때에 이스라엘 회중이 그 양을 잡고 그 피로 양을 먹을 집 문 좌우 설주와 인방에 바르고 그 밤에 그 고기를 불에 구워 무교병과 쓴 나물과 아울러 먹되 날로나 물에 삶아서나 먹지 말고 그 머리와 정강이와 내장을 다 불에 구워 먹고 아침까지 남겨 두지 말며 아침까지 남은 것은 곧 소화하라 너희는 그것을 이렇게 먹을찌니 허리에 띠를 띠고 발에 신을 신고 손에 지팡이를 잡고 급히 먹으라 이것이 여호와의 유월절이니라

이스라엘 백성들이 출애굽하기 직전, 열 가지 기사이적 중 마지막 열 번째 기사이적은 어린 양의 피의 사건이다. 1월 10일에 가장

실하고, 흠이 없는 양을 한 마리 택해서 14일 저녁까지 살펴보다가 14일 저녁에 그 양을 잡아서 피를 문 인방과 좌우 설주에 발랐다. 그래서 그날 밤에 죽음의 사자가 어린 양의 피가 있는 집은 유월(逾越)[48]했다.

그러나 어린 양의 피가 없는 집은 여호와의 사자가 바로의 장자부터 맷돌을 돌리고 있는 여종의 장자에게까지, 감옥에 수감된 죄인의 장자, 또 짐승의 첫 것까지 모두 다 쳐 죽였다.

그러므로 말미암아 하나님께서 이스라엘 백성들에게 "이렇게 너희를 구원하는 역사를 행한 이 날이 곧 유월절이라"고 유월절을 체험적으로 실제적인 역사의 입장에서 밝히 가르쳐주셨다. 그래서 이스라엘 백성들이 모세로부터 3대 절기의 말씀을 받을 때 체험적으로 경험한 유월절을 마음으로 받아들일 수 있었다.

그러나 맥추절과 수장절은 이스라엘 백성들이 아직 경험하지 못한 절기였다. 물론 표면적으로는 알 수 있었지만 그 내용의 이면 속에 감추어진 구속사의 비의는 깨달을 수가 없었다.

구약 마당뿐만 아니라 그 역사가 실제로 이루어지는 신약 마당과 재림 마당에서조차도 3대 절기 속에 감추어진 구속사의 비의를 알지 못하고 있다.

그러나 단단한 식물을 먹고 선악을 분별할 수 있는 장성한 신앙을 가진 사람의 입장에서 보면, 절기는 다 사람을 나타내는 것이고, 절기에는 분명히 주인이 있다는 사실을 깨닫게 된다.

막 2:27-28 또 가라사대 안식일은 사람을 위하여 있는 것이요 사람이 안

---

48) 유월(逾越)이란 뛰어넘는다는 의미이다.

식일을 위하여 있는 것이 아니니 이러므로 인자는 안식일에도 주인이니라

　예수께서 안식일에 병을 고쳐주실 때마다 얼마나 많은 핍박을 받으셨는가? "엿새 동안 일하고 안식일은 쉬는 날인데 너는 왜 꼭 안식일에 일하려고 하느냐?" 예수님이 그 반격에 대해 어떤 결론을 내리셨는가? "안식일을 위해서 사람이 있는 것이 아니라 사람을 위해서 안식일이 있는 것이다. 내가 곧 안식일의 주인이다"(마 12:8, 눅 6:5)라는 결론을 내리셨다.

　성경에는 여러 종류의 안식일이 있다. 유월절, 맥추절, 수장절 또는 초막절을 3대 큰 안식일이라고 한다. 큰 안식일이라는 의미는 하나님의 절대적인 시간이라는 의미이다. 지켜도 되고 안 지켜도 되는 것이 아니다. 그 날만큼은, 그 시간만큼은 사람이 범할 수 없는 시간이라는 것이다.

　유월절 제물의 중심 내용은 어린 양이다. 인자의 입장으로 표현하면 예수님을 가리키는 것이다. 예수님의 피로써만 절대적인 사망의 권세 속에서 오직 유일하게 생명을 얻을 수 있다는 것을 보여주고 있다. 어린 양의 피로써만이 애굽의 권세 속에서 살아남을 수 있고, 승리할 수 있다는 것이다.

　출애굽 당시 애굽은 세계를 지배하는 최강국이었다. 느부갓네살이 우상의 정금머리였던 것처럼 그 당시 애굽이 우상의 정금머리와 같은 나라였다. 그런 애굽의 절대권력 속에서 사람의 힘으로는 아무도 이스라엘 백성들을 구원할 방법이 없었다. 그러한 그들에게 열 가지 재앙 중에서 마지막 재앙인 어린 양의 피로써 애굽의 모든 장

자와, 짐승의 첫 새끼까지도 죽이는 역사를 감행하심으로써 이스라엘 백성들을 출애굽시킬 수 있었다. 그것은 곧 어린 양의 피로써만이 죄악된 이 세상에서 하나님의 백성을 구원할 수 있는 유일한 방법이라는 것을 우리에게 제시해 주는 것이다. 그것이 곧 유월절의 중심 내용이다.

> 요 12:24 내가 진실로 진실로 너희에게 이르노니 한 알의 밀이 땅에 떨어져 죽지 아니하면 한 알 그대로 있고 죽으면 많은 열매를 맺느니라

유월절의 주인공이신 예수님은 자신을 가리켜 한 알의 밀알이라고 스스로 증거하셨다. 밀은 가루를 만들어 곱게 빻아서 그것으로 음식을 만들어 먹는다.

이 말씀대로 예수님은 십자가 상에서 가루가 되신 분이다. 자기의 육신은 물론 영혼까지도 속건제물로써 바치심으로 율법의 마침이 되신 분이다(롬 10:4). 율법이 요구하는 일만 가지 요구를 일점일획도 남기지 않고 이 땅에서 다 이루시기 위해서 예수님 스스로 하나의 밀알로 빻아져 곱게 가루가 되신 것이다.

모세 때 613가지의 율법이 호세아 때 일만 가지 율법으로 늘어났다(호 8:12)는 것은 한 알의 밀알을 만 개로 쪼개어 곱게 가루로 만들었다는 의미가 된다. 밀은 밀알 자체로는 먹지 않는다. 가루로 만들어야 한다. 그렇기 때문에 가루는 밀의 사명이며, 목적이 되는 것이다. 밀의 강령, 으뜸이 되는 목표는 가루가 되는 것이다.

예수님은 십자가 상에서 율법의 일점일획도 남기지 않고 완전하게 다 이루셨기 때문에 가루가 되신 것이다. 가루가 된 자신을 하늘

에서 내려온 생명의 떡, 산 자의 떡으로서 인류에게 주셨다(요 6:35, 6:48, 6:50-51). 그것이 구속사의 큰 의미가 된다.

맥추절 절기 속에 담긴 의미는 무엇인가?

유월절 다음날부터 일주일 무교절을 지키고, 그 다음날 곡식의 한 단을 베어서 하나님께 요제로 드린다. 요제로 드리고 난 다음날부터 49일이 지난 다음날 50일째 되는 날이 맥추절이다.

그래서 맥추절을 다른 말로 초실절, 칠칠절이라고도 하고, 신약에 와서는 오순절이라고도 한다.

보리, 밀은 여름철인 6월 하순부터 7월에 거두는 것이다. 그렇기 때문에 무교절 다음날부터 시작해서 7주인 49일을 지나, 그 다음날인 50일 안에서 열매를 맺는 첫 곡식으로 떡을 만들어서 하나님께 어린 양 두 마리와 함께 제사를 드린다.

맥추절은 보리 맥(麥)자를 쓴다. 그런데 이스라엘 백성들은 보리와 밀을 상당히 차별을 두었다. 유대 땅에서 보리는 짐승의 먹이로, 또 가난한 사람들의 식량으로 사용했고, 부자들은 밀을 먹었다.

이스라엘 백성들은 그만큼 밀을 아주 귀중히 여겼다. 밀의 가격은 보리의 두 배 이상의 차이가 난다. 밀을 아름다운 곡식이라고 표현할 정도로 유대인들은 보리보다 밀을 귀하게 여겼다(신 32:14, 시 147:14).

> 시 81:16 내가 또 밀의 아름다운 것으로 저희에게 먹이며 반석에서 나오는 꿀로 너를 만족케 하리라 하셨도다

> 요 12:24 내가 진실로 진실로 너희에게 이르노니 한 알의 밀이 땅에 떨어져 죽지 아니하면 한 알 그대로 있고 죽으면 많은 열매를 맺느니라

예수께서도 친히 자신을 밀로 말씀하셨다. 그렇다면 왜 하나님은 유월절은 어린 양을 중심으로, 맥추절은 보리를 중심으로 해서 절기를 정하셨을까? 유월절 양이 예수님 자신을 말씀하고 있는 것이라면 맥추절의 중심이 되는 보리는 누구를 말씀하고 있는 것일까? 절기를 지키려면 절기의 주인공을 알아야 한다.

보리 맥(麥)자로 시작되는 맥추절은 누구를 가리키는 것인가?
성경에 맥(麥)자가 들어간 이름이 있다. 히브리서 7:1-3에 등장하는 멜기세덱이 한자어로는 맥기세덕(麥基洗德)으로 기록된다. 문자적으로 보아도 맥추절의 주인은 멜기세덱이라는 것이다.

> 히 7:4 이 사람의 어떻게 높은 것을 생각하라 조상 아브라함이 노략물 중 좋은 것으로 십분의 일을 저에게 주었느니라

멜기세덱이 어떻게 탄생된 존재인지 알아보라는 것이다. 한 마디로 멜기세덱은 이 땅에서 죽는 자가 죽지 않는 자로 변화되어 하늘 차원의 대제사장이 되는 것이다. 그런 산 자를 탄생시키고자 인류의 첫 시조 아담을 에덴동산의 주인공으로 세웠으나, 그는 선악나무 열매를 따먹고 죽는 자로 전락하고 말았다(창 3:19).

인류의 첫 시조 아담이 이루지 못하고 실패한 부분을 회복하기 위해서 예수께서 둘째 아담으로 오셔서 이 땅에서 멜기세덱이 되는 길을 몸소 보여주셨다. 십자가에서 흘리신 피 속에 태초의 말씀을 떨치시고 순수한 인자로 스올에 들어가셨으나 3일 만에 부활하심으로 하나님 아들로 인정받으셨다(롬 1:4). 태초의 말씀은 버리셨으나 가지고 계신 믿음으로 아버지께 통곡과 눈물로 간구하심으로 들으심을 얻어(히 5:7) 살아나심으로 멜기세덱이 되신 것이다.[49]

　예수께서 부활하신 후 이 땅에 40일 계신 것은 멜기세덱, 즉 영광의 하나님으로(행 7:2) 계신 것이다. 그리고 감람산에서 500명이 보는 가운데 멜기세덱 반차를 좇아 하늘로 승천하시어 우편 보좌에 계신다(히 5:10, 6:20, 7:11, 7:17).

　그 십자가의 사건을 이루시고자 변화산에서 모세와 엘리야를 부르시어 별세하실 것을 의논하셨다(눅 9:31). 이 모든 비밀을 아는 모세가 재림 마당에서 태초의 말씀을 입음으로 해를 입은 여인이 되고, 이 땅의 주로서 사역하는 것이다. 아무리 태초의 말씀을 입은 자라도 재림주 멜기세덱의 영광을 입기 위해서는 예수님처럼 로마서 1:4의 과정을 거쳐야 한다. 해를 입은 여인이 이 땅의 주로서의 사역을 마치고 큰 독수리의 두 날개를 받아 광야 자기 곳으로 날아가 한 때·두 때·반 때를 양육 받으므로 재림주 멜기세덱, 즉 산 자의 신랑이 되는 것이다.

　그의 암호는 3이다. 그렇다면 재림주 멜기세덱이 예수인가? 재림주 멜기세덱은 예수가 아니다. 다만 재림주 멜기세덱의 암호가 3

---

49) <이 땅의 주, 그는 누구인가?> 159-170쪽, 벽암 조영래 저, 도서출판 오색이슬

이라고 할 수 있는 것은 예수님이 떨치신 태초의 말씀을 입었기 때문이다.

그러나 신부는 3일 반 만에 살아나는 존재이다. 따라서 신랑과 신부는 영광에 차이가 있다. 그렇지만 신부도 멜기세덱과 방불한 입장의 산 자이다.

멜기세덱의 기준은 죽는 인간이 영원한 산 자가 되는 것이다. 따라서 멜기세덱은 반드시 한 사람이라고 말할 수는 없다. 네 생물에 네 가지 인격이 있기에(겔 1:10, 계 4:7) "우리가 우리 형상대로 사람을 만들자"(창 1:26)라고 한 것처럼, 멜기세덱도 복수이다.

따라서 맥추절의 주인공은 산 자의 신부가 되는 사람이다. 유월절의 주인공이 탄생됨으로 맥추절의 주인공이 탄생되는 것이다.

마 25:1-13 그 때에 천국은 마치 등을 들고 신랑을 맞으러 나간 열 처녀와 같다 하리니 그 중에 다섯은 미련하고 다섯은 슬기 있는지라 미련한 자들은 등을 가지되 기름을 가지지 아니하고 슬기 있는 자들은 그릇에 기름을 담아 등과 함께 가져갔더니 신랑이 더디 오므로 다 졸며 잘새 밤중에 소리가 나되 보라 신랑이로다 맞으러 나오라 하매 이에 그 처녀들이 다 일어나 등을 준비할새 미련한 자들이 슬기 있는 자들에게 이르되 우리 등불이 꺼져가니 너희 기름을 좀 나눠 달라 하거늘 슬기 있는 자들이 대답하여 가로되 우리와 너희의 쓰기에 다 부족할까 하노니 차라리 파는 자들에게 가서 너희 쓸 것을 사라 하니 저희가 사러 간 동안에 신랑이 오므로 예비하였던 자들은 함께 혼인 잔

치에 들어가고 문은 닫힌지라 그 후에 남은 처녀들이 와서 가
로되 주여 주여 우리에게 열어 주소서 대답하여 가로되 진실로
너희에게 이르노니 내가 너희를 알지 못하노라 하였느니라 그
런즉 깨어 있으라 너희는 그 날과 그 시를 알지 못하느니라

예수께서 친히 말씀하신 열 처녀의 비유의 내용이다. 지혜로운 다섯 처녀와 미련한 다섯 처녀들이 다 신랑을 기다리고 있다. 어린 양이신 예수님은 신랑의 입장으로 오신 분이다. 세례 요한이 증거하기를 "신부를 취하는 자는 신랑이나 나는 신랑의 음성을 듣고 기뻐하는 친구로다"(요 3:29)라고 했다. 분명히 세례 요한이 예수님을 신랑이라고 증거하고 있다.

그렇기 때문에 유월절은 신랑이 탄생하는 절기이다. 그러나 맥추절의 주인공은 보리 맥(麥)자를 쓰는 맥기세덕(麥基洗德)으로서, 그의 존재는 신부이다.

맥추절과 수장절의 차이는 다음과 같다. 수장절은 가을에 거두어들인 곡식으로 제사를 드리는 것을 말한다. 그렇기 때문에 수장절은 연중에 거둔 곡식을 의미하는 것이다.

그러나 맥추절은 수장절과 다른 것이 하나 있다. 맥추절은 첫 곡식이라는 것이다. 그래서 맥추절을 초실절이라고도 한다. 수장절에는 연중 일 년 내내 밭에서 거둔 곡식이기 때문에 첫 제물, 첫 곡식이라는 '첫'자가 들어가지 않지만 맥추절은 반드시 '첫 곡식'으로 드려야 한다.

맥추절의 주인공은 산 자의 첫 열매가 되는 사람이다. "첫째는 그리스도요 그가 강림할 때 붙은 자니"(고전 15:23)라고 하신 말씀의 주인공이다.

고전 15:22-24　아담 안에서 모든 사람이 죽은 것 같이 그리스도 안에서 모든 사람이 삶을 얻으리라 그러나 각각 자기 차례대로 되리니 먼저는 첫 열매인 그리스도요 다음에는 그리스도 강림하실 때에 그에게 붙은 자요 그 후에는 나중이니 저가 모든 정사와 모든 권세와 능력을 멸하시고 나라를 아버지 하나님께 바칠 때라

아벨이 첫 것으로 제물을 드림으로 하나님께서 열납하셨다. 이처럼 하나님은 첫 것을 기뻐하시고 요구하신다.

구속사의 입장에서 볼 때 밀이 신랑이라면 보리는 신부가 되는 것이다. 구속사의 순서로 본다면 이렇게 말할 수 있다. 하나님은 영광의 순서에 따라 역사하신다는 것을 알 수 있다. 태중의 태아도 인체에 중요한 순서에 의해 생명이 이루어져 가고 있다. 첫 번째에는 머리가 생기고, 두 번째 척추가 생긴다. 그리고 순서에 따라 모든 장기가 생기면서 그 기능을 형성해 가는 것이다.

마찬가지다. 아브라함에게 첫 번째 주신 언약은 떡과 포도주의 언약이다. 창세기 14:17-20 말씀에 보면 멜기세덱이 떡과 포도주로 아브라함에게 축복을 해주었고, 창세기 15장에는 여호와 하나님이 아브라함에게 횃불언약을 주셨다. 그래서 창세기 14장에서 멜기세덱이 준 떡과 포도주의 언약, 창세기 15장에서 여호와 하나님이 아브라함에게 준 횃불언약, 두 언약이 영광의 입장에서 짝을 이루는 언약이 되었다(사 34:16).

떡과 포도주 언약과 횃불언약은 "하나님이 짝지어준 것은 영원히 나누지 못한다"는 말씀처럼 서로 짝을 이루어서 영원한 하나님

의 영광, 뜻, 목적이 될 수 있는 언약으로 승화되는 것이다.

　에덴동산에서 아담이 생령으로서의 삼일길을 걸었을 때 그를 깊이 잠들게 하시고 그의 갈비뼈로 여자를 만드셨다.
　한 가지 분명한 사실은 아담은 생령이었지만 아직 완전한 생령은 아니었다. 아담이 완전한 생령이 되려면 에덴동산 한가운데 있는 생명나무 열매를 따먹어야 영생의 존재가 되는 것이다. 그래야 완전한 생령이 될 수 있는데 아직 생명나무 열매를 먹지 못했기 때문에 그의 갈비뼈로 지은 여자 또한 아담을 통해서 생명나무 열매의 능력을 받을 수 없었다는 것이다.
　구속사의 입장으로 설명을 한다면 아담이 그런 결과를 이루지 못했기 때문에 예수님이 둘째 아담으로서 오신 목적을 이루시어 아버지께 영광을 받아야 되는 것이다. 그것을 "육신으로는 다윗의 후손으로 오셨으나 성결의 영으로는 사망의 권세를 깨시고 승리하심으로써 하나님 아들이 되셨느니라"(롬 1:3-4)고 표현하는 것이다. 예수께서는 본래 독생하신 하나님이셨지만, 태초의 말씀을 이 땅에 모두 떨치신 순수한 인자의 입장에서 십자가를 통해서 사망을 깨시고 승리하신 그 한 가지만으로도 당당하게 하나님의 아들이 될 수 있는 길을 보여주신 것이다.

　그렇기 때문에 아담, 즉 연약한 생령의 갈비뼈로 만들었던 하와와, 장차 멜기세덱의 영광으로 탄생되는 신랑의 갈비뼈로 만든 신부의 영광은 하늘과 땅 차이다.
　첫 시모인 하와는 뱀의 유혹을 받아 선악나무 열매를 따먹었지만, 영광을 받으신 신랑되신 멜기세덱의 갈비뼈로 신부가 탄생된다면 그 신부는 당연히 뱀의 유혹을 물리치고 이길 수 있는 완전한 신부, 어린 양의 아내가 되는 것이다.

그렇기 때문에 계시록에 보면 성령이 사도 요한을 인도하는 가운데 "내가 네게 준비된 어린 양, 신부를 보여주리라"고 하신 것이다. 그런 완전한 신부의 영광이 탄생되는 구속사의 비밀이 감추어진 절기가 맥추절이다.

> 시 2:7 내가 영을 전하노라 여호와께서 내게 이르시되 너는 내 아들이라 오늘날 내가 너를 낳았도다

재림 마당에서 이 땅의 주가 해를 입은 여인으로서, 철장의 권세를 가진 아이를 낳는다. 여기서 낳는다는 말은 바울이 "내가 믿음의 아들 디도와 디모데와 오네시모를 낳았다"고 하는 차원과는 다른 것이다. 그들은 믿음으로 낳는 것을 말한다.

그러나 해를 입은 여인이 철장의 권세를 가진 아이를 낳았다는 말은 부활의 첫 열매를 낳았다는 뜻이다. 예수께서 사망 권세를 깨시고 승리하셨을 때 "오늘날 내가 너를 낳았도다"(시 2:7, 히 5:5)라는 말씀이 성립되는 것이다. 예수께서 신약 마당에서 부활의 첫 열매가 되신 것처럼 재림 마당에서도 부활의 첫 열매인 그리스도가 탄생된다(고전 15:23).

부활의 첫 열매라는 것은 사망 권세를 깨시고 승리하신 첫 열매를 말하는 것이다. 그가 이루어놓은 멜기세덱 반차를 통해서만 부활의 열매를 맺는 대상들이 될 수 있는 것이다.

왜 유월절의 주인공은 공개된 반면에, 맥추절의 주인공은 공개되지 않고 있는가?

구약의 유월절의 절기는 유월절 양으로 오신 예수께서 십자가를 통해 부활하심으로 오늘날의 부활절로 전환되었다.

하나님께서는 유월절에 들어있는 구속사의 신비의 세계는 공개적으로 이 세상에 드러내셨는데, 왜 맥추절의 주인공은 드러내지 않으시는가? 그 이유는 유월절 양은 어느 한 민족에게만 국한되어 있는 구원의 대상이 아니라, 전 우주적인 구원의 중심이 되는 대상이 되시기 때문이다. 따라서 그분을 통해서 이루시는 구속사의 세계는 한시적이거나 유한적이거나 지정된 장소를 통해서만 이루어지는 말씀의 세계가 아니다.

유월절 어린 양의 피는 전 우주적인 창조의 세계를 정결케 하는 참되고 의로우신 보혈이 되는 것이다. 아브라함의 후손만이 아니라 전 창조의 시대, 또 하늘의 세계의 타락, 즉 영적인 세계의 타락까지도 회복하시는 역사였다. 따라서 예수님의 사건은 하늘의 발등상이 되는 이 땅에서 이루어진 사건이지만 그 내용면에 있어서는 전 우주적인 사건이 되기에, 누구나 다 알 수밖에 없는 공개적인 사건이 된 것이다.

그러나 신부의 사건은 전 우주적인 사건이라고 말할 수는 없다. 이미 아브라함에게 세 마당에 필요한 세 종류의 제물을 통해서 제사를 드리게 했다. 재림의 마당에서는 산비둘기와 집비둘기 새끼를 제물로 바치라고 했다. 그렇기 때문에 그 제물로 제사 드리는 장소는 '제 밭'(마 13:24)이라는 한정되어 있는 장소에서 이루어지는 구속사의 세계인 것이다.

　재림 마당에서 해를 입은 여인이 철장으로 만국을 다스릴 남자를 낳는다(계 12:5). 그 실체의 영광을 볼 수 있는 사람들은 제 밭에 뿌려진 사람들뿐이다. 붉은 용과 그에게 소속된 자들과 해를 입은 여인에게 소속된 사람들만 그 사실을 바라볼 수 있다.

　유월절이 오늘날 부활절로 전환된 것은 유월절의 구속사의 비의, 즉 신랑의 영광이 성취되었기 때문이다. 그러나 신부의 영광은 감추어져 있기 때문에 공개적으로 이루어질 수 없는 것이다.

> 계 2:17 　귀 있는 자는 성령이 교회들에게 하시는 말씀을 들을찌어다 이기는 그에게는 내가 감추었던 만나를 주고 또 흰 돌을 줄 터인데 그 돌 위에 새 이름을 기록한 것이 있나니 받는 자 밖에는 그 이름을 알 사람이 없느니라

　신부의 역사는 감추인 만나로서 주고받은 자만이 아는 역사이다. 신랑의 입장으로 오신 예수님은 베들레헴, 떡집에서 탄생하셨다. 예수님은 "나는 하늘에서 내려온 산 떡이다"(요 6:51)라고 공개하셨다. 즉 예수님은 공개된 만나로 오신 분이다.

　그러나 신부는 감추인 만나로 오신다. 맥추절의 주인공인 신부는 감추인 만나이다. 승천하신 예수님이 '재림 예수'로 오시는 것이 아니다. 재림(再臨)이란 이 땅에서 올라간 사람이 다시 내려오는 것이다. 철장의 권세를 가진 아이가 하늘 보좌로 올라갔다가 새 예루살렘 성으로 강림한다.

이 땅의 주, 해를 입은 여인이 재림하는 것이 아니다. 해를 입은 여인은 광야 자기 곳으로 날아가 한 때·두 때·반 때를 양육 받으신다. 하늘로 가신 것이 아니라, 이 땅에 머물러 계시는 것이다. 이 땅에서 다시 오시는 분을 재림, 또는 강림이라고 표현하지 않는다.

큰 성길에 누워있던 두 감람나무가 한 때·두 때·반 때, 즉 3일 반이 지나면 생기가 들어가 두 발로 일어선다(계 11:11). 그리고 하늘 보좌로 올라가는 순간 맥추절의 주인공으로 탄생되어 구속사의 성취가 이루어지는 것이다.

이처럼 두 감람나무 역사가 이루어지는 장소는 제 밭이라는 제한된 장소에서 이루어지고, 유한적인 도적 과정을 통해서 이루어진다. 그러나 그 결과는 전 우주적이다. 다시 말하면, 예수께서 중동지역의 이스라엘이라는 나라를 무대삼아 역사하셨지만, 이루신 결과는 전 우주적인 것과 같은 이치이다.

수장절에는 어떤 구속사의 비의가 들어있는가?

슥 14:16-21 예루살렘을 치러 왔던 열국 중에 남은 자가 해마다 올라와서 그 왕 만군의 여호와께 숭배하며 초막절을 지킬 것이라 천하 만국 중에 그 왕 만군의 여호와께 숭배하러 예루살렘에 올라오지 아니하는 자에게는 비를 내리지 아니하실 것인즉 만일 애굽 족속이 올라오지 아니할 때에는 창일함이 있지 아니하리니 여호와께서 초막절을 지키러 올라오지 아니하는 열국 사람을 치시는 재앙을 그에게 내리실 것이라 애굽 사람이나 열국 사람이나 초막절을 지키러 올라오지 아니하는 자의 받을 벌이 이러하니라 그 날에는 말방울에까지 여호와께 성결이라 기록될 것이라 여호와의 전에 모든 솥이 제단 앞 주발과 다름이 없을 것이니 예루살렘과 유다의 모든 솥이 만군의 여호와의 성물이 될 것인즉 제사 드리는 자가 와서 이 솥을 취하여 그 가운데 고기를 삶으리라 그 날에는 만군의 여호와의 전에 가나안 사람이 다시 있지 아니하리라

각 나라와 민족을 대표하는 대표자들이 초막절에 예루살렘에 올라와서 하나님께 경배와 영광을 돌리지 않으면 재앙으로 치시겠다는 것이다. 여기서 예루살렘이란 중동지역의 장소를 의미하는 것이 아니라, 어린 양의 혼인잔치를 행하는 장소를 의미한다.

유월절, 맥추절에는 올라오라고 말씀하시지 않고 초막절, 수장절에만 올라오라고 하신 이유가 무엇인가?

수장절의 영광은 재림 마당에서 이루어져야 될 마지막 하늘의 영광이기 때문이다. 산 자인 신랑과 산 자인 신부가 탄생했기에 이 땅에서 어린 양의 혼인잔치가 이루어진다. 그 어린 양의 혼인잔치에 참여하지 않고는 어느 누구도 벌을 피할 수가 없는 것이다.

어린 양의 혼인잔치가 이루어진 거룩한 나라에 찾아와 경배드리고 하나님께 영광을 드리지 않으면 재앙을 면하기 어렵다는 것이다.

사 66:7-8 시온은 구로하기 전에 생산하며 고통을 당하기 전에 남자를 낳았으니 이러한 일을 들은 자가 누구이며 이러한 일을 본 자가 누구이뇨 나라가 어찌 하루에 생기겠으며 민족이 어찌 순식간

에 나겠느냐 그러나 시온은 구로하는 즉시에 그 자민을 순산하였도다

이제는 산 자인 신랑과 산 자인 신부가 탄생했기에 순식간에 자민을 순산할 수 있는 것이다. 70이레를 통해 이루고자 하신 하나님의 구속사역이 이 땅에서 다 이루어진 것이다. 산 자의 산실(産室)이 되어야 할 에덴동산이 죽는 자를 낳는 산실로 전락되었으나, 그 잃어버린 실낙원이 복낙원으로 회복된 것이다.

> 사 11:6-8 그 때에 이리가 어린 양과 함께 거하며 표범이 어린 염소와 함께 누우며 송아지와 어린 사자와 살찐 짐승이 함께 있어 어린 아이에게 끌리며 암소와 곰이 함께 먹으며 그것들의 새끼가 함께 엎드리며 사자가 소처럼 풀을 먹을 것이며 젖먹는 아이가 독사의 구멍에서 장난하며 젖 뗀 어린 아이가 독사의 굴에 손을 넣을 것이라

> 사 65:17-25 보라 내가 새 하늘과 새 땅을 창조하나니 이전 것은 기억되거나 마음에 생각나지 아니할 것이라 너희는 나의 창조하는 것을 인하여 영원히 기뻐하며 즐거워할지니라 보라 내가 예루살렘으로 즐거움을 창조하며 그 백성으로 기쁨을 삼고 내가 예루살렘을 즐거워하며 나의 백성을 기뻐하리니 우는 소리와 부르짖는 소리가 그 가운데서 다시는 들리지 아니할 것이며 거기는 날수가 많지 못하여 죽는 유아와 수한이 차지 못한 노인이 다시는 없을 것이라 곧 백 세에 죽는 자가 아이겠고 백 세 못되어 죽는 자는 저주 받은 것이리라 그들이 가

옥을 건축하고 그것에 거하겠고 포도원을 재배하고 열매를 먹을 것이며 그들의 건축한데 타인이 거하지 아니할 것이며 그들의 재배한 것을 타인이 먹지 아니하리니 이는 내 백성의 수한이 나무의 수한과 같겠고 나의 택한 자가 그 손으로 일한 것을 길이 누릴 것임이며 그들의 수고가 헛되지 않겠고 그들의 생산한 것이 재난에 걸리지 아니하리니 그들은 여호와의 복된 자의 자손이요 그 소생도 그들과 함께 될 것임이라 그들이 부르기 전에 내가 응답하겠고 그들이 말을 마치기 전에 내가 들을 것이며 이리와 어린 양이 함께 먹을 것이며 사자가 소처럼 짚을 먹을 것이며 뱀은 흙으로 식물을 삼을 것이니 나의 성산에서는 해함도 없겠고 상함도 없으리라 여호와의 말이니라

에덴동산의 타락으로 약육강식의 세계가 전개되었으나, 이제는 사자가 풀을 먹는 본래의 창조의 세계로 회복된 모습이다. 그 세계는 백 세에 죽는 자는 어린아이와 같고, 사람이 나무 수한처럼 천 년을 사는 세계이다. 무엇을 구하기 전에 이미 생각과 동시에 해결되는 세계로서 지상낙원, 천년왕국의 세계가 완성되며 이루어진 것이다.

맺음말

맺음말

    하나님의 뜻은 에덴동산에서 산 자의 신랑과 신부가 탄생하므로 영원한 생명을 가진 산 자들을 낳는 산실이 되어 이 땅에서 복낙원, 지상천국의 세계를 이룩하는 것이다. 그런데 인류의 첫 시조 아담과 첫 시모(始母) 하와의 타락으로 말미암아 그 뜻이 무너지고 말았다. 이제 인류 구속사역은 에덴동산을 회복하여 산 자의 탄생을 이루는 데 목적을 두고 있다.
    "종말론적 구속사 시리즈" 제 2권 <이 땅의 주, 그는 누구인가?>와 본서를 통하여, 재림 마당에서 산 자의 신랑과 신부가 어떻게 탄생하는지 소개한 내용을 다시 살펴보고자 한다.

I
산 자의 신랑은 어떻게 탄생하는가?

마 26:36-42 이에 예수께서 제자들과 함께 겟세마네라 하는 곳에 이르러 제자들에게 이르시되 내가 저기 가서 기도할 동안에 너희는 여기 앉아 있으라 하시고 베드로와 세베대의 두 아들을 데리고 가실쌔 고민하고 슬퍼하사 이에 말씀하시되 내 마음이 심히 고민하여 죽게 되었으니 너희는 여기 머물러 나와 함께 깨어 있으라 하시고 조금 나아가사 얼굴을 땅에 대시고 엎드려 기도하여 가라사대 내 아버지여 만일 할 만하시거든 이 잔을 내게서 지나가게 하옵소서 그러나 나의 원대로 마옵시고 아버지의 원대로 하옵소서 하시고 제자들에게 오사 그 자는 것을 보시고 베드로에게 말씀하시되 너희가 나와 함께 한 시 동안도 이렇게 깨어 있을 수 없더냐 시험에 들지 않게 깨어 있어 기도하라 마음에는 원이로되 육신이 약하도다 하시고 다시 두 번째 나아가 기도하여 가라사대 내 아버지여 만일 내가 마시지 않고는 이 잔이 내게서 지나갈 수 없거든 아버지의 원대로 되기를 원하나이다 하시고 예수께서 십자가를 지시기 직전에 겟세마네 동산에서 세 번 동일한 기도를 하시는 중에 "내 아버지여 만일 할만하시거든 이 잔을 내게서 지나가게 하옵소서. 그러나 나의 원대로 마옵시고 아버지의 원대로 하옵소서"(마 26:39, 26:42, 막 14:36, 눅 22:42)라고 하셨다. 말씀이 육신으로 오신 예수께서 십자가 사건을 앞에 두고 마지막으로 아버지께 기도하신 것이라면 예수님의 기도에는 매우 중요하고 함축된 의미가 들어있을 것이다.

혹자는 겟세마네 동산 기도에 대해서 "성자 예수님도 인성을 가진 인자로 오셨기 때문에 십자가의 수난을 두려워하는 연약한 모습을 보이셨다"고 말한다. 또는 예수께서 사단 마귀를 속이는 기도였다고 말하기도 한다.

그러나 성경을 자세히 살펴보면 유월절 양으로 이 땅에 오신 예수께서 유월절에 맞추어 십자가에 달리시고자 얼마나 애를 쓰셨는지 알 수 있다. 바리새인, 제사장들이 유월절에 예수님을 십자가에 달면 민란이 날 것을 염려하여 유월절을 지낸 후 처단하기로 하였다. 이 사실을 아신 예수님이(마 26:5, 막 14:2), 가룟 유다를 압박하심으로 때를 앞당겨 유월절에 십자가에 달리신 것을 볼 때(마 26:23-25, 막 14:20-21, 요 13:26-27), 예수께서 십자가 지기를 두려워하셨다는 것은 앞뒤가 맞지 않는 무리한 해석이다.

또 "내 아버지여 만일 할만하시거든 이 잔을 내게서 지나가게 하옵소서"와 "그러나 나의 원대로 마옵시고 아버지의 원대로 하옵소서"의 사이에는 내용이 반전되는 틈을 엿볼 수 있다. 표면적으로는 기록되지 않았으나 분명히 아버지께로부터 어떤 응답이 있었기에 앞에서 말씀하신 '내 원대로'가 아닌 '아버지의 원대로'라는 전혀 다른 내용으로 기도하신 것이 아니겠는가?

모세는 예수님의 그림자이다. 예수님이 신약 마당에서 이 땅의 주로 역사하셨다면, 모세는 구약 마당에서 이 땅의 주로 역사했다. 그렇다면 실체이신 예수님의 기도와 그림자인 모세의 기도를 비교해 볼 필요가 있다.

> 신 1:37 여호와께서 너희의 연고로 내게도 진노하사 가라사대 너도 그리로 들어가지 못하리라

> 신 3:26 여호와께서 너희의 연고로 내게 진노하사 내 말을 듣지 아니하시고 내게 이르시기를 그만해도 족하니 이 일로 다시 내게 말하지 말라

모세가 젖과 꿀이 흐르는 가나안 땅을 목전에 두고 "너는 그리로 들어가지 못하리라"고 하시는 청천벽력 같은 말씀을 들었다. 이에 모세가 젖과 꿀이 흐르는 가나안 땅에 들어가기를 세 번 기도하였다. 모세의 세 번의 기도는(민 27:12-17, 신 1:37, 3:26) 예수님의 겟세마네 동산의 세 번의 기도와 같은 맥락을 갖고 있다. 모세가 첫 번째 기도와 두 번째 기도에는 응답을 받지 못하였으나, 세 번째 동일한 기도를 한 후에 '그만해도 족하니 더 이상 이 일로 말하지 말라'(신 3:26)는 응답을 받았다.

예수님도 겟세마네 동산에서 같은 자리에서 세 번 기도하셨으나 아버지께로부터 첫 번째 두 번째는 응답받지 못하시고, 세 번째에 응답을 받으셨다. '그만해도 족하니 두 번 다시 말하지 말라'는 모세의 응답처럼 예수님께도 '처음에 내가 너에게 준 말씀대로, 그대로 행하라'는 응답을 주신 것이다.

시편 40편에 보면 예수님은 하나님의 뜻을 행하러 오신 분이다

(시 40:7-8). 하나님의 뜻을 행하러 오신 분이 하나님의 뜻을 알지 못한다는 것은 말이 되지 않는다. 예수님은 뜻을 알고 오셨지만 그림자인 모세의 입장에서 율법을 완전하게 이루기 위해서 같은 기도를 세 번 하신 것이다.

마태복음 5:17에서 '내가 율법이나 선지자나 폐하러 온 줄로 생각지 말라 폐하러 온 것이 아니요 완전케 하려 함이로라'고 하셨다. 그 말씀대로 율법을 완전하게 이루기 위해서 모세가 기도한 터 위에서 예수님이 하나를 더 하신 것이다. 모세는 젖과 꿀이 흐르는 가나안 땅에 들어가는 것만 원했지만, 예수께서는 '내 원대로 마옵시고 아버지의 뜻대로 하옵소서'(마 26:39, 26:42, 막 14:36, 눅 22:42)라고 모든 것을 아버지께 맡기셨다. 그것이 모세의 기도를 완전하게 이루신 예수님의 기도이시다.

'아버지의 원대로'는 어떤 의미를 가지고 있는가?

> 롬 1:4 성결의 영으로는 죽은 가운데서 부활하여 능력으로 하나님의 아들로 인정되셨으니 곧 우리 주 예수 그리스도시니라

예수님은 본래 창조주이신데 여인의 후손으로 이 땅에 오시어 하나님 아들로 역사하셨다. 그런데 왜 부활의 능력으로 비로소 하나님의 아들로 인정받으셨다는 것인가?

> 요 1:14 말씀이 육신이 되어 우리 가운데 거하시매 우리가 그 영광을 보니 아버지의 독생자의 영광이요 은혜와 진리가 충만하더라

> 요 1:18 본래 하나님을 본 사람이 없으되 아버지 품속에 있는 독생하신 하나님이 나타내셨느니라

> 요 2:24-25 예수는 그 몸을 저희에게 의탁지 아니하셨으니 이는 친히 모든 사람을 아심이요 또 친히 사람의 속에 있는 것을 아시므로 사람에 대하여 아무의 증거도 받으실 필요가 없음이니라

예수님은 말씀이 육신으로 오신 독생하신 하나님이시다(요 1:18). 빌립이 예수님께 아버지를 보여 달라고 하였을 때 "나를 본 자는 아버지를 보았거늘 어찌하여 아버지를 보이라 하느냐?"(요 14:9)라고 하셨다. 예수께서 겉사람은 하나님의 아들로 오셨지만, 속사람은 아버지이시라는 것이다. 즉 예수님은 아버지의 말씀, 태초의 말씀을 가지고 이 땅에 오신 분이다(요 1:1, 1:14, 1:18, 5:43).

따라서 그분은 완전한 인성과 완전한 신성을 가진 분이시다(요 2:24-25). 그런 분이 '예수'라는 이름의 의미 그대로 자기 백성을 구원하시기 위해서(마 1:21) 오셨고, 온 인류를 구원하시기 위해서 율법으로 정죄된 온 인류의 죄를 십자가에서 짊어지셨다.

만일 예수께서 말씀을 가지고 스올에 들어가시면 어떤 입장으로 들어가시는 것인가? 예수님의 영혼은 아버지의 영혼이시다. 스스로 계신 자의 생명은 죽을 수 없는 영원한 생명이다. 그 생명과 말씀을 가지고 음부에 들어가셔서 3일 만에 부활하신다는 것은 너무 당연한 것이 아닌가?

그렇다면 로마서 1:4 말씀이 잘못된 것이 아니겠는가? 예수님이 아들의 영광보다 더 큰 아버지의 영광과 권세와 능력을 가지고 스올

에 들어가셨다면 무엇 때문에 다시 하나님의 아들로 인정받으셔야 하는가? 앞뒤가 맞지 않는 말이다.

만일 예수님이 말씀을 그대로 가지고 사망 권세 속에 들어가셨다면 어떻게 되었겠는가? 피조물인 사망 권세가 창조주이신 예수님을 삼키지 못하고 토해 내었을 것이다.

그렇기 때문에 '아버지의 원대로'라고 하신 의미 속에는 예수님이 가지고 계신 태초의 말씀을 생명이 되는 피 속에 넣어서 이 땅에 다 쏟아버리고 가라고 하신 내용이 있는 것이다. 완전하신 인성과 신성 중에서 신성을 버리셔야 하는 것이다. 즉 순수한 인간 예수로 죽으셔야 사망의 음부로 들어갈 수 있는 것이다.

예수님은 어떻게 인자로 죽으셨는가?

예수께서 십자가 상에서 가시관을 통해서 피를 흘리시고, 양손에 박힌 못 자국을 통해서 피를 흘리시고, 두발을 모아서 못을 박은 발에서 피를 흘리시고, 마지막으로 로마병정이 확인사살을 위하여 옆구리를 찔러서 피와 물이 나왔다.

> 요 19:34 그 중 한 군병이 창으로 옆구리를 찌르니 곧 피와 물이 나오더라

상처가 나면 먼저 피가 나오고, 피가 다 빠지면 그 다음에 물이 나온다. 예수님의 성체에서 피와 물이 나왔다는 말씀은 예수님 안에는 이제 피가 한 방울도 남지 않았다는 뜻이다. 예수님은 피와 물을 한 방울도 남기지 않고 이 땅에 다 흘리셨다. 흘리시는 피 속에 무엇

을 감추셨는가? 피는 생명이기 때문에 예수님이 피 속에 아버지의 이름으로 가지고 오신(요 5:43) 아버지의 말씀을 감추셨다. 피 속에 담긴 그 태초의 말씀을 이 땅에 다 떨쳐버리셨다. 말씀이 육신이 되어 오신 분이 가져오신 말씀을 이 땅에 다 쏟았으니 예수님의 성체 안에는 말씀이 호리도 남아있지 않다.

또 은혜와 진리는 물속에 감추셨다. 그 은혜와 진리가 되는 물까지 쏟으셨다. 왜 물이 은혜와 진리가 되는가? 사람은 은혜로 구원을 받고(엡 2:5, 2:8), 물이 구원의 표가 되는 것이기 때문에 물로 세례를 받는다(벧전 3:21). 따라서 물이 구원을 상징하기에 은혜와 진리가 된다고 말할 수 있는 것이다. 예수님의 성체에서 피와 물이 나왔다는 것은 말씀과 은혜와 진리까지 모두 다 버리셨다는 것이다.

이제 예수님은 태초의 말씀을 하나도 갖지 않고 우리와 똑같은 성정을 가진 순수한 인자로서 스올에 들어가신 것이다. 즉, 예수님은 하나님의 아들로서 운명하신 것이 아니라, 철저하게 인자(Son of Man)로서 운명하신 것이다.

그렇게 운명하신 예수님의 육신은 아리마대 요셉이 예비한 굴에 안치되고, 영혼은 스올에 들어가셨다.

예수님의 영혼은 스올에 들어가서 무엇을 하셨는가? 예수님의 영혼은 4천 년 동안 스올에 갇혀있던 자들에게 부활의 복음을 전하셨다(벧전 3:18-20). 혹자는 "예수께서 말씀을 다 버리셨다면 어떻게 부활의 복음을 전할 수 있느냐?"라고 반문할 것이다.

롬 10:17 그러므로 믿음은 들음에서 나며 들음은 그리스도의 말씀으로 말미암았느니라 예수님이 말씀은 이 땅에 다 떨치셨지만 그분에게는 믿음이 있다.

> 창 4:10-11 가라사대 네가 무엇을 하였느냐 네 아우의 핏소리가 땅에서부터 내게 호소하느니라 땅이 그 입을 벌려 네 손에서부터 네 아우의 피를 받았은즉 네가 땅에서 저주를 받으리니

> 히 11:4 믿음으로 아벨은 가인보다 더 나은 제사를 하나님께 드림으로 의로운 자라 하시는 증거를 얻었으니 하나님이 그 예물에 대하여 증거하심이라 저가 죽었으나 그 믿음으로써 오히려 말하느니라

하나님께서 가인과 아벨에게 동시적으로 제사를 드리라고 하셨는데 아벨은 믿음으로 제사를 드림으로 하나님이 열납하셨으나, 가인의 제물은 열납하지 않으셨다. 가인이 분하여 아벨을 들에서 쳐 죽임으로 아벨이 땅에 피를 다 쏟고 죽었다(창 4:8). 그런데 아벨의 피 속에는 믿음이 들어있기에 아벨의 피가 소리친다는 것이다(창 4:10). 그 생명 속에는 믿음이 들어있기 때문에 수천 년이 지난 지금까지도 아벨이 믿음으로 외치고 있다는 것이다(히 11:4).

> 히 12:2 믿음의 주요 또 온전케 하시는 이인 예수를 바라보자 저는 그 앞에 있는 즐거움을 위하여 십자가를 참으사 부끄러움을 개의치 아니하시더니 하나님 보좌 우편에 앉으셨느니라

예수님은 믿음의 주이시다. 아벨의 믿음도 소리치는데, 하물며 산 자의 믿음을 가지신 예수께서 소리치지 못하시겠는가? 예수께서

스올에 들어가셔서 천국 복음을 전하셨다(벧전 3:18-20). 예수님은 말씀을 이 땅에 모두 떨치시고 스올에 들어가셨다. 우리와 똑같은 성정을 가진 사람으로 들어가신 것이다. 그러나 우리보다 더 큰 산 자의 믿음을 가지고 들어가신 것이다.

그렇기 때문에 예수님은 자기를 죽음에서 능히 구원하실 아버지에게 심한 통곡과 눈물로 간구하심으로, 그의 경외하심을 인하여 들으심을 얻었다고 히브리서 5:7에 기록되어 있다.

> 히 5:7 그는 육체에 계실 때에 자기를 죽음에서 능히 구원하실 이에게 심한 통곡과 눈물로 간구와 소원을 올렸고 그의 경외하심을 인하여 들으심을 얻었느니라

예수님은 절대 스스로 살아나신 것이 아니다. 성도들의 개념은 예수님은 하나님이시니까 죽었다 살아나는 것도 마음대로 다 하실 수 있다고 믿고 있다. 그러나 예수님은 인자로서 스올에 들어가셔서 복음을 전하시고, 사망 권세를 깨시고 3일 만에 부활하심으로써 그 부활의 능력으로 다시 하나님의 아들로 인정을 받으셨다. 그 사실을 가리켜 로마서 1:4에서 "성결의 영으로는 죽은 가운데서 부활하여 능력으로 하나님의 아들로 인정되셨으니"라고 증거하신 것이다. 이 땅에 떨치신 예수님의 속사람이신 태초의 말씀, 은혜와 진리의 말씀께서 예수님을 살려주신 것이다.

예수께서 심한 통곡과 눈물로 간구하심으로 아버지께로부터 살려주신다는 약속을 받았기에 "나는 버릴 권세도 있고 다시 얻을 권세도 있으니 이 계명은 내 아버지에게서 받았노라"(요 10:18)고 하신 것이다.

예수님이 부활하심으로 하나님 아들과 방불한 제사장인 멜기세덱이 되어 이 땅에 40일 계셨던 것은 오로지 자기 자녀들이 산 자의 길을 따라올 수 있는 방편을 마련하신 것이다.[46]

본래 예수께서 마귀를 멸하시는 방법은 태초의 말씀을 간직한 채 스올에 들어가서 마귀를 징치하는 것이다. 그것은 '내 원대로'의 방법이다. 만일 그렇게 하신다면 그 영광은 예수님이 취하시는 것이다. 그러나 아버지께서 바라시는 구속사의 핵심은 아브라함의 후손들에게 영광을 입혀주는 것이다. 다만 아브라함의 후손들이 이룰 수 없는 부분을 이루시기 위해서 예수께서 이 땅에 오신 것이다.

겟세마네 동산에서 아버지께로부터 온 응답은 '아버지의 원대로' 하는 것이다. 즉 가지고 오신 태초의 말씀을 십자가 피에 담아 이 땅에 떨치시고 순수한 인자로 스올에 들어가셨다가, 부활의 능력을 입어야 한다. 그것은 하나님 자신을 위해서가 아니라, 아브라함의 후손들을 위해서 철저하게 자신을 비우고 낮추신 위대한 사랑을 몸소 보여주신 것이다(빌 2:7). 그 길이 "내 원대로 마옵시고, 아버지의 원대로 하옵소서"(마 26:39, 26:42, 막 14:36, 눅 22:42)라고 하신 길이다.

예수님이 하나님 아들로 죽었다가, 하나님 아들로 살아나셨다면 우리가 어떻게 그 길을 따라갈 수 있겠는가? 예수님의 부활이 어떻게 우리의 부활이 될 수 있겠는가?

창조주 하나님께서 피조물의 자리까지 내려가서 죽었다 부활하여 멜기세덱이 되는 길을 몸소 보여주셨기 때문에, 예수님의 부활이 우리의 부활이 될 수 있는 것이다.

---

46) <멜기세덱, 그는 누구인가?> 249-252, 482, 486쪽, 벽암 조영래 저, 도서출판 오색이슬

지금 하늘 우편 보좌에 계신 주님은 어떤 입장으로 계시는 것인가?

> 히 5:6 또한 이와 같이 다른 데 말씀하시되 네가 영원히 멜기세덱의 반차를 좇는 제사장이라 하셨으니

> 히 7:11 레위 계통의 제사 직분으로 말미암아 온전함을 얻을 수 있었으면 (백성이 그 아래서 율법을 받았으니) 어찌하여 아론의 반차를 좇지 않고 멜기세덱의 반차를 좇는 별다른 한 제사장을 세울 필요가 있느뇨

> 히 7:17 증거하기를 네가 영원히 멜기세덱의 반차를 좇는 제사장이라 하였도다

위 구절에 보면 분명히 예수님이 멜기세덱 반차를 통해서 하늘의 대제사장이 되었다고 기록되어 있다. 예수님이 멜기세덱 반차를 통해서 하늘의 대제사장이 되었다는 말은 곧 멜기세덱이 되신 것이다.

예수께서 사망 권세를 깨시고 부활하시어(롬 1:4) 멜기세덱이 되셨다면 지금 우편 보좌에 계시는 주님께서 멜기세덱, 즉 하늘의 대제사장으로 계시는 것인가? 아니면 다른 입장으로 우편 보좌에 계시는 것인가?

우편 보좌에 계시는 주님께서 하늘에서도 멜기세덱으로서 계신 것인지, 그렇지 않으면 본래의 하나님 아들, 성자로서 계신 것인지,

그 사실을 확실하고 명확하게 증거하지 않으면 신학적 측면에서 볼 때 큰 오해의 소지가 있다.

> 요 13:16-17 내가 진실로 진실로 너희에게 이르노니 종이 상전보다 크지 못하고 보냄을 받은 자가 보낸 자보다 크지 못하니 너희가 이것을 알고 행하면 복이 있으리라

보냄을 받은 자가 보내신 자보다 크지 못하다. 그렇다면 멜기세덱과 독생하신 하나님 아들 중 누가 더 영광이 큰 사람인가? 당연히 예수님이 더 영광이 크신 분이다.

예수님은 독생하신 하나님이시고, 멜기세덱은 "우리의 형상을 따라 우리의 모양대로 우리가 사람을 만들고"(창 1:26)라는 말씀에서 '우리'라는 하나님의 형상을 입은 피조물이다. '우리의 형상'이란 네 생물이 가진 사자, 송아지, 사람, 독수리의 네 가지 인격 중에 들어있는 '사람'의 형상을 말한다(겔 1:10, 계 4:7). 따라서 멜기세덱은 네 생물 속에 있는 네 가지 인격으로 완성된 존재이다.[47]

또 멜기세덱은 독생하신 하나님 아들의 영광과 방불한 사람이다(히 7:3). 방불하다는 말은 그 영광이 하나님 아들의 본래의 영광에 미치지는 못하지만, 하나님 아들의 영광과 비슷하다는 말이다.

> 엡 4:13 우리가 다 하나님의 아들을 믿는 것과 아는 일에 하나가 되어 온전한 사람을 이루어 그리스도의 장성한 분량이 충만한 데까지 이르리니

---

47) 앞으로 출간예정인 제 4권 <네 생물, 그들은 누구인가?>에서 자세히 밝히고자 한다.

멜기세덱의 영광은 믿는 것과 아는 일에 하나가 되어 그리스도의 장성한 분량이 충만한 데까지 이른 사람을 가리킨다.

> 욥 40:10-14 너는 위엄과 존귀로 스스로 꾸미며 영광과 화미를 스스로 입을찌니라 너의 넘치는 노를 쏟아서 교만한 자를 발견하여 낱낱이 낮추되 곧 모든 교만한 자를 발견하여 낮추며 악인을 그 처소에서 밟아서 그들을 함께 진토에 묻고 그 얼굴을 싸서 어둑한 곳에 둘찌니라 그리하면 네 오른손이 너를 구원할 수 있다고 내가 인정하리라

욥에게 "악인을 그 처소에서 밟아서 그들을 함께 진토에 묻고 그 얼굴을 싸서 어둑한 곳에 두면 스스로 네 자신을 구원할 수 있는 자라고 인정하리라"고 하신 말씀과 같은 맥락이다. 스스로 자신을 구원할 수 있는 존재만이 다른 사람을 구원할 수 있기 때문에 그 기준을 알려주신 것이다. 이처럼 멜기세덱은 피조물 중에서 가장 높은 정점에 이른 존재를 가리킨다.

그렇다면 하나님께서는 예수님에게 본래의 영광보다도 더 작은 영광을 받으라고 십자가를 지게 하신 것인가? 그런 의도가 아니라면 왜 하나님께서는 예수님에게 멜기세덱 반차를 짊어지게 하셨는가?

예수께서 고난의 십자가를 짊어지신다고 해서 하나님 아들보다 더 큰 영광을 주시는 것은 아니다. 인자로서 십자가를 지시고 죽었다가 부활하여도 기껏해야 멜기세덱 반차를 통해서 하늘의 대제사장인 멜기세덱이 되시는 것이다.

그렇다면 왜 하나님께서는 예수님으로 하여금 자기 몸을 비우고 낮추어서 십자가를 지게 하셨는가?(빌 2:5-8) 그 이유는 아브라함의 후손들 때문이다. 예수님이 아니고는 아무도 하나님의 경륜 속에서 이루어질 구속사의 첫 열매가 되지 못하기 때문이다. 예수님이 아니고는 일만 가지 율법의 욕구를 이룰 수도 없고, 인간의 죄를 해결할 수도 없고, 죽지 않고 살아서 하늘로 올라갈 수 있는 길을 만들 수도 없기 때문이다.

> 고전 15:23-24 그러나 각각 자기 차례대로 되리니 먼저는 첫 열매인 그리스도요 다음에는 그리스도 강림하실 때에 그에게 붙은 자요 그 후에는 나중이니 저가 모든 정사와 모든 권세와 능력을 멸하시고 나라를 아버지 하나님께 바칠 때라

예수님이 모든 것의 첫 열매가 되셔야 한다. 첫 열매가 존재함으로써 다음 열매가 맺히는 순서가 이루어지기 때문이다.

우리를 위해서 예수님이 십자가를 짊어지시고 죽은 지 3일 만에 부활하신 부활의 능력으로 멜기세덱 반차를 통해서 하나님 아들과 방불한 하늘의 대제사장이 되신 것이다. 그리고 부활하신 후 멜기세덱으로서 이 땅에 40일 동안 계신 것이다. 그 점을 정확하게 분별할 줄 알아야 한다.

그런 점을 분별하지 못하기에 "인자가 아버지의 영광으로 오리라"(마 16:27, 막 8:38)고 말씀하신 '아버지'가 주시는 축복과 영광이 예수님이 주시는 축복과 영광보다 더 크다는 오해를 불러일으키게 된다.

사 30:26 여호와께서 그 백성의 상처를 싸매시며 그들의 맞은 자리를 고치시는 날에는 달빛은 햇빛 같겠고 햇빛은 칠배가 되어 일곱 날의 빛과 같으리라

왜 일곱 날의 영광이 재림의 마당에서 이루어지는 것인가? 그것을 잘못 생각하면 재림주의 영광이 예수님의 영광보다 더 크다고 오해할 여지가 있는 것이다.

재림의 마당은 왜 일곱 날의 영광이 되는 것인가? 그것은 재림 때의 주인의 영광이 예수님의 영광보다 일곱 배 더 크다는 의미가 아니라, 때의 주인을 통해서 받는 신령한 하늘의 복과, 땅의 기름진 원천의 축복이 구약 마당, 신약 마당보다 재림 마당에서 더 큰 영광으로 이루어진다는 차원에서 말씀하신 것이다.

창세기 15장에서 아브라함이 횃불 언약을 통하여 바친 제물도 세 마당에 필요한 제물을 상징하고 있다. 3년 된 암소와 암염소는 구약 마당에 해당되는 제물이며, 3년 된 수양은 신약 마당에 해당되는 제물이며, 산비둘기와 집비둘기 새끼는 재림 마당에 해당되는 제물이다.[48] 재림 마당에 해당되는 제물이 산비둘기와 집비둘기 새끼라는 것은 재림 마당의 차원은 하늘을 비상하는 차원이라는 것이다. 그래서 구약과 신약보다 재림의 영광이 더 크다고 한 것이다.

사 40:31 오직 여호와를 앙망하는 자는 새 힘을 얻으리니 독수리의 날개치며 올라감 같을 것이요 달음박질하여도 곤비치 아니하겠고 걸어가도 피곤치 아니하리로다

---

48) <멜기세덱, 그는 누구인가?> 70쪽, 벽암 조영래 저, 도서출판 오색이슬

정리하면, 예수께서 부활하셔서 이 땅에 계신 40일 동안만 멜기세덱의 영광을 가진 입장으로, 즉 신랑의 입장으로 계셨다. 그러나 부활 승천하여 우편 보좌로 올라가신 그분은 멜기세덱이 아니라 독생하신 성자 하나님으로서 계신 것이다. "성령으로 아니하고는 누구든지 예수를 주시라 할 수 없느니라"(고전 12:3) 여기서 주(主)는 '주(主) 하나님'을 말한다. 따라서 부활 승천하신 예수님은 예수가 아닌 주님으로, 성자 하나님으로 오른쪽 보좌에 계신 것이다.

멜기세덱은 하늘의 대제사장으로서 만유를 무릎 꿇게 하여 하나님께 영광을 바치는 분이고, 우편 보좌에 계신 주님은 멜기세덱으로부터 영광을 받으시는 분이다. 이 땅에서 멜기세덱이 탄생하여 주님께 영광을 바치기까지 우편 보좌에서 기다리시는 분이다.

> 고전 15:27-28 만물을 저의 발아래 두셨다 하셨으니 만물을 아래 둔다 말씀하실 때에 만물을 저의 아래 두신 이가 그 중에 들지 아니한 것이 분명하도다 만물을 저에게 복종하게 하신 때에는 아들 자신도 그 때에 만물을 자기에게 복종케 하신 이에게 복종케 되리니 이는 하나님이 만유의 주로서 만유 안에 계시려 하심이라

이제 성자 하나님은 더 이상 우리의 신랑이 아니다. 피조물인 인간은 하나님과 신랑 신부의 관계를 이룰 수 없다. 우리의 신랑이 될 수 있는 분은 피조물 중에서 믿음의 정점을 이룬 멜기세덱이다.

따라서 멜기세덱은 성자 하나님이 아니다. 멜기세덱은 피조물로서 그리스도의 장성한 분량에 이르러 하늘의 대제사장이 되신 분이

지(엡 4:13), 성자 하나님이 될 수는 없다. 멜기세덱은 제사를 드리는 사람이고, 성자 하나님은 제사를 받으시는 분이다. 그 차이점을 분명히 구별할 줄 알아야 한다. 그래야 이 말씀이 정통신학에서 벗어난다는 오해를 받지 않는다는 것을 밝혀둔다.

II
산 자의 신부는 어떻게 탄생될 것인가?

첫 아담으로 인해 실패한 신랑의 회복은 본방 이스라엘에서 예수님으로 인해 이루어졌다. 이제 남은 역사는 실패한 신부의 사역을 회복하는 일이다. 재림 마당에서 산 자의 신부가 탄생해야 하는 역사가 남아있는 것이다.

아담이 타락한 것을 예수께서 둘째 아담으로 오셔서 그 역사를 이루셨다면, 이제 인류의 첫 시모 하와가 타락한 것을 누군가 이 땅에서 회복해야 하지 않겠는가?

신랑의 역사를 이루시고자 멜기세덱이 아브라함에게 떡과 포도주로 축복해 주었다면(창 14:17-20), 신부의 영광을 회복하시고자 여호와 하나님이 아브라함과 횃불언약을 맺은 것이다(창 15:6-21). 멜기세덱이 창세기 14장에서 아브라함에게 떡과 포도주로 축복해 준 이유는 아브라함의 후손으로 하여금 멜기세덱을 탄생시키기 위해서이다. 아브라함이 멜기세덱으로부터 축복받음으로 아브라함의 후손 중에서 멜기세덱이 탄생될 수 있는 것이다. 그것이 멜기세덱이 아브라함을 축복한 결과이다.

마찬가지다. 횃불언약 속에는 산 자의 신부가 탄생하는 구속사의 비밀이 다 들어있다. 따라서 신랑의 역사는 예수께서 친히 이 땅에 오셔서 이루실 역사이기에 멜기세덱이 축복해 주었고, 신부의 역사는 피조물 중 거룩한 인자를 통해 이루실 역사이기에 여호와 하나님이 축복하신 것이다.

신부가 될 두 감람나무는 산 자의 신랑이신 멜기세덱의 갈비뼈로 지음을 받은 존재이다. "우리의 형상을 따라 우리의 모양대로 우리가 사람을 만들자"(창 1:26)라고 하신 말씀대로 네 생물 안에 있는 '사람'의 형상대로 지음을 받은 존재이기에 어린 양의 신부가 될 수 있고, 모성(母性)을 가진 새 예루살렘이 될 수 있는 것이다. 이 모든 사역은 횃불언약을 통하여 이루어질 것이다.

이 신부의 사역을 회복하기 위해 믿음의 조상 아브라함에게 횃불언약으로 언약하시고, 아브라함의 후손을 통해 완성하시는 것이다.

따라서 재림 마당에서 이루어지는 "이 땅의 주 앞에 섰는 두 감람나무와 두 촛대의 역사"는 횃불언약의 완결편이다. 횃불언약을 완성하는 역사가 재림 마당의 두 감람나무 역사이다.

횃불언약의 주인공인 요셉이 692년 만에 세겜 땅에 묻힘으로 표면적으로는 횃불언약이 완성된 듯 보이나, 영적 완전수인 7의 배수가 되는 700년을 채우지 못했다. 부족한 8수는 재림 마당에서 두 감람나무 역사를 통하여 채워짐으로 횃불언약이 완성될 것이다.

감람나무의 본 가지에서 맺히는 2-3개의 열매와 무성한 먼 가지에서 맺히는 4-5개의 열매, 즉 8개의 열매를 통하여 횃불언약이 영적 완전수 7의 배수인 700년으로 완성되는 것이다.

> 마 24:37 노아의 때와 같이 인자의 임함도 그러하리라

> 눅 17:26 노아의 때에 된 것과 같이 인자의 때에도 그러하리라

왜 예수께서 "인자의 임함은 노아 때와 같다"고 하셨는가? 노아는 완전한 은혜를 받은 사람이다(창 6:8). 노아가 장차 영적인 역사를 해야 할 주인공이기에 홍수 심판이 시작되기 일주일 전인 2월 10일에 방주에 들어가(창 7:7-11), 방주 안에서 창조의 7일의 비밀을 받았다. 노아가 받은 청사진은 인류 구속사역의 시작과 끝을 완성할 완전한 은혜의 내용이다. 방주에 탄 노아의 여덟 식구는 새 창조 새 역사를 이루어야 하는 때의 주인공들이다. 그런 의미가 있는 여덟 식구들이기에 "인자의 임함은 노아 때와 같다"고 친히 말씀하신 것이다.

왜 영적 장자인 요셉이 재림 마당에 다시 등장해야 하는가?

요셉은 횃불언약의 중심인물로서 장차 신부의 영광을 이룩할 사람이다. 요셉이 꾼 두 가지 꿈 중에서 열한 볏단이 절하는 꿈은 이 땅의 장자권을 의미하고(창 37:7), 해와 달과 별들이 절하는 꿈은 하늘의 장자권을 의미한다(창 37:9). 요셉이 애굽의 총리가 됨으로 땅의 장자권은 이루었으나, 아직 하늘의 장자권을 이루지 못했다. 그가 영적 장자로서의 영광은 입었으나(대상 5:2) 아직 영육 간에 산 자

로서 하늘, 땅, 만물들에게 인정받지 못했기에 재림 마당에 다시 등장해야 하는 것이다.

　예수께서 말씀이 육신이 되어 여인의 후손으로 오셨으나, 아무도 예수님을 초림주 메시아로 인정하지 않았다. 오직 "성결의 영으로는 죽은 가운데서 부활하여 능력으로 하나님의 아들로 인정되셨으니 곧 우리 주 예수 그리스도시니라"(롬 1:4)고 말씀하신 대로 죽었다 부활하심으로 비로소 하나님 아들로 인정받으신 것이다.

　마찬가지다. 신부가 되어야 할 요셉 역시 죽었다 살아나 영육 간에 산 자가 되어야 신부로 인정받을 수 있는 것이다. 그가 로마서 1:4 말씀대로 죽었다 살아나 산 자가 되므로 아브라함과 맺은 횃불언약이 완성되는 것이다.

　요셉이 영육 간에 산 자로서 하늘의 장자가 될 때 이 땅의 인간들뿐만 아니라, 하늘의 영적 존재들까지 주관하며 다스릴 수 있는 장자가 되는 것이다. 다시 말하면 '철장으로 만국을 다스릴 남자'(계 12:5)가 되는 것이다. 두 감람나무는 오로지 그 목적을 이루고자 재림 마당에 등장한다. 그렇기 때문에 그는 반드시 죽었다 살아나야만 한다.

　재림 마당에서의 산 자의 신부도 이런 과정을 통해서 탄생되는 것이다. 그런 과정의 역사가 없는 사람, 죽을 수밖에 없는 육신을 가진 인간들이 아무리 "내가 두 감람나무다"라고 주장한다고 해서 두 감람나무가 될 수 있는 것이 아니다.

　이 땅의 주도 마찬가지다. 로마서 1:4의 과정이 없이 아무리 "내가 재림주다"라고 한다고 해서 재림주, 이 땅의 주가 될 수 있는 것이 아니다. 해를 입은 여인, 이 땅의 주로 역사하신 재림주께서 '재림주 멜기세덱의 영광'을 입으시기 위해서는 큰 독수리의 두 날개를 받아 광야 자기 곳으로 날아가 한 때·두 때·반 때 양육을 받아야 한다(계 12:14). 그분도 사망 권세를 깨시고 부활하여 영육 간에 산 자가 되어야 재림주 멜기세덱의 영광을 받으시는 것이다.

두 감람나무는 어떤 모습으로 십자가를 져야 하는가?

> 계 11:8 저희 시체가 큰 성길에 있으리니 그 성은 영적으로 하면 소돔이라고도 하고 애굽이라고도 하니 곧 저희 주께서 십자가에 못 박히신 곳이니라

예수님은 보이는 십자가를 지심으로 멜기세덱 반차의 길을 걸으셨다. 그러나 두 감람나무는 보이는 십자가를 지지는 않는다. 그 대신 그의 시체가 큰 성길에 3일 반 누워있는 과정을 겪어야 한다. 두 감람나무의 전신(前身)이 영적 장자인 요셉이지만, 그가 큰 성길에 누워있는 입장은 하늘의 영적 장자인 요셉으로 누워있는 것이 아니라 이 땅의 마지막 선지자로 누워 있는 것이다. 두 감람나무가 영적 장자로 누워 있다가 살아나는 것이 아니다. 두 감람나무도 로마서 1:4의 말씀을 이루기 위해서는 영적 장자로서 스올에 들어가지 못한다. 그도 영적 장자의 영광을 버려야 스올에 들어갈 수 있는 것이다. 마귀가 영적 장자를 삼킬 수 없기 때문이다.

따라서 예수께서 아버지께 통곡과 눈물로 간구해서 들으심을 얻어 아버지께서 살려주시듯, 두 감람나무도 아버지께서 살려주셔야

살아날 수 있는 것이다. 예수님, 신랑, 신부가 다 로마서 1:4의 길을 통해서 멜기세덱이 되셔야 한다. 그렇기 때문에 멜기세덱은 단수가 아니라, 복수가 될 수 있는 것이다.

그렇다고 해서 아무나 멜기세덱이 될 수 있는 것은 아니다. 만세 전에 하나님께서 예정하시고, 후회함이 없는 은사로 불러주신 사람만이(롬 11:29) 멜기세덱의 길을 걸을 수 있다는 것을 분명하게 밝혀두는 바이다.

그렇다면 요셉은 남자인데 어떻게 신부가 될 수 있는가?

> 눅 20:34-36 예수께서 이르시되 이 세상의 자녀들은 장가도 가고 시집도 가되 저 세상과 및 죽은 자 가운데서 부활함을 얻기에 합당히 여김을 입은 자들은 장가가고 시집가는 일이 없으며 저희는 다시 죽을 수도 없나니 이는 천사와 동등이요 부활의 자녀로서 하나님의 자녀임이니라

분명히 예수께서 그 나라는 시집가고 장가가는 것이 없다고 하셨다. 이 땅은 남녀 성별의 기준이 있기에 시집가고 장가가지만, 혈과 육을 초월한 하늘의 세계는 남녀의 구분이 없다. 하늘의 세계에서는 해와 달과 별, 별과 별들의 영광으로 구별되는 것이지(고전 15:41), 절대 남녀의 육체로서 구별되는 것이 아니다.

구도의 도장인 이 땅과 달리 영의 세계는 남녀 성별이 아무 의미가 없는 것이다. 이 점을 오해하기 때문에 여자들이 "내가 감람나무다! 내가 재림주의 신부다!"라고 허무맹랑한 주장을 펼치는 경우가 종종 있다.

슥 4:6 그가 내게 일러 가로되 여호와께서 스룹바벨에게 하신 말씀이 이러하니라 만군의 여호와께서 말씀하시되 이는 힘으로 되지 아니하며 능으로 되지 아니하고 오직 나의 신으로 되느니라

'이 땅의 주 앞에 섰는 두 감람나무와 두 촛대의 역사'는 만세 전에 이미 예정된 역사이다. 하나님께서 미리 정하시고 정하신 그들을 부르시는 역사로 이루어지는 것이지(롬 8:29-30), 자기가 노력하거나 하고 싶다고 해서 되는 것이 아니다. 하나님께서 만세 전에 택하시어 거룩한 기름을 부은 자라야 그 역사의 주인공이 될 수 있는 것이다.

계 12:1 하늘에 큰 이적이 보이니 해를 입은 한 여자가 있는데 그 발 아래는 달이 있고 그 머리에는 열두 별의 면류관을 썼더라

시 84:11 여호와 하나님은 해요 방패시라 여호와께서 은혜와 영화를 주시며 정직히 행하는 자에게 좋은 것을 아끼지 아니하실 것임이니이다

시 19:5 해는 그 방에서 나오는 신랑과 같고 그 길을 달리기 기뻐하는 장사 같아서

해를 입은 여인, 이 땅의 주, 재림주께서 이 땅에서 이긴 자로서 먼저 해를 입으시고, 만세 전에 두 감람나무로 예정된 사람을 찾아 거룩한 기름을 부으신다. 그런 역사를 가리켜 "내가 잃어버린 한 마리의 양을 찾았노라"(마 10:6, 15:24, 눅 19:10)고 하신 것이다.

> 시 105:17-19 한 사람을 앞서 보내셨음이여 요셉이 종으로 팔렸도다 그 발이 착고에 상하며 그 몸이 쇠사슬에 매였으니 곧 여호와의 말씀이 응할 때까지라 그 말씀이 저를 단련하였도다

요셉이 그런 사명자로 예정되었기에 그의 발에 착고를 채우신 것이다. 착고를 채운 이상 그의 삶은 전적으로 하나님의 주권에 달려있게 된다. 하나님의 말씀이 응하기까지 요셉의 삶은 철저하게 외면당하고 쫓겨난 생을 살 수밖에 없다.

다른 사람도 아닌 형제들에 의해 애굽으로 팔려갔을 때 아마도 요셉의 심정은 자다가도 벌떡 벌떡 일어날 정도로 분했을 것이다. 오죽하면 첫 아들을 낳았을 때 하나님께서 '잊어버리라'는 뜻의 '므낫세'라는 이름을 주셨겠는가? 요셉의 생은 야곱의 70가족뿐 아니라 애굽 신민들까지도 살리기 위한 '만민의 구주'(창 50:20)로 삼으시려는 하나님의 구속사적 의미가 담긴 생이었다.

예수님도 그런 점에서 가장 대표적인 존재라고 말할 수 있다. 십자가 상에서 처절하게 "엘리 엘리 라마 사박다니!", 즉 "나의 하나님! 나의 하나님! 어찌하여 나를 버리셨나이까?"(마 27:46, 막 15:34)라고 부르짖으셨다. 예수님의 성체에서 흐르는 피 속에 담긴 태초의 말씀이 예수님을 떠나 분리되는 순간, 처절하게 부르짖으시는 예수님을 아버지께서 차마 보실 수가 없어 해가 빛을 잃고 온 땅에 어두움이 임했다고 표현하셨다(마 27:45, 막 15:33). 그 순간 하나님께서 철저히 외면하신 것이다.

말씀이 육신으로 오신 초림주 예수께서 자기 땅에 오셨으나 자기 백성이 믿지 않음으로 철저히 외면당하는 삶을 사셨다. 오죽하면

빌립이 나다나엘에게 메시아를 소개할 때 나다나엘이 "나사렛에서 무슨 선한 것이 날 수 있느냐?"(요 1:46)라고 했겠는가? 그만큼 예수님은 자기 땅임에도 '이방의 갈릴리'(사 9:1)라고 할 정도로 외면당한 갈릴리 나사렛에서 변두리 인생으로 지내셨다. 이처럼 초림주 메시아께서도 착고의 삶, 쫓겨난 생을 사셨는데 하물며 흙 차원의 인생들이야 더 말할 나위가 있겠는가?

예수님의 그림자인 모세도 착고의 삶, 쫓겨난 생을 살 수밖에 없었다. 모세가 애굽의 왕자로서의 삶을 택하였다면 그는 쫓겨나지 않고 온갖 부귀영화를 누렸을 것이다. 그러나 모세는 민족해방운동의 사명을 짊어지고 애굽인을 쳐 죽이는 순간 미디안으로 쫓겨나게 되었다. 모세가 자기 백성으로부터 외면당한 것 또한 예수님의 경우와 같다.

애굽 왕궁에서 하루아침에 미디안의 목동으로 전락한 모세가 얼마나 처절한 회한의 아픔을 겪었겠는가? 40년 동안 짐승을 치다가 80세가 되어 하나님의 부르심을 입기까지의 모세의 생은 착고에 채워진 삶이었으며, 쫓겨난 자로서 외면당할 수밖에 없는 삶이었다.

다윗도 쫓겨난 자였다. 다윗이 골리앗을 물리치고 돌아올 때 여인들이 나와서 "사울의 죽인 자는 천천이요 다윗은 만만이로다"(삼상 18:7)라고 칭송함으로 평생 사울의 대적자가 되었다.

다윗이 사울의 칼을 피해 10년 동안 16군데 도피처를 찾아 헤매며 하나님께 얼마나 간절히 매어 달렸겠는가? 시편의 대부분을 차지하고 있는 다윗의 시들은 풍전등화와 같은 운명 속에서 오로지 하나님만을 의지하며 간구한 간절한 기도문이었다.

그러기에 다윗은 구약의 사람임에도 불구하고 성신이 함께 하는 존재였다. 다윗이 밧세바 사건으로 나단 선지의 책망을 받고 회개하는 가운데 "나를 주 앞에서 쫓아내지 마시며 주의 성신을 내게서 거두지 마소서"(시 51:11)라고 고백한 내용으로 보아, 다윗은 비둘기 같은 성령이 임했던 사람이라는 것을 미루어 짐작할 수 있다.[49]

이처럼 성경에 기록된 하나님의 사람들의 삶이 착고에 채워진 것을 바라볼 때, 하늘의 역사를 이 땅에서 이룬다는 것이 얼마나 힘들고 어려운 십자가의 길이라는 것을 다시 한 번 생각하게 된다. 그들의 생은 태어날 때부터 십자가를 짊어지기로 작정된 삶이었다.

따라서 하나님의 자녀는 십자가와 무관한 삶을 살 수 없다. 한 마디로 말하면, 십자가가 없는 성도는 하나님의 자녀라고 말할 수 없는 것이다.

하물며 재림 마당에서 '이 땅의 주 앞에 섰는 두 감람나무와 두 촛대'의 사명을 이룰 대상이라면 그들의 삶은 그 누구보다도 십자가를 짊어진 착고의 삶이 아니겠는가? 그들이 바로 쫓겨난 자가 아니겠는가?

---

49) 구약 마당은 예수께서 아직 십자가 사건으로 영광을 받아 보혜사 성령이 임재하기 전이므로(요 7:39), 구약 마당의 성령의 역사는 비둘기 같은 성령이라는 것을 알 수 있다(창 8:8-11).

재림 마당의 두 감람나무 역사는 어느 장소에서 이루어질 것인가?

> 시 68:15-17 바산의 산은 하나님의 산임이여 바산의 산은 높은 산이로다 너희 높은 산들아 어찌하여 하나님이 거하시려 하는 산을 시기하여 보느뇨 진실로 여호와께서 이 산에 영영히 거하시리로다 하나님의 병거가 천천이요 만만이라 주께서 그 중에 계심이 시내산 성소에 계심 같도다

여호와 하나님께서 이스라엘 백성들과 시내산에서 언약을 맺으신 것처럼, 영적 이스라엘에서도 거룩한 성산에서 자기 백성들과 언약을 맺으시는 역사가 실제로 이루어져야 한다. 성경은 무형의 역사가 아니라, 이 땅에서 이루어지는 실존의 역사이기 때문이다.

'이 땅의 주와 두 감람나무'의 역사가 이루어지는 산이라면 그 산 역시 만세 전에 준비된 산이라고 말할 수 있다. 노아가 비둘기를 내보내 감람 새 잎을 물고 오게 한 아라랏산은 창조의 산, 거룩한 산, 변화의 산, 아름다운 산의 의미를 가지고 있다. 영적 이스라엘에서 준비된 산도 아라랏산과 같은 의미를 가진 산이다.

> 시 29:10 여호와께서 홍수 때에 좌정하셨음이여 여호와께서 영영토록 왕으로 좌정하시도다

노아 홍수 때 물로 이 세상을 심판하시기 위해 좌정하신 하나님의 모습처럼, 재림 마당의 이 땅의 주께서도 아라랏산의 의미를 가진 한 산에 임재하시어 역사하신다는 것이다.

변화산에서 예수께서 모세와 엘리야를 부르시듯, 이 땅의 주·아버지께서 그 산에서 산비둘기와 집비둘기 새끼라는 두 마리의 비둘기를 부르셨다. 그들이 재림 마당에서 인류 구속사역을 위해 바쳐질 제물이 되는 것이다.

첫 번째, 산비둘기의 사역을 행할 사람에게 오색 무지개의 물로 거룩한 기름을 부어(시 89:20) 전 3년 반의 한 때·두 때·반 때 중에서(단 12:7, 계 12:14) 한 때·두 때를 통하여 두 감람나무의 사역을 이루게 하신다. 산비둘기는 재림 마당에서 영적 제물로 바쳐지는 존재이다. 그가 본래는 전 3년 반과 후 3년 반의 경계에서 죽게 되어 있으나, 반 때의 사역을 이룰 주인공을 위하여 반 때를 앞당겨 제물로 바쳐진다.

두 번째, 집비둘기 새끼의 역사를 하신다. 집비둘기 새끼는 육적 제물로 바쳐지는 존재이다. 그로 하여금 전 3년 반의 한 때·두 때·반 때 중에서 반 때의 역사를 이루게 하시므로 두 감람나무의 모든 사역이 마쳐지는 것이다. 집비둘기 새끼는 주어진 반 때를 통하여 작은 책, 다시 복음을 선포하는 역사를 담당해야 하기 때문에, 하나님의 성전에 머물며 역사하는 것이다.

> 시 68:18 주께서 높은 곳으로 오르시며 사로잡은 자를 끌고 선물을 인간에게서, 또는 패역자 중에서 받으시니 여호와 하나님이 저희와 함께 거하려 하심이로다

두 감람나무 역사를 행하는 그곳에는 믿는 자녀들만 있는 것이 아니다. 믿지 않는 패역자들을 증인삼아 선물을 주고받는 가운데 하

나님께서 이루고자 하는 목적을 이루신 실존의 역사가 재림 마당의 거룩한 성산에서 이루어지는 것이다.

구약 마당, 신약 마당, 재림 마당에서의 하늘의 역사는 대부분 산으로부터 시작되었다.

아브라함이 이삭을 바친 장소도 모리아의 한 산이었다. 아브라함이 이삭을 바침으로, 수면에 운행하시던 하나님께서(창 1:2) 인류 구속사역에 개입하시는 역사의 첫 발걸음을 떼실 수 있었다. 따라서 그 장소에 세 성전인 솔로몬 성전, 스룹바벨 성전, 헤롯 성전을 지을 수 있었다.

신약 마당에서 예수께서도 대부분 감람산에서 역사하셨다. 감람산에 제자들과 함께 모임을 가지시던 장소가 있었고, 마지막으로 기도하신 겟세마네 동산도 감람산의 한 골짜기이다.

마찬가지로, 재림 마당에서도 이 땅의 주, 아버지께서 만세 전에 예정하신 한 산을 준비하시는 것이다.

> 시 68:26-27 이스라엘의 근원에서 나온 너희여 대회 중에서 하나님 곧 주를 송축할찌어다 거기는 저희 주관자 작은 베냐민과 유다의 방백과 그 무리와 스불론의 방백과 납달리의 방백이 있도다

시편 68편의 역사는 베냐민의 전신(前身)을 가진 사람이 작은 주관자가 되어 이룰 것이다. 베냐민은 라헬이 낳은 요셉의 친 동생이다. 요셉의 유일한 동복형제인 것이다.

총리 요셉이 애굽에 찾아온 형제들을 시험할 때 베냐민을 도구 삼아 은잔으로 시험했다(창 44:1-12). 애굽의 총리 앞에 선 형제들

이 그 사건으로 얼마나 긴장하며 두려움에 떨었겠는가? 더욱이 자신의 자루에서 요셉의 은잔이 나온 장본인인 베냐민은 사시나무 떨듯 떨었을 것이다. 그러나 유다가 그 사건에서 베냐민을 도와줌으로 요셉의 시험을 통과했다. 그러므로 유다는 베냐민과 동일한 5배의 축복을 받을 수 있었고, 유다 지파를 통해 초림주 메시아가 오실 수 있었다. 이 사건으로 보아 베냐민의 환난은 곧 요셉의 환난이라는 것을 알 수 있다.

> 암 6:6 대접으로 포도주를 마시며 귀한 기름을 몸에 바르면서 요셉의 환난을 인하여는 근심치 아니하는 자로다

이처럼 재림 마당에도 두 감람나무 역사를 주관하며 이룩할 대상들이 등장한다. 소자는 작은 책, 다시 복음, 아버지의 말씀을 밝히 전하는 사람이기에(요 16:25), 소자가 심판의 기준이 된다(마 25:34-46).

> 요 16:25 이것을 비사로 너희에게 일렀거니와 때가 이르면 다시 비사로 너희에게 이르지 않고 아버지에 대한 것을 밝히 이르리라

예수께서 친히 "때가 이르면 다시 비사로 너희에게 이르지 않고 아버지에 대한 것을 밝히 이르리라"고 말씀하셨다.

지금까지 어느 누구도 '이 땅의 주 앞에 섰는 두 감람나무와 두 촛대'에 대해 밝히 증거하지 못했다.

왜 두 감람나무 역사는 공개되지 않았는가?

재림 마당에서 이루어지는 두 감람나무와 두 촛대의 역사는 영적인 역사이다. 즉 영의 눈을 뜬 신령한 자들만 알 수 있는 역사이기에 하늘의 비밀을 허락받은 자가 아니면 도무지 알 수 없는 역사이다.

또, 두 감람나무와 두 촛대의 역사는 천국을 상징하는 제 밭 안의 역사이다. 제 밭 안의 알곡과 가라지들에게만 공개된 비밀이기에, 제 밭에 뿌려진 두 종류의 사람들만 알 수 있는 역사이다(마 13:24-25).

그러나 두 감람나무와 두 촛대의 역사는 산 자의 열매가 탄생하는 역사이다. 재림 마당의 가장 핵심이 되는 역사인 것이다.

재림 마당의 가장 중요한 핵심인 두 감람나무 사건에 대해 밝히 알지 못하고 어찌 그 역사에 동참할 수 있겠는가?

> 요 4:21-24 예수께서 가라사대 여자여 내 말을 믿으라 이 산에서도 말고 예루살렘에서도 말고 너희가 아버지께 예배할 때가 이르리라 너희는 알지 못하는 것을 예배하고 우리는 아는 것을 예배하노니 이는 구원이 유대인에게서 남이니라 아버지께 참으로 예배하는 자들은 신령과 진정으로 예배할 때가 오나니 곧 이때라 아버지께서는 이렇게 자기에게 예배하는 자들을 찾으시느니라 하나님은 영이시니 예배하는 자가 신령과 진정으로 예배할찌니라

이 말씀은 예수께서 수가촌 우물 가의 여인에게 친히 당부하신 말씀이다. 지금까지 사마리아인들은 그리심 산에서, 유대인들은 예

루살렘 성전에서 예배드리던 방식을 내려놓고 "아버지께 신령과 진정으로 예배드리라"는 것이다. 아버지께서는 이렇게 자기에게 예배드리는 자들을 찾으신다는 것이다.

'이 땅의 주, 아버지께서 하시는 역사'를 알지 못하고 어찌 아버지께 신령과 진정으로 예배드릴 수 있겠는가? 요셉이 예수님께 가는 길이듯, 두 감람나무가 이 땅의 주, 아버지께 가는 길이다. 두 감람나무를 통하지 않고는 절대 아버지께 갈 수 없고, 아버지께 신령과 진정으로 예배드릴 수 없다. 그 길이 곧 산 자들이 하늘로 가는 길, 멜기세덱 반차이다.

이 땅의 천만 성도들이여!

다 깨어지는 성도의 권세 속에서
끝까지 신앙의 정절과 순결을 지켜
멜기세덱 큰 뜻 이루어드리는
성별된 성도가 되지 않으려는가?

어린 양의 피에 정결케 된
흰 옷 입은 많은 무리들을
땅 끝에서 불러 모으는
신령한 추수꾼들이 되지 않으려는가?

예수께서 가신 멜기세덱 반차를 좇아,
두 감람나무의 가지에서
첫째 부활, 의인의 부활로
산 자의 열매 맺는 성도가 되지 않으려는가?

참고문헌

- 개역한글 성경
- 개역개정 성경
- 공동번역 성경
- 새번역 성경
- 현대인의 성경
- 쉬운 성경
- 성경주석, 박윤선 저, 영음사
- 옥스퍼드 원어성경사전, 제자원
- 호크마 종합주석, 강병도 편저, 기독지혜사
- 라이프 성경사전, 가스펠서브 저, 생명의 말씀사
- 구속사 시리즈 제 2권 〈잊어버렸던 만남〉, 박윤식 저, 도서출판 휘선
- 물은 답을 알고 있다, 에모토 마사루 저, 나무 심는 사람
- 밀레니엄과 신약성서의 종말론, 한국 신학학회 편, 한둘
- 나는 왜 믿는가?, 제임스 케네디 저, 생명의 말씀사
- 유대전쟁사, 요세푸스 저, 생명의 말씀사
- 비전 성구사전, 하용조 편찬, 두란노
- 성구 대사전, 이성호 편저, 성서연구원
- 기독교 대백과사전, 기독교문사

두 감람나무와 두 촛대 그들은 누구인가?
The Two Olive Trees and The Two Lampstands, Who are They?

발 행 일	2017년 11월 11일
저　　자	조영래
발 행 인	최정옥
펴 낸 곳	도서출판 오색이슬
주　　소	27829 충북 진천군 진천읍 문화로 181-18
전　　화	043-537-2006
팩　　스	043-537-2050
블 로 그	blog.naver.com/osbooks

저자와의 협약 아래 인지는 생략되었습니다.
이 책은 저작권법에 의해 보호를 받는 저작물이므로 저작권자의 허락없이
이 책의 일부 또는 전체를 무단 복제, 전재, 발췌하면 저작권법에 의해 처벌을 받습니다.
저작권 등록번호: 제 C-2017-026092 호

ISBN　979-11-959397-2-5
값　　 20,000원